河南省“十四五”普通高等教育规划教材
工商管理类国家一流专业建设点系列教材

现代财务管理学

（第二版）

主 编 任爱莲

中国财经出版传媒集团
中国财政经济出版社

图书在版编目（CIP）数据

现代财务管理学 / 任爱莲主编．--2 版．-- 北京：
中国财政经济出版社，2022.12
河南省“十四五”普通高等教育规划教材
ISBN 978 -7 -5223 -1753 -3

Ⅰ.①现… Ⅱ.①任… Ⅲ.①财务管理－高等学校－
教材 Ⅳ.①F275

中国版本图书馆 CIP 数据核字（2022）第 209456 号

责任编辑：彭　波　　　　责任印制：史大鹏
封面设计：卜建辰　　　　责任校对：徐艳丽

中国财政经济出版社 出版
URL：http：//www.cfeph.cn
E-mail：cfeph@cfeph.cn

社址：北京市海淀区阜成路甲 28 号　邮政编码：100142
营销中心电话：010 - 88191522
天猫网店：中国财政经济出版社旗舰店
网址：https：//zgczjjcbs.tmall.com
北京密兴印刷有限公司印刷　各地新华书店经销
成品尺寸：185mm×260mm　16 开　21.25 印张　522 000 字
2022 年 12 月第 2 版　2022 年 12 月北京第 1 次印刷
定价：58.00 元
ISBN 978 -7 -5223 -1753 -3
（图书出现印装问题，本社负责调换，电话：010 - 88190548）
本社质量投诉电话：010 - 88190744
打击盗版举报热线：010 - 88191661　QQ：2242791300

前　言

本教材自2017年第一版出版以来，受到业界同行和学生的广泛认可。2021年，本教材被河南省教育厅纳入河南省本科高等学校“十四五”规划教材项目，中国财政经济出版社和河南财经政法大学给予了修订和出版支持。五年来，企业财务管理环境的发生了很大的变化，企业财务管理理论和实践创新不断涌现。智能制造、云会计等新一代信息技术的广泛应用，互联网金融、数字货币等理财产品花样翻新，经济逆全球化趋势及新冠肺炎疫情管控等均增加了企业投融资风险，很多内容需要更新和调整。同时，在教学过程中，教学团队形成了新的例题、习题、习题解答方式，增加了很多新的案例，加上很多读者提出的宝贵建议，教学团队完成第二版书稿。

第二版主要有以下改动：

1. 每章均增加了导入案例和综合案例。为了能够更好地理解教学内容，增加教学内容的实践性和可读性，每章教学内容均增加了新颖性强的相关案例。其中每章前面的导入案例较为精简，以企业实际案例引导学生对该章内容的兴趣，目的是调动学生学习的积极性和主动性。课后增加的综合案例详细介绍与该章内容相关的企业案例，让学生了解企业实践中的财务管理事件的前因、过程及影响。目的是增加理论联系实际，提升学生知识运用能力。

2. 调整了每章的学习目标。立德树人是新时期教育的根本任务，为此本次修订增加课程思政目标。财务管理是一门应用型学科，更强调学生的实践能力。因此在学习目标的设定中，本次修订增加了能力目标。

3. 对原有内容进行了更新和补充。把原来的例题和课后练习题中的财务数据更新至2021年。在投资管理中增加了虚拟货币投资工具和大数据分析技术。在证券投资中增加了北京证券交易所。筹资管理中增加了互联网金融、资产证券化等新工具。

为了保证第二版教材内容的时代性和可读性，本次修订重新组建了编写团队，邀请了年轻的管理学博士作为副主编，承担主要的修订任务，因此新版的教材内容更贴近现实，结构更为合理。编者尽可能把最新的财务管理内容以案例、习题等方式融入教材，并按照财务管理的内在逻辑结构调整安排各个章节，以便读者系统理解和把握各种财务决策之间的相互联系。在确保概念准确的前提下，尽量使用清晰易懂的语言深入浅出地阐述问题，并通过案例和练习题使读者深入理解财务管理技术；每章前有学习目标，后附加思考题，使读者清晰了解学习的重点。

本书修订主要由河南财经政法大学的任爱莲教授主编，陶瑾和禹文钢博士担任副主编，拟订修订大纲并组织编写。具体分工如下：第一、二、三、十三章由任爱莲和王译镁负责修订，第四、五、六章由王雷老师和吴嘉颖老师负责修订；第七、八、九章由陶瑾老师负责；第十、十一、十二章由禹文钢老师执笔；陈雪艳、吴嘉莹两位负责资料搜集、通稿和校对，由任爱莲、陶瑾和禹文钢对全部书稿进行审核、修改和定稿。

在书稿的写作和修改过程中，得到了中国财政经济出版社的段钢主任、河南财经政法大学王永伟院长、王凯副院长等领导和管理科学系的同事们的大力帮助。在编写的过程中参考了很多学者主编的教材，在此向他们表示诚挚的感谢！

限于编者的水平和时间，书中一定存在不少缺点乃至错误，诚望各位同行、读者批评指正，以便进一步完善。

编　者

2022年7月10日

目　录

第一章 财务管理总论

【学习目标】

通过本章学习，应当了解并掌握：

[1] 财务管理的产生和发展；

[2] 企业财务的实质和主要的财务活动；

[3] 财务管理目标的概念、内容以及财务管理目标的协调；

[4] 财务管理的环境以及财务管理体制。

社会主义企业财务管理的目标是什么?

从根本上讲，社会主义企业的目标是通过企业的生产经营活动创造出更多的财富，最大限度地满足全体人民物质和文化生活的需要。但是，由于生产力发展的阶段和水平不同，在体现上述根本目标的同时，就有不同的表现形式，我国企业经历了以总产值最大化为目标、以利润最大化为目标、以股东财富最大化为目标、以企业价值最大化为目标四个过程。现在很多企业都把利润理解为企业财富，把企业财务管理目标定位为企业利润最大化上，以为利润越多，企业的财富增加就越多。有些企业管理者为了利润而赶潮流、追热点，为追求企业利润最大化而做出错误决策，从而损害了企业的社会利益、员工利益、债权人利益、债务人利益、消费者利益和投资者利益，偏离了企业的总目标要求。企业财务管理目标是企业财务活动所要达到的目的，是企业系统良性循环的前提条件，也是评价企业财务活动是否合理的标准。那么企业主要的财务活动有哪些？财务管理的目标应该是什么呢？

财务管理，又称公司理财，是建立在会计学和经济学基础之上的一门管理学科，经济学为财务管理提供理论基础，会计学为财务管理提供财务决策的数据基础。随着市场经济的不断发展，财务管理在企业管理中扮演着越来越重要的角色。企业管理的实践表明，财务管理是企业管理的核心内容之一，直接影响企业目标的达成。本章主要介绍财务管理的概念、目标、理财环境等有关财务管理的基本问题，以利于读者对财务管理有一个概括的了解。

第一节　财务管理概述

一、财务管理的产生和发展

理财是商品经济条件下的一项最基本、最重要的管理活动，在经济活动中早已存在，但它作为一项独立的管理工作并成为一门独立的学科则形成较晚，仅有百余年的历史。财务管理的产生和发展，大体经历了以下几个阶段。

第一阶段，19 世纪末至 20 世纪 20 年代后期。

自 19 世纪末起，伴随着科技革命的蓬勃发展和生产规模的不断扩大，西方企业界出现了大规模的兼并和合并现象，当时企业面临的主要问题是如何筹措资金以满足扩充需要。然而，在资本市场萌芽的初期，由于投资者和筹资者资信不对称，再加上企业内线人物（Insiders）和股市操纵者参与股票交易，使股价剧烈波动，因此很难将资金从投资者手中转移到筹资者手中。为此，企业必须另设人员专门从事资金筹集工作。此间财务管理的重点是研究企业的合并及重组、新企业的设立、企业证券发行等有关法律事务。适时而有效地为企业筹集资金、合理安排资本结构就成为财务管理的最初职能。在这一阶段，企业已开始编制财务报表和进行财务分析，但此时的财务分析资料只供企业内部使用。

第二阶段，20 世纪 30 年代至 50 年代。

20 世纪 30 年代，西方世界的经济危机迫使许多企业相继倒闭，破产、改组和残余资产的处理成为许多企业的主要问题。过去以借款作为主要筹资手段的公司，其偿债能力和资金周转等方面的问题在萧条时期进一步恶化。此时处理企业破产、恢复和发展企业经济实力便成为财务管理的主要任务。其研究的重心也不再是企业的扩展，而是企业的生存。

鉴于当时经济条件的恶化，西方各国政府通过制定有关法律对企业的某些财务活动进行控制，要求企业充分披露有关的财务信息，使企业外部人员可根据公布的有关信息进行财务分析，从而使证券管理这一财务管理的主要职能得到进一步发展。

第三阶段，20 世纪 50 年代以后。

20 世纪 50 年代后期，随着新技术的开发与利用，企业更加注重设备的更新换代，此时，企业财务面临的主要问题是如何进行资本支出预算，合理配置企业资源。出于这种需要，财务管理的重心由资产负债表的右方转移到资产负债表的左方，将研究的重点由资金筹措转向资金运用。通过对固定资产、流动资产的投放和运用进行规划和控制，达到增加利润、提高企业价值的目的。只有在这一时期，企业财务管理的重点才由外部的一些法律问题转移到加强企业内部管理和决策上。

20 世纪 60 年代，统计和优化理论的数学模型开始应用于企业流动资产和固定资产的管理与分析，使财务管理迅速朝着“严谨的数量分析”方向发展。与此同时，资产负债表的右方——负债与股东权益的分析与管理再度受到人们的重视。此间企业财务管理的重点包括：（1）最佳资本结构的组合；（2）投资组合理论及其对企业财务决策的影响。

20 世纪 70 年代，以期权定价理论为主的各种风险衡量模式的出现，使财务管理发展到一个崭新的水平。此间财务管理的重点是如何运用各种模型评估投资和筹资风险。

20 世纪 80 年代以后，随着世界范围内新技术革命浪潮的冲击，传统的财务管理正日益受到挑战。与此相对应，一些新的财务领域正逐渐被开辟出来，如通货膨胀财务、国际财务、电算化财务等。企业财务的发展方向将在传统财务的基础上，吸收兼容一些宏观经济的理论与方法，使财务管理的空间进一步扩大，其形式、内容和方法更加充实和完善，由此形成企业的财务，不仅从微观层次上讨论资金的筹措、使用和分配问题，而且还将从宏观的角度探索关于组织财务活动、处理财务关系等一系列问题，使其成为在更高层次上和更大范围内发挥作用的新型管理科学。

同时，企业财务作为一门用来控制资金运动的科学，正以系统论、信息论和控制论等学科的新成就来重新武装自己，大数据、云计算等新兴信息技术正广泛应用于财务决策，使财务管理的发展更加科学和完善。

二、企业财务与财务管理

财务管理与社会生产发展关系密切，它随着人们对生产活动管理的需要而产生，也必然随着生产的发展而发展。人们对财务管理的认识在不断发展变化。在我国，财务管理正处于发展阶段，又由于理财必然会发生与有关各方的广泛联系。长期以来，对什么是财务，什么是财务管理，什么是财务管理学科，有着各种不同的认识。从企业与国家财政的关系看，国有企业资金由国家组织供应，企业实现利润上缴国家税金，为此，企业财务管理被看作国家财政体系的基础环节；从财务管理内容看，它管理的是生产要素的价值方面，所以财务管理又被认为是企业管理的组成部分；从财务管理对象看，它与会计同样都是资金运动，于是财务管理又被纳入会计领域；从企业理财与金融的关系看，要进行筹资、投资活动，必然要利用金融市场和各种金融工具，因此，财务管理又被作为金融学的重要内容。

在一个竞争的市场条件下，一个企业经营是否成功，在很大程度上决定于财务管理是否卓有成效，而在认识上的混乱必然造成对财务管理的不良影响。因此，在研究财务管理内容以前，首先应对企业财务和财务管理有所认识。

（一）企业财务的实质

企业财务首先表现为企业再生产过程中的资金运动，是一种客观存在的经济现象，其存在的基础是商品经济。在商品经济条件下，商品是使用价值和价值的统一体，具有两重性。与此相联系，企业的再生产过程也具有两重性，一方面表现为使用价值的生产和交换过程，即劳动者利用劳动手段作用于劳动对象，生产出产品并进行交换的过程；另一方面，则表现为价值的形成和实现过程，即在生产过程中消耗生产资料价值和劳动者支出的必要劳动创造的价值转移到产品中，创造出新价值，并通过销售活动，最终实现产品价值的过程。

在企业再生产过程中，使用价值的生产和交换过程是有形的，称为物资运动过程。而价值的形成和实现过程则是无形的，是物资的价值运动过程。这种价值运动过程可以用货币形式表现出来，通常把生产过程中物资价值的货币表现称为资金，所以物资的价值运动过程也称为资金运动。

企业的资金运动构成企业经济活动的一个独立的方面，就是企业的财务活动。随着再生产过程的不断进行，企业资金处于不断运动之中，于是企业的资金运动过程又是资金形态不断变化的过程。在商品物资的购买阶段，企业资金由货币形态转化为固定资产、原材料等实物形态的资金——固定资金、储备资金；在生产阶段，已消耗的生产资料价值——固定资金损耗价值和储备资金，以及劳动者创造的价值转移到产品中，资金形态转化为另一种实物形态的资金——生产资金和成品资金；通过销售阶段，成品资金形态又转化为货币资金形态。企业资金在再生产过程中从货币资金开始，经过若干阶段，依次转换形态，又回到货币资金的过程称为资金循环。资金周而复始不断重复循环，形成资金周转。资金的循环周转体现了资金形态的变化，而且在时间上是连续不断的，在空间上是并存的。

企业的资金运动包括资金的筹集、资金的投放使用、资金的耗费、收入的取得和分配四个方面的经济活动。

1. 资金的筹集。

筹集资金是再生产活动的前提，也是资金运动的起点。在市场经济条件下，筹资渠道和筹资方式多种多样，企业可根据国家法律、法规的规定，采取国家投资、各方集资或发行股票等方式筹集权益资本；企业还可通过银行、非银行金融机构或通过发行债券等方式筹集债务资本。无论是权益资本还是债务资本，开始时绝大部分处于货币形态。

2. 资金的投放使用。

资金的投放使用是指企业将筹集的资金采用不同的方式投入再生产的过程。企业应将资金主要投入本企业的生产经营活动，如工业企业可将资金用于购建厂房、生产设备等，形成各种劳动手段；另外，还要有一部分资金购买材料、物资等劳动对象，以促使生产活动的顺利进行；企业在生产经营过程中可以将货币、材料、机器、建筑物等投入其他单位，以达到扩大经营、分享利润、分散风险等多种目的；企业还可以通过资金市场以购买股票或债券的形式进行投资，以取得收益或对其他企业的控制权。通过资金的投放使用，企业资金就从货币形态转化为实物形态，即由货币资金转化为固定资产、材料物资、有价证券和对外投资。

3. 资金的耗费。

企业在生产经营过程中，生产者使用劳动手段对劳动对象进行加工，生产出产品。在这个过程中要消耗各种材料、物资，而且固定资产经过使用，价值发生损耗；此外，还要支付职工工资和各种费用，其中与生产直接有关的各种耗费就形成了产品成本，其他的耗费构成了企业费用。成本和费用从实质上看都属于资金耗费。在生产经营过程中，除发生资金耗费以外，生产者还创造出新的价值，包括生产者为自己劳动所创造的价值和为社会劳动所创造的价值，因此资金的耗费过程又是资金的积累过程。在这个过程中，生产耗费的固定资金、材料物资等储备资金以及以职工薪酬形式支付的货币资金先转化为生产资金，随着产品的制造完成，又转化为成品资金。

4. 收入的取得和分配。

产品价值的货币表现形式为产品价格，是企业通过销售可以收回的货币数额。而产品价格超出成本的部分，则是生产者为社会劳动创造价值的货币表现。

在销售过程中，企业按照产品价格出售产品，取得销售收入。在这一过程中，成品资金形态又转化为货币资金形态。企业取得销售收入，产品价值的实现，不仅可以弥补产品成本和费用，又可以实现资金增值。

企业取得的销售收入要进行分配，一部分用于重新购置劳动手段、劳动对象，支付职工薪酬、费用，参加生产周转，使企业生产经营活动持续进行；另一部分可按规定弥补亏损，依法缴纳税金；剩余部分是企业的税后利润，所有权属于投资者，按规定可用于支付罚款、滞纳金，提取公积金，剩余部分形成可向投资者分配的利润。可向投资者分配的利润要根据投资者意愿和企业生产经营的需要，申请企业权力机构做出决策，确定分配方案和数额，一部分作为投资利润分给投资者，另一部分形成未分配利润，继续留在企业运用。

企业的资金运动是在社会化大生产中进行的，企业组织资金运动，进行资金筹集、资金投放使用、资金耗费、收入取得及分配等财务活动，必然发生与有关方面的经济关系。企业在组织资金运动中，与各方面发生的经济关系称为财务关系，主要包括以下几个方面。

1. 企业与投资者之间的财务关系。

投资者按约定向企业投入资金，形成企业权益资本。投资者拥有企业的资产权，是企业的所有者。企业拥有包括国家在内的投资者投资所形成的法人财产权，并以其全部法人财产，依法自主经营，自负盈亏，依法纳税，对投资者承担资产保值增值责任。投资者以其所拥有的资产权，享受收益分配权和剩余财产分配权，对企业债务承担以投资额为限的有限责任。企业与投资者之间的财务关系体现了所有权的性质，体现了所有者与经营者之间的所有权和经营权关系。

2. 企业与债权人之间的财务关系。

企业在筹建与经营期内，按照合同、协议向债权人借入资金，按规定支付利息和归还本金所形成的财务关系。债权人包括向企业贷款的银行和非银行金融机构、企业债券持有者以及其他向企业拆借资金的单位或个人。企业与债权人之间的财务关系体现的是债权债务关系。

3. 企业与国家之间的财务关系。

企业与国家财政、税务部门之间发生的按照国家财政法规和税法规定申报纳税、缴款付费等所形成的财务关系。这体现了国家以政府管理者身份参与企业利润分配的关系。

4. 企业与其他单位之间的财务关系。

两者之间的财务关系包括三个方面：一是在商品经济条件下，企业与其他单位发生经济往来，相互提供产品或劳务，并按等价交换原则，以货币资金支付货款和劳务费用而形成的货币结算关系；二是企业与其他单位之间采用分期付款或延期付款销售商品、劳务而形成的短期资金融通关系；三是为了发展横向经济联系等原因而产生的企业之间相互投资形成的权益关系。

5. 企业内部财务关系。

企业内部财务关系表现在两个方面：一方面是指企业内部各部门之间的财务关系；另一方面是指企业与职工之间的财务关系。在实行企业内部经济核算条件下，企业内部各部门之间，如供应、生产、销售部门之间或各生产车间之间相互提供产品劳务，进行计价结算所形成的资金结算关系。企业按照按劳分配原则，以职工所提供的劳动数量和质量为依据，向职工支付劳动报酬，包括工资、奖金、津贴等而形成的财务关系。它体现了职工参与企业劳动成果的分配关系。

由此可知，企业再生产过程中存在资金运动，它体现企业与各方面的经济关系。这就是企业财务的实质。

（二）财务管理的特点和内容

企业财务管理是组织资金运动，处理财务关系的一项经济管理工作。其主要是利用资金、成本、收入等价值指标，组织企业价值的形成、实现和分配，并处理在这种价值运动中的经济关系的一项管理工作，是企业管理的重要组成部分。

在社会化大生产过程中，企业的生产经营活动复杂多样，企业管理包括多方面内容，如物资管理、生产管理、劳动管理、设备管理、技术管理、质量管理、销售管理和财务管理等。各项管理工作互相配合，密切联系，但又具有各自特点。以企业财务管理来看，它的主要特点表现在以下三个方面。

1. 涉及面广。

指财务管理的范围广泛，即企业中一切涉及资金的业务活动都属于财务管理的管辖范围。企业内部各个部门使用的资金由财务部门负责供应；各个部门要合理使用资金，提高经济效益，必须接受财务部门指导，还要受到财务管理制度的约束。

2. 综合性强。

财务管理是一种价值管理，是对企业生产经营过程的价值方面——资金运动进行的管理。企业生产经营过程的各个方面以及企业其他管理工作的质量、效果、问题，绝大部分都可以用价值形式——货币综合反映出来。

3. 灵敏度高。

指企业生产经营管理各方面的效果和问题都会通过不同的财务指标及时反映出来。如决策是否得当，经营是否有方，生产组织是否合理，产品质量及品种是否适合需要，产销是否衔接畅通，耗费是否正常，收入和盈利的取得是否合理等都会对财务指标产生重大影响。财务部门通过对财务指标的经常性计算、整理、分析，就能掌握企业各方面的信息。

由此可知，从企业管理包括的内容看，财务管理只是企业管理的组成内容之一，但从它的特点及在企业所处的地位来看，则是企业管理的核心，对促使企业不断改善经营管理、提高管理水平、提升经济效益等将起到十分重要的作用。

企业财务管理的内容包括：筹资管理、资产管理、成本费用管理、收入和盈利管理及特殊事项的财务处理等。财务管理的具体内容，将在以后各章具体说明。

第二节　财务管理目标

一、财务管理目标的概念

人们从事任何工作，都有明确的目标并以此作为行动的方向，科学的目标是保证达到预期目的和取得预期成果的前提，财务管理也不例外。财务管理目标是指企业在特定的理财环境中，组织财务活动、处理财务关系所要达到的预期结果。财务管理目标既是企业财务活动的方向，也是财务管理的出发点和归宿。在系统掌握资金运动的客观规律、了解财务管理内容的基础上，还应进一步明确财务管理目标，以便在财务管理的各个环节中协调一致，以保证财务管理目标的实现。

从系统论的观点来看，财务管理是企业管理系统中的一个子系统。因此，财务管理目标应与企业目标协调一致，并为保证实现企业目标服务。企业是一个以盈利为目的的经济组织。在市场经济中，企业是“自主经营、自负盈亏、自我发展、自我约束”的市场主体，在激烈的市场竞争中，企业只有不断提高盈利水平、增强自身活力，才能在竞争中求生存并取得不断发展。我国《公司法》明确规定：“公司在国家宏观控制下，按照市场需求自主组织生产经营，以提高经济效益、劳动生产率和实现资产保值增值为目的。”可见，经济效益是企业经营所要取得的“真正的财富”。因此，企业目标就是实现经济效益最大化。所谓经济效益是指投入与产出的比例关系，通常所说的提高经济效益就是以尽可能少的投入（所耗），获得更多的产出（所得）。经济效益不是单纯的财务范畴，既包含产品（服务）的质量、市场份额，又包含物资消耗和劳动生产率；既包含实物指标，又包含价值指标。财务管理目标既要体现企业目标的内涵，又要体现其自身的特征。因此，不能直接以经济效益最大化作为财务管理的目标。

二、财务管理目标的内容

从根本上说，财务目标取决于企业目标和特定的社会经济模式。企业财务目标具有体制性特征，整个社会经济体制、经济模式和企业所采用的组织制度，在很大程度上决定企业财务目标的取向。根据现代企业财务管理理论和实践，最具有代表性的财务管理目标主要有以几种观点。

（一）利润最大化

即假定在企业的投资预期收益确定的情况下，财务管理行为将朝着有利于企业利润最大化的方向发展。以追逐利润最大化作为财务管理的目标，其主要原因有三：一是人类从事生产经营活动的目的是创造更多的剩余产品，在商品经济条件下，剩余产品的多少可以用利润这个价值指标来衡量；二是在自由竞争的资本市场中，资本的使用权最终属于获利最多的企业；三是只有每个企业都最大限度地获得利润，整个社会的财富才可能实现最大化，从而带来社会的进步和发展。在社会主义市场经济条件下，企业作为自主经营的主体，所创利润是企业在一定期间全部收入和全部费用的差额，是按照收入与费用配比原则加以计算的，它不仅可以直接反映企业创造剩余产品的多少，而且也从一定程度上反映出企业经济效益的高低和对社会贡献的多少。同时，利润是企业补充资本、扩大经营规模的源泉。因此，以利润最大化为理财目标是有一定的道理的。

利润最大化目标在实践中存在一些难以解决的问题：（1）这里的利润是指企业一定时期实现的利润总额，没有考虑资金时间价值；（2）没有反映创造的利润与投入的资本之间的关系，不利于不同资本规模的企业或同一企业不同期间之间的比较；（3）没有考虑风险因素，高额利润往往要承担过大的风险；（4）片面追求利润最大化，可能导致企业短期行为，如忽视产品开发、人才开发、生产安全、技术装备水平、生活福利设施、履行社会责任等。

（二）资本利润率最大化或每股利润最大化

资本利润率是利润额与资本额的比率。每股利润是利润额与普通股股数的比值。这里的利润额是税后净利润。所有者作为企业的投资者，其投资目标是取得资本收益，具体表现为税后净利润与出资额或股份数（普通股）的对比关系。这个目标的优点是把企业实现的利润同投入的资本或股本数进行对比，能够说明企业的盈利水平，可以在不同资本规模的企业或同一企业不同期间之间进行比较，揭示其盈利水平的差异。但该指标仍然没有考虑资金时间价值和风险因素，也不能避免企业的短期行为。

（三）企业价值最大化

投资者建立企业的重要目的，在于创造尽可能多的财富。这种财富首先表现为企业的价值。企业价值通俗地说是指企业本身值多少钱。企业虽不是一般意义上的商品，但也可以被买卖。要买卖必然要对企业进行市场评价，通过市场评价来确定企业的市场价值或者企业价值。在对企业评价时，看重的不是企业已经获得的利润水平，而是企业潜在的获利能力。因此，企业价值不是账面资产的总价值，而是企业全部财产的市场价值，它反映了企业潜在或预期获利能力。投资者在评价企业价值时，是以投资者预期投资时间为起点的，并将未来收入按预期投资时间的同一口径进行折现，未来收入的多少按可能实现的概率进行计算。可见，这种计算办法考虑了资金的时间价值和风险问题。企业所得的收益越多，实现收益的时间越近，应得的报酬越是确定，则企业的价值或股东财富越大。以企业价值最大化作为财务管理的目标，其优点主要表现在：（1）这一目标考虑了资金的时间价值和投资的风险价值，有利于统筹安排长短期规划、合理选择投资方案、有效筹措资金、合理制订股利政策等；（2）这一目标反映了对企业资产保值增值的要求，从某种意义上说，股东财富越多，企业市场价值就越大，追求股东财富最大化的结果可使企业资产保值或增值；（3）这一目标有利于克服管理上的片面性和短期行为；（4）这一目标有利于社会资源合理配置，社会资金通常流向企业价值最大化或股东财富最大化的企业或行业，有利于实现社会效益最大化。

以企业价值最大化作为财务管理的目标也存在一些问题：（1）对于股票上市企业，虽可通过股票价格的变动揭示企业价值，但股价是受多种因素影响的结果，特别在即期市场上的股价不一定能够直接揭示企业的获利能力，只有长期趋势才能做到这一点。（2）为了控股或稳定购销关系，现代企业不少采用环形持股的方式，相互持股。法人股东对股票市价的敏感程度远不及个人股东，对股价最大化目标没有足够的兴趣。（3）对于非股票上市企业，只有对企业进行专门的评估才能真正确定其价值，而在评估企业的资产时，由于受评估标准和评估方式的影响，这种估价不易做到客观和准确，这也导致企业价值确定的困难。

应当指出的是，企业作为市场主体，它不仅要为其所有者提供收益，而且还要承担相应的社会责任，如保护生态平衡、防治环境污染、支持社区文化教育和福利事业等。适当从事一些社会公益活动，有助于提高企业的知名度，进而提高股票市价。但是，过分地强调社会责任而使股东财富减少，可能导致整个社会资金运用的次优化。因此，企业管理当局必须在各种法规约束下去追求每股利润最大化或企业价值最大化。在我国，企业管理的基本目标是提高经济效益。所谓效益是指投入与产出的关系，即以一定的资源消耗获得最大限度的收益。这是一个比利润更广义的概念，通常是三类量化指标的综合：第一，价值量指标，如资金、成本、利润以及相应的相对数指标等；第二，实物量指标，如产量、质量、市场份额等；第三，效率指标，如劳动生产率、资产利用率、资产保值增值率等。如果说第一类指标反映的是企业现实的盈利水平，那么，第二类和第三类指标反映的则是企业未来潜在的盈利水平或企业未来的增值能力。因此可以把效益看成是利润和预期利润的综合，也就是在利润中加入了时间因素。

企业价值最大化有利于体现企业管理的目标，更能揭示市场认可企业的价值，而且它也考虑了资金的时间价值和风险价值，所以通常被认为是一个较为合理的财务管理目标。

三、财务管理目标的协调

企业财务管理的目标是企业价值最大化，财务活动所涉及的不同利益主体如何进行协调是财务管理必须解决的问题。

（一）所有者与经营者的矛盾与协调

企业价值最大化直接反映了企业所有者的利益，它与企业经营者没有直接的利益关系。对所有者来讲，他所放弃的利益也就是经营者所得的利益。在西方，这种被放弃的利益也称为所有者支付给经营者的享受成本。但问题的关键不是享受成本的多少，而是在增加享受成本的同时，是否更多地提高了企业价值。因而，经营者和所有者的主要矛盾就是经营者希望在提高企业价值和股东财富的同时，能更多地增加享受成本；而所有者和股东则希望以较小的享受成本支出带来更高的企业价值或股东财富。为了解决这一矛盾，应采取让经营者的报酬与绩效相联系的办法，并辅之以一定的监督措施。

解聘。这是一种通过所有者约束经营者的办法。所有者对经营者予以监督，如果经营者未能使企业价值达到最大，就解聘经营者，经营者害怕被解聘而被迫实现财务管理目标。

接收。这是一种通过市场约束经营者的办法。如果经营者经营决策失误、经营不力，未能采取一切有效措施使企业价值提高，该公司就可能被其他公司强行接收或吞并，相应地，经营者也会被解聘。为此，经营者为了避免这种接收，必须采取一切措施提高股票市价。

激励。即将经营者的报酬与其绩效挂钩，以使经营者自觉采取能满足企业价值最大化的措施。激励有两种基本方式：（1）“股票选择权”方式。它是允许经营者以固定的价格购买一定数量的公司股票，当股票的价格越高于固定价格时，经营者所得的报酬就越多，经营者为了获取更大的股票涨价益处，就必然主动采取能够提高股价的行动。（2）“绩效股”形式。它是公司运用每股利润、资产报酬率等指标来评价经营者的业绩，视其业绩大小给予经营者数量不等的股票作为报酬。如果公司的经营业绩未能达到规定目标时，经营者也将部分丧失原先持有的“绩效股”。这种方式使经营者不仅为了多得“绩效股”而不断采取措施提高公司的经营业绩，而且为了使每股市价最大化，也采取各种措施使股票市价稳定上升。

（二）所有者与债权人的矛盾与协调

所有者的财务目标可能与债权人期望实现的目标发生矛盾。首先，所有者可能未经债权人同意，要求经营者投资于比债权人预计风险要高的项目，这会增大偿债的风险，债权人的负债价值也必然会实际降低。若高风险的项目一旦成功，额外的利润就会被所有者独享；但若失败，债权人却要与所有者共同负担由此而造成的损失。这对债权人来说风险与收益是不对称的。其次，所有者或股东未征得现有债权人同意，而要求经营者发行新债券或举借新债，致使旧债券或老债的价值降低（因为相应的偿债风险增加）。为协调所有者与债权人的上述矛盾，通常可采用以下两种方式：一是限制性借债，即在借款合同中加入某些限制性条款，如规定借款的用途、借款的担保条款和借款的信用条件等。二是收回借款或不再借款，即当债权人发现公司有侵蚀其债权价值的意图时，采取收回债权和不给予公司重新放款，从而来保护自身的权益。

第三节　财务管理环境

人类社会的任何事物都是在一定的环境条件下产生、存在和发展的，财务管理也不例外。

一、财务管理环境的概念

环境，系统论认为就是被研究系统之外的，对被研究系统有影响作用的一切系统的总和。财务管理环境，就是财务管理以外的并对财务管理系统有影响作用的一切系统的总和。

财务管理环境，又可称为理财环境，是对企业财务活动产生影响作用的企业内外的各种因素。企业对财务活动的运行是以企业外部环境和内部环境为条件的，如国际国内政治、经济、法律等和企业内部人员素质、生产设备、产品科研开发等。

二、政治环境

政治环境，是指一个国家的政权稳定与否，也就是政治环境的好与不好。一个国家的政治环境将影响整个国家的经济和各个方面的发展。

三、经济环境

财务管理的经济环境是指影响企业财务管理的各种经济因素，主要包括经济周期、经济发展水平和经济政策等。

（一）经济周期

在市场经济条件下，经济发展与运行带有一定的波动周期性。这种波动大体上经历复苏、繁荣、衰退和萧条几个阶段的循环，这种循环称为经济周期。资本主义经济周期是人所共知的现象，西方财务学者曾探讨了经济周期中的经营理财策略：复苏时期，增加投入、增加劳力；繁荣时期，扩充投入、增加劳力；衰退时期，停止扩张、停止增雇员；萧条时期，建立投资标准、裁减雇员。

我国的经济发展与运行也呈现其特有的周期特征，带有一定的经济波动。过去曾经历过投资膨胀、生产高涨到控制投资、紧缩银根到进行正常发展的过程，从而促进了经济的持续发展。企业的筹资、投资和资产运营等理财活动都要受这种经济波动的影响，如在紧缩银根时期，社会资金短缺，利率上涨，会使企业的筹资产生困难，增大成本，甚至影响企业的生产经营活动。由于市场利率的上涨而使投资转向存款或贷款，西方的经济周期影响也不同程度地波及我国。因此，企业财务人员必须充分认识到经济周期的影响，掌握在经济发展波动中理财的本领。

（二）经济发展水平

改革开放以来，我国的国民生产总值以较快的速度增长，进一步推动了我国国有企业的现代化进程，确定了国民经济各部门的发展任务和规划，明确了对产业结构调整和地区发展的政策。国民经济的飞速发展，给企业扩大规模、调整方向、打开市场以及拓宽财务活动的领域带来了机遇。同时，在高速发展中资金紧张将是矛盾，这又给企业财务管理带来严峻的挑战。财务管理应当以宏观经济发展目标为导向，促进企业经营目标和经营战略的实现。

（三）经济政策

我国经济体制改革的目标是建立社会主义市场经济体制，以进一步解放和发展生产力。在这个目标的指导下，我国已经并正在进行财税体制、金融体制、外汇体制、外贸体制、计划体制、价格体制、投资体制、社会保障制度等项改革。所有这些改革措施，深刻地影响着我国的经济生活与企业的发展和财务活动的运行。例如，财税政策会影响企业的资金结构和投资项目的选择等；价格政策能影响决定资金的投向和投资的回收期及预期收益等。可见，经济政策对企业财务的影响是非常大的。这就要求企业财务人员必须把握经济政策，更好地为企业的经营理财活动服务。

四、金融环境

企业需要资金从事经营和投资活动。除了自有资金以外，主要从金融机构和金融市场取得。金融政策的变化必然影响企业的筹资、投资和资金营运活动。因此，金融环境是企业最为重要的环境因素。

金融机构。社会资金从资金供应者手中转移到资金需求者手中，一般要通过金融机构。

（1）银行。银行是指经营存款、放款、汇兑、储蓄等金融业务，承担信用中介的金融机构。我国银行主要包括：①中央银行，即中国人民银行；②国家专业银行；③国家政策性银行；④其他银行等。

（2）非银行金融机构。非银行金融机构主要包括信托投资公司、租赁公司等。

金融市场。金融市场是指资金供应者和资金需求者双方通过信用工具进行交易而融通、办理各种票据和进行有价证券交易活动的市场。金融市场对于商品经济的运动，具有充当金融中介、调节资金余缺的功能。这有利于广泛地积聚社会资金，是企业向社会筹集资金必不可少的条件。财务管理人员必须熟悉金融市场的各种类型和管理规则，有效地利用金融市场来组织资金的供应和进行资本投资等活动。

利息率。利息率简称利率，是资金的增值额同资金价值的比率，是衡量资金增值程度的指标。资金作为一种特殊商品，通过利率这个价格标准实行再分配。因此利率在资金分配及企业财务决算中起着重要作用。利率按不同的标准可分为基准利率、套算利率，实际利率、名义利率，固定利率、浮动利率，市场利率、法定利率。

五、法律环境

市场经济是以法律规范和市场规则为特征的制度经济。法律为企业经营活动规定了活动空间，也为企业在相应空间内自由经营提供了法律上的保护。

法律、法规包括的内容十分广泛，除国家基本法——《宪法》以外，与企业有关的法规、制度主要有：《税法》《公司法》《经济合同法》《银行法》《证券法》《票据法》《中外合资企业经营法》《中外合作企业经营法》《全民所有制工业企业法》《反不正当竞争法》《环境保护法》《会计法》等。随着社会主义市场经济体制的建立，国家的法律、法规体系将进一步完善。各种不同的法律、法规都从各个不同的侧面对企业经济活动提出了要求，如各类企业都应按照《税法》要求依法纳税；企业与外单位发生经济联系，必须按《经济合同法》规定签订经济合同；企业采用公司组织形式，则应遵循《公司法》的规定，为了维护各企业正当权益，保护企业在公平条件下展开竞争，必须遵守《反不正当竞争法》，等等。上述各种法律、法规绝大部分与企业理财有着密切的联系，并对财务活动产生重大的影响。为此，财务人员在进行财务管理时必须熟悉法律环境，加强法制观念，依法组织好企业财务活动。

第四节　财务管理体制

一、企业的组织形式

企业是我国的基本经济单位，是具有独立的财产、享有民事权利、承担民事责任的法人实体。各个企业按照各自确立的经营范围，组织生产、交换和劳务供应等活动。既为了满足社会日益增长的生产和消费需要，也是为了取得利润并使其不断增长以求得生存和发展。按照经营范围的不同，企业可以分为从事生产和制造的工业企业、从事商品购销的商业企业、从事交通运输业的交通运输企业，及从事金融、保险、投资、咨询、餐饮、修理等的各类服务性企业。一个企业无论其从事何种业务，规模有多大，都是按照一定方式组建而成的。企业组建形式既取决于国家经济管理体制，也取决于资金来源渠道和国家法律、法规。企业经营内容、组织形式对其财务管理具有很大的影响。

（一）企业的组织类型

从经济成分和投资主体看，企业可以分为国有企业、集体企业、外商投资企业、私营企业、个体工商户以及多种所有制结合的联合企业。

从财产构成和法律地位看，企业可以分为公司组织和非公司组织企业。公司是指按照我国《公司法》规定设立的有限责任公司和股份有限公司。有限责任公司股东以其出资额为限对公司承担责任，公司以其全部资产对公司的债务承担责任。股份有限公司的资本应分为等额股份，股东以其所持股份为限对公司承担责任，公司以其全部资产对公司的债务承担责任。除新组建公司外，国有企业还可以按法律、行政法规的规定和要求转换经营机制，即有步骤地进行清产核资、界定产权、清理债权债务、评估资产、建立规范企业内部管理机构，改建为公司。国家授权的投资机构或者国家授权的部门，可以单独投资设立国有独资的有限责任公司。有限责任公司和股份有限公司在法律地位、企业财务管理方法上基本相同，但股东人数、注册资本的最低限额、出资方式以及税后利润分配等方面有所区别。

随着横向、纵向经济发展，各类企业为了达到一定的目的，如提高发展速度、减少经营费用、降低经营风险、形成规模效益等，若干企业组成的联合企业——企业集团。企业集团除总公司（母公司）外，还有分公司、子公司和控股公司等成员公司，其中分公司是总公司的派出机构，也称为分支机构，不是法人，不独立核算；子公司的全部资本由总公司（母公司）投入；控股公司指总公司占有股本在50%以上的子公司，如果子公司股权十分分散，则总公司只要占有较少的股本也可以达到控制的目的；联营公司是指由总公司或下属公司与国内原来自主经营、独立核算的企业或单位，按照自愿平等、互利互惠、共同发展的原则，通过签订联营章程或协议而组织起来的联营企业；合资经营企业则是指中外合资经营企业，即由总公司或下属子公司与国外或我国港、澳、台地区企业共同出资组建的企业。全资子公司、控股公司、联营公司、合资经营公司都是具有独立财产，实行独立核算，各自享有民事权利，承担民事责任的法人。参股公司则是指总公司持有其他企业股份，但未达到控制股权的公司，总公司有权分享参股公司收益，并以其投资额为限负有法律责任。

非公司组织形式一般指独资企业或合伙企业，如个体工商户、外商独资企业。某些中外合作经营企业带有合伙的性质。一般情况下，独资企业和合伙企业的企业规模较小，生产经营活动比较简单，涉及经济关系比较单纯，所以由企业主组织生产经营活动和自主理财，并承担经营风险和财务风险，在法律上负无限责任。在企业经营失败时，不仅应以企业全部资产偿付债务，还应以企业主个人财产满足债权人的偿付要求。其中，合伙企业的合伙人还负有连带责任，即在企业经营失败时，如果部分合伙人无力承担债务责任时，其他合伙人要对企业债务总额负全部责任。

（二）公司内部组织机构

现代企业组织形式主要采用公司制。按照《中华人民共和国公司法》的规定，公司内部组织机构主要分为以下几个层次。

股东会。是公司的最高权力机构，由全体股东组成。股东会一般由董事会定期或临时召集，由董事长主持，行使以下职权：①决定公司的经营方针和投资计划；②选举和更换董事，决定有关董事的报酬事项；③选举和更换由股东代表出任的监事，决定有关监事的报酬事项；④审议批准董事会的报告，公司的年度财务预算、决算方案，公司利润的分配方案和弥补亏损方案；⑤对公司增加或减少注册资本做出决议；⑥对发行公司债券做出决议；⑦对股东向股东以外的人转让出资做出决议；⑧对公司的合并、分立、公司形式的变更，公司的解散和清算等事项做出决议；⑨修改公司章程。

董事会。是公司的常设机构。董事会设董事长一人，董事长是公司的法定代表人，有权代表公司签署具有法律效应的文件，在法庭起诉或应诉，并对公司经营的合法性负完全的责任；在董事会闭会期间，董事长接受董事会授权，行使董事会部分职权。

董事会对股东会负责，并行使下列职权：①负责召集股东会议，并向股东会报告工作；②执行股东会的决议；③决定公司的经营计划和投资方案；④制订公司的年度财务预算、决算方案，公司利润的分配方案和弥补亏损方案，公司增加或减少注册资本的方案；⑤拟订公司的合并、分立、变更形式、解散的方案；⑥决定公司内部管理机构的设置；⑦聘任或解聘经理，根据经理的提名，聘任或解聘公司副经理、财务负责人，决定其报酬等事项；⑧制订公司的基本管理制度。

总经理。由董事会聘任的经理可列席董事会会议，对董事会负责，行使下列职权：①主持公司的生产经营管理工作，组织实施董事会决议；②组织实施公司年度经营计划和投资方案；③拟订公司内部管理机构设置方案和公司的基本管理制度；④制定公司的具体规章；⑤提请聘任或解聘公司副经理、财务负责人；⑥聘任或解聘除应由董事会聘任或解聘以外的负责管理人员；⑦公司章程和董事会授予的其他职权。

监事会。公司的监督机构，由股东会和适当比例的公司职工组成。监事可列席董事会会议，主要行使下列职权：①检查公司财务；②对董事、经理执行公司职务时，违反法律、法规或者公司章程的行为进行监督；③当董事和经理行为损害公司利益时，要求董事和经理纠正；④提议召开临时股东会；⑤公司章程规定的其他职权。

二、财务管理体制和财务管理的法规制度

（一）财务管理体制

企业财务管理体制主要解决财务管理权限的划分问题，即国家、企业各拥有哪些财权，应

承担什么经济责任。财务管理体制包括多方面的内容，如企业财务管理体制、基本建设财务管理体制、行政事业单位财务管理体制等。企业财务管理体制是确定企业在组织资金运动时与各方面财务关系的制度，是我国经济管理体制的重要组成部分。

企业财务管理体制属于上层建筑，它必须适应经济基础的需要促进经济基础的不断巩固和发展；同时，应随着经济基础的发展变化而逐步进行调整、完善。但是，企业财务管理体制是建立在统一领导、分级管理原则上的，包括的基本内容不会改变。

企业财务管理体制包括国家与企业之间的财务管理体制和企业内部财务管理体制两部分内容。国家与企业之间的财务管理体制所确定的是企业与外部有关方面的财务关系，既包括企业与国家之间的财务关系，也包括企业与投资者、债权人以及其他单位之间的财务关系。

企业内部财务管理体制主要确定的是企业内部各级各部门之间的财务关系，主要包括资金在企业内部的使用规定，内部各级、各部门自负盈亏的方式，内部结算办法以及有关的奖惩规定等。

（二）财务管理的法规制度

财务管理体制确定之后，就要设立相应的财务管理组织机构，建立必要的财务管理制度，以保证财务管理职权的实施。

我国企业财务管理的法规制度体系是以《企业财务通则》为基本，以行业财务制度为主体，以企业内部财务管理办法为补充的合理、科学、有序的制度体系，是企业从事财务活动的依据。

1.《企业财务通则》。财务管理法规制度体系中最基本的法规，由中华人民共和国财政部制订，经国务院批准后发布，适用于我国的所有企业。《企业财务通则》是企业从事财务活动必须遵循的基本原则和规范，是国家对企业财务活动进行监督的依据，也是制定具体财务管理制度的基础。《企业财务通则》共由十章、七十三条组成，包括：第一章总则，第二章企业财务管理体制，第三章资金筹集管理，第四章资产营运管理，第五章成本、费用管理，第六章收益分配管理，第七章企业重组清算管理，第八章财务信息管理，第九章财务监督，第十章附则。《企业财务通则》主要围绕与企业设立、经营、分配、重组过程伴生的财务活动，规定了企业财务要素的内容，对企业财务管理主体应当履行的职责、享有的权利、承担的义务及其财务行为进行了规范。

2. 行业财务管理制度。是企业财务管理制度体系中的主体法规，是企业从事财务活动必须遵循的具体法规。行业财务管理制度由中华人民共和国财政部制定并发布。根据不同行业的经营特点和管理要求，分为工业企业、运输企业、商品流通企业、邮电企业、金融保险企业、旅游饮食服务企业、农业企业、对外经济合作企业、施工和房地产开发企业、电影和新闻出版企业等制度，目的是使各行业财务管理制度进一步规范化。行业财务管理制度内容与《企业财务通则》的内容衔接，结构体系也基本一致。

3. 企业内部财务管理制度。是由各企业根据《企业财务通则》和所在行业财务管理制度要求，结合本企业的具体生产经营情况和管理要求制定的企业内部管理制度。其目的是建立起现代化企业内部财务管理工作的秩序和财务约束机制，强化企业财务管理，也是企业理财自主权的具体体现。内部财务管理制度一般应规定企业财务管理基础工作的要求、企业内部财务收支手续制度、企业各项财产物资的管理办法、企业内部各级各部门对资金的使用权力和职责及企业收益的内部分配办法等内容。企业内部财务管理制度由企业财务部门组织制定，制定前应充分发动职工参加讨论，广泛征求意见。要简明易行，便于操作和检查分析。企业内部财务管理制度制定后，经企业领导批准即可执行。

三、企业财务管理机构

企业财务管理机构的设置，因企业规模大小不同而有差异，与经济发展水平和经济管理体制也有密切的联系。

在高度集中的计划经济体制下，我国国有企业大多是将财务机构和会计机构合并设置。在大中型企业中，在厂长（经理）领导下，由总会计师来领导财务会计部门，在小型企业，不设总会计师，由一名副厂长（副经理）领导财务会计部门。这种财务与会计机构合并设置模式是与传统管理体制相适应的。国有企业的自主经营、自负盈亏流于形式，企业财务管理主要从属于国家财政，企业财务管理的主要职能如筹集资金、投资、利润分配等都由国家财政部门和企业主管部门包揽。企业只是按规定收付，没有财务管理的决策权，不能自主筹资和投资，一些财务活动业务手续在进行会计核算工作中可顺便完成。因此，财务管理机构可以不必单独设置。

改革开放以后，企业的财务活动发生了深刻的变化。企业的筹资渠道和筹资方式越来越多样化，企业投资的规模日益增大，去向日益广阔，利润分配涉及的方面更加广泛，企业要处理的财务关系由于经济行为的多种多样也更加复杂。在这种形势下，财务管理的独立地位越来越突出，财务与会计职责不明的弊病也越来越明显。因此，就产生了财务机构同会计机构分别设置的需要。

根据西方发达国家的经验，在企业总经理领导下可设置财务副经理来主管财务与会计工作。在财务副经理下面可分设财务处和会计处，分别由财务主任（Treasurer）和主计长（Controller）担任主管人员，其下再根据工作内容设置若干专业科。根据国外经验并结合我国具体情况，企业财务处的主要职责可规定为如下几项：（1）筹集资金；（2）负责固定资产投资；（3）负责营运资金管理；（4）负责证券的投资与管理；（5）负责利润的分配；（6）负责财务预测、财务计划和财务分析工作。企业会计处的主要职责可规定为如下几项：（1）按照企业会计准则的要求编制对外会计报表；（2）按照内部管理的要求编制内部会计报表；（3）进行成本核算工作；（4）负责纳税的计算和申报；（5）执行内部控制制度，保护企业财产；（6）办理审核报销等其他有关会计核算工作。

财务机构和会计机构分别设置、分别规定职责范围，才能明确财务工作和会计工作各自的主攻方向，各司其职，而不致顾此失彼。财务机构同会计机构分别设置后，两者还必须为提高企业经济效益这一共同目标而相互配合、密切协作。会计处要及时地向财务处提供真实可靠的会计信息，并利用其所掌握的会计信息参与企业的财务计划和财务分析工作，对企业财务活动进行监督，为经营决策服务。财务处则要充分利用会计处提供的会计信息和其他有关资料搞好财务预测、财务决策和财务分析工作，依据日常核算资料及时调度资金，财务处预测、计划所确定的具体财务指标要及时提供给会计处，作为其日常控制监督的依据。在财务副经理统一管辖下，财务机构和会计机构加强联系，互相支持，就能协调一致地为实现企业的总体目标而发挥各自的作用。

第五节　财务管理的任务和环节

一、财务管理的任务

根据《企业财务通则》规定，企业财务管理的基本任务是：制定企业财务战略，做好财务预测、决策、预算、控制、监督和考核等工作，依法筹集资金，开展资产运营，实施成本、费用、收益分配的管理，控制财务风险，提升企业价值。主要任务如下。

（一）参与筹资决策，组织资金供应

企业财务管理的首要任务就是依法合理筹集资金。企业财务部门应积极参与企业的筹资决策和经营决策，根据企业的生产经营任务和其他条件，结合运用资金要求，正确合理地预测企业完成生产经营任务所必需的资金，并通过各种渠道和方式取得资金，及时供应生产经营的需要。

（二）合理运用资金，提高资金利用效果

企业财务管理部门首先必须管好、用好各项资金，把有限的资金用于最需要和最关键的方面。在运用资金中，要力求做到科学、高效、合理，减少和消除风险。企业的流动资产、长期投资、固定资产、无形资产和其他资产等，应分布合理，提高资金利用效果。

（三）降低产品成本，提高经济效益

企业进行生产经营活动必然要发生一定的耗费，企业财务管理必须努力挖掘企业潜力，促使企业科学合理地使用人力和物力，降低产品成本，增加企业盈利，提高经济效益。

（四）依法分配收入，合理积累资金

企业产品销售收入首先要补偿生产经营中的耗费和支付员工的劳动报酬，扣除销售税金、资金占用费和期间费用，形成营业利润，加上对外投资收益和其他收入，形成企业利润，上缴所得税后即企业的净利润，依照相关法规对净利润进行分配。企业收入的分配，关系着国家、投资者、企业职工之间的经济利益，一定要从全局出发，依法合理进行分配，为国家和企业积累发展资金。

（五）进行财务监督，维护财经纪律

企业财务管理在为企业生产经营活动服务的同时，还要利用价值形式对企业生产经营过程进行调节、控制和监督。其目的是保证国家方针、政策、财经制度和法令的在企业中得以贯彻执行，维护财经纪律。对于违反党和国家的方针、政策、财经制度、法令，损害国家、公众利益和长远利益的错误行为，要及时发现，迅速反映，并提出处理建议。

二、财务管理的环节

财务管理的环节，也就是财务管理的工作步骤与一般程序。其主要包括以下几个环节。

（一）财务预测

财务预测是根据财务活动的历史资料和其他有关资料，考察现实的要求和条件，对企业未来的财务活动和财务成果做出科学的预计和测算。财务预测的一般程序如下。

1. 明确预测目标。

财务预测的目标也就是财务预测的对象和目的。由于预测目标不同，其预测资料、模型的建立、预测方法的选用和表现方式等也不同。因此，必须明确预测的具体对象和目的，以规范预测的范围。

2. 搜集相关资料。

根据预测对象的目的，要广泛搜集与预测目标相关的各种信息资料，并对这些信息资料进行可靠性、完整性、典型代表性的检查和进行归类、汇总、调整等加工处理，使资料符合预测的需要。

3. 建立预测模型。

根据影响预测对象的各个因素之间的相互关系，建立相应的财务预测模型。一般的财务预测模型有因果关系、时间序列和回归分析等。

4. 实施财务预测。

根据经过加工整理的资料代入财务预测模型，选用适当预测方法，进行定性、定量分析，确定预测结果。

（二）财务决策

财务决策是指财务人员在财务目标的总体要求下，通过专门方法从各种方案中筛选出最佳方案。财务决策能够实现的程度高低，关系到企业的兴衰成败，必须认真对待。财务决策的一般程序如下。

1. 确定决策目标。

为了进行决策，首先必须确定决策目标，以便根据决策目标有针对性地做好各个阶段的决策分析工作。

2. 提出备选方案。

根据决策目标，运用适当的方法，对所搜集的资料作进一步的加工、整理，提出实现决策目标的各种备选方案。

3. 选择最优方案。

备选方案提出后，根据决策目标，采用一定的方法，分析评价各种方案的经济效益和社会效益，进行权衡，从中选出最优方案。

（三）财务预算

财务预算是运用科学的技术手段和方法，对目标进行综合平衡，制定主要计划指标，拟订增产节约措施，协调各项指标。财务预算是以财务决策确定的方案和财务预算提供的信息为基础进行编制的。财务预算编制的一般程序如下。

1. 分析财务环境，确定预算指标。

根据社会宏观环境和企业内部微观状况，运用科学方法，分析与所确定的经营目标有关的各种因素，按照总体经济效益原则，确定出主要预算指标。

2. 协调财务能力，组织综合平衡。

合理安排人力、物力、财力，使之与经营目标的要求相适应，资金运用同资金来源平衡，财务收入同财务支出平衡。并要努力挖掘企业潜力，从提高经济效益出发，对企业各方面的生产经营活动提出要求，制定各单位的预算指标。

3. 选择预算方法，编制财务预算。

以经营目标为核心，以平均先进定额为基础，编制企业的财务预算，并检查各项有关的预算指标是否密切衔接、协调平衡。

（四）财务控制

财务控制是在财务管理的过程中，利用有关信息和特定手段，对企业财务活动施加影响或调节，以便实现预算指标、提高经济效益。实行财务控制是落实预算任务、保证预算实现的有效措施。财务控制的一般程序如下。

1. 制定控制标准，分解落实责任。

按照责、权、利相结合的原则，将预算任务以标准和指标的形式分解落实到分厂、车间、科室、班组或商店柜组以至于个人，这样，企业内部每个单位、每个职工都有明确的工作要求，便于落实责任和检查考核。

2. 实施追踪控制，及时调整误差。

在日常财务活动中，应采取各种手段对资金的收付和占用等实施事先控制。凡是符合标准的，就予以支持；凡是不符合标准的，则加以限制，并研究处理。在预算执行过程中还应对结果与目标的差异及时进行调整。将实际数与预算数或其他标准数进行对比，考察确定差异的程度、性质和造成差异的责任归属，进行调节，以消除差异，顺利实现预算指标。

3. 分析执行差异，进行考核奖惩。

企业在一定时期终了，应对各责任单位的预算执行情况进行分析、评价，考核各项财务指标的执行结果，把财务指标的考核纳入各级岗位责任制，运用激励机制，实行奖优罚劣。

（五）财务分析

财务分析是根据核算资料，运用特定方法，对企业财务活动过程及其结果进行分析和评价的一项工作。通过财务分析，可以掌握各项财务计划的完成情况和评价财务状况，研究和掌握企业财务活动的规律性，以改善和提高企业管理水平，提高企业经济效益。财务分析的一般程序如下。

1. 占有资料，掌握信息。

开展财务分析首先应充分占有有关资料和信息。财务分析所用的资料通常包括财务预算等计划资料、本期财务报告等资料、财务历史资料以及市场调查资料。

2. 指标对比，揭露矛盾。

对比分析是揭露矛盾、发现问题的基本方法。财务分析要在充分占有资料的基础上，通过数量指标的对比来评价企业业绩，发现问题，找出差异。

3. 分析原因，明确责任。

影响企业财务活动的因素，有生产技术和生产组织方面的；也有经济管理和思想政治方面的；既有企业内部的，也有企业外部的。这就要求财务人员运用一定的方法从各个因素的相互作用中找出影响财务指标的主要因素，以便抓住关键，分清责任。

4. 提出措施，改进工作。

要在掌握大量资料的基础上，去伪存真，去粗取精，由此及彼，由表及里，找出各种财务活动之间以及财务活动同其他经济活动之间的本质联系，然后提出明确具体、切实可行的改进措施，以推动财务管理的发展。

思考题

1. 财务管理是如何产生的？其发展过程大致经历了哪几个阶段？各个阶段的主要特点是什么？
2. 什么是财务活动？企业财务活动的主要内容是什么？
3. 什么是财务关系？企业的财务关系主要包括哪些方面？
4. 企业财务管理的概念、特点及其主要内容是什么？
5. 财务管理的目标是什么？如何协调不同利益主体的利益冲突？
6. 试述企业价值最大化是财务管理的最优目标。
7. 财务管理的环境有哪些？
8. 进行财务管理有哪些法规制度？
9. 财务管理工作包括哪些管理环节？

综合案例

“楼市奇才”与玫瑰园

位于北京昌平境内的玫瑰园别墅区始建于1992年，是北京市第一个赴港招商的房地产项目。在它身上，几乎浓缩了中国早期房地产业成长的历史，也承载着曾经是香港第一楼市奇才的邓某某兵败京城的辛酸血泪。玫瑰园项目是由北京市政府批准兴建，由内地商人刘某某的香港飞达公司跟昌平房地产开发总公司合资开发，两家分别占股45%和55%。该项目规划建设别墅800余套，每套售价300万元以上，总投资3.5亿元。刘某某靠权力背景赢得了这一项目，然而由于缺乏楼盘开发经验及后续资金，一直在寻找接盘的人。邓某某在香港靠经营房地产代理业务起家，1990年，他所经营的利达行已成为香港最大的房地产代理公司，他本人也成为香港一时无人能及的金牌代理人。1992年后，在香港弹丸之地已感发展受限的邓某某在第一时间嗅到了商机。在考察了内地的上海和北京后，他认为：”上海很开放，房地产太热了，不适合全面进入。而北京很保守，保守的城市房地产市场的潜力就大。”他俯瞰北京城，以他那独特而高远的目光一眼就瞄上了玫瑰园。他认为：第一，这是当时北京城最好的房地产项目，第二，它是全中国最大的别墅项目；第三，它经过了5位香港著名地产行业律师的一致论证和看好。就这样，他以香港利达行40%的股权做抵押集资1亿港元，首期动用6 000万港元，以投资的形式购买了北京玫瑰园2万多平方米的别墅，并借此成为该项目的销售总代理。邓某某接手后，先后组团赴美国、韩国等推介，凭借其出色的营销能力和人缘，项目一开盘就卖出了80套。这时候刘某某挪用首批购房款的丑闻被爆出，邓某某通过一系列的股权转让最终以8 000万港元整体收购了玫瑰园的开发权。但邓某某收购后发现，玫瑰园的销售许可证未得到北京市政府的复核。刘某某留下的一堆烂账也超出了他的想象，别墅还没卖出几套，经济纠纷就冒出了10多起。就在此时，中央提出了“宏观调控，治理整顿”的方针，严令停建“楼堂馆所”，玫瑰园别墅项目首当其冲地遇到冲击。银根紧缩导致业已开业的项目停建，陷入进退无度的窘境。邓某某只得一次次地拿利达行的钱给玫瑰园输血。在北京呆了一段时间的邓某某为了取得土地出让证，他四处寻找有较深政府背景的公司做靠山，可在与这些公司的合作中又屡屡受骗吃亏，打起官司来更是回回落败。1994年，在邓某某的上百次奔波下，北京市土地管理局终于与利达行达成了土地出让协议。根据规定，土地出让年限为70年，利达公司支付土地使用权出让金共计1.5亿元，到1995年底分3笔付清。一面要支付源源不断的工程建设款，一面要缴清巨额的土地出让金，邓某某只好走上负债经营的道路。然而，在银根日益紧缩的大环境中，邓某某的借款大都通过非正常渠道拆借的短期高息资金，这些钱层层转借到他的手上，已是息上加息高得吓人，不知不觉中已是债台高筑了。1994年底到1995年上半年，北京房地产市场滑入空前低谷，市场异常萧条，豪华别墅和高档公寓更是全面滞销。玫瑰园的销售陷入停顿，而大量拆借的短期资金陆续到期。邓某某审时度势，将楼盘以外销为主转为内销为主，把香港的一批售楼明星“空降”到北京。然而，这些香港职员成本高昂，直接导致了公司竞争力的下降。同时，这些香港雇员又与当地人在文化和观念上发生冲突，导致内地员工的积极性受挫。香港的高级策划人员不清楚内地市场的千差万别，生搬硬套香港的经验，以至于利达公司很快陷入内外交困的境地。熬到1997年，玫瑰园的第一期工程终于完工，第二期工程也已完成了主体建设，然而此时，玫瑰园已欠下了6.5亿元债务，邓某某已无后续资金继续运营。3月，在一家公司答应为他偿还部分欠款的条件下，邓某某将玫瑰园及北京利达行几乎白送给了这家公司，一无所有地黯然离京，日后曾有业内人士分析，玫瑰园占地面积近50万平方米，而当时上海和北京成功的别墅项目很少有超过10万平方米的，它的规模已经超出了正常的市场容量；玫瑰园以外销为主打目标，而当时哪怕是在深圳这样毗邻港澳的外向城市，楼市的外销比例也不过10%，因此邓某某一开始就犯了战略上的错误。

结合案例分析财务管理环境对企业财务管理的影响。

第二章

资金时间价值

【学习目标】

通过本章学习，应当了解并掌握：

[1] 资金时间价值的含义；

[2] 一次性款项时间价值的计算；

[3] 年金时间价值计算；

[4] 混和款项、利率及期限的计算。

拥有一套属于自己的住房，是很多人的梦想，然而要买房，大多数人都会需要贷款，选择贷款买房已成为一种流行的购房模式。日益庞大的个人住房贷款市场——这块商业银行的优质“资产”蛋糕，对银行散发着巨大的诱惑力，各大银行为了抢占市场，争取客户，频频亮出各具特色的房贷产品。以中国农业银行（也简称农业银行或农行）为例，其个人住房贷款业务目前提供个人一手住房贷款、个人二手住房贷款、个人住房接力贷款、个人住房循环贷款等十余种贷款形式，贷款利率方面有浮动利率、固定利率、混合利率三种方式可供选择，更有多样的贷款偿还方式，如到期一次还本付息还款法、等额本息还款法、等额本金还款法、等额递增还款法、等额递减还款法、等比递增还款法等。面对越来越多样化的贷款形式、利率方式以及还款方式，消费者有了更多的选择空间，但与此同时也带来了如何选择适合自己的贷款产品、贷款额度、贷款时间以及还款方式等问题。各种不同的还款方式，其区别是什么？预期利率的不确定性会不会影响还款方式的选择？要不要提前还款？提前还款对借款人的现金流量分布的影响如何？……

资金的时间价值和投资风险价值，是财务活动中客观存在的经济现象，无论是资金筹集、资金投放、收益分配，都必须考虑资金时间价值和风险价值问题。资金时间价值和投资风险价值通常是通过利息率来表示的，而利息率除受通货膨胀因素影响外，主要包括资金时间价值和投资风险价值。本章主要阐述资金时间价值、投资风险价值、利息率等有关财务管理的基本概念，以便为后续各章的学习奠定理论基础。

第一节　一次性款项时间价值的计算

一、资金时间价值的含义

资金时间价值，是指一定量资金在不同时点上的价值量的差额。众所周知，在商品经济条件下，即使不存在通货膨胀，等量资金在不同时点上的价值量也不相等，今天的 1 元钱和将来的 1 元钱不等值，前者要比后者的经济价值大。例如，若银行存款年利率为 10%，将今天的 1 元钱存入银行，一年以后就会是 1.10 元。可见，经过一年时间，这 1 元钱发生了 0.10 元的增值，今天的 1 元钱和一年后的 1.10 元等值。资金在使用过程中随时间的推移而发生的增值，即为资金的时间价值。

对资金存在时间价值这一客观现象，西方经济学家有种种解释。“节欲论”认为时间价值是资本所有者不将资本用于生活消耗所得的报酬；“时间利息论”认为，时间价值产生于人们对现有货币的评价高于对未来货币的评价，是价值时差的贴水；“流动偏好论”则认为时间价值是放弃流动偏好的报酬。不难看出，他们心目中的时间价值是资金所有者推迟现时的消费而要求得到的按推迟时间长短计算的报酬。显然，这种解释不全面也不确切，没有揭示资金时间价值的实质和真正的来源。如果说推迟消费便能得到报酬，则资金所有者将钱闲置不用或埋入地下也能实现资金增值，这显然是不可能的。

马克思的劳动价值论认为，一切价值都是劳动创造的，等待、对货币资金主观评价以及货币资金本身都不会增大价值。资金之所以具有时间价值，根源于其在再生产过程中的运动和转化，是生产的产物，是劳动的产物。资金的时间价值是资金在周转使用中产生的，是资金所有者让渡资金使用权而参与社会财富分配的一种形式。

通常情况下，资金的时间价值被认为是没有风险和通货膨胀条件下的社会平均资金利润率。有关时间价值的计算方法同有关利息的计算方法相同，因而时间价值与利率容易被混为一谈。实际上，财务管理活动总是或多或少地存在风险，通货膨胀也是市场经济中客观存在的经济现象。因此，利率不仅包含时间价值，也包含风险价值和通货膨胀因素。只有国库券等政府债券风险较低，如果通货膨胀率很低的话，则政府债券利率可视同时间价值。

资金的时间价值是一个客观存在的经济范畴，是财务管理中必须考虑的重要因素。我国过去曾长期忽视资金时间价值理论的运用，给经济工作带来许多危害，资金使用效率低下。如国拨资金无偿使用，企业固定资产闲置，材料物资大量积压，流动资金占用过多；项目建设工期长，资金回收慢，投资效果差等。改革开放以来，逐步开放了各种资金市场，建立了以国家银行为主的各种形式的金融机构，以银行信用为主，实行商业信用、国家信用和消费信用等多种信用方式，运用债券、股票、本票、商业票据等多种信用工具。而商品经济的高度发展和借贷关系的普遍存在正是资金时间价值产生的前提和基础。由此可见，我国不仅有资金时间价值存在的客观基础，而且有充分运用的迫切性。把资金时间价值引入财务管理，在资金筹集、运用和分配等各方面考虑这一因素，有利于提升财务管理水平。

二、一次性收付款项时间价值的计算

在某一特定时点上一次性支付（或收取），经过一段时间后再相应地一次性收取（或支

付）的款项，即为一次性收付款项。这种性质的款项在日常生活中十分常见，如存入银行一笔现金 100 元，年利率为复利 10%，经过 3 年后一次性取出本利和 133. 10 元，这里所涉及的收付款项就属于一次性收付款项。

终值又称将来值，是现在一定量现金在未来某一时点上的价值，又称本利和。在上例中，3 年后的本利和 133. 10 元即为终值。

现值又称本金，是指未来某一时点上的一定量现金折合到现在的价值。如上例 3 年后的 133. 10 元折合到现在的价值 100 元，这 100 元即为现值。

终值与现值的计算涉及利息计算方式。目前有两种利息计算方式，即单利和复利。在单利方式下，每期都按初始本金计算利息，当期利息不计入下期本金，计算基础不变。在复利方式下，以当期末本利和为计息基础计算下期利息，即利上加利。现代财务管理中一般用复利方式计算终值和现值，因此一次性收付款的现值和终值也称为复利现值和复利终值。

（一）单利的终值和现值

为便于两种利息计算方式的比较，加深对复利的理解，这里先介绍单利计息方式下时间价值的计算。为计算方便，先设定如下符号标示：

I——利息；

P——现值；

F——终值；

i——每一利息期的利率（折现率）；

n——计算利息的期数。

按照单利的计算法则，利息的计算公式为：

$I=P\cdot i\cdot n$

【例 2-1】某人持有一张带息票据，面额为 2 000 元，票面利率 5%，出票日期为 8 月 12 日，到期日为 11 月 10 日（90 天）。则该持有者到期可得到利息为：

$I=2\ 000\times5\%\times90/360=25$（元）

除非特别指明，在计算利息时，给出的利率均为年利率，对于不足一年的利率，以一年等于 360 天来折算。

单利终值的计算可依照如下公式：

$F=P+P\cdot i\cdot n=P(1+i\cdot n)$

【例 2-2】设 P 为 100 元，i 为 10%，n 为 3，则单利方式下各期终值为：

$F_1=100\times(1+10\%)=110$（元）

$F_2=100\times(1+2\times10\%)=120$（元）

$F_3=100\times(1+3\times10\%)=130$（元）

可以看出，第一期的利息为 10 元，到第二期，利息是 10 元的 2 倍，即 20 元，也就是说，第二期的利息仍按原始本金 100 元计算，而不按第一期的本利和 110 元计算。

单利现值的计算同单利终值的计算是互逆的，由终值计算现值称为折现。将单利终值计算公式变形，即得单利现值的计算公式为：

$P=F/(1+i\cdot n)$

【例 2-3】某人希望在 5 年后取得本利和 1 000 元，用以支付一笔款项。则在利率为 5%，单利方式计算条件下，此人现在需存入银行多少钱?

$P = 1\ 000/(1+5\times5\%) = 800$（元）

（二）复利的终值和现值

1. 复利的终值（已知现值P，求终值F）。

资金时间价值通常是按复利计算的。复利不同于单利，它是在一定期间（如一年）按一定利率将本金所生利息加入本金再计利息，即“利滚利”，也就是说，它既涉及本金上的利息，也涉及利息所生的利息。

复利终值是指一定量的本金按复利计算若干期后的本利和。

【例2-4】某人将20 000元存放于银行，年存款利率为6%，则经过一年时间的本利和为：

$$\begin{aligned} F &= P + P\cdot i \\ &= P\cdot(1+i) \\ &= 20\ 000\times(1+6\%) \\ &= 21\ 200\ (\text{元}) \end{aligned}$$

如此人并不提走现金，将21 200元继续存在银行，则第二年本利和为：

$$\begin{aligned} F &= [P\cdot(1+i)]\cdot(1+i) \\ &= P\cdot(1+i)^2 \\ &= 20\ 000\times(1+6\%)^2 \\ &= 22\ 472\ (\text{元}) \end{aligned}$$

同理，第三年的本利和为：

$$\begin{aligned} F &= [P\cdot(1+i)^2]\cdot(1+i) \\ &= P\cdot(1+i)^3 \\ &= 20\ 000\times(1+6\%)^3 \\ &= 23\ 820\ (\text{元}) \end{aligned}$$

第n年的本利和为：

$$F = P\cdot(1+i)^n$$

式中$(1+i)^n$，通常称作“一次性收付款项终值系数”，简称“复利终值系数”，用符号（F/P,i,n）表示。如本例（F/P,6%,3）表示利率为6%、3年期复利终值的系数。复利终值系数可以通过查阅“1元复利终值表”直接获得。复利终值系数也可表示为$FVIF_{i,n}$。

“1元复利终值表”的第一行是利率i，第一列是计息期数n，相应的$(1+i)^n$在其纵横相交处。通过该表可查出，$(1+6\%)^3 = (F/P,6\%,3) = FVIF_{6\%,3} = 1.191$。即在时间价值为6%的情况下，现在的1元和3年后的1.191元在经济上是等效的，根据这个系数可以把终值换算成现值。

2. 复利的现值（已知终值F，求现值P）。

复利现值是复利终值的逆运算，它是指今后某一特定时间收到或付出的一笔款项，按折现率所计算的现在时点价值。其计算公式为：

$$p = F\cdot(1+i)^{-n}$$

式中$(1+i)^{-n}$通常称作“一次性收付款项现值系数”记作（P/F,i,n），可以直接查阅

"一元复利现值表"，上式也可写作：$P=F(P/F,i,n)$。复利现值系数也可表示为 $PVIF_{i,n}$。

【例 2－5】某投资项目预计 6 年后可获得收益 800 万元，按年利率（折现率）12% 计算，问这笔收益的现在价值是多少？

$$
\begin{aligned}
P &= F\cdot(1+i)^{-n}=F\cdot(P/F,i,n)=F\cdot PVIF_{i,n}\\
&=800\times(1+12\%)^{-6}=800\times(P/F,12\%,6)=PVIF_{12\%,6}\\
&=800\times0.5066=405.28\text{（万元）}
\end{aligned}
$$

第二节　系列款项时间价值的计算

一、普通年金的终值与现值

在现实经济生活中存在一定时期内多次收付的款项，即系列收付款，如果每次收付的金额相等，则这样的系列收付款项便称为年金。简言之，年金是指一定时期内每次等额收付的系列款项，通常记作 A。

年金的形式多种多样，如保险费、折旧、租金、等额分期收款、等额分期付款以及零存整取或整存零取储蓄等，都是年金。按其每次收付发生的时点不同，可分为普通年金、即付年金、递延年金和永续年金等几种。

1. 普通年金终值的计算（已知年金 A，求年金终值 F）。

普通年金是指一定时期内每期期末等额收付的系列款项，又称后付年金。年金终值犹如零存整取的本利和，是一定时期内每期期末收付款项的复利终值之和。其计算办法如图 2－1 所示。

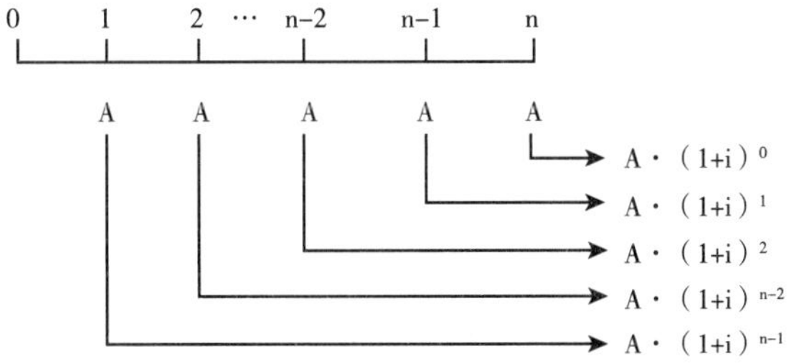

图 2－1　普通年金终值计算示意图

由图 2－1 可知，年金终值的计算公式为：

$F=A-(1+i)^{0}+A-(1+i)^{1}+A-(1+i)^{2}+\cdots\cdots+A\cdot(1+i)n^{-2}+a-(1+i)n^{-1}$

将上式两边同时乘以（1＋i）得：

$F\cdot(1+i)=A-(1+i)^{1}+A-(1+i)^{2}+\cdots\cdots+A-(1+i)^{n-1}+A-(1+i)^{n}$

将上两式相减可得：

$F\cdot i=A-(1+i)^{n}-A$

$F\cdot i=A-[(1+i)n-1]$

则：$F=A\cdot\left[\dfrac{(1+i)^{n}-1}{i}\right]$

式中方括号中的数值，通常称作“年金终值系数”，记作（F/A,i,n），可直接查阅“1元年金终值表”。上式也可写作：F = A·(F/A,i,n)。年金终值系数也可表示为$FVIFA_{i,n}$。

【例2-6】假设某项目在5年建设期内每年年末向银行借款100万元，借款年利率为10%，问该项目竣工应付本息的总额是多少?

$F=100\times(F/A,10\%,5)=100\times FVIFA_{10\%,5}=100\times6.1051=610.51$（万元）

2. 年偿债基金的计算（已知年金终值F，求年金A）。

偿债基金是指为了在约定的未来某一时点清偿某笔债务或积聚一定数额的资金而必须分次、等额提取的存款准备金。由于每次提取的等额准备金类似年金存款，因而同样可以获得该复利计算的利息，要归还的债务额实际上等于年金终值，每年提取的偿债基金等于年金额A。也就是说，偿债基金的计算实际上是年金终值的逆运算。其计算公式为：

$$A=F\cdot\left[\frac{i}{(1+i)^n-1}\right]$$

式中方括号中的数值称作“偿债基金系数”，记作（A/F,i,n），可直接查阅“偿债基金系数表”，或通过年金终值系数的倒数推算出来。上式也可写作：A = F·(A/F,i,n)，或$A=F\cdot[1/(F/A,i,n)]$

【例2-7】假设某企业有一笔4年后到期的借款，数额为1 000万元，为此设置偿债基金，年复利率为10%，到期一次还清借款，问每年年末应存入的金额是多少?

$$A=1\,000\times\left[\frac{10\%}{(1+10\%)^4-1}\right]=1\,000\times0.2154$$

$=215.4$（万元）

或 $A=1\,000\times[1/(F/A,10\%,4)]$

$=1\,000\times[1/4.6410]$

$=215.4$（万元）

3. 普通年金现值的计算（已知年金A，求年金现值P）。

年金现值是指一定时期内每期期末收付款项的复利现值之和。其计算办法如图2-2所示。

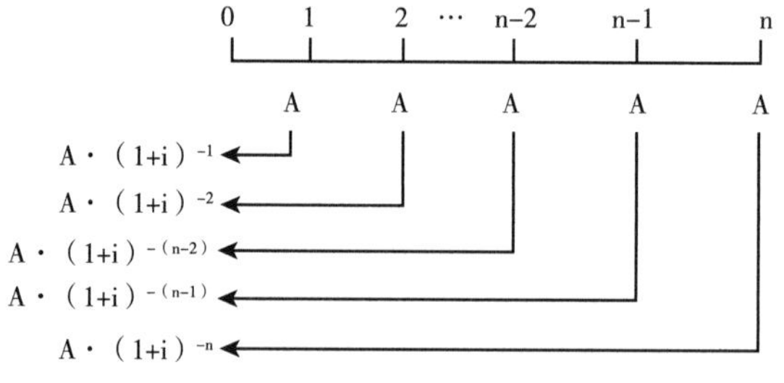

图2-2 普通年金现值计算示意图

由图2-2可知，年金现值的计算公式为：

$P=A\cdot(1+i)^{-1}+A\cdot(1+i)^{-2}+\cdots\cdots+A\cdot(1+i)^{-(n-1)}+A-(1+i)^{-n}$

将上式两边同时乘上（1+i）得：

$P\cdot(1+i)=A+A\cdot(1+i)^{-1}+\cdots\cdots+A\cdot(1+i)^{-(n-2)}+A\cdot(1+i)^{-(n-1)}$

将上两式相减可得：

$P\cdot i=A-A\cdot(1+i)^{-n}$

$$P \cdot i = A \cdot [1-(1+i)^{-n}]$$

$$P = A \cdot \left[\frac{1-(1+i)^{-n}}{i}\right]$$

式中方括号内的数值称作“年金现值系数”，记作（P/A,i,n），可直接查阅“1元年金现值表”。上式也可写作：$P = A \cdot (P/A,i,n)$。年金现值系数也可表示为 $PVIFA_{i,n}$。

【例2-8】租入某设备，每年年末需要支付租金120元，年复利率为10%，问5年内应支付的租金总额的现值是多少？

$$P = 120 \times \left[\frac{1-(1+10\%)^{-5}}{10\%}\right] = 120 \times (P/A,10\%,5)$$

$$= 120 \times PVIFA_{10\%,5}$$

$$= 120 \times 3.7908 \approx 455 \text{（元）}$$

4. 年资本回收额的计算（已知年金现值P，求年金A）。

资本回收是指在给定的年限内等额回收或清偿初始投入的资本或所欠的债务。其中未收回部分要按复利计息构成偿债的内容。年资本回收额是年金现值的逆运算。其计算公式为：

$$A = P \cdot \left[\frac{i}{1-(1+i)^{-n}}\right]$$

式中方括号内的数值称作“资本回收系数”，记作（A/P,i,n），可直接查阅“资本回收系数表”，或利用年金现值系数的倒数求得。上式也可写作：$A = P \cdot (A/P,i,n)$，或 $A = P \cdot [(1/(P/A,i,n)]$

【例2-9】某企业现在借得1 000万元的贷款，年利率为12%，在10年内等额偿还，每年应付的金额是多少？

$$A = 1\,000 \times \left[\frac{12\%}{1-(1+12\%)^{10}}\right]$$

$$= 1\,000 \times 0.1770 = 177 \text{（万元）}$$

或 $A = 1\,000 \cdot [(1/(P/A,12\%,10)] = 1\,000 \times [1/5.6502] \approx 177$（万元）

二、即付年金的终值与现值

即付年金是指一定时期内每期期初等额收付的系列款项，又称先付年金。即付年金与普通年金的区别仅在于付款时间的不同。

1. 即付年金终值的计算。

即付年金的终值是其最后一期期末时的本利和，是各期收付款项的复利终值之和。

n期即付年金终值与n期普通年金终值之间的关系可以用图2-3加以说明。

从图2-3可以看出，n期即付年金与n期普通年金的付款次数相同，但由于其付款时间不同，n期即付年金终值比n期普通年金的终值多计算一期利息。即：

$$F = A \cdot \left[\frac{(1+i)^n-1}{i}\right] \cdot (1+i)$$

$$= A \cdot \left[\frac{(1+i)^{n+1}-(1+i)}{i}\right]$$

$$F = A \cdot \left[\frac{(1+i)^{n+1}-1}{i} - 1\right]$$

因此，在 n 期普通年金终值的基础上乘以（1 + i）就是 n 期即付年金的终值。

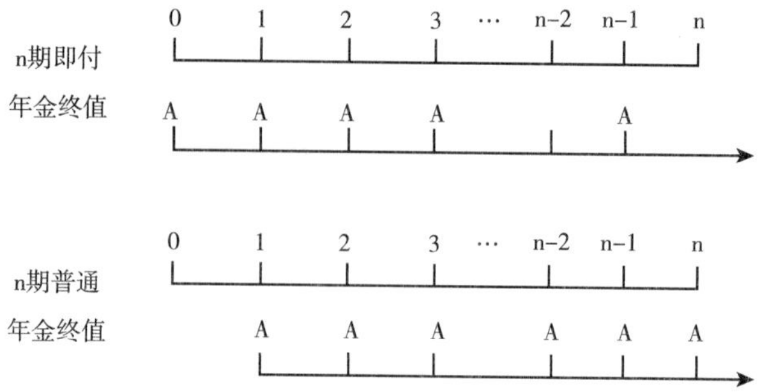

图 2 -3　即付年金终值计算示意图

式中方括号内的数值称作“即付年金终值系数”，它是在普通年金终值系数的基础上，期数加 1，系数减 1 所得的结果。通常记作 [(F/A, i, n + 1) − 1]。这样，通过查阅“一元年金终值系数”得（n + 1）期的值，然后减去 1 便可得对应的即付年金终值系数的值。这时可用如下公式计算即付年金终值。

$$F = A \cdot [(F/A, i, n+1) - 1]$$

【例 2 −10】某公司决定连续 5 年于每年年初存入 100 万元作为住房基金，银行存款利率为 10%。则该公司在第 5 年末能一次取出本利和多少钱？

$$F = A \cdot [(F/A, i, n+1) - 1]$$

$$= 100 \times (F/A, 10\%, 6) - 1]$$

$$= 100 \times (7.7156 - 1)$$

$$\approx 672 \text{（万元）}$$

2. 即付年金现值的计算。n 期即付年金现值与 n 期普通现值之间的关系，可用图 2 −4 加以说明。

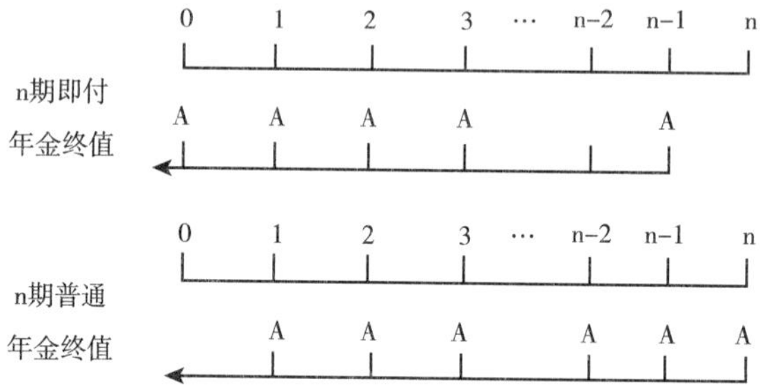

图 2 -4　即付年金现值计算示意图

从图 2 −4 可以看出，n 期即付年金现值与 n 期普通年金现值的期限相同，但由于其付款时间不同，n 期即付年金现值比 n 期普通年金现值多折现一期。因此，在 n 期普通年金现值的基础上乘以（1 + i），便可求出 n 期即付年金的现值。

$$P = A \cdot \left[\frac{1-(1+i)^{-n}}{i}\right] \cdot (1+i)$$

$$= A \cdot \left[\frac{(1+i)-(1+i)^{-(n-1)}}{i}\right]$$

$$P = A \cdot \left[\frac{1-(1+i)^{-(n-1)}}{i} + 1\right]$$

式中方括号内的数值称作“即付年金现值系数”，它是在普通年金系数的基础上，期数减1，系数加1所得的结果。通常记作［(P/A,i,n－1)+1］。这样，通过查阅“一元年金现值表”得（n－1）期的值，然后加1，便可得出对应的即付年金现值系数的值。这时可用如下公式计算即付年金的现值：

$$P = A \cdot [(P/A,i,n-1)+1]$$

三、递延年金和永续年金的现值

1. 递延年金现值的计算。

递延年金是指第一次收付款发生时间不在第一期末，而是隔若干期后才开始发生的系列等额收付款项。它是普通年金的特殊形式，凡不是从第一期开始的普通年金都是递延年金。递延年金的现值是自若干时期后开始每期款项的现值之和。m 期以后的 n 期年金现值，可用图 2－5 表示。

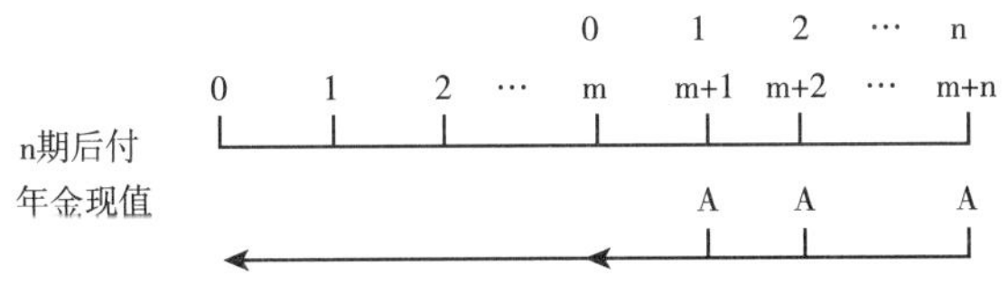

图 2－5　递延年金现值计算示意图

递延年金现值的计算公式为：

$$P = A \cdot \left[\frac{1-(1+i)^{-(m+n)}}{i} - \frac{1-(1+i)^{-m}}{i}\right]$$

$$= A \cdot [(P/A,i,m+n) - (P/A,i,m)]$$

或 $P = A \cdot \left[\frac{1-(1+i)^{-n}}{i}\right] \cdot (1+i)^{-m}$

$$= A \cdot [(P/A,i,n) \cdot (P/F,i,m)]$$

其一，先计算出 m＋n 期的普通年金现值，然后减去前 m 期的普通年金现值，即得递延年金的现值；其二，先将此递延年金视为 n 期普通年金，求出在第m＋1 期期初的现值，然后再折算到第一期期初。

【例 2－11】某人拟在年初存入一笔资金，以便能在第六年年末起每年取出 1 000 元，至第 10 年末取完。在银行存款利率为 10% 的情况下，此人应在最初一次存入银行多少钱？

$$P = A \cdot [(P/A,10\%,10) - (P/A,10\%,5)]$$

$$= 1\,000 \times (6.144\,6 - 3.790\,8) \approx 2\,354 \text{（元）}$$

或 $P = A \cdot (P/A,10\%,5)(P/F,10\%,5)$

$$= 1\,000 \times 3.790\,8 \times 0.620\,9 \approx 2\,354 \text{（元）}$$

2. 永续年金现值计算。

永续年金是指无限期等额收（付）的特种年金，可视为普通年金特殊形式，即期限趋于无穷的普通年金。存本取息可视为永续年金的例子。此外，也可将利率较高、持续期限较长的年金视同永续年金计算。

由于永续年金持续期无限，没有终止的时间，因此没有终值，只有现值。通过普通年金现值计算可推导出永续年金现值计算公式为：

$P = A/i$

【例2－12】某人持有的某公司优先股，每年每股股利为2元，若此人想长期持有，在利率为10%的情况下，请对该项股票投资进行估价。

这是一个求永续年金现值的问题，即假设该优先股每年股利固定且持续较长时期，计算出这些股利的现值之和，即为该股票的估价。

$P = A/i = 2/10\% = 20$（元）

四、折现率、期间和利率的推算

1. 折现率（利息率）的推算。

对于一次性收付款项，根据其复利终值（或现值）的计算公式可得折现率的计算公式为：

$i = (F/P)^{1/n} - 1$

因此，若已知F、P、n，不用查表便可直接计算出一次性收付款项的折现率（利息率）i。

永续年金折现率（利息率）i的计算也很方便。若P、A已知，则根据公式 $P = A/i$，变形即得i的计算公式为：

$i = A/P$

普通年金折现率（利息率）的推算比较复杂，无法直接套用公式，而必须利用有关的系数表，有时还会牵涉内插法的运用。下面着重对此加以介绍。

普通年金终值F、现值P的计算公式分别为：

$F = A \cdot (F/A,i,n)$

$P = A \cdot (P/A,i,n)$

变形得相应的：

$F/A = (F/A,i,n)$

$P/A = (P/A,i,n)$

从上述两式可看出，两式右边分别为普通年金终值系数和普通年金现值系数。若F、A、n已知，则可利用F/A，查普通年金终值系数表，找出系数值为F/A的对应的i即可；若P、A、n已知，则可利用P/A，查普通年金现值系数表，找出系数为P/A的对应的i即可。若找不到完全对应的i，则可运用内插法求得。

可见，利用F/A或P/A求i的基本原理和步骤是一致的。现以P/A为例，即已知P、A、n。说明求i的基本方法。

若P、A、n已知，则可按以下步骤推算i：

（1）计算出P/A的值，假设 $P/A = \alpha$。

（2）查普通年金现值系数表。沿着已知n所在的行横向查找，若恰好能找到某一系数值等于α，则该系数值所在的列相对应的利率便为所求的i值。

（3）若无法找到恰好等于α的系数值，就应在表中n行上找与α最接近的两个左右临界系数值，设为 β_1、β_2（$\beta_1>\alpha>\beta_2$，或 $\beta_1<\alpha<\beta_2$）。找出 β_1、β_2 所对应的临界利率，然后进一步运用内插法。

（4）在内插法下，假定利率 i 同相关的系数在较小范围内线性相关，因而可根据临界系数 β_1、β_2 和临界利率 i_1、i_2 计算出 i，其公式为：

$$i=i_1+\frac{\beta_1-\alpha}{\beta_1-\beta_2}\cdot(i_2-i_1)$$

【例 2－13】某公司于第一年年初借款 20 000 元，每年年末还本付息额为 4 000 元，连续 9 年还清，问借款利率为多少？

根据题意，已知 P＝20 000，A＝4 000，n＝9，则：

P/A＝20 000/4 000＝5＝α

即，α＝5＝(P/A,i,9)

查 n＝9 的普通年金现值系数表。在 n＝9 一行上无法找到恰好为 α（α＝5）的系数值，于是找大于和小于 5 的临界系数值，分别为：$\beta_1=5.326\ 3>5$，$\beta_2=4.947\ 4<5$。同时找出临界利率为 $i_1=12\%$，$i_2=14\%$。则：

$$\begin{aligned}i&=i_1+\frac{\beta_1-\alpha}{\beta_1-\beta_2}\cdot(i_2-i_1)\\&=12\%+\left[\frac{5.328\ 3-5}{5.328\ 3-4.947\ 4}\right]\times(14\%-12\%)=13.719\end{aligned}$$

按照上述方法，若利用 F/A，则计算出 F/A 的值，设为 α，然后查普通年金终值系数表求 i。

对于一次性收付款项，若应用查表法求 i，可先计算出 F/P 的值，设其为 α，然后查复利终值系数表；或先计算出 P/F 的值，设其为 α，然后查复利现值系数表。

对于即付年金利率 i 的推算，同样可遵照上述方法。先求出 F/A 的值，令 α＝F/A＋1，然后沿（n＋1）所在的行横向在普通年金终值系数表中查找，若恰好找到等于 α，则该系数值所在列所对应的利率便为所求的 i，否则便查找临界系数值和对应的临界利率，应用内插法求出利率 i。

2. 期间的推算。

期间 n 的推算，其原理和步骤同折现率（利息率）i 的推算是一样的。

现以普通年金为例，说明在 P、A 和 i 已知情况下，推算期间 n 的基本步骤。

（1）计算出 P/A，设为 α。

（2）查普通年金现值系数表。沿着已知 i 所在列纵向查找，若能找到恰好等于 α 的系数值，则其对应的 n 值即为所求期间值。

（3）若找不到恰好为 α 的系数值，则查找最为接近 α 值上下临界系数 β_1、β_2 以及对应的临界期间 n_1、n_2，然后应用内插法求 n，公式为：

$$n=n_1+\frac{\beta_1-\alpha}{\beta_1-\beta_2}\cdot(n_2-n_1)$$

【例 2－14】某企业拟购买一台柴油机，更新目前的汽油机。柴油机价格较汽油机高出 2 000元，但每年可节约燃料费用 500 元。若利率为 10%，则柴油机应至少使用多少年对企业而言才有利？

依题意，已知 $P=2\ 000$，$A=500$，$i=10\%$，则：

$P/A=2\ 000/500=4=\alpha$

即，$(P/A,10\%,n)=\alpha=4$

查普通年金现值系数表。在 $i=10\%$ 的列上纵向查找，无法找到恰好为 α（$\alpha=4$）的系数值，于是查找大于和小于 4 的临界系数值：$\beta_1=4.355\ 3>4$，$\beta_2=3.790\ 8<4$，对应的临界期间为 $n_1=6$，$n_2=5$，则：

$$n=n_1+\frac{\beta_1-\alpha}{\beta_1-\beta_2}\cdot(n_2-n_1)$$

$$=6+\left[\frac{4.355\ 3-4}{4.355\ 3-3.790\ 8}\right]\times(5-6)$$

$$=5.4(\text{年})$$

3. 名义利率与实际利率的换算。

前面讨论的有关计算均假定利率为年利率，每年复利一次。但实际上，复利的计息不一定是一年，有可能是季度、月份或日。如某些债券半年计息一次；有的抵押贷款每月计息一次；银行之间拆借资金均为每天计息一次。当每年复利次数超过一次时，这样的年利率称为名义利率，而每年只复利一次的利率才是实际利率。

对于一年内多次复利的情况，可采取两种方法计算时间价值。

第一种方法是按如下公式将名义利率调整为实际利率，然后按实际利率计算时间价值。

$i=(1+r/m)^m-1$

式中：i——实际利率；

r——名义利率；

m——每年复利次数。

【例 2－15】某企业于年初存入 10 万元，在年利率为 10%，半年复利一次的情况下，到第 10 年末，该企业能得本利和为多少？

依题意得，$P=10$，$r=10\%$，$m=2$，$n=10$。

则：$$i=\left(1+\frac{r}{m}\right)^m-1$$

$$=\left(i+\frac{10\%}{2}\right)^2-1$$

$$=10.25\%$$

$$F=P\cdot(1+i)^n$$

$$=10\times(1+10.25\%)^{10}$$

$$=26.53\ (\text{万元})$$

因此企业于第 10 年末可得本利和 26.53 万元。

这种方法的缺点是调整后的实际利率往往带有小数点，不利于查表。

第二种方法是不计算实际利率，而是相应调整有关指标，即利率变为 r/m，期数相应变为 $m\cdot n$。

【例 2－16】利用上例中的有关数据，用第二种方法计算本利和。

$$F = P\left(1+\frac{r}{m}\right)^{m \cdot n}$$
$$= 10 \times \left(1+\frac{10\%}{2}\right)^{2 \times 10}$$
$$= 10 \times (F/P, 5\%, 20)$$
$$= 26.53\text{（万元）}$$

思考题

1. 什么是资金的时间价值？
2. 一次性款项的终值和现值有哪些区别？
3. 单利和复利有什么异同？
4. 什么是年金？各种年金的区别是什么？

练习题

1. 某工厂有一笔123 600元的资金，准备存入银行，希望在7年后利用这笔款项的本利和购买一套生产设备，当时的银行存款利率为复利10%，该设备的预计价格为240 000元。试用数据说明7年后该厂能否用这笔款项的本利和购买设备。

2. 银行存款年利率10%，复利计息，若计划第5年末获得20 000元，现在应向银行存款多少？

3. 每年年末存入银行1 000元，存期5年，年利率10%，5年末的终值是多少？

4. 某人拟今后5年内每年年末获得1 000元，存款年利率8%，复利计息，他应于第一年初向银行存款多少？

5. 某人准备连续8年在银行存入相同金额款项，以便到时一次性取出10万元，银行利率为10%，问应存入多少钱？

6. 某大学拟设立一项奖学金，计划每年颁发奖学金10 000元，设存款年利率为8%，该校现在应存款多少？

7. 某厂2022年从甲公司借入一笔款，期限六年。甲公司规定，该厂从2023年开始每年年末还款，每年偿还5万元。市场利率为10%，求该笔款现值。

8. 某企业投资一项目，投资额131 616元，项目寿命5年，每年年初等额分配利润一次，市场利率为7%，问每年利润分配额至少达到多少，项目投资才可行？

9. 企业存入银行10万元，年利率12%，按季度计息，5年后本利和为多少？如银行改为按月计息，则本利和又为多少？

综合案例

法国的尴尬与无奈

1797年，拿破仑在卢森堡第一国立小学演讲时说了这样一番话：“为了答谢贵校对我及夫人的盛情款待，我不仅今天呈上一束玫瑰花，并且在未来的日子里，只要我们法兰西存在一天，每年的今天我都会亲自派人送给贵校一束价值相等的玫瑰花，作为法兰西与卢森堡友谊的象征。”时过境迁，拿破仑穷于应付连绵的战争和此起彼伏的政治事件，把卢森堡的诺言忘得一干二净。可卢森堡对这位“欧洲巨人与卢森堡孩子亲切、和谐相处的一刻”念念不忘，并载入了他们的史册。

1984 年，卢森堡旧事重提，向法国提出违背“赠送玫瑰花”诺言案的索赔：要么从 1797 年起，用 3 路易作为一束玫瑰花的本金，以 5 厘复利计息全部清偿这笔玫瑰案；要么法国政府在法国各大报刊上公开承认拿破仑是个言而无信的小人。起初，法国政府准备不惜重金赎回拿破仑的声誉，但却被电脑算出的数字惊呆了：原本 3 路易的许诺，本息竟高达 1 375 596 法郎！经过冥思苦想，法国政府字斟句酌的答复是：“以后，无论在精神上还是物质上，法国将始终不渝地对卢森堡大公国的中小学教育事业予以支持与赞助，来兑现我们的拿破仑将军那一诺千金的玫瑰花信誉。”这一措辞最终得到了卢森堡人民的谅解。

第三章

筹 资 管 理

【学习目标】

通过本章学习，应当了解并掌握：

[1] 筹资的含义、筹资动机、筹资要求以及筹资渠道与方式；

[2] 销售百分比法预测资金需要量、线性回归分析法预测资金需要量；

[3] 权益资本的筹资；

[4] 负债资金的筹集。

互联网分析师许丹丹这两年风光无限，从分析师转型成为知名创投平台3W咖啡的创始人。不同于传统的信贷或股权融资，3W咖啡的资金来源于众筹：向社会公众进行资金募集，每个人10股，每股6 000元。但并不是所有人都可以成为股东，不是说你有6万元就可以参与投资，3W强调互联网创业和投资圈的顶级圈子，没有投资者为了6万元的未来可以带来的分红而投资，更多的是冲着3W给股东的圈子和人脉价值。投资者花6万元就可以认识大批同样优秀的创业者和投资人，既有人脉价值，也有学习价值。很多顶级企业家和投资人的智慧不是6万元可以买的。通过微博等网络媒介，3W咖啡汇集了一大帮知名投资人、创业者、企业高级管理人员，其中包括沈南鹏、徐小平、曾李青等数百位知名人士，股东阵容堪称华丽，3W咖啡引爆了中国众筹创业咖啡，几乎每个城市都出现了众筹式的3W。3W很快以创业咖啡为契机，将品牌衍生到创业孵化器等领域。

资金是企业进行生产经营活动的必要条件。企业创建，开展日常生产经营业务，购置设备、材料等生产要素，不能没有一定数量的生产经营资金；扩大生产规模，开发新产品，提高技术水平，更要追加投资。筹集资金是企业资金运动的起点，是决定资金运动规模和生产经营发展程度的重要环节。通过一定的资金渠道，采取一定的筹资方式，组织资金的供应，保证企业生产经营活动的需要，是企业财务管理的一项重要内容。

第一节　筹　资　概　述

一、筹资的含义

一个企业及时足额地筹措资金，是其生存和发展的前提条件。筹集资金是企业生产经营的起点，决定企业资金运动规模与生产发展程度。筹集资金简称筹资，是企业根据其生产经营、对外投资和调整资本结构的需要，通过筹资渠道和资金市场，采用适当的筹资方式，切实有效地筹措和集中资金的一种行为。在市场经济条件下，企业通过筹措资金，可以弥补资金的不足，也可以灵活地形成企业资金组合的结构，促进企业不断发展壮大。

二、筹资动机

企业的筹资动机各种各样，有的是单一的，有的是综合的，归纳出来主要有扩张筹资动机、偿债筹资动机和混合筹资动机。

（一）扩张筹资动机

扩张筹资动机是企业为了扩大生产经营规模或者开辟新的经济领域而产生的筹资动机。它主要适用于经营前景良好、处于成长期的企业，如企业生产经营的产品供不应求，企业开发了适销对路的新产品、追加有利的对外投资规模等，都需要筹集大量资金。扩张筹资动机所产生的结果是企业资产总额的增加。

【例3－1】甲公司扩张筹资前的资产负债状况如表3－1金额栏A所示，根据扩大经营的需要，公司现筹资90万元，其中，长期借款80万元，所有者又投入资本10万元，用于增加设备价值30万元，增加存货60万元，其他项目不变，扩张筹资后的资产负债状况编制如表3－1金额栏B所示。

表3－1　　甲公司偿债筹资前后的资产负债表　　单位：万元

资产	A初始金额	B扩张筹资后	C偿债筹资后	负债及所有者权益	A初始金额	B扩张筹资后	C偿债筹资后
货币资金	30	30	30	应付款项	62	62	22
应收账款	96	96	96	短期借款			100
存货	44	104	104	长期借款	70	150	90
固定资产净值	200	230	230	所有者权益	238	248	248
合计	370	460	460	合计	370	460	460

由表3－1可以知道，甲公司扩张筹资后，资产总额从筹资前的370万元扩大为460万元，负债及所有者权益总额也从筹资前的370万元增加到460万元。

（二）偿债筹资动机

偿债筹资动机是企业为了偿还某项已经到期的债务而产生的筹资动机，即以新债还旧债。它主要适用于改变债务结构或者因现有支付能力不足而被迫举债还债的企业。偿债筹资动机所产生的结果不会改变资产总额，但会改变负债的结构。

【例3－2】甲公司偿债筹资前的资产负债状况如表3－1金额栏B所示。现公司应付账款中有40万元到期，长期借款中有60万元到期，公司决定向银行借入短期借款100万元清偿到期债务。公司举债筹资后的资产负债状况如表3－1中的C栏所示。

在例3－2中，企业尚有货币资金30万元可用于偿付到期债务。但为了保持一定的货币额度，仍然决定举债还债。这种偿债筹资的结果没有扩大公司的资产总额，只是改变了公司的债务结构。

（三）混合筹资动机

混合筹资动机是企业因同时需要长期资金和流动资金而形成的筹资动机。通过混合筹资，企业一方面扩大资产规模，另一方面偿还部分旧债。

三、筹集资金的要求

企业筹集资金要综合考虑多种因素，讲求资金筹集的综合经济效益。具体要求如下。

（一）合理确定资金需要量，努力提高筹资效果

不论通过什么渠道、采取什么方式筹集资金，都应该预先确定资金的需要量，既要确定流动资金的需要量，又要确定固定资金的需要量。筹集资金固然要广开财路，但必须有一个合理的界限。要使资金的筹集量与需要量相适应，防止筹资不足而影响生产经营或者筹资过剩而降低筹资效益。

（二）周密研究投资方向，大力提高投资效果

投资是决定应否筹资和筹资多少的重要因素之一。投资收益与筹资成本相权衡，决定要不要筹资，而投资规模则决定着筹资的数量。因此，必须确定有利的资金投向，才能做出筹资决策，避免不顾投资效果的盲目筹资。

（三）适时取得所筹资金，保证资金投放需要

筹集资金要按照资金投放使用的时间来合理安排，使筹资与用资在时间上相衔接，避免取得资金滞后而贻误投资的有利时机，也要防止取得资金过早而造成投放前的闲置。

（四）认真选择筹资来源，力求降低筹资成本

企业筹集资金可以采用的渠道和方式多种多样，不同筹资渠道和方式的筹资难易程度、资金成本和财务风险各不一样。因此，要综合考察各种筹资渠道和筹资方式，研究各种资金来源的构成，求得最优的筹资组合，以便降低组合的筹资成本。

（五）合理安排资金结构，保持适当偿债能力

企业的资金来源一般包括由权益资金和债务资金两种。企业负债所占的比率要与权益资金多少和偿债能力高低相适应。要合理安排资金结构，既防止负债过多，导致财务风险过大，偿债能力不足，又要有效地利用负债经营，以提高权益资金的收益水平。

（六）遵守国家有关法规，维护各方合法权益

企业的筹资活动，影响着社会资金的流向和流量，涉及有关方面的经济权益。企业筹集资金必须接受国家宏观指导与调控，遵守国家有关法律法规，实行公开、公平、公正的原则，履行约定的责任，维护有关各方的合法权益。

四、企业筹资的渠道与方式

企业筹资需要通过一定的筹资渠道，运用一定的筹资方式来进行。不同的筹资渠道和筹资方式各有特点和适用性。筹资渠道与筹资方式既有联系，又有区别。同一筹资渠道的资金往往可以采用不同的筹资方式取得，而同一筹资方式又往往可以筹集不同筹资渠道的资金，需要分析两者之间的有效配合。

（一）企业筹资渠道

企业的筹资渠道是指企业筹集资金来源的方向与通道，体现着资金的源泉和流量。筹资渠道主要是由社会资金的提供者及数量分布所决定的。目前，我国社会资金的提供者众多，数量分布广泛，为企业筹资提供了广泛的资金来源。认识企业筹资渠道的种类及其特点和适用性，有利于企业充分开拓和利用筹资渠道，实现各种筹资渠道的合理组合，有效地筹集资金。

企业的筹资渠道可归纳为如下七种：

1. 政府财政资金。政府财政资金历来是国有企业筹资的主要来源，政策性很强，通常只有国有企业才能利用。国有企业，包括国有独资公司，其筹资来源的大部分，是由政府通过中央和地方财政部门以拨款方式投资而形成的。政府财政资金具有广阔的源泉和稳固的基础，今后仍然是国有企业权益资本筹资的重要渠道。

2. 银行信贷资金。银行信贷资金是各类企业筹资的重要来源。银行一般分为商业性银行和政策性银行。商业性银行可以为各类企业提供各种商业性贷款；政策性银行主要为特定企业提供一定的政策性贷款。银行信贷资金拥有居民储蓄、单位存款等经常性的资金来源，贷款方式灵活多样，可以适应各类企业债权资金筹集的需要。

3. 非银行金融机构资金。非银行金融机构资金也可以为一些企业提供一定的筹资来源。非银行金融机构是指除了银行以外的各种金融机构及金融中介机构。在我国，非银行金融机构主要有租赁公司、保险公司、企业集团的财务公司以及信托投资公司、证券公司。它们有的集聚了社会资金，融资融物；有的承销证券，提供信托服务，为一些企业直接筹集资金或为一些公司发行证券筹资提供承销信托服务。这种筹资渠道的财力虽然比银行要小，但具有广阔的发展前景。

4. 其他法人资金。其他法人资金有时亦可为筹资企业提供一定的筹资来源。在我国，法人可分为企业法人、事业法人和团体法人等。它们在日常的资金运营周转中，有时也可能形成部分暂时闲置的资金，为了让其发挥一定的效益，也需要相互融通，这就为企业筹资提供了一定的筹资来源。

5. 民间资金。民间资金可以为企业直接提供筹资来源。我国企业和事业单位的职工和广大城乡居民持有大笔的货币资金，可以对一些企业直接进行投资，为企业筹资提供资金来源。

6. 企业内部资金。企业内部资金主要是指企业通过提留盈余公积和保留未分配利润而形成的资金。这是企业内部形成的筹资渠道，比较便捷，有盈利的企业通常都可以加以利用。

7. 国外和我国港澳台资金。国外以及我国香港、澳门和台湾地区的投资者持有的资金，亦可加以吸收，从而形成所谓外商投资企业的筹资渠道。

在上述各种筹资渠道中，政府财政资金、其他法人资金、民间资金、企业内部资金、国外和我国港澳台资金，可以成为特定企业股权资本筹资渠道；银行信贷资金、非银行金融机构资金、其他法人资金、民间资金、国外和我国港澳台资金，可以成为特定企业债权资本的筹资渠道。

（二）企业筹资方式

企业筹资方式是指企业筹集资金所采取的具体形式和工具，体现着资金的属性和期限。这里，资金属性是指资金的股权或债权性质。筹资方式取决于企业的组织形式和金融工具的开发利用程度。目前，我国企业资金的组织形式多种多样，金融工具得到比较广泛的开发和利用，为企业筹资提供了良好的条件。认识企业筹资方式的种类及其特点和适用性，有利于企业准确地开发和利用各种筹资方式，实现各种筹资方式的合理组合，有效地筹集资金。

一般而言，企业筹资方式有以下七种：

1. 投入资金筹资。投入资金筹资是企业以协议形式筹集政府、法人、自然人等直接投入的资金，形成企业投入资金的一种筹资方式。投入资金筹资方式不以股票为媒介，适用于非股份制企业，是非股份制企业取得股权资本的基本方式。

2. 发行股票筹资。发行股票筹资是股份公司按照公司章程依法发售股票直接筹资，形成公司股本的一种筹资方式。发行股票筹资要以股票为媒介，仅适用于股份公司，是股份公司取得股权资本的基本方式。

3. 发行债券筹资。发行债券筹资是企业按照债券发行协议通过发售债券直接筹资，形成企业债权资本的一种筹资方式。在我国，股份有限公司、国有独资公司等可以采用发行债券筹资方式，依法发行公司债券，获得大额的长期债权资本。

4. 发行商业本票筹资。发行商业本票筹资是大型工商企业或金融企业获得短期债权资金的一种筹资方式。它是一种新兴的短期筹资方式，目前在我国还不普遍。

5. 银行借款筹资。银行借款筹资是各类企业按照借款合同从银行等金融机构借入各种款项的筹资方式。它广泛适用于各类企业，是企业获得长期和短期债权资金的主要筹资方式。

6. 商业信用筹资。商业信用筹资是企业通过赊购商品、预收货款等商品交易行为筹集短期债权资金的一种筹资方式。这种筹资方式比较灵活，为各类企业所采用。

7. 租赁筹资。租赁筹资是企业按照租赁合同租入资产从而筹集资金的特殊筹资方式。各类企业都可以采用租赁筹资方式，租入所需资产，并形成企业的债权资金。

在上列各种筹资方式中，投入资金和发行股票筹资方式可为企业取得永久性股权资本；发行债券和租赁筹资方式主要为企业获得长期债权资本；发行商业本票和商业信用筹资方式通常是为企业筹集短期债权资金；银行借款筹资方式既可以用于筹集长期债权资金，也可以用于筹集短期债权资金。

（三）企业筹资渠道与筹资方式配合

企业的筹资渠道与筹资方式有着密切的联系。一定的筹资方式可能仅适用于某一特定的筹资渠道；但同一筹资渠道的资金往往可以采取不同的筹资方式取得，而同一筹资方式又往往可以适用于不同的筹资渠道。因此，企业在筹资时，应当实现筹资渠道和筹资方式两者之间的合理配合。企业筹资渠道与筹资方式相配合的对应关系参见表 3－2。

表 3－2　　企业筹资渠道与筹资方式的配合

筹资渠道＼两者配合＼筹资方式	投入资金筹资	发行股票筹资	发行债券筹资	商业本票筹资	银行借款筹资	商业信用筹资	租赁筹资
政府财政资金	√	√					
银行信贷资金					√		
非银行金融机构资金	√	√	√	√	√	√	√
其他法人资金	√	√	√	√		√	√
民间资金	√	√	√	√			
企业内部资金	√	√					
国外和我国港澳台资金	√	√	√	√	√	√	√

第二节　资金需要量预测

企业资金需要量是筹集资金的数量依据，必须科学合理地加以预测。资金需要量的预测是财务计划的基础。这里说明预测资金需要量常用的方法，即销售百分比法和线性回归析法。

一、销售百分比法

（一）销售百分比法的基本依据

销售百分法是根据销售额与资产负债表和利润表有关项目之间的比例关系，预测各项目短期资金需要量的方法。例如，某企业每年销售 100 万元货物，需有 20 万元存货，即存货占销售额的百分比是 20%（20 ÷ 100）。若销售增至 200 万元，那么该企业就需有 40 万元存货（200 × 20%）。由此可见，在某项目占销售的比率既定的条件下，便可预测未来一定销售额下该项目的资金需要量。

运用销售百分比法，一般是借助预计利润表和预计资产负债表。通过预计利润表预测企业留用利润这种内部资金来源的增加额；通过预计资产负债表预测企业资金需要总额和外部筹资的增加额。

（二）编制预计利润表，预测留用利润

预计利润表与实际利润表的内容、格式相同。通过编制预计利润表，可预测留用利润这种内部筹资的数额，也可为编制预计资产负债表预测外部筹资数额提供依据。

【例3－3】京广公司2021年实际利润表及有关项目与销售额的百分比列示如表3－3所示。试预计2022年利润表并预测留用利润。

表3－3　　2021年实际利润表　　单位：元

项　目	金　额	占销售额的百分比（%）
销售收入	15 000 000	100.0
减：销售成本	11 400 000	76.0
销售费用	60 000	0.4
销售利润	3 540 000	23.6
减：管理费用	3 060 000	20.4
财务费用	30 000	0.2
税前利润	450 000	3.0
减：所得税	180 000	
税后利润	270 000	

注：假定该企业所得税率为40%。

若该企业2022年预计销售收入为18 000 000元，则2022年预计利润表可测算如表3－4所示。

表3－4　　2022年预计利润表　　单位：元

项目	2021年实际数	占销售额的百分比（%）	2022年预计数
销售收入	15 000 000	100.0	18 000 000
减：销售成本	11 400 000	76.0	13 680 000
销售费用	60 000	0.4	72 000
销售利润	3 540 000	23.6	4 248 000
减：管理费用	3 060 000	20.4	3 672 000
财务费用	30 000	0.2	36 000
税前利润	450 000	3.0	540 000
减：所得税	180 000		216 000
税后利润	270 000		324 000

若该企业税后利润的留用比例为50%，则2022年预测留用利润额为162 000元（324 000×50%）。

现将编制预计利润表的主要步骤归纳如下：

第一步，收集基年实际利润表资料，计算确定利润表各项目占销售额的百分比。

第二步，取得预测年度销售额预计数，用此预计销售额乘以基年实际利润表各项目占实际销售额的比率，计算预测年度预计利润表各项目的预计数，并编制预测年度预计利润表。

第三步，利用预测年度税后利润预计数和预定的留用比例，测算留用利润的数额。

（三）编制预计资产负债表，预测外部筹资额

预计资产负债表与实际资产负债表的内容、格式相同，通过编制预计资产负债表，可预测资产、负债和留用利润等有关项目的数额，进而预测企业需要外部筹资的数额。

运用销售百分比法要选定与销售额有稳定比率关系的项目，这种项目称为敏感项目。敏感资产项目通常包括现金、应收账款、存货、固定资产净值等项目，其中固定资产净值是假定折旧产生的现金用于更新资产，同时其资金占用额与销售额有较密切的联系；敏感负债项目通常包括应付账款、应付费用等项目。对外投资、短期借款、长期负债和实收资本通常与销售额没有直接联系，不属于在短期内的敏感项目，留用利润也不宜列为敏感项目。

【例3－4】京广公司2021年实际销售收入15 000 000元，资产负债表及其敏感项目占销售额的比率列示如表3－5所示。2022年预计销售收入为18 000 000元，试预计2022年资产负债表并预测外部筹资额。

表3－5　　2021年实际资产负债表　　单位：元

项目	金额	销售额百分比（%）
资产：		
现金	75 000	0. 5
应收账款	2 400 000	16. 0
存货	2 610 000	17. 4
预付费用	10 000	—
固定资产净值	285 000	1. 9
资产总额	5 380 000	35. 8
负债及所有者权益：		
短期借款	500 000	—
应付账款	2 640 000	17. 6
应付费用	105 000	0. 7
长期负债	55 000	—
负债合计	3 300 000	18. 3
实收资本	250 000	—
留用利润	1 830 000	—
所有者权益合计	2 080 000	—
负债及所有者权益合计	5 380 000	

根据2021年实际资产负债表编制该企业2022年预计资产负债表如表3－6所示。

表 3－6　　**2022 年预计资产负债表**　　单位：元

项目	2005 年实际数 （1）	2005 年销售百分比（%） （2）	2006 年预计数 （3）
资产：			
现金	75 000	0.5	90 000
应收账款	2 400 000	16.0	2 880 000
存货	2 610 000	17.4	3 132 000
预付费用	10 000	—	10 000
固定资产净值	285 000	1.9	342 000
资产总额	5 380 000	35.8	6 454 000
负债及所有者权益：			
短期借款	500 000	—	500 000
应付账款	2 640 000	17.6	3 168 000
应付费用	105 000	0.7	126 000
长期负债	55 000	—	55 000
负债合计	3 300 000	18.3	3 849 000
实收资本	250 000	—	250 000
留用利润	1 830 000	—	1 992 000
所有者权益合计	2 080 000	—	2 242 000
追加外部筹资额			363 000
负债及所有者权益总额	5 380 000		6 454 000

现将编制预计资产负债表的主要步骤归纳如下：

第一步，取得基年资产负债表资料，计算其敏感项目与销售额的百分比，如表 3－5 所示，并列示于表 3－6 的（1）、（2）栏中。

第（2）栏的百分比表明，该企业销售每增长 100 元，资产将增加 35.8 元。这种每实现 100 元销售额所需的资金量，可由敏感负债解决 18.3 元。这里增加的敏感负债是自动增加的，如应付账款会因存货的增加而自动增加。

每百元销售额需要的资金与敏感负债的差额为 17.5 元（35.8－18.3），表示销售每增长 100 元需追加的资金净额。它需要从企业内部和外部筹措。在本例中，销售额增长 3 000 000 元（18 000 000－15 000 000），需净增资金 525 000 元（3 000 000×0.175）。

第二步，用 2022 年预计销售收入 18 000 000 元，乘以第（2）栏所列的百分比，求得表 3－6 第（3）栏所列示的敏感项目金额。第（3）栏的非敏感项目按第（1）栏数额填列。至此，确定了第（3）栏中除留用利润以外的各个项目的数额。

第三步，确定 2022 年留用利润增加额及资产负债表中的留用利润累计额。留用利润增加额可根据利润额、所得税率和留用利润比例来确定。2022 年累计留用利润，等于 2021 年累计留用利润加上 2022 年留用利润增加额。若 2022 年利润额为 540 000 元，所得税率为 40%，税后利润留用比例为 50%，则 2022 年留用利润增加额为：

540 000×（1－40%）×50%＝162 000（元）

2022 年累计留用利润为：

1 830 000 + 162 000 = 1 992 000（元）

从需要的筹资总额（第一步得到的525 000元）中减去内部筹资额162 000元，可求得需要的外部筹资额363 000元。

每四步，加总预计资产负债表的两方：2022年预计资产总额为6 454 000元，负债及所有者权益总额为6 091 000元，其差额为363 000元。它既是使资产负债表两方相等的平衡数，也是需要的外部筹资额。

（四）按预测公式预测外部筹资额

以上介绍了如何运用预计资产负债表预测外部筹资额的过程。为简便起见，也可改用预测公式预测追加的外部筹资额。预测公式如下：

$$\text{需要追加的外部筹资额} = \Delta S \cdot \sum \frac{RA}{S} - \Delta s \cdot \sum \frac{RL}{S} - \Delta RE$$

$$= \Delta S \left(\sum \frac{RA}{S} - \sum \frac{RL}{S} \right) - \Delta RE$$

式中：$\sum$ ——连加符号；

Δ——变动符号；

ΔS——预计年度销售增加额；

$\sum$（RA/S）——基年敏感资产总额占销售额百分比；

$\sum$（RL/S）——基年敏感负债总额占销售额百分比；

ΔRE——预计年度留用利润增加额。

根据例3－4中的数据，运用上述公式可预测该企业2022年需要追加的外部筹资额为：

0.358 × 3 000 000 − 0.183 × 3 000 000 − 162 000 = 363 000（元）

这种方法是根据预计资产负债表的原理，预测企业追加外部筹资额的简便方法。

上述销售百分比法，假定预测年度非敏感项目、敏感项目及其占销售额的百分比均与基年保持不变。但在实践中，非敏感项目、敏感项目及其与销售的百分比数值却可能发生变动，具体情况有：（1）非敏感资产、非敏感负债的项目构成以及数量的变动；（2）敏感资产、敏感负债的项目构成以及占销售额百分比的变动。这些变动对资金需要总量和需追加的外部筹资额都会产生一定的影响，必须相应地予以调整。现举例说明。

【例3－5】根据表3－6的资料，若该企业2022年敏感资产项目中的存货销售百分比提高为17.6%，预定安排对外长期投资（系非敏感资产项目）为50 000元，敏感负债项目中应付账款销售百分比降低为17.5%，预计长期借款（系非敏感负债项目）增加65 000元。针对这些变动，该企业2022年的资金需要量预测可调整如下：

（1）资产总额。

6 454 000 + 18 000 000 ×（17.6% − 17.4%）+ 50 000 = 6 540 000（元）

（2）负债总额。

3 849 000 − 18 000 000 ×（17.6% − 17.5%）+ 65 000 = 3 896 000（元）

（3）需追加的外部筹资额。

6 540 000 − 3 896 000 − 2 242 000 = 402 000（元）

二、线性回归分析法

线性回归分析法又称资金习性预测法，是假定资金需要量与营业业务量之间存在线性关系，在建立数学模型后，根据有关历史资料，用回归直线方程确定参数来预测资金需要量的方法。其预测模型为：

$y = a + bx$

式中：y——资金需要量；

a——不变资金；

b——单位业务量所需要的变动资金；

x——业务量。

不变资金是指在一定的营业规模内，不随业务量增减的资金，主要包括为维持营业而需要的最低数额的现金、原材料的保险储备、必要的成品或商品储备，以及固定资产占用的资金。变动资金是指随着业务量变动而同比例变动的资金，包括在最低储备以外的现金、存货、应收账款等所占用的资金。

利用历史资料通过该预测模型确定出 a、b 的数值以后，即可预测一定业务量 x 所需要的资金数量 y。

【例 3－6】沪宁公司 2017～2021 年的产销量和资金需要数量如表 3－7 所示。假定 2022 年预计产销数量为 78 000 件。试预测 2022 年资金需要总量。

表 3－7　　产销量与资金需要量表

年度	产销量（x）（万件）	资金需要量（y）（万元）
2017	6.0	500
2018	5.5	475
2019	5.0	450
2020	6.5	520
2021	7.0	550

预测过程如下：

1. 根据表 3－7 的资料，计算整理出表 3－8 的数据。

表 3－8　　回归直线方程数据计算表

年度	产销量（x）（万件）	资金需要量（y）（万元）	xy	x^2
2017	6.0	500	3 000	36.00
2018	5.5	475	2 612.5	30.25
2019	5.0	450	2 250	25.00
2020	6.5	520	3 380	42.25
2021	7.0	550	3 850	49.00
n = 5	$\sum x = 30$	$\sum y = 2\ 495$	$\sum xy = 15\ 092.5$	$\sum x^2 = 182.50$

2. 将表 3 -8 的数据代入下列联立方程组：

$$\begin{cases} \sum y = na + b\sum x \\ \sum xy = a\sum x + b\sum x^2 \end{cases}$$

得：

$$\begin{cases} 2\ 495 = 5a + 30b \\ 15\ 092.5 = 30a + 182.5b \end{cases}$$

求得：a =2 050 000（元）

b =49（元）

3. 将 a =2 050 000，b =49 代入 y = a + bx，得：

y =2 050 000 +49x

4. 将 2022 年预计产销数量 78 000 件代入 y =2 050 000 +49x 测得资金需要量为：

2 050 000 +49 ×78 000 =5 872 000（元）

运用线性回归法必须注意以下几个问题：（1）资金需要量与营业业务量之间线性关系的假定应符合实际情况；（2）确定 a、b 数值，应利用预测年度前连续若干年的历史资料，一般要有 3 年以上的资料；（3）应考虑价格等因素的变动情况。

第三节　权益资本的筹资

任何企业从事经营活动，都必须拥有一定数量的权益资本（即自有资金），作为企业自主经营和承担风险的基本保证。权益资本筹资方式主要有吸收直接投资、发行股票（包括发行普通股票、优先股票）和利用留存收益。留存收益是企业税后利润按照规定的办法提取形成的后备金和未分配利润，因为留存收益并不需要企业采用任何方式筹集取得，故在此不作为筹资方式加以讨论。

一、吸收直接投资

吸收直接投资是指企业按照“共同投资、共同经营、共担风险、共享利润”的原则以协议的形式直接吸收国家、其他企业、个人和外商直接投入的资本金。吸收直接投资是非股份制企业筹集主权资本的基本方式，股份制企业应以发行股票方式筹集股本。

（一）吸收直接投资的形式

企业以吸收直接投资方式筹集主权资金时，投资者可以用现金、非现金物资和无形资产等作价出资。

1. 吸收现金投资。

吸收现金投资是企业吸收直接投资的重要形式。因为现金是现实的支付手段，有了现金，就可以用于购置生产经营所必需的资产和支付费用。企业一般乐于接受或要求投资者以现金方式出资。许多国家的《公司法》或《投资法》对现金的出资数额都有明确的规定。我国有关法规尚无现金出资数额的规定，一般由企业和投资者双方协商确定。

2. 吸收非现金投资。

企业吸收非现金投资可分为两类：一类是投资者以房屋、建筑物等固定资产和原材料、产品等流动资产作价出资；另一类是投资者以专利权、商标权、非专有技术以及土地使用权等无形资产作价出资。

（二）吸收非现金投资应注意的问题

吸收非现金投资必须符合以下几个条件：

1. 适用性。投入非现金资产确实是企业生产经营、科研开发所需要的。对投入的固定资产和流动资产的性能、技术水平和质量以及各类资产之间的合理结构等方面应严格把关，以提高投入资产的适用性和运营能力。

2. 公平作价。无论是以实物资产还是以无形资产作价出资都必须公平论价，不得高估或低估作价。具体作价方法可以由双方按照公平合理的原则协商确定，也可以聘请专业资产评估机构评定。

3. 吸收无形资产（不包括土地使用权）作价出资的数额应符合国家有关法律的规定。我国《公司法》对以无形资产作价出资的数额已有明确的规定：“以工业产权、非专利技术作价出资的金额不得超过有限责任公司注册资本的百分之二十，国家对高新技术成果有特别规定的除外。”

（三）吸收直接投资的评价

吸收直接投资是我国企业普遍采用的一种主权资本筹资方式。其主要优点有：

1. 有利于提高企业的信誉。由于吸收直接投资筹集的是主权资本，增加主权资本可以增强企业的经济实力和提高企业的信誉，从而提高企业的举债能力。

2. 吸收直接投资不仅可以筹集到现金，增强企业支付能力，而且可以获得先进设备和技术，有利于企业尽快形成生产能力，从而可以增强企业市场竞争实力。

3. 有利于降低财务风险。吸收直接投资不仅不存在还本问题，而且向投资者支付报酬也具有一定的灵活性，因而财务风险较小。

但是，吸收直接投资也有以下缺点：

1. 资金成本较高。吸收直接投资一般要根据企业盈利的多少和出资数额来确定向投资者支付的报酬，与其他筹资方式相比，其资金成本较高。

2. 容易分散企业的控制权。直接投资者不仅要获得盈利分配权，而且还要获得与投资额相适应的经营管理权，如果吸收直接投资的数额过大就有可能会分散原投资者对企业的控制权。

二、发行普通股票

股票（Stock）是股份公司为筹集主权资本而公开发行的证明投资者在公司拥有权益的一种有价证券。股票的持有者就是公司的股东，股票既是股东入股的凭证，又是从公司盈利中取得股息、分派红利的有价证券。马克思在《资本论》中早已指出，股票是“对一个股份公司拥有的实际资本的所有权证书和索取每年由此生出的剩余价值的凭证”。

（一）股票的特征

股票具有以下主要特征：

1. 每股金额相等。同次发行的股票价格和条件必须相同，便于在股东之间公平分配公司的权益。

2. 权利性。普通股持有者有权出席股东会并拥有表决权、分派盈余权、分配剩余财产权、审查年终账目权等项权利，但同时也承担与权利相当的义务。股东拥有权利和义务的大小取决于某拥有公司股份份额的比例。持股比例越大，所拥有的权利和承担义务越大。

3. 无偿还性。股票投资是一种长期性投资，入股资金在公司经营期内不能随意抽回或退股。股东可以在依法设立的证券交易场所转让股票，使股票具有一定的变现性。但是，为了保持公司经营的稳定性，我国《公司法》规定“公司发起人持有的本公司股票，自公司成立之日起三年内不得转让”。

4. 风险性。由于股票一经购买一般不能随意抽回，投资者必然与企业形成了“利益共享，风险共担”利害关系。股票价格的涨落，分派股利的多少，完全取决于企业的经营状况和盈利能力。当企业出现亏损甚至破产时，股东必须承担以出资额为限的经济损失，在此情况下，股东就可能承受血本无归的风险。

（二）股票的种类

股票诞生已有300多年的历史，各国股票的种类繁多，按照不同的标准可以对股票进行不同的分类。一般有以下几种分类标准：

1. 按照股东权利和承担义务的不同，将股票分成普通股和优先股。

普通股（Common Stock）是股份公司依法发行的具有权利最大和风险最大的一种股票，它是股份公司股本的基本部分。

优先股（Preferred Stock）是股份公司发行的优先于普通股股东分配股利和取得公司剩余财产的股票。发行优先股筹集的资金也属于主权资本的组成部分。

2. 按照票面有无记名划分，可分为记名股票和无记名股票。

记名股票是指股票票面上记载股东姓名或名称的股票，同时，股东的姓名或名称也须记入公司股东名册上。我国《公司法》规定，公司向发起人、国家授权投资的机构、法人发行的股票，应当为记名股票。对社会公众可以发行无记名股票。公司章程一般都规定记名股票不得转让给对抗公司的第三者。

无记名股票是指股票票面上不记载股东姓名或名称的股票，股东姓名或名称也不记入公司股东名册，公司只记载股票的数量、编号和发行日期。不记名股票可以任意转让、继承。

3. 按照股票是否标明金额划分，可分为有面额股票和无面额股票。

票面上标有金额的股票称为有面额股票，其股东对公司享有权利和承担风险的大小，以其所拥有的全部股票的票面金额之和占公司发行在外股票总面额的比例大小来确定。

无面额股票是指股票票面上不标明金额，只在股票上载明所占公司股本总额的比例或股数，其价值随着公司净资产的增减而变动。发行无面额股票，有利于促进投资者在购买股票时，能够计算出股票的实际价值。我国《公司法》规定，公司只能发行有面额股票。

4. 按照股票发行对象和上市地区划分，可分为A股、B股、H股、N股。

A股是指供我国个人或法人买卖的，以人民币标明票面价值并以人民币认购或交易的股票；B股、H股和N股是专供外国和我国港、澳、台投资者买卖的，以人民币标明票面价值，但必须以港币认购或交易的股票。B股在上海、深圳两地上市，H股在香港上市，N股在美国纽约上市。

此外，还可以按照投资主体将股票划分成国家股、法人股、个人股、外商股；按照发行时间的先后将股票划分成原始股和新股等。

（三）普通股股东的权利

普通股股东作为一个整体是企业真正的所有者，也是企业风险的最后承担者。普通股股东作为企业的所有者，对公司既要承担责任，同时也必然享有一定的权利。这里既包括普通股股东整体的权利，也包括普通股股东个人的权利。普通股股东的权利是由有关法律（如《公司法》等）和股份公司章程规定的。各股份公司章程的具体内容尽管不尽相同，但其中有关普通股股东权益的规定都基本相近。普通股股东一般有以下权利。

1. 管理公司的权利。

（1）普通股股东有权出席或委托代理人出席股东大会，并对涉及公司经营方针和投资计划、公司年度预算和决算方案、公司利润分配或亏损弥补方案以及公司合并、分立、解散和清算等重大问题行使表决权。

（2）普通股股东有检查公司账簿和财务报表的权利。为了公司的重要信息和机密不致泄露，保护公司整体利益，这项权利应通过聘请有财务审计资格的会计师事务所行使，一般不允许股东个人询查公司账簿和财务报表。

（3）阻止管理人员越权行为的权利。当公司管理人员越权进行经营时，普通股股东有权加以阻止。

2. 出售和转让股票的权利。

根据《公司法》的规定，股东持有的股票可以依法转让，并规定股票的转让必须在依法设立的证券交易市场上进行。股票是股东对公司投资的证明，股东作为投资者，他可以用出售股份收回的资金转作他用，或购买其他更为理想的公司股份。股票的转让、流通对公司和股东（投资者）双方都是有利的。但是，为了维护原股东对公司的控制权或为了防止股票市价被人为地压低，公司有必要对这项权利作某些限制。例如，规定股东购入股票后在一定时期内不许出售，有的公司章程规定公司有权优先以公平市价受让股东准备转让的股票，再由公司转让给其他股东，等等。

3. 红利分享权。

所谓红利，是指公司的税后利润按照法定程序分配后，可向普通股股东分配的部分。普通股股东在董事会宣布派发股利以后享有公司红利的分配权利，其权利的大小取决于公司宣布的股利派发额和股东持股股数。这项权利通常是对普通股股东而言的，而股东个人则不能采取法律途径提出分享红利的要求。

4. 优先购股权。

公司增发新股时，原有普通股股东有权按原持有股份的比例优先认购。这项权利有利于维持原有股东对公司资产的所有权和控制比例。给予普通股股东这项权利，旨在保护原有股东的合法权益，至于股东是否认购新股，或将“认股权证”赠送他人，或出售，则完全由股东个人自行决定。

5. 剩余财产要求权。

剩余财产要求权是指普通股股东在公司解散、清算或出售时，有要求分享剩余财产的权利。根据《公司法》规定，公司因解散、破产等的清算财产，优先拨付清算费用、支付所欠职工工资和劳动保险费用、支付所欠税金、清偿债务和退还优先股股本后的剩余财产，才由普通股股东按照所持股份分配。剩余财产要求权是一项迫不得已行使的权利，由于普通股股东的这项权利排在公司剩余财产分配顺序的最后，事实上普通股股东很少有获益的可能，甚至连优先股股东对剩余财产的优先要求权也得不到保障。

（四）股票价值

股票是一种虚拟资本，它本身并没有价值。但是，股票具有价格，并能在证券市场上流通买卖或作为抵押品，就在于股票持有者凭借股票享有向该股份公司获得未来的报酬（股利收益）的权利。因此，股票的流通买卖，实质上是一种权利的转让，这种权利就是股票具有价值的客观依据。股票价值形式主要有以下几种。

1. 面值。

面值是指每股票面载明的金额，股票的面值总额代表股份公司法定（注册）股本总额。它是股东承担风险责任的最高限额。股票面值多少，可以由公司创始人自行决定，它与公司发行股票的筹资额的多少和当前股票市价高低并无直接联系。

2. 内在价值。

内在价值是指普通股未来年度股利的现值之和。由于股票不具有返还性，如果今后各年为等额股利，股票的理论价值就是股利的永续年金现值。

3. 账面价值。

普通股的账面价值是指每股拥有公司净资产的价值。普通股账面价值的大小取决于公司净资产的账面数额和流通在外的普通股股数。在公司已发行优先股的情况下，公司净资产扣除优先股股份分享的权益的余额，才是普通股股份应分享的权益。普通股账面价值的计算公式如下：

$$账面价值=\frac{公司净资产-优先股股本}{发行在外的普通股股数}$$
$$=\frac{公司资产总额-负债总额-优先股股本}{发行在外的普通股股数}$$

4. 市场价值。

股票价值是指证券市场上股票的交易价格，是股票价值的市场评价。股票市价与股票面值有所不同，股票面值仅仅表明股东投资入股的货币资本数额，它是一个固定的数额。而股票市价则是变动的，公司的每股盈余、股利政策、资本市场的供求关系、投资者心理预期以及其他不确定因素都会对股票市价产生影响。因此，在健全的资本市场中，股票市价的涨跌，通常成为社会经济情况和社会政治动向的“晴雨表”。

5. 清算价值。

清算价值是指公司破产清算时每股可得到的剩余财产的金额，其中，在优先股清算价值能够按股本清偿时，每股普通股的清算价值则视最后的剩余财产金额的多少而定。

（五）股票的发行

1. 股票发行条件。

股份有限公司发行股票可分为设立发行和增资发行两种情况。

设立发行是指经批准拟成立的股份有限公司为募集股本而发行股票；增资发行是指已成立的股份有限公司为了扩充股本而增发股票。无论是设立发行还是增资发行，不仅发行人必须是具有股票发行资格的股份有限公司，包括已经成立的股份有限公司和经批准拟成立的股份有限公司，而且还必须符合国家法律规定的条件。

根据我国《股票发行与交易管理暂行条例》的规定，设立股份有限公司申请公开发行股票应符合下列条件：

（1）其生产经营符合国家产业政策；

（2）其发行的普通股限于一种，同股同权；

（3）发起人认购的股本数额不少于公司拟发行的股本总额的百分之三十五；

（4）在公司拟发行的股本总额中，发起人认购的部分不少于人民币 3 000 万元，但是国家另有规定的除外；

（5）向社会公众发行的部分不少于公司拟发行股本总额的百分之二十五，其中公司职工认购的股本数额不得超过拟向社会公开发行股本数额的百分之十，公司发行的股本数额超过人民币四亿元的，证监会按照规定可以酌情降低向社会公众发行部分的比例，但是最低不少于公司拟发行的股本总额的百分之十；

（6）发起人在近三年内没有重大违法行为；

（7）证券委规定的其他条件。

股份有限公司增资申请公开发行股票，除应当符合以上条件外，还必须符合以下条件：

（1）前一次公开发行股票所得资金的使用与其招股说明书所述的用途一致，并且资金使用效益良好；

（2）距前一次公开发行股票的时间不少于十二个月；

（3）从前一次公开发行股票到本次申请期间没有重大违法行为；

（4）证券委规定的其他条件。

2. 股票发行程序。

根据国际惯例，各国对公开发行股票决定都有严格的法定程序。我国《公司法》和有关法规对公开发行股票的法定程序也有明确规定，任何未经法定程序发行的股票都是无效的。公开发行股票的基本程序如下：

（1）发行前的准备工作。股份有限公司在公开发行股票之前必须首先提出新股发行计划。新股发行计划包括股票种类、发行数量、发行日期、发行价格等主要内容，提交投资者会议或董事会讨论并做出发行新股决议；其次，详细编写必备的文件资料，如申请报告、招股说明书、公司章程、董事会决议等；最后，聘请具有从事证券业务资格的会计师事务所，对公司最近三年的财务报告进行审计，并出具审计报告，聘请资产评估事务所评估本公司资产的真实价值，并出具资产评估报告。

（2）提出发行股票的申请。提出发行股票的申请是股票发行工作的关键。发行公司应严格按照有关法规的规定向证券管理机构正式提出发行申请，并提交有关的申请文件和资料，包括申请报告、公开发行股票的决议、营业执照、公司章程、招股说明书、财务审计报告和资产评估报告等。经证券管理机构审核同意后，方可公开发行股票。

（3）签署承销协议。我国《公司法》规定，股份有限公司向社会公开发行股票必须由依法设立的证券经营公司承销。因此，股票经核准公开发行后，发行公司应与选定的证券经营公司就承销日期、承销费用、承销方式以及违约责任等项内容，签订承销协议。按照规定，公开发行股票的承销期不得少于十天，不得超过九十天。股票承销方式有包销和代销两种。

包销方式，是指承销机构（证券经营公司或投资银行）根据承销协议的发行价格全部买进发行公司的股票，然后再转销给社会上的投资者。如果在规定的承销期截止时仍有部分股票推销不出去，则由承销机构认购。在这种承销方式下，股票发行失败的风险全部由承销机构承担。由于包销方式风险太大，在公开发行股票预期销售额过大（超过 5 000 万元人民币）时，通常由主承销商组成承销团共同包销，共享收益，共同承担发行风险。

代销方式，是由证券经营机构代理股票销售业务，并收取一定的发行费用（佣金）。如果在代销期截止时股票还有剩余，则将剩余股票退给发行公司，其股票发行失败的风险全部由发行公司承担。

（4）向社会公布招股说明书。根据有关法律规定，股票在获准公开发行之前，任何人不得以任何形式向外界泄露招股说明书的内容。在获准公开发行后，发行公司应当在承销期开始前二个至五个工作日期间公布招股说明书。招股说明书自签署之日起六个月内有效。招股说明书失效后，股票发行工作必须立即停止。

（5）按照规定程序招股。在认真做好以上工作的基础上，即可开始招认股份，确定认股人，办理股款缴纳和股票交割等项事务。

3. 股票发行价格。

股票发行价格是股份有限公司在募集公司股本或增资发行新股时，公开将股票发售给投资者的价格。股票发行价格通常由股票发行公司根据公司净资产和未来获利能力以及股票市场价格水平等因素确定。合理地确定股票发行价格对于股份公司顺利募集股本至关重要，发行价格太低，发行公司必然蒙受经济损失；而发行价格定得太高，证券经营公司难以承销，从而加大股票发行失败的风险。

根据股票发行价格与股票面值的关系，股票发行价格一般有以下几种：

（1）面值发行。面值发行也称平价发行或等价发行，是发行公司按照与票面价格相等的金额出售股票。按面值发行股票，一般比较容易推销，但发行公司不能得到溢价收入，难以激发发行股票的积极性。通常在资本市场不发达的情况下，发行公司可能按面值发行股票，以确保及时募集足额股本。

（2）溢价发行。溢价发行是指按超过股票面额的价格发行股票。溢价发行股票对发行公司来说是一件好事，也是我国股份有限公司发行股票普遍采用的发行价格。它不仅可以使其筹集到比法定股本更多的权益资金，而且因权益资金的增加，负债比例下降，使公司的财务风险相对降低。但是，溢价发行股票会使投资者实际缴付的投资额大于股票面额获得的股本额，给投资者增加了额外的负担，除非公司能够给投资者分配逐年增加的股利使其得到相应的补偿，否则，溢价发行股票就会发生困难。

（3）折价发行。折价发行是指按低于股票面额的价格发行股票。根据资本充实的原则，世界大多数国家的法律都规定不允许折价发行股票。我国《公司法》也规定“股票发行价格可以按票面金额，也可以超过票面金额，但不得低于票面金额。”

（六）股票上市

股票上市是指股份有限公司公开发行的股票经国家证券管理机构批准在证券交易所进行挂牌交易。发行股票有股份有限公司按其股票能否在证券交易所挂牌交易分为上市公司和非上市公司两类。

1. 股票上市的条件。

上市公司通常是那些资本雄厚、经营状况良好、信誉卓著并在行业发展中处于领先地位的少数企业，但它们在社会经济中却起着举足轻重的作用。因此，国家对股票上市规定有严格的限制条件。我国《公司法》对股份有限公司申请股票上市的必备条件是：

（1）股票经国务院证券管理部门批准已向社会公开发行；

（2）公司股本总额不少于人民币 5 000 万元；

（3）开业期间在三年以上，最近三年连续盈利；

（4）持有股票面值达人民币 1 000 元以上的股东人数不少于 1 000 人，向社会公开发行的股份达到公司股份总数的百分之二十五以上；

（5）公司在近三年内无重大违法行为，财务报告无虚假纪录。

2. 股票上市的程序。

国家对股票上市交易规定有严格的审批制度，只有那些符合条件并按照规定程序审查批准的公司股票才能在证券交易所挂牌交易。股票上市一般要经历以下程序：

（1）提出申请。经批准公开发行股票的股份有限公司申请其股票在证券交易所进行交易，必须向证券交易所的上市委员会提出申请，并按照规定提交股票上市申请书、股票公开发行的批准文件、证券交易所会员的推荐书、公司近一次的招股说明书等文件。

（2）审查批准。证券交易所的上市委员会应当自收到发行公司的申请之日起二十个工作日内做出审批，确定具体上市时间，未经批准的股票不能上市交易。

（3）上市公告。公开发行的股票获准在证券交易所挂牌交易后，上市公司应当公布上市公告，并将以上有关申请文件以及获准在证券交易所交易的日期和批准文号存放在指定的地方供公众查阅。

（七）普通股筹资的优缺点

1. 普通股筹资的优点。

（1）没有固定的股利负担。普通股股利分配的多少或者是否分配股利，由董事会根据公司的盈利水平和发展需要而定。与发行公司债券相比，公司没有固定付息的压力。

（2）有利于增强公司的信誉。发行普通股筹集的是一种永久性的资本，是公司正常经营和抵御风险的基础，主权资本增多有利于提高公司的信用价值，可以为公司吸收更多的债务资金提供强有力的支持。

（3）筹资风险较小。由于普通股既没有固定的到期日，也不用支付固定的利息，因而实际上也就不存在还本付息的筹资风险。

2. 普通股筹资的缺点。

（1）资金成本较高。与公司债券相比，普通股的投资风险较大，投资者相应期望的报酬率也高，而且股利用税后净利支付，没有抵减所得税的作用，同时，发行普通股的筹资费用也大大高于发行公司债券的筹资费用。因此，普通股的资金成本通常高于优先股和公司债券的资金成本。

（2）容易分散公司的控制权。由于普通股股东享有表决权和经营管理权，发行普通股筹资就会增加新股东，从而分散原股东对公司的控制权。

（3）可能会导致股价下跌。新股东对公司已积累的盈余（即留存收益）具有分享权，新股东的增加就会降低普通股的每股净收益，可能会引起普通股市价下跌。

三、发行优先股

优先股是指优先于普通股股东分配利润和取得公司剩余财产的一种股票。优先股亦称“特别股”，其特别之处在于它既与普通股有类似之处，又具有债券的某些特征，是一种混合性有价证券。但从法律的角度看，优先股筹资仍然属于主权资本。各国对股份公司发行优先股的时间的规定不一致，多数国家的公司法规定，优先股可以在公司设立时发行，也可以在公司增发新股之际或清偿债务时发行。

优先股在发行条件和发行程序方面与普通股基本相同，以下仅就优先股的特点、分类等有关问题予以说明。

（一）优先股的特点

优先股是与普通股相比具有一定优先权，同时又受到一定限制的一种特别股票，其主要特点如下：

1. 股息固定。当公司分配股利时，优先股股东可以先于普通股股东分配股息。但是，其股息一般是按照股票面额和固定的股利率计算的，受公司经营状况和盈利水平变动的影响较小。此特点与债券类似，只是债券利息在税前支付，优先股股息在税后分配。

2. 优先分配剩余财产。与普通股一样，优先股也无最后归还股本的日期，只是当公司因经营期满解散或破产等原因进行清算时，优先股股东可以先于普通股股东分得清偿债务后的剩余财产。

3. 一般无表决权。优先股股东在股东大会上一般无表决权，但涉及变更优先股股东地位和权利时，有权进行表决。

4. 公司有权收回优先股。有的国家公司法规定，公司根据需要，可以用公司盈余或发行新股所得的股款收回优先股，以达到优化资本结构和维护普通股股东利益的目的。

（二）优先股的种类

优先股按照具体权利的差别，可以进行不同的分类。一般有以下几种分类：

1. 积累优先股和非积累优先股。

积累优先股是指公司因亏损或利润下降以至当年股利未能分配或分配不足，而在下年度或以后年度补足的一种优先股。

非积累优先股是指当年股利未能分配或分配不足，以后年度不再补发的一种优先股。相比之下，累积优先股比非积累优先股对投资者有更大的吸引力，因而应用也比较广泛。

2. 参与优先股和非参与优先股。

参与优先股是指对公司的利润，除有权获得固定的股利外，还有权与普通股一起参与税后利润的分配，其具体分配办法应在公司章程或招股说明书中说明。

非参与优先股是指只能按规定分配固定的股利，而不能与普通股一起参与利润分配的优先股。

3. 可调换优先股和不可调换优先股。

可调换优先股是指优先股股东可以在规定的期限内按照事先约定的条件和比例将优先股调换成普通股，从而分享公司未来盈余，或者按照规定的办法转换成公司债券。

不可转换优先股是指不具有转换成公司普通股或公司债券的优先股股票。

4. 有表决权优先股和无表决权优先股。

有表决权优先股是指优先股股东与普通股股东一样可以参加股东大会，并享有表决权的优先股。不过优先股的表决权通常受到许多限制。

无表决权优先股是指不能参加股东大会，也不享有表决权的优先股。

（三）优先股筹资评价

从发行公司的立场来看，运用优先股筹资有利也有弊，因此，公司应当在对发行优先股的利弊得失进行认真分析的基础上，才能做出决策。

1. 优先股筹资的优点。

（1）防止分散公司的控制权。优先股股东一般只享有有限的表决权，不享有对公司重大经营活动的控制权和取得额外红利的权利，对原有股东威胁较小。因此，发行优先股既可以筹集到所需要的主权资本，又可以避免分散原有普通股股东对公司的控制权。

（2）有利于吸引投资者。优先股可以在普通股之前分得固定股息和取得剩余财产，与普通股相比，投资风险较小，可以吸引比较保守的投资者。当公司普通股发行困难而又急需资金时，就可以考虑发行优先股筹资。

（3）在发行积累优先股的情况下，若公司当年没有盈余或不准备分配盈余时，其股息可以积累至下年或以后年度支付，可以减少公司支付股息的压力，从而对降低公司破产风险起到了一定的积极作用。

（4）优先股股本是一种主权资本，它与普通股股本一样没有到期日，发行优先股不仅可以降低公司负债率，有利于维护债权人的权益，而且还有利于增强公司财务的稳定性，提高公司的再筹资能力。

（5）有利于增加普通股的股东权益。优先股与公司债券一样具有财务杠杆作用，当公司盈余（EBIT）稳定增长时，公司用优先股和公司债券筹集的资金获得的收益，都只需要支付固定的股息和利息，因此，普通股股东就可以获得较大的财务杠杆利益。

2. 优先股筹资的缺陷。

（1）资金成本较高。由于优先股股息是以公司税后净利支付的，没有抵税作用，其资金成本显然高于公司债券的资金成本，因此，公司一般都不会大量发行优先股。

（2）可能会加重公司的财务负担。优先股股息是公司的一项固定的债务负担，虽然其股息的支付具有一定的灵活性，但终究还是公司的一项偿债义务，特别是在公司盈利持续下降时，因财务杠杆的负效应，会加剧公司的财务风险。

第四节　负债资金的筹集

负债资金是企业全部资本的重要组成部分。从筹资的角度来看，负债资金就是借入资金，是企业向银行、其他金融机构、其他企业单位以及个人借入的资金。由于借入资金的出资人是企业的债权人，因此，负债资金筹资也称为债权性筹资。负债筹资方式主要有银行借款、发行企业债券、融资租赁、商业信用等。

一、银行借款

银行借款是指企业根据借款合同向有关银行和其他金融机构借入的需要还本付息的款项。银行借款是企业筹集负债资金的一种主要的筹资方式。银行借款按照借款期限的长短分为短期银行借款和长期银行借款两大类。短期银行借款主要解决企业经营周转中的资金需求，有生产周转借款、临时借款、结算借款等。长期银行借款主要是解决企业购建长期资产的资金需要，有固定资产投资借款、更新改造借款、科研开发借款以及进口设备的国内配套借款等。

（一）短期银行借款

短期银行借款是指企业向银行以及其他金融机构借入的期限在一年以内的借款。短期银行借款具有筹资效率高、灵活性强的特点，因而能迅速满足企业短期资金的需要。按照国际惯例，短期银行借款通常分为无担保贷款（即信用贷款）和有担保贷款两大类。

1. 无担保贷款。

无担保贷款是贷款企业以其良好的信用素质和优越地位，作为到期偿付贷款本息保证而获得的贷款，亦称为信用贷款。

商业银行向企业提供无担保贷款，往往附带一定的信用条件，以增强贷款的安全性。无担保贷款的信用条件主要有以下几种：

（1）信用额度。信用额度是银行向客户提供无担保贷款的最高限额。在此限额内企业可以灵活机动地依据自身的实际需要签发正式期票办理借款。信用额度的有效期通常为一年，借款人超过信用额度继续向银行借款，银行将不予办理。由于银行不负有向企业提供信用额度的法律义务，一旦企业违约或信誉趋于恶化，即使银行已同意的信用额度尚有结余，银行也可以自行中止提供贷款。因此，信用额度并不是企业一项长期稳定的资金来源。

（2）周转信贷协定。周转信贷协定是银行在法律上有义务向借款企业提供超过某一最高限度的信贷额。在协议有效期内（通常为一年），只要企业借款总额未超过规定的限额，就可以持续地循环借还。但借款企业享受周转贷款协定的同时，通常要对贷款限额的未使用部分，向银行支付一定比例的承诺费，以补偿银行的机会损失。

（3）补偿性余额。补偿性余额是银行要求借款人在银行中保留一定数额的最低存款余额（通常为贷款限额的10% ~20%），其目的是降低银行贷款风险，补偿其可能遭受的损失。对借款企业来讲，补偿性余额使借款人实际使用的资金减少，因而会提高借款的实际利率，加重了借款企业的利息负担。现举例说明如下：

【例3－7】某公司急需短期资金20万元，拟向银行申请贷款，年利率10%，银行要求企业保留贷款的20%作为补偿性余额。其贷款额和实际利率计算如下：

$$应贷款数额=\frac{所需金额}{1-补偿性余额（\%）}$$

$$=\frac{20}{1-20\%}=25（万元）$$

按照200 000元的资金需要量计算只需负担20 000（200 000×10%）元利息，而现在则要负担25 000（250 000×10%）元利息，因而实际利率也相应提高了。实际利率计算如下：

$$实际利率=\frac{25\ 000}{200\ 000}\times 100\%=12.5\%$$

实际利率也可以直接按照名义利率（即贷款利率）和补偿性余额计算：

$$实际利率=\frac{10\%}{1-20\%}=12.5\%$$

2. 短期有担保贷款。

以借款企业财产作为借款本息偿还保证的贷款，称为有担保贷款。银行为了降低贷款风险，除了要以借款企业的信誉（资信）作保证外，还要求相应的财产价值作保证。作为短期银行贷款担保的财产主要有应收账款、商业汇票、存货以及其他短期有价证券等；而长期有价证券和不动产，通常应作为长期贷款的担保物。贷款银行对借款人担保财产最为关注的问题，其一是担保财产价值的确定，其二是取得担保财产权益的保证。因此，贷款银行不仅要根据贷款企业提供的资料对担保财产的变现能力、变现期限以及现行市价等进行详细分析和实地考察，一般在抵押品实际市价的80%以内确定贷款额度，而且还需要同借款者就抵押品签订有关保证协议，并报有关政府部门备案，以取得担保财产的优先求偿权。

（1）应收账款担保贷款。应收账款是企业流动性最大的资产之一，因而比较适于作为短期银行贷款的担保品。应收账款作为贷款担保品后，抵押借款企业仅对应收账款保持名义上的所有权，而贷款银行则拥有其置留权和追索权，但应收账款的拖欠和坏账风险仍然由借款企业承担。贷款银行在对借款企业提交的应收账款清单进行认真审核的基础上，一般按照应收账款面值的50%～80%核定贷款数额。

（2）商业汇票贴现贷款。商业汇票贴现贷款是企业将持有的未到期的应收票据交付贴现银行兑取现金。应收票据贴现后，收款人将商品交易的购销双方的商业信用，转化成银行信用。其实质是企业将所持有的应收票据转让给贴现银行，银行按规定收取一定的贴现息，企业就可以得到按照应收票据到期值扣除贴现息后的贴现贷款。贴现银行仍拥有对贴现企业的追索权，即当应收票据承兑人到期无力付款时，贴现银行将应收票据退还给贴现企业，并将贴现款转为逾期贷款。可见，贴现企业仍然要承担应收票据的违约风险，在会计上称应收票据贴现为“或有负债”，并应在财务报表附注中予以披露。

（3）存货担保贷款。与固定资产相比，存货是流动性较强的资产，也可以设作短期借款的担保物，但并非所有存货都可以设作借款的担保物。为了降低贷款风险，贷款银行不仅要求借款企业提供有市场销路且易于变现的存货作为担保品，而且通常按照担保存货价值的一定百分比核发贷款数额。贷款银行接受存货作担保品，并非亲自变卖这些存货，而是当借款企业一旦拖欠违约，可以拍卖抵押品所得价款足以抵偿贷款本息。我国企业的临时借款就具有存货担保贷款的性质。临时借款是企业因集中或提前到货等原因以提货单据为担保品而向银行取得的借款。

（二）长期借款

长期借款是指企业向银行以及其他金融机构借入的期限在一年以上的借款（在实际工作中，通常将1～5年的借款称为中期借款，将5～10年的借款称为长期借款）。长期借款主要用于企业长期资产投资和满足永久性流动资产的资金需要。

1. 长期借款的种类。

长期借款可以按照不同的标准进行分类。

（1）按提供贷款的机构分类。

长期借款按提供贷款的机构可分为政策性贷款、商业银行贷款和保险公司贷款。

政策性贷款是指执行国家政策性业务的银行提供的贷款。如国家开发银行向承担国家重点建设项目的企业提供的长期贷款，进出口信贷银行向从事大型设备进出口的企业提供的买方信贷或卖方信贷等，都属于政策性贷款。政策性贷款具有政策倾向性和贷款面较窄的特点，一般企业不能得到此种贷款。

商业银行贷款是商业银行按照“效益性、安全性、流动性”的经营原则，向工商企业提供的贷款，包括短期贷款和长期贷款。

保险公司贷款是由保险公司向企业发放的贷款，由于保险公司的资金来源较稳定，因此，这类贷款的期限一般较长，利率也较高。

（2）按有无抵押品作担保分类。

长期借款按有无抵押品作担保分为抵押贷款和信用贷款。

长期抵押贷款是以借款企业特定的财产作为偿还借款本息保证的贷款。设作长期贷款抵押品的可以是不动产、机器设备等实物资产，也可以是股票、债券等有价证券。根据信贷双方协议条款的规定，如果贷款到期时借款企业不能偿还，贷款银行就可以取消借款企业对抵押品的赎回权，并有权处理抵押品以补偿贷款本息。

信用贷款是以借款企业的信用或担保人的信用作为偿还借款本息的贷款。贷款银行通常只对那些经济效益好、具有良好的市场前景以及资信优良的企业提供信用贷款。贷款银行对长期信用贷款尤为谨慎，不仅贷款利率较高，而且往往附加一些比短期信用贷款更为苛刻的限制条款。

2. 长期借款合同。

企业若决定向银行取得长期借款，必须首先由借款企业向贷款银行提出借款申请，其次，银行对借款申请进行认真的审核，包括对借款企业的资信调查、了解当前财务状况和分析未来的获利能力、借款的用途及借款担保等方面的审查。在此基础上双方进一步协商详细条款并正式签订借款合同。借贷双方签订的借款合同具有法律效力，贷款人享有法律索赔权，即借款企业未能遵守合同的有关条款或经营失败无力偿债时，贷款银行有权采取法律行动保证其贷款的安全。借款合同条款可分为两大部分：一般性条款和保护性条款。一般性条款主要包括贷款数额、期限、用途、抵押条件、还款方式以及违约责任等内容。保护性条款是对借款企业的经营活动、贷款的使用和偿还等方面做出限制，对贷款的安全性起保证作用。保护性条款主要包括以下三个方面的内容。

（1）基本条款。

基本条款是贷款银行为了保护自身权益所做出的最基本、最重要的规定。其主要包括：对借款企业营运资本的限制；对现金股利和股票回购的限制；对资本性支出和其他债务的限制等项内容，其目的旨在维持借款企业资产的流动性和良好的偿债能力。

（2）例行保护条款。

例行保护条款是所有借款合同中都要列示的条款。其主要包括：借款企业必须定期向贷款银行提交财务报表；借款企业未经贷款银行同意不得擅自改变经营方向；借款企业不得为其他企业或个人提供担保，以免增加或有负债，影响企业的偿债能力；禁止借款企业签订巨额租赁合同，以防止过多的租金支出；禁止应收账款转让等。以上条款对影响借款企业资产流动性和偿债能力的各个方面做出周密的、具体的限制，以确保贷款的安全可靠。

（3）特殊保护条款。

特殊保护条款是贷款银行针对贷款的某些特殊情况而提出的保护性条款。其主要内容有：借款企业必须按照合同规定的用途专款专用；限制借款企业过多地对外投资；要求借款企业对主要管理人员投人身保险；限制借款企业高级管理人员的工资和奖金支出等。其目的在于杜绝某些特殊情况下可能危及贷款安全的不利行为，使贷款的安全性有更切实的保证。

以上三个部分的保护性条款的内容可以分别列示，也可以综合列示。其具体条款可由贷款银行根据借款企业不同而定。

3. 长期借款筹资的评价。

长期借款与其他长期筹资方式相比具有以下优点：

（1）筹资迅速。长期借款从申请到正式签订借款合同的程序，比发行股票和债券等筹资方式的程序要简单，有利于企业及时筹集所需要的资金。

（2）成本低。长期借款不仅筹资手续比较简单，筹资费用较低，而且借款利息在税前支付，因此，与其他筹资方式相比，资金成本较低。

（3）借款弹性较大。与发行企业债券相比，长期借款的债权人单一，无论是用款进度还是还款安排，都可以根据企业的财务状况和偿债能力，与贷款银行协商解决，因而具有一定的灵活性。

（4）有利于企业保守财务秘密。与发行股票和企业债券相比，向银行申请借款可以避免向社会公众披露财务信息，因而具有保守企业财务秘密的好处。

但是，长期借款也存在以下不足之处：

（1）风险大。虽然长期借款的还款安排具有一定的弹性，但还本付息的固定义务仍然存在，企业偿债的压力也依然较大，因而筹资风险也较大。

（2）限制条件多。商业银行是一个以盈利为目的的经济组织，它为了保证贷款的安全性和盈利性，对借款的取得、使用、偿还等方面附加了许多约束条款，因而在一定程度上限制了企业筹集和使用资金的自主性。

（3）筹资数量有限。长期借款与发行股票和企业债券等直接筹资方式相比，筹资数量相对较少。

二、发行企业债券

债券是债务人为了筹集负债资金而发行的、承诺在规定时间按照一定的利息率向债权人支付利息，并到期还本的一种有价证券。公司债券是持券人拥有公司债权的证书，它代表持券人同公司之间的债权债务关系。持券人拥有按期取得固定利息，到期收回本金以及获得公司剩余财产的权利，但无权参与公司经营管理和经营决策，也无权参与公司分红，同时，对公司经营亏损也不承担责任。相对股票而言，公司债券是一种风险较小的有价证券。按照国际惯例，股份公司和有限责任公司发行的债券称为公司债券，我国《公司法》也将公司制企业发行的债券也称为公司债券。发行公司债券是企业筹集负债资金的重要方式。因为，企业在经营过程中，为了筹集大型建设项目、对外投资或者收购其他企业所需要的资金，一般数额较大，单纯依靠银行借款无法满足，若企业有条件发行债券时，就可以将巨额资金划成较小等额面值的债券，便于广大投资者购买，使企业可以顺利地筹集所需要的资金。

（一）企业债券的种类

企业债券主要有以下分类标准。

1. 按是否记名，企业债券可分为记名债券和无记名债券。

记名债券是在债券的券面上记有持券人的姓名或名称的一种企业债券。发行记名债券应在债券存根上载明持有人姓名或名称、发行日期（或持有人取得日期）和编号、债券总额、债券票面金额、债券利率以及还本付息方式等。发行企业只对记名人还本，持券人凭印鉴按期支取利息。记名债券可以背书形式转让，但必向债券发行企业办理过户手续。

无记名债券是指在债券的券面上不记载债权人姓名或名称的债券，发行企业不登记债权人姓名或名称，也不登记债券金额，仅凭所持债券按期还本付息。发行企业只需在债券存根簿上载明债券总额、利率、还款期限和方式、发行日期及编号等。

2. 按有无抵押品担保，债券可分为抵押债券和信用债券。

抵押债券又称有担保债券，是指发行企业以特定资产作为担保物而发行的债券。按照抵押品的不同，抵押债券还可以进一步分为不动产抵押债券、动产抵押债券、信托抵押（即以企业的有价证券作为抵押品）债券等。发行企业如到期无力还本付息时，持券人可以行使抵押权，将抵押品拍卖偿还债券本息。

信用债券又称无担保债券，是指发行企业不以抵押品担保，而是凭借企业自身的信誉和经济实力而发行的债券。在企业清算时，信用债券持券人只能作为一般债权人参与剩余财产分配。由于这种债券的风险较大，其利率一般略高于抵押债券，而且只有那些历史悠久、效益高、信誉良好的企业才能发行信用债券。

3. 按是否可以转换为公司股票，债券可分为可转换债券和不可转换债券。

可转换债券是根据发行企业债券募集办法的规定，持券人可以将其按照固定价格或一定的比例转换成发行公司的普通股的债券。发行公司应规定具体的转换办法，持券人除了有权取得利息外，还有权选择是否转换成发行公司的普通股。由于可转换债券的持券人具有一定的权利和较大的灵活性，可以吸引更多的投资者，因而有利于发行公司调整资本结构或缓解财务压力。但是，可转换债券是否会转换股票，主要取决于股票价格的涨跌状况。当公司股票价格涨幅较大时，债券转股票就会多。若出现此种情况，则有可能稀释公司股东权益，故公司对是否发行可转换债券必须持慎重态度。

不可转换债券是指不能转换成发行公司股票的债券。

4. 按持券人的收益不同，债券可分为固定利率债券和浮动利率债券。

固定利率债券是最常见的企业债券。债券持有人能获得利息的多少均匀分布在债券发行期内，一般为半年或一年付息一次，也有的企业债券到期时一次还本付息。

浮动利率债券是利率不固定的债券，但利率如何调整，在债券发行时应有明确规定，发行企业必须按规定的办法定期调整利率。

（二）债券发行价格的确定

债券发行价格是债券发行公司或承销代理机构发行债券时所使用的价格，也是投资者认购债券时实际支付款项的价格。公司在发行债券之前，必须根据有关因素，并运用一定的方法确定债券的发行价格。

公司债券发行价格并不一定是债券面额。公司债券既可以按面额发行，也可以按高于或低于面额的价格发行。公司债券发行价格的高低，主要取决于以下四个因素。

1. 债券面额。

债券面额是债券发行公司在债券到期时应偿还的本金，也是在债券期限内按票面利率计算应付利息的依据。债券面额是决定债券价格的基本因素。债券面额越大，发行价格就越高；反之，债券面额越小，发行价格越低。

2. 票面利率。

债券的票面利率是名义利率，通常在发行债券之前就已确定，并注明在债券票面上。一般而言，票面利率越高，债券的发行价格越高，相反，债券发行价格就越低。

3. 市场利率。

市场利率是由资本市场供求关系决定的某一时期内的平均利息率。市场利率通常是根据过去一定时期的经验数据计算出来，而不是按照某种客观规律得出的必然结果。市场利率是影响债券发行价格的一个重要因素。一般而言，市场利率越高，债券发行价格就越低，否则，投资者就不会进行债券投资而转向其他投资了；相反，市场利率越低，债券发行价格就越高，否则，债券发行公司会承受额外的利息负担，可能会放弃债券筹资方式。

4. 债券期限。

债券期限与债券发行价格成反比，即债券期限越长，发行价格就越低，相反，债券期限越短，债券发行价格越高。因为，对投资者来说，长期债券比短期债券具有更大风险。期限长，发行价格低，投资者就可以从低发行价格中使其投资报酬得到一定程度的补偿，从而可以提高债券投资者的信心。

可见，债券发行价格是以上四个因素综合影响的结果，而债券发行价格与债券面额的关系主要取决于票面利率与市场利率是否一致。债券发行价格通常有等价、溢价和折价三种。

当票面利率与市场利率一致时，债券等价发行。所谓等价，就是按照债券面额作为发行价格。

当票面利率高于市场利率时，债券溢价发行，即按高于债券面额的价格发行债券，使债券发行公司能够以债券的溢价收益补偿今后多付出的利息，否则，债券发行公司就会蒙受经济损失。

当票面利率低于市场利率时，债券折价发行。即以低于债券面额的价格发行债券，使债券投资者从折价收入中得到实惠，以补偿今后少得利息的损失。

公司债券的发行价格可按下列公式计算：

$$\text{公司债券发行价格}=\frac{\text{票面金额}}{(1+\text{市场利率})^{n}}+\sum_{t=1}^{n}\frac{\text{票面金额}\times\text{票面利率}}{(1+\text{市场利率})^{t}}$$

式中：n——公司债券期数，通常以年表示；

t——付息次数。

从资金时间价值原理来看，债券发行价格就是债券的内在价值，包括债券本金（面额）到期的复利现值和各期利息现值之和两部分。在分期付息的条件下，一定的债券面额的利息是相等的（年金形式），故债券发行价格是债券本金到期现值和利息的年金现值之和。

现举例说明在不同情况下公司债券发行价格的计算方法。

【例3－8】某公司发行面额为100元，票面利率为8%，期限5年的公司债券。每年末付息一次，发行时的市场利率为8%，其发行价格为：

$$债券发行价格=\frac{100}{(1+8\%)^5}+\sum_{t=1}^{5}\frac{100\times 8\%}{(1+8\%)^t}$$

$$=100\times 0.681+8\times 3.993$$

$$=100（元）（按面值发行）$$

若发行时市场利率为6%，其发行价格为：

$$发行价格=\frac{100}{(1+6\%)^5}+\sum_{t=1}^{5}\frac{100\times 8\%}{(1+6\%)^t}$$

$$=100\times 0.747+8\times 4.212$$

$$=108.4（元）（溢价发行）$$

若发行时市场利率为10%，其发行价格为：

$$发行价格=\frac{100}{(1+10\%)^5}+\sum_{t=1}^{5}\frac{100\times 8\%}{(1+10\%)^t}$$

$$=100\times 0.621+8\times 3.791$$

$$=92.4（元）（折价发行）$$

（三）企业债券的管理

企业债券的发行和流通是一项涉及面广、政策性强的工作，它不仅关系到发行公司是否能顺利、有效地筹措经营所需要的资金，而且也直接关系到投资者的合法权益。不仅如此，债券的发行和流通对整个国民经济健康有序发展也有重要作用。为了加强对企业债券的管理，引导社会资金的合理流向，有效地利用社会闲散资金，保护投资者的合法权益，我国于1993年颁发的《企业债券管理条例》和《公司法》对公司债券的发行和流通作了统一规范，并使其纳入了法制轨道。公司债券管理的主要内容包括以下几个方面。

1. 企业债券的审批机构。

发行企业债券的审批权主要集中国务院证券委员会。企业债券的发行规模由国家发展和改革委员会会同中国人民银行、财政部等部门拟订并报国务院批准，由国务院证券委员会在发行规模范围内审批。未经国务院同意，任何地方、部门不得擅自突破或调整债券发行的年度规模。企业发行债券必按照规定的程序报国务院证券委员会审查批准，未经审批的，不得擅自发行或变相发行企业债券。

2. 发行企业债券的条件。

发行企业债券的必须符合以下条件：

（1）公司规模达到国家规定的要求。即股份有限公司的净资产不低于人民币3 000万元，有限责任公司的净资产不低于人民币6 000万元。累计发行的债券总额不超过公司净资产的百分之四十。

（2）公司的财务会计制度符合国家规定。

（3）公司经济效益良好，具有较强的偿债能力。发行企业债券前三年平均可供分配利润足以支付企业债券一年的利息。

（4）所筹集的资金投向符合国家的产业政策。

（5）对前一次发行的企业债券尚未募足或对已发行的企业债券有违约或者延迟付息者，不得再次发行企业债券。

3. 企业债券的利率。企业债券利率不得高于银行相同期限居民储蓄存款利率的40%。

4. 发行企业债券所筹集的资金应按照审批机构批准的用途使用，一般只能用于生产经营、固定资产更新改造以及产品开发等，不得用于房地产买卖、股票买卖和期货交易以及与公司经营无关的风险性投资。

5. 公司发行的债券必须由证券经营机构承销，非证券经营机构和个人不得经营公司债券的承销和转让业务；公司债券的转让应当在依法设立的证券交易所进行。

（四）发行企业债券的优缺点

发行企业债券的优点主要有：

1. 资金成本较低。发行公司债券与发行股票相比，不仅债券利息低于股票的股利，而且债券的筹资费用比股票的筹资费用低。

2. 可以获得财务杠杆利益。无论公司盈利多少，债券持有人通常只能得到固定利息，而且债券利息可以作为成本费用在税前列支，具有抵税作用。在盈利（EBIT）增加时，利用发行企业债券筹资，就可以获得更多的财务杠杆利益。

3. 不分散股东的控制权。由于企业债券持有人是公司的债权人，他们无权参与公司经营管理和经营决策，因此，发行公司债券筹资不存在稀释股东对公司控制权。

4. 有利于公司调整资本结构。公司可以根据需要选择发行可转换债券或可赎回债券，以便主动、灵活地调整公司资本结构，使公司资本结构趋于合理。

发行企业债券筹资，也存在着显著的缺点：

1. 财务风险较高。发行企业债券，必须承担按期付息和到期还本的义务，此种偿债义务不受公司经营状况和盈利水平的影响。当公司经营不景气、盈利水平下降时，会给公司带来巨大的财务压力，甚至可能导致公司因无力偿还到期债务而破产。

2. 限制条件较多。国家为了加强对国民经济的宏观调控，保障投资者的合法权益，对企业发行债券规定了许多比其他长期筹资方式更为严格的、限制性条款，从而限制了债券筹资方式的灵活性。

3. 筹资数量有限。发行企业债券筹资一般要受到一定额度的限制。一方面，如果债券发行公司资产负债率较高，超出了投资者心理承受能力，发行企业债券筹资就会发生困难；另一方面，许多国家的相关法规对发行企业债券筹资的额度都有明确限制。如我国《公司法》规定，债券发行公司流通在外的债券总额不得超过公司净资产的40%。

三、租赁筹资

租赁（Lease）是出租人以收取租金为条件，在契约或合同规定的期限内将资产出让给承租人使用的一种信用行为。租赁从本质上讲，仍然是一种借贷行为，只是其媒介物是物而不是货币。现代租赁的出租人通常是租赁公司，承租人主要是各类企业。

租赁活动已有很长的历史。早在封建社会初期就出现了佃农租种地主的土地并向地主交纳地租的原始租赁形式。资本主义经济体制建立以后，各种租赁形式有了长足发展，房屋租赁、汽车租赁、船舶租赁等已成为某些行业的主要形式。20 世纪 50 年代，美国出现了工业器材、设备、设施的现代租赁业，其经营对象主要是生产工具，如大型电子计算机、油轮、飞机，甚至整个工厂的成套设备。60 年代后传到西欧、日本，自此以后，租赁业在全世界得到迅速发展，我国在 80 年代以后也发展了租赁业务。

（一）租赁的种类

现代租赁按其性质分为经营租赁和融资租赁两大类。

1. 经营租赁。

经营租赁（Operating Lease）又称营运租赁或服务租赁，是由出租人向承租人提供设备以及其他固定资产、负责提供相关的维修保养服务并收取租金的业务。经营性租赁通常属于短期租赁，是纯粹的传统意义的租赁。承租人的目的并不是融通资金，而是满足经营上短期的、临时性的需要，并没有购置资产的意图。租赁合同期满，其租赁业务即可终止，也可以在租约中规定中途中止协议，解除租赁关系的条款。在经营租赁下，出租人需要经过多次租赁活动才能从不同的承租人那里收回全部投资，其投资风险较大，因而租金也较高。

2. 融资租赁。

融资租赁（Finance Lease）又称财务租赁或资本租赁，是由出租人按照承租人的要求融资购买设备，在契约或合同规定的较长期限内提供给承租人使用，并以分期收取租金的形式收回资产价值的一种信用行为。融资租赁的目的是融通资金，取得长期资产的使用权，它是集融资和融物为一体的一种特殊筹资方式。一般来说，租赁双方都是大型企业，出租人为专业租赁公司，承租人为工商企业。现代融资租赁主要有以下三种形式：

（1）直接购买租赁。出租方直接将生产制造的或购买的固定资产租给承租方使用，并签订契约收取租金的一种融资租赁形式。这种租赁形式只涉及出租方和承租方两方，是融资租赁的典型形式。

（2）回租。回租是由承租方（制造企业）按照协议先将设备出售给出租企业，再作为承租人将所售设备从出租企业租回使用并按期支付租金的一种融资租赁。这种租赁业务进行的程序是先做资产买卖交易，再进行资产租赁交易，资产的所有权属于出租方，承租企业享有资产的使用权。回租方式的优点在于承租企业可以因出售资产而获得一笔现金，同时又将出售的资产租回，以每年支付数额不多的租金换取资产的使用权。

（3）杠杆租赁。杠杆租赁是国际上比较流行的一种租赁形式。这种租赁形式一般涉及承租人、出租人和贷款人三方。从承租人来看，它与其他租赁形式并无区别，同样是在契约规定的期限内享有资产的使用权并按期支付租金。这种租赁形式通常涉及一些较大的项目，资金需要量大，租赁公司一般只支付设备价款的 20% ~40%，其余金额以该项设备作抵押，向银行申请贷款。在此情形下，租赁公司既是出租人又是借款人，它既要收取租金又要支付债务。由于这种融资租赁形式的租金收益通常大于借款成本支出，出租公司利用借款购物出租可以获得财务杠杆利益，故称为杠杆租赁。

（二）融资租赁的程序

不同的租赁形式具体的业务程序各不相同，其中，融资租赁业务程序比较复杂，现介绍如下：

1. 承租人提出租赁申请。承租人在认真选择并确定租赁公司的基础上，填写“租赁申请书”，并向租赁公司提交资产负债表、损益表和现金流量表等资料。

2. 承租人直接与设备生产厂商就设备的规格、技术条件、价格、交货日期以及其他有关条件进行先期谈判，当涉及有关租赁条款时，需请租赁公司参与并提出参考意见。并在此基础上签订购货协议。

3. 租赁公司根据承租人的条件融资购买设备并交给承租人。

4. 租赁公司与承租人签订租赁合同，承租人收到货物并办妥验收手续后，租赁合同正式生效，租期也即告开始。租赁合同是租赁业务具有法律效力的重要文件，明确了租赁公司和承租人的权利和责任以及租赁期满时对设备的处理等条款。

5. 承租人按照租赁合同的规定办法和金额向租赁公司交纳租金。

6. 租期届满承租人按照合同的规定可以作如下选择：（1）将设备退还给出租人；（2）延长租期；（3）留购。

（三）融资租赁租金的确定

1. 租金总额的组成。

融资租赁租金总额由以下内容组成：

（1）设备购置成本。设备购置成本是租金的基本组成部分，包括设备的买价、运杂费和途中保险费等。

（2）利息。是指租赁公司为承租人购置设备融资而应计的利息。

（3）租赁手续费。是指租赁公司为承办租赁业务的营业费用和合理的利润。租赁手续费通常按照租赁设备购置成本的一定比率计算。

2. 租金的计算方法。

融资租赁租金的计算方法很多，一般采用等额年金法、等差变额年金法、平均分摊法等方法来计算租金，其中等额年金法比较简单，故应用也比较广泛。在采用等额年金计算租金时，按照租金支付的时间不同又可以分成后付租金和即付租金两种形式。

（1）后付租金的计算。

后付租金是指在合同规定的期限内于每年年末等额支付租金。后付租金具有普通年金的性质，故各期应付租金可以按照普通年金现值的公式确定。即已知普通年金现值（租金总额）、期数（租赁期限）、利率，求年金（等额租金）。其计算公式如下：

$$A = \frac{P_A}{PVIFA_{i,n}}$$

式中：A——等额租金；

P_A——租金总额（现值）；

$PVIFA_{i,n}$——年金现值系数。

【例3－9】某公司于1月1日从租赁公司租入设备一套，价值60万元，租赁期5年，不考虑残值，年利率10%，于每年年末付租金。则每年应付租金为：

$$A=\frac{60}{PVIFA_{10\%,5}}$$

$$=\frac{60}{3.791}=15.8\text{（万元）}$$

$$=15.8\text{（万元）}$$

各期租金及本金和应付利息的变动情况如表3－9所示。

表3－9 **租金摊销表** 单位：万元

年限	各期租金（1）	应计利息（2）	本金减少额（3）＝（1）－（2）	未收回本金数（4）
第一年年初				60.0
第一年年末	15.8	6.0	9.8	50.2
第二年年末	15.8	5.0	10.8	39.4
第三年年末	15.8	3.9	11.9	27.5
第四年年末	15.8	2.7	13.1	14.4
第五年年末		1.4	14.4	0
合计	79.0	19.0	60.0	0

表3－9中：第一年年末应计利息＝60×10%＝6（万元）

第一年年末本金减少数＝15.8－6＝9.8（万元）

第一年年末收回本金数＝60－9.8＝50.2（万元）

从以上计算结果可以看出：①按照此种方法计算出来的各期等额租金中既包含收回的本金，也包含各期应计利息；②各期本金减少数呈递增趋势，而应计利息呈递减趋势。

（2）即付租金的计算。

即付租金是指在租赁合同期限内于每年年初支付的等额租金。这种等额租金具有即付年金的性质。计算公式如下：

$$A=\frac{P_A}{PVIFA_{i,n-1}+1}$$

式中：$PVIFA_{i,(n-1)}+1$——即付年金现值系数。

其余符号含义同前。

仍沿用前例，假设等额租金于每年年初支付，则每期租金为：

$$A=\frac{60}{PVIFA_{10\%,5-1}+1}$$

$$=\frac{60}{3.17+1}=14.39\text{（万元）}$$

即付租金的第一期租金在年初租赁合同生效时支付，相当于出租人向承租人变相预收一笔设备定金，出租人融通的资金比设备总价值要少，因此，应计利息和租金都相应减少。仍沿用例3－6的资料说明在采用即付租金形式下各期租金及应计利息和本金减少情况，见表3－10。

表 3-10　　租金摊销表　　单位：万元

年限	租金 (1)	应计利息 (2)	本金减少额 (3)=(1)-(2)	未收回本金数 (4)
				60.0
第一年年初	14.39			45.61
第二年年初	14.39	4.56	9.83	35.78
第三年年初	14.39	3.58	10.81	24.97
第四年年初	14.39	2.50	11.89	13.08
第五年年初	14.39	1.31	13.08	0
合计	71.95	11.95	45.61	0

四、商业信用

商业信用是指企业之间在商品交易中以延期付款（赊购）或预收货款而形成的借贷关系。商业信用是企业之间的直接信用行为。

商业信用是由商品交易中钱和物在时间和空间的分离而产生的。作为短期资金的筹资方式的商业信用主要有应付账款、应付票据、预收货款三种。

（一）应付账款

应付账款是由赊购商品形成的，是买方以“欠账”方式承诺以后按期付款，而不出具任何票据、完全靠买方的信誉维持的信用行为。

按照国际惯例，为了促使买方企业按期付款和尽早付款，卖方企业往往规定一些信用条件来明确买方的付款义务，这是买方企业利用商业信用筹资的前提。信用条件通常是“2/10，n/30”形式表示，其含义是：买方在购货后的 10 天内（含第 10 天）付款，可以享受所购商品价款 2% 的现金折扣；若在购货 10 天以后付款，则不享受现金折扣。企业利用商业信用筹资的多少除发票额度外，便直接取决于信用条件的宽严。票面金额越大，信用期和现金折扣期越长，现金折扣率越高，对筹资企业就越有利。但是，利用商业信用筹资并不是在任何情况下对筹资企业都是有利的，而必须对各种信用条件下的成本效益进行分析，才能做出决策。应付账款的商业信用形式，买方企业可以有三种选择：

1. 享受现金折扣。

通常认为享受现金折扣优惠，不仅可以享受折扣期内的折扣收益，而且也不会发生筹资成本，故享受现金折扣对筹资企业是有利的。但是，享受现金折扣仍然要发生成本，这种成本是放弃了剩余信用期间（折扣期外至信用期满）资金占用的机会成本。只有当享受现金折扣的收益大于剩余信用期的机会成本，才能说明享受现金折扣是有利的。

【例 3-10】某公司赊购商品 20 000 元，信用条件“2/10，n/45”，该公司拟享受现金折扣。设该公司年平均资金收益率 18%。对该公司是否应享受现金折扣做出决策。

现金折扣收益 $=20\ 000\times 2\%=400$（元）

机会成本 $=20\ 000\times 18\%\times\dfrac{45-10}{360}=350$（元）

企业享受现金折扣可以获得 50（400－350）元的机会利润，或现金折扣收益大于机会成本，故享受现金折扣方案可行。如果享受现金折扣的机会成本大于现金折扣收益，则不应享受现金折扣。

2. 不享受现金折扣，在信用期满时付款。

如果放弃现金折扣，在信用期满付款时，买方将承受不享受现金折扣成本，相当于买方企业取得的信用额度（发票金额扣除现金折扣的差额）在剩余信用期内负担的机会成本。计算公式如下：

$$\text{放弃现金折扣的机会成本(年)}=\frac{\text{现金折扣率}\times 360}{(1-\text{现金折扣率})\times\text{剩余信用期}}$$

若放弃现金折扣的机会成本大于资金收益率，就不应放弃现金折扣。

沿用前例，该公司放弃现金折扣的机会成本计算如下：

$$\text{机会成本}=\frac{2\%\times 360}{(1-2\%)\times(45-10)}=21\%$$

很显然，在资金收益率为18%的条件下，放弃现金折扣的信用额度将承受21%的成本，故享受现金折扣对买方更为有利。只有当资金收益率高于21%时，放弃现金折扣，在信用期满时付款才是合算的。

3. 信用展期。

信用展期也称欠账展延。信用展期可以使买方企业获得展期信用，即超过信用期而获得的商业信用。虽然如此，但买方企业不可避免地承受双重展延成本，即放弃现金折扣的损失和可能损害企业信誉的隐含机会成本。隐含机会成本是指由于企业拖欠货款，可能会影响企业的信用等级，销售方可能附以更为苛刻的信用条件，甚至中止赊销等，给企业带来难以预料的损失。

（二）商业汇票

商业汇票是指企事业单位之间签发的，委托付款人在付款日期无条件支付确定金额给收款人或持票人的一种汇票。根据承兑人（即付款人）的不同，商业汇票可分为商业承兑汇票和银行承兑汇票。商业汇票一般有三个当事人：出票人、付款人、收款人。

在购销业务中使用的商业承兑汇票的当事人通常是两个，即收款人和付款人。商业承兑汇票可以由销货方签发并交付款人承兑，承兑后即交收款人，销货方既是收款人又是出票人，这种汇票属于已受汇票；也可以由购货方签发并承兑，承兑后即交收款人，此时，购货方既是付款人又是出票人。

在购销业务中使用的银行承兑汇票，既可以由购货方签发也可以由销货方签发。当由购货方签发汇票时，汇票由购货方（出票人）签发后交银行（付款人）申请承兑，承兑后交销货方（收款人）；当由销货方签发汇票时，其基本做法是：由销货方签发汇票并请求购货方向银行申请承兑，银行承兑后，由购货方交给收款人，此时，销货方既是出票人又是收款人。汇票经银行承兑后，承兑人即为汇票的主债务人，承担到期无条件支付汇票金额的票据责任。

商业汇票承兑期限购销双方商定，一般为1~6个月。

预收货款是在商品购销业务中卖方预先向买方收取部分或全部货款，而后再提供商品或劳务的一种信用行为。预收货款相当于卖方向买方取得一笔借款，然后用商品或劳务归还。预收货款通常适用于两种情况：（1）买方对紧俏商品乐于采用这种商业信用形式，以便获得所需要的商品；（2）对于生产周期长、价值高的商品，如轮船、飞机、机车车辆等，生产厂商往往向订货者分次预收货款，以解决生产过程中资金的供需矛盾。

思考题

1. 什么是企业筹资？试说明企业筹资的动机及要求。
2. 什么是筹资渠道？我国目前主要有哪几种筹资渠道？
3. 什么是筹资方式？我国企业主要有哪几种筹资方式？
4. 什么是销售百分比法？如何运用销售百分比法预测短期资金需要量？
5. 如何运用直线回归法预测短期资金需要量？
6. 什么是股票？股票具有哪些基本特征？如何对股票进行分类？
7. 什么是普通股？普通股股东主要有哪些权利？
8. 何谓股票上市？股票上市的条件有哪些？股票上市一般要经历哪些程序？
9. 普通股筹资有哪些优缺点？
10. 什么是优先股？优先股有哪些特点？利用优先股筹资有什么优缺点？
11. 什么是短期信用借款？短期信用借款的补偿性余额对贷款额和实际利率有何影响？
12. 什么是债券？公司债券如何分类？
13. 影响公司债券价格的因素有哪些？试说明公司债券价格的构成内容。
14. 发行公司债券筹资有哪些优缺点？
15. 什么是融资租赁？融资租赁有哪几种形式？

练习题

1. SS 公司的有关资料如下：

（1）2021 年资产负债表如表 3－11 所示。

表 3－11　　SS 公司资产负债表

2021 年 12 月 31 日　　单位：元

项　目	金　额	项　目	金　额
流动资产		流动负债	
现金	50 000	应付费用	60 000
应收账款	200 000	应付票据	170 000
存货	10 000	应付账款	80 000
预付费用	90 000	流动负债合计	310 000
流动资产合计	350 000	长期负债	200 000
长期投资	30 000	股东权益	
固定资产原值	800 000	普通股股本（10 000 股）	250 000
减：累计折旧	200 000	留用利润	220 000
固定资产净值	600 000	股东权益合计	470 000
资产总计	980 000	负债及股东权益总计	980 000

（2）2021 年实际销售收入为 2 000 000 元，预计 2022 年销售收入增长 10%。

（3）公司预定 2022 年增加长期投资 50 000 元。

（4）预计 2022 年税前利润占销售收入的比率为 10%，公司所得税税率为 40%，税后利润的留用比率为 50%。

要求：采用销售百分比法，（1）试编制 SS 公司 2022 年预计资产负债表。（2）测算该公司 2022 年需要追加外部筹资的数量。本题假设固定资产（净值）亦为敏感资产项目。

2. M 公司经销 A 产品，近五年的销售额和短期资金占用额如表 3 – 12 所示。

表 3 – 12　　销售额和短期资金占用情况　　单位：万元

年份	销售额	短期资金
2017	350	160
2018	380	168
2019	370	162
2020	390	172
2021	410	180

经市场预测资料显示，2022 年 A 产品市场形势看好，销售额可望实现 460 万元。运用直线回归法预测 2022 年短期资金需要量。

3. 甲公司经批准于 1 月 1 日发行五年期公司债券 2 000 万元，票面利率 10%，每年付息一次，到期还本。（1）若发行时市场利率为 8%，其发行价格应是多少？（2）若采用到期一次还本付息（复利计息），发行时市场利率为 12%，该公司债券的发行价格应是多少？

4. 某企业采用融资租赁形式于 2022 年 1 月 1 日，从租赁公司租入价款为 30 万元的设备一台，租期为五年，到期后设备归企业所有，利息率为 12%，每年还本付息一次。计算：（1）采用后付等额年金方式支付租金时，每年应支付的租金数额；（2）采用先付等额年金方式支付租金时，每年应支付的租金数额；（3）按上述两种支付方式分别编制租金摊销计算表。

综合案例

天齐锂业登陆港股　挑战今年筹资纪录

全球锂化合物市场一直由 Albemarle（ALB. US）、智利化工矿业（SQM. US）及富美实（FMC. US）等国际企业垄断，但在中国积极扶持新能源产业下，两家锂业巨头赣锋锂业（1772. HK；002460. SZ）与天齐锂业（002466. SZ）近年成为位处供应链上游的新势力。最近，天齐锂业通过了港交所的上市聆讯，有望成为第二只“A + H”上市的锂业股。据《华尔街日报》报道，该公司计划集资超过 10 亿美元（67. 2 亿元），预计 7 月中挂牌，如果消息属实，将成为港股市场今年筹资额最大的新股。

据其招股文件显示，天齐锂业在澳洲拥有格林布什（Greenbushes）锂矿及其开采权，并持有同业智利化工的 22. 95% 股权。按 2021 年锂产品收入计算，天齐锂业排名全球第三。根据招股书引述伍德麦肯兹报告预计，2022 ~ 2026 年，用作电动车锂电池的锂需求量，将按

21.2%的复合年增长率上升，而这部分正是天齐锂业主力拓展的市场，未来市场潜力毋庸置疑，但竞争也非常激烈。

自从中国官方2020年发布《新能源汽车产业发展规划（2021~2035年）》，明确表达对新能源车的政策支持后，作为产业最核心材料的锂产品，就成为兵家必争之地，需要引入大量资金进行开采及提炼。幸运的是，碳酸锂价格正步入牛市行情，为天齐锂业上市筹资营造良好氛围。天齐锂业上市筹集的部分资金，会用于扩建四川安居工厂一期及西澳洲奎纳纳氢氧化锂加工厂一期，但更重要的是该公司需要为2018年斥资40.7亿美元（273亿元）收购智利化工的交易买单。当年这场豪赌不但加重其债务负担，而且打乱了安居工厂及奎纳工厂的扩建计划，令公司元气大伤。

天齐锂业曾于2018年申请在香港上市，筹资规模与这次接近，原希望为同年12月收购智利化工的交易提供资金，但碳酸锂价格见顶回落，让外界不看好智利化工的业务前景，最终上市计划触礁，迫使天齐锂业需要寻求财务成本昂贵的并购贷款进行融资。

据天齐锂业招股书数据显示，受并购贷款影响，公司截至2020年底的流动负债净额增至235亿元，资产负债比率达4.1倍的危险水平。但随着去年锂化合物行情看涨，公司最坏的时刻过去，去年转亏为盈获利36.5亿元，加上动用A股筹资偿还银行贷款，流动负债净额已大降至年底的61.4亿元。

去年天齐锂业销售额约76亿元，毛利为46.9亿元，两大产品锂化合物与锂精矿的毛利率都在六成水平。值得注意的是，碳酸锂是锂化合物的核心产品，单项销售已达38.5亿元，占公司收入一半。由于近年碳酸锂价格相当波动，其财务表现也因此受到影响。

天齐锂业2018年底落实收购智利化工，同年电池级碳酸锂平均合同价格开始向下，随后两年跌势加剧，直至2021年才转势回升。据伍德麦肯兹报告披露，中国电池级碳酸锂的平均现货价格，从2019年的每吨8 748美元（5.9万元）下降至2020年的每吨5 051美元，降幅达42%，但去年则急升至每吨1.33万美元。踏入2022年，碳酸锂价格更如脱缰野马，首季电池级碳酸锂期货价格更突破每吨50万元（约7.46万美元）高位，最近徘徊于每吨46万~48万元。业界普遍对锂化合物的销售前景持乐观态度，可能增加投资者认购天齐锂业新股的兴趣。

第四章

资　本　结　构

【学习目标】

通过本章学习，应当了解并掌握：

[1] 个别资金成本、综合资金成本的计算；

[2] 经营杠杆、财务杠杆和综合杠杆的原理及影响因素，杠杆系数的计算方法；

[3] 资本结构的概念和影响因素，资本结构的决策方法。

证券市场上的再融资

二级市场为上市公司再融资提供了平台，根据 Wind 统计数据显示，2016 年再融资合计 1.80 万亿元，同比增长 31%，再融资额创历史新高。而作为再融资方式中最重要的一种，定向增发融资的热度依然不减。2016 年 A 股定向增发市场实际融资规模约 1.78 万亿元，连续两年定向增发融资突破万亿元。

凌云股份（600480）于 2014 年 12 月 23 日提出定向增发新股融资预案，并获得股东大会通过，2015 年 11 月 10 日获得中国证券监督管理委员会批准。本次非公开发行股票的发行对象为北方凌云工业集团有限公司（控股股东）、中兵投资管理有限责任公司、长城国融投资管理有限公司、南京瑞森投资管理合伙企业（有限合伙）和苏州瑞顺创业投资企业（有限合伙）。发行对象均以现金方式认购本次非公开发行的股份，所认购的股份自本次发行结束之日起 36 个月内不得转让。本次非公开发行股票的定价基准日为公司第五届董事会第二十二次会议决议公告日（即 2014 年 12 月 23 日），非公开发行价格为 13.45 元/股，不低于定价基准日前 20 个交易日股票交易均价（即 15.08 元/股）的 90%，本次发行募集资金总额为 120 000 万元，扣除发行费用 1 452 万元，本次发行募集资金净额为 118 548 万元。

资本市场的发展为上市公司提供了广阔的融资渠道，而如何恰当地选择筹资方式、测算资金成本、权衡资本结构，则是企业面临的一个重要问题。

第一节　资　本　成　本

资本成本是衡量筹资、投资经济效益的标准。企业筹得的资本付诸使用以后，只有当投资项目的投资收益率（资本利润率）高于资本成本率时，所筹集和使用的资金才能取得较好的经济效益。

一、资本成本的含义和作用

（一）资本成本的含义

企业从各种来源筹集的资金不能无偿使用，而要付出代价。资本成本就是企业取得和使用资本而支付的各种费用，又称资金成本。这里的资本是指企业筹集和使用的长期资金，包括权益资本和长期负债资金，资本成本是指长期资金的成本。资本成本包括用资费用和筹资费用两部分内容。

1. 用资费用，是指企业在生产经营、投资过程中因使用资本而付出的费用。例如，向股东支付的股利、向债权人支付的利息等，这是资本成本的主要内容。长期资本的用资费用因使用资本数量的多少和时期的长短而变动。

2. 筹资费用，是指企业在筹措资本过程中为获取资本而付出的花费。例如，向银行支付的借款手续费，因发行股票、债券而支付的发行费用等。筹资费用与用资费用不同，它通常是在筹措资本时一次性支付的，在用资过程中不再发生。因此，可视作筹资数量的一项扣除。

资本成本可以用绝对数表示，也可以用相对数来表示，通常用相对数表示。后者为用资费用与筹得的资本之间的比率。其计算公式表示如下：

$$K=\frac{D}{P-f}\qquad 或\qquad K=\frac{D}{P(1-F)}$$

式中：K——资本成本率；

D——用资费用；

P——筹资数额；

f——筹资费用；

F——筹资费用率，即筹资费用与筹资数额的比率。

上列公式中，分母 $P-f$ 至少有三层含义：（1）筹资费用属一次性费用，不同于经常性的用资费用，因而不能用 $(D+f)/P$ 来代替 $D/(P-f)$；（2）筹资费用是在筹资时支付的，可视作筹资数量的扣除额，$P-f$ 为筹资净额；（3）用公式 $D/(P-f)$ 而不用 D/P，表明资本成本同利息率或股利率在含义上和数量上都有差别。

（二）资本成本的性质

资本成本是一个重要的经济范畴。资本成本是在商品经济条件下，由于资本所有权和资本使用权分离而形成的一种财务概念。

资本成本是资本使用者向资本所有者和中介人支付的占用费和筹资费。在商品经济条件下，企业作为资本使用者通过各种方式从资金所有者那里筹集资本。资本作为一种特殊的商品也有其使用价值，既能保证生产经营活动顺利进行，又能与其他生产要素相结合而使自己增值。企业筹集资金以后，暂时性地取得了这些资金的使用价值，同时要为资金所有者暂时丧失其使用价值而付出代价，因而要承担资本成本。因此，资本成本概念是商品经济条件下资本所有权和使用权分离的必然结果。

资本成本具有一般产品成本的基本属性，又有不同于一般产品成本的某些特性。产品成本是资本耗费，又是补偿价值。资本成本也是企业的耗费，企业是要为此付出代价、支出费用的，而这种代价最终也要作为企业收益的扣除额来得到补偿。但是资本成本又不同于账面成本，资本成本率只是一个估计的预测值，而不是精确的计算值。因为据以测定资本成本的各项因素都不是按过去实现的数字确定的，而是根据现在和未来的情况确定的，今后可能发生变动。其中一部分计入产品成本，另一部分则仅作为利润的分配额而不直接表现为生产性耗费。

资本成本同资金时间价值既有联系，又有区别。资本成本的基础是资金的时间价值，但两者在数量上是不一致的。资本成本（如利率）既包括资金的时间价值，又包括投资风险价值。资金时间价值，除用以确定资本成本以外，还广泛用于其他方面。

（三）资本成本的作用

资本成本可以在多方面加以应用，而主要用于筹资决策和投资决策。

1. 资本成本是比较筹资方式、选择筹资方案的依据。资本成本有个别资本成本、综合资本成本、边际资本成本等形式，它们在不同情况下具有各自的作用。

（1）个别资本成本是比较各种筹资方式优劣的一个尺度。企业筹集长期资本一般有多种方式可供选择，如长期借款、发行债券、发行股票等。这些长期筹资方式的个别成本是不一样的。资本成本的高低可作为比较各种筹资方式优缺点的一个依据。当然，资本成本并不是选择筹资方式的唯一依据。

（2）综合资本成本是企业进行资本结构决策的基本依据。企业的全部长期资本通常是采用多种方式筹资组合构成的，这种长期筹资组合往往有多个方案可供选择。综合资本成本的高低就是比较各个筹资组合方案，作出资本结构决策的基本依据。

（3）边际资本成本是比较选择追加筹资方案的重要依据。企业为了扩大生产经营规模，增加经营所需资产或增加对外投资，往往需要追加筹集资本。在这种情况下，边际资本成本是比较选择各个追加筹资方案的重要依据。

2. 资本成本是评价投资项目可行性的主要经济标准。任何投资项目，如果它的预期的投资收益率超过资本成本率，则将有利可图，这项方案在经济上就是可行的；如果它的预期的投资收益率不能达到资本成本率，则企业盈利用以支付资本成本以后将发生亏空，这项方案就应舍弃不用。因此，资本成本是企业用以确定投资项目可否采用的取舍率。

例如，有甲、乙、丙、丁、戊五个投资项目，其投资额和投资收益率如图 4 - 1 中横坐标线和纵坐标线所示。从图中可以看出每个项目是否有利可图。凡是投资收益率超过资本成本率的项目，如甲、乙、丙项目，都是可取的；凡是投资收益率低于资本成本率的项目，如丁、戊项目，则是应该舍弃的。

在预测分析中，有时还将资本成本作为贴现率（Discount Rate），用以计算各投资方案的现金流量现值、净现值和现值指数，以比较不同方案的优劣。

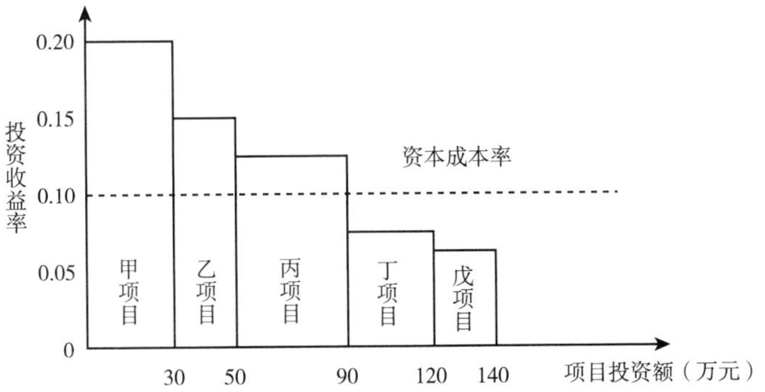

图 4－1　各个项目投资收益率同资本成本率的比较

3. 资本成本是评价企业经营成果的最低尺度。资本成本作为一种投资报酬是企业最低限度的投资收益率。企业任何一项投资不论所需资金是怎样筹集的，必须实现这一最低的投资收益率，以补偿企业使用资金需要偿付的资本成本。因此，在实际生产经营活动中，资本成本率的高低就成为衡量企业投资收益率的最低标准。凡是实际投资收益率低于这个水平的，则应认为经营不利，这就向企业经营者发出信号，必须立即改善经营管理。

二、个别资本成本

个别资本成本（Individual Cost of Capital）是指各种长期资本的成本。企业的长期资本一般有长期借款、债券、优先股、普通股、留用利润等，其中前两者可统称债务资本或简称债务，后三者可统称权益资本或简称权益。个别资本成本相应地有长期借款成本、债券成本、优先股成本、普通股成本、留用利润成本等，前两者统称债务成本，后三者统称权益成本。

（一）债务成本

债务成本（Cost of Debt）主要有长期借款成本和债券成本。按照国际惯例和各国所得税法的规定，债务的利息一般允许在企业所得税前扣除，因此，企业实际负担的利息为：利息 ×（1 − 所得税率）。

1. 长期借款成本。企业长期借款的成本（Cost of Long Term Loan）可按下列公式计算：

$$K_t = \frac{I_t(1-T)}{L(1-F_t)} = \frac{R_t(1-T)}{1-F_t}$$

式中：K_t——长期借款成本；

I_t——长期借款年利息；

T——企业所得税税率；

L——长期借款筹资额，即借款本金；

F_t——长期借款筹资费用率；

R_t——长期借款年利率。

【例 4－1】某企业取得长期借款 150 万元，年利率 10.8%，期限 3 年，每年付息一次，到期一次还本。筹措这笔借款的费用率为 0.2%，企业所得税率为 33%。长期借款成本率计算如下：

$$\frac{150 \times 10.8\% \times (1-33\%)}{150 \times (1-0.2\%)} = 7.25\%$$

长期借款的筹资费用主要是借款手续费，一般数额很小，有时亦可略去不计。这时，长期借款成本可按下列公式计算：

$$K_t = R_t(1-T)$$

在长期银行借款附加补偿性余额的情况下，长期借款筹资额应扣除补偿性余额。则长期借款成本率计算公式如下：

$$K_t = \frac{I_t(1-T)}{(L-CB) \cdot (1-F_t)}$$

2. 债券成本。债券成本（Cost of Bond）中的利息亦在所得税前列支，但发行债券的筹资费用一般较高，应予全面考虑。债券的筹资费用即债券发行费用，包括申请发行债券的手续费、债券注册费、印刷费、上市费以及推销费用等。

债券的发行价格有等价、溢价、折价三种。债券利息按面额和票面利率确定，但债券的筹资额应按发行价格计算。债券成本的计算公式为：

$$K_b = \frac{I_b(1-T)}{B(1-F_b)}$$

式中：K_b——债券成本；

I_b——债券年利息；

T——企业所得税税率；

B——债券筹资额，按发行价格确定；

F_b——债券筹资费用率。

【例4-2】某公司发行总面额为400万元的债券800张，总价格450万元，票面利率12%，发行费用占发行价格的5%，公司所得税税率为33%。则该债券成本可计算如下：

$400 \times 12\% \times (1-33\%)/[450 \times (1-5\%)] = 7.48\%$

上述债券系溢价发行。如果等价发行，则债券成本为：

$12\% \times (1-33\%)/(1-5\%) = 8.46\%$

如果折价发行，总价为360万元，则债券成本为：

$400 \times 12\% \times (1-33\%)/[360 \times (1-5\%)] = 9.40\%$

以上所述假定债券付息方法为每年付息一次，在我国实际工作中还有单利计息，到期一次支付，这样债券年利息 I_b 则需要进行调整（可将各年的单利利息，用企业在债券发行期内各年的预测资本利润率分别贴现，然后求其平均值）。

在实际中，由于债券利率水平通常高于长期借款，同时债券发行费用较多，因此，债券成本一般高于长期借款成本。

（二）权益成本

权益成本（Cost of Equity）主要有吸收直接投资的成本、优先股成本、普通股成本、留用利润成本等。各种权益资本的红利是以所得税后净利支付的，不会减少企业应缴的所得税。

1. 优先股成本。公司发行优先股筹资需支付发行费用，优先股股利通常是固定的。优先股筹资额应按优先股的发行价格确定。优先股成本（Cost of Preferred Stock）可按下列公式计算：

$$K_p = \frac{D_p}{P_p(1 - F_p)}$$

式中：K_p——优先股成本；

D_p——优先股年股利；

P_p——优先股筹资额；

F_p——优先股筹资费用率。

【例 4-3】某公司发行优先股总面额为 100 万元，总价为 125 万元，筹资费用率为 6%，规定年股利率为 14%。则优先股成本计算如下：

$$\frac{100 \times 14\%}{125 \times (1 - 6\%)} = 11.91\%$$

由于优先股股利在税后支付，而债券利息在税前支付，当公司破产清算时，优先股持有人的求偿权在债券持有人之后，故其风险大于债券。因此，优先股成本明显高于债券成本。

2. 普通股成本。普通股成本（Cost of Common Stock）的确定方法，与优先股成本基本相同。但是，普通股的股利一般不是固定的，是逐年增长的。如果每年以固定比率 G 增长，第一年股利为 D_c，则第二年为 $D_c(1+G)$，第三年为 $D_c(1+G)^2$，…，第 n 年为 $D_c(1+G)^{n-1}$。因此，普通股成本的计算公式经推导可简化如下：

$$K_c = \frac{D_c}{P_c(1 - F_c)} + G$$

式中：K_c——普通股成本；

D_c——普通股年股利；

P_c——普通股筹资额；

F_c——普通股筹资费用率；

G——普通股股利年增长率。

【例 4-4】某公司发行普通股总价格 500 万元，筹资费用率为 4%，第一年股利率为 12%，以后每年增长 5%。普通股成本为：

$$\frac{500 \times 12\%}{500 \times (1 - 4\%)} + 5\% = 17.5\%$$

上述普通股成本的确定方法，通常称为股利增长模型（the Dividend Growth Model），是一种常用的方法。

但是需要指出，这种方法在较长时期使用尚较合适，而在较短时期内使用则颇不合理。如上例中的普通股于 2020 年初发行，当年股利率为 12%，在安排 2021 年筹资方案时该普通股的成本率即按上面计算结果 17.5% 确定，显然就过高了。一般可在上年股利率的基础上作适当调整，列为上式中的分子。

3. 留用利润成本。公司留用利润是由公司税后净利形成的。它属于普通股股东。从表面上看，公司使用留用利润似乎不花费什么成本。实际上，留用利润可以理解为普通股股东对企业的再投资。因此，留用利润也有成本，不过是一种机会成本（Opportunity Cost）。留用利润成本（Cost of Retained Earnings）的确定方法与普通股成本基本相同，只是不考虑筹资费用。

其计算公式为：

$$K_r = \frac{D_c}{P_c} + G$$

式中：K_r表示留用利润成本，其他符号含义同前。

在公司全部资本中，普通股以及留用利润的风险最大，要求报酬相应最高，因此，其资本成本也最高。

以上我们分析了股份公司权益成本的确定。关于非股份公司的企业，其权益资本主要是吸收的直接投资和留用利润，它们的成本确定方法，具有明显的特点。其主要是：（1）吸收投资的协议或合同有的约定有固定的分利比率，这类似于公司优先股，但不同于普通股；（2）吸收投资及留用利润不能在证券市场上交易，无法形成公平的交易价格；（3）在未约定固定分利比率的情况下，吸收投资要求的报酬难以预计。在这种情况下，吸收投资以及留用利润的成本的确定方法，还是有待研究的问题。我国有的财务学者认为，在一定条件下，吸收投资成本以及留用利润成本，可按优先股成本的计算方法和行业平均的分利比率予以确定。

以上简要介绍了几种主要资本来源的资本成本计算方法，目的是说明影响有关来源的资本成本的基本因素，以及计算时应考虑的主要问题。这里需要说明，实践中资本成本的计算则要复杂得多。因为资金来源不仅限于上述几种，每一种资金来源资本成本的计算方法又可能多种多样，对未来时期的用资费用（如利息等）的计算，还应考虑资金时间价值因素，要把未来支出的终值换算成现值。这些都需要在实践中进一步加以研究。

三、综合资本成本

综合资本成本（Overall Cost of Capital）是指企业全部长期资本的总成本，通常是以各种资本占全部资本的比重为权数，对个别资本成本进行加权平均确定的，故亦称加权平均资本成本（Weighted Average Cost of Capital，WACC）。综合资本成本是由个别资本成本和加权平均权数两个因素决定的，其计算公式如下：

$$K_w = \sum_{j=1}^{n} K_j W_j$$

式中：K_w——综合资本成本，即加权平均资本成本；

K_j——第 j 种个别资本成本；

W_j——第 j 种个别资本占全部资本的比重，即权数，$\sum_{j=1}^{n} W_j = 1$。

在已确定个别资本成本的情况下，取得企业各种资本占全部资本的比重后，即可计算企业的综合资本成本。

【例 4 – 5】某公司共有长期资本（账面价值）1 000 万元，其中长期借款 150 万元、债券 200 万元、优先股 100 万元、普通股 300 万元、留用利润 250 万元，其成本分别为 5.64%、6.25%、10.50%、15.70%、15.00%。该公司的综合资本成本可分两步计算如下：

第一步，计算各种资本占全部资本的比重。

长期借款：$W_t = 150 \div 1\ 000 = 0.15$

债券：$W_b = 200 \div 1\ 000 = 0.20$

优先股：$W_p = 100 \div 1\ 000 = 0.10$

普通股：$W_c = 300 \div 1\ 000 = 0.30$

留用利润：$W_r = 250 \div 1\ 000 = 0.25$

第二步，计算加权平均资本成本。

$$K_w = 5.64\% \times 0.15 + 6.25\% \times 0.20 + 10.50\% \times 0.10 + 15.70\% \times 0.30 + 15.00\% \times 0.25$$
$$= 0.85\% + 1.25\% + 1.05\% + 4.71\% + 3.75\%$$
$$= 11.61\%$$

上列计算过程亦可通过表 4－1 来完成。

表 4－1　　综合资本成本计算表

资本种类	账面价值（万元）	所占比重	个别资本成本（%）	加权平均资本成本（%）
长期借款	150	0.15	5.64	0.85
债券	200	0.20	6.25	1.25
优先股	100	0.10	10.50	1.05
普通股	300	0.30	15.70	4.71
留用利润	250	0.25	15.00	3.75
合计	1 000	1.00	—	11.61

上述加权平均资本成本计算中的权数是按账面价值确定的。使用账面价值权数（Book Value Weights）易于从资产负债表上取得这种资料；但若债券和股票的市场价值已脱离账面价值许多，则以按市场价值确定为宜。

四、边际资本成本

边际资本成本（Marginal Cost of Capital，MCC）是企业追加筹资的成本。企业在追加筹资和追加投资的决策中必须考虑边际资本成本的高低。

前述企业的个别资本成本和综合资本成本，是企业过去筹集的或目前使用的资本的成本。然而，随着时间的推移或筹资条件的变化，个别资本成本会随之变化，综合资本成本也会发生变动。因此，企业在未来追加筹资时，不能仅仅考虑目前所使用的资本的成本，还要考虑新筹资本的成本，即边际资本成本。

企业追加筹资，有时可能只采取某一种筹资方式。但在筹资数额较大，或在目标资本结构既定的情况下，则需要通过多种筹资方式的组合来实现。这时，边际资本成本需要按加权平均法来计算，其权数必须为市场价值权数，不应采用账面价值权数。

现举例说明边际资本成本的计算和应用。

【例 4－6】某公司现有长期资本 400 万元，其中长期借款 80 万元，长期债券 20 万元，普通股（含留存收益）300 万元。由于扩大经营规模的需要，公司拟筹措新资。经分析，认为筹措新资后，仍应保持目前的资本结构，即长期借款占 20%，长期债券占 5%，普通股占 75%，并测算出了随筹资额的增加，各种资本成本的变化如表 4－2 所示。

表 4-2　　　　某公司筹资资料

资本种类	目标资本结构	新筹资的数量范围	资本成本
长期借款	20%	40 000 元内 40 000～160 000 元 160 000 元以上	6% 7% 8%
长期债券	5%	10 000 元内 10 000 元以上	10% 12%
普通股	75%	90 000 元内 90 000～300 000 元 300 000 元以上	14% 15% 16%

（1）计算筹资总额分界点。

根据目标资本结构和各种资本成本变化的分界点，计算筹资总额分界点。其计算公式为：

$$BP_j = \frac{TF_j}{W_j}$$

式中：BP_j——筹资总额分界点；

TF_j——第 j 种资本的成本分界点；

W_j——目标资本结构中第 j 种资本的比重。

其计算结果如表 4-3 所示。

表 4-3　　　　筹资分界点计算表　　　　单位：元

资本种类	资本成本	筹资范围	筹资总额分界点	筹资总额的范围
长期借款	6% 7% 8%	40 000 元内 40 000～160 000 元 160 000 元以上	40 000/20% ＝200 000 160 000/20% ＝800 000	200 000 元内 200 000～800 000 元 800 000 元以上
长期债券	10% 12%	10 000 元内 10 000 元以上	10 000/5% ＝200 000 —	200 000 元内 200 000 元以上
普通股	14% 15% 16%	90 000 元内 90 000～300 000 元 300 000 元以上	90 000/75% ＝120 000 300 000/75% ＝400 000 —	120 000 元内 120 000～400 000 元 400 000 元以上

表 4-3 显示了各种筹资种类成本变化的分界点。例如，长期借款在 40 000 元以内时，其成本为 6%，而在目标资本结构中，长期借款的比重为 20%，这表明在借款成本由此 6% 上升到 7% 之前，企业可筹集 200 000 元资本。当筹资总额多于 200 000 元时，借款成本要上升到 7%。

（2）计算边际资本成本。

根据上一步骤计算出的分界点，可得出下列五组新的筹资范围：

①120 000 元以内；②120 000～200 000 元；③200 000～400 000 元；④400 000～800 000

元；⑤800 000 元以上。

对以上五组筹资范围分别计算加权平均资本成本，即可得到各种筹资范围的边际资本成本。计算结果如表 4－4 所示。

表 4－4　　　　　　　　　　　　边际资本成本计算表

筹资总额范围	资本种类	资本结构	资本成本	边际资本成本
120 000 元内	长期借款 长期债券 普通股	20% 5% 75%	6% 10% 14%	6%×20%＝1.2% 10%×5%＝0.5% 14%×75%＝10.5% 12.2%
120 000～200 000 元	长期借款 长期债券 普通股	20% 5% 75%	6% 10% 15%	6%×20%＝1.2% 10%×5%＝0.5% 15%×75%＝11.25% 12.95%
200 000～400 000 元	长期借款 长期债券 普通股	20% 5% 75%	7% 12% 15%	7%×20%＝1.4% 12%×5%＝0.6% 15%×75%＝11.25% 13.25%
400 000～800 000 元	长期借款 长期债券 普通股	20% 5% 75%	7% 12% 16%	7%×20%＝1.4% 12%×5%＝0.6% 16%×75%＝12.0% 14.0%
800 000 元以上	长期借款 长期债券 普通股	20% 5% 75%	8% 12% 16%	8%×20%＝1.6% 12%×5%＝0.6% 16%×75%＝12.0% 14.2%

以上计算结果用图形表示，可以更形象地作出各筹资总额边际资本成本的变化（见图 4－2），企业可依此作为追加筹资的规划。

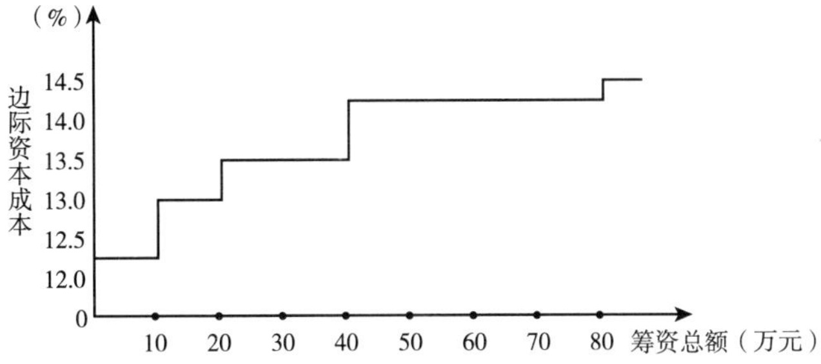

图 4－2　筹资总额与边际资本成本

第二节　杠　杆　原　理

自然科学中的杠杆原理，是指通过杠杆的使用，在杠杆的一端用一个较小的力量，而在另一端便可以产生较大力量的现象。自然中的杠杆作用现象在企业经营中也存在。在企业经营和财务活动中，由于存在固定成本和固定债务利息，会出现业务量变动而引起利润更大变动的现象，这就是企业经营和财务活动中的杠杆作用。由于这种杠杆作用的存在，既可以给企业带来额外的收益，同时也可能给企业带来风险。在企业的经营决策和筹资决策中必须高度重视这种杠杆作用所带来的双重影响。

一、经营杠杆

（一）经营杠杆的作用

经营杠杆（Operating Leverage），又称营业杠杆，是指企业在经营中由于存在固定成本而造成的息税前利润（EBIT）变动率大于营业额（产销量）变动率的现象。由于经营杠杆的作用，既可以给企业带来经营杠杆利益，同时也会给企业带来经营风险。企业经营决策中在经营杠杆利益和经营风险之间进行权衡，以便做出正确的经营决策。

根据成本总额与业务量之间的关系，可以将企业的全部成本划分为固定成本和变动成本。边际贡献 = 销售收入 - 变动成本，利润 = 边际贡献 - 固定成本。

经营杠杆利益，是在扩大产销量的条件下，经营成本中的固定成本这个杠杆所带来的增长幅度更大的经营利润。因为在一定的经营规模范围内，固定成本并不随产销量的增加而增加，而是随着产销量的增加使单位销售额负担的固定成本相对减少，从而给企业带来额外的收益。

例如，某产品销售单价 20 元，单位变动成本 12 元，固定成本 100 000 元，当该产品销售量为 20 000 件时，营业利润为：

$20\ 000\times(20-12)-100\ 000=60\ 000$（元）

当销售量增至 250 000 件时，营业利润为：

$25\ 000\times(20-12)-100\ 000=100\ 000$（元）

即增加的 5 000 件销售量中不再负担固定成本，其边际贡献就是营业利润，即 25 000 件产品提供的边际贡献 200 000 元（25 000 ×8）也只需负担 100 000 元固定成本，因此比原来增加 40 000 元（100 000 - 60 000）利润，可见，营业利润比销售额增长的幅度更大。这就是经营杠杆作用给企业带来的额外收益。

经营风险是指企业利用经营杠杆而导致息税前利润变动的风险。由于经营杠杆的作用，当销售量下降时，会引起息税前利润更大幅度下降。如前例，当产品销售量为 15 000 件时，只能提供 120 000 元（15 000 ×8）的边际贡献，但仍然要负担 100 000 元的固定成本，此时营业利润只有 20 000 元，从而给企业带来经济损失。引起企业经营风险的主要原因有：

1. 产品市场需求的变动。产品市场需求稳定，而且前景很好，经营风险小；反之，经营风险大。

2. 产品价格变动。产品价格变动与经营风险成反比，即价格上升，经营风险小；反之，价格下降，经营风险上升。

3. 产品单位变动成本变动。产品单位成本变动程度与经营风险成正比，即单位变动成本降低，营业利润上升，经营风险小；反之，经营风险大。

4. 固定成本在全部经营成本中的比重。一般来说，在其他因素不变的条件下，经营成本中的固定成本比重越大，经营风险越大；反之，经营风险越小。

（二）经营杠杆系数

任何企业只要存在固定成本，就必然存在经营杠杆作用。但不同的固定成本下的经营杠杆作用的大小是不同的。为了反映经营杠杆作用的程度，正确估计经营杠杆利益的大小，衡量经营风险的高低，需要计算经营杠杆系数。

经营杠杆系数是指息税前利润变动率相当于营业额（销售额）变动率的倍数。经营杠杆系数的计算公式如下：

$$DOL_Q = \frac{\frac{\Delta EBIT}{EBIT}}{\frac{\Delta Q}{Q}}$$

式中：DOL_Q——按销售量确定的经营杠杆系数；

EBIT ——息税前利润；

ΔEBIT——息税前利润变动额；

Q——销售数量；

ΔQ——销售数量的变动额。

为了计算方便，上式可以进行推导：

$$EBIT = Q(P - V) - F$$

$$\Delta EBIT = \Delta Q(P—V)$$

$$DOL_Q = \frac{\Delta Q(P - V)}{Q(P - V) - F} \div \frac{\Delta Q}{Q} = \frac{Q(P - V)}{Q(P - V) - F}$$

经营杠杆系数也可以按照销售额确定，计算公式如下：

$$DOL_S = \frac{S - VC}{S - VC - F}$$

式中：DOL_S——按销售额确定的经营杠杆系数；

P——销售单价；

V——单位变动成本；

F——固定成本；

VC——变动成本总额。

由于“S－VC”为边际贡献总额（EBIT＋F），“S－VC－F”为息税前利润（EBIT），因此，经营杠杆系数亦可以按以下公式简化计算：

即 $DOL = \frac{EBIT + F}{EBIT}$

【例4－7】某公司销售额为60万元，变动成本率60%，固定成本12万元。该公司的经营杠杆系数是：

$$EBIT = 60 \times (1 - 60\%) - 12 = 12$$

$$DOL = \frac{12 + 12}{12} = 2$$

以上计算结果表明，当销售额增长 1 倍时，息税前利润也将以 2 倍的幅度增长；同样，当销售额下降 1 倍时，息税前利润也将以 2 倍的幅度下降。

假设，上例销售额增长 20%，即由原来的 60 万元增长到 72 万元。息税前利润计算如下：

息税前利润 = 72 − 72 × 60% − 12 = 16.8（万元）

或：息税前利润 = 12 ×（1 + 20% × 2）= 16.8（万元）

$$息税前利润增长率 = \frac{(16.8 - 12)}{12} = 40\%$$

可见，当销售额增长 20% 时，息税前利润则增长 40%，经营杠杆在此对息税前利润起了放大 2 倍的作用。

必须指出，以上经营杠杆系数是按照基期销售额计算的，当销售额变动后，应以变动的销售额为基准重新计算经营杠杆系数。上例中销售额为 72 万元的经营杠杆系数是：

$$DOL = \frac{72 - 72 \times 60\%}{72 - 72 \times 60\% - 12} = 1.7$$

以上计算结果表明，在固定成本不变的条件下销售额越大，经营杠杆系数越小，经营风险也越小；反之，销售额越小，经营杠杆系数越大，经营风险也就越大。当销售额接近盈亏平衡点（保本销售量）时，经营杠杆系数趋于无穷大。此时，增加一个单位的销售额就盈利，销售额下降一个单位就会亏损。因此，企业可以通过扩大销售、降低变动成本、降低固定成本总额等措施，使经营杠杆系数下降，从而降低经营风险。

二、财务杠杆

（一）财务杠杆作用

财务杠杆（Financial Leverage）是指由于固定财务费用的存在，使权益资本净利率（或每股盈余）的变动率大于息税前利润（EBIT）变动率的现象。

在资本结构（即负债比率）一定的条件下，企业利用财务杠杆作用，可以获得更多的利润，从而提高权益资本净利率。因为，在投资报酬率大于债务利息率的前提下，不论企业息税前利润多少，债务利息（包括优先股股息）都是固定的。当息税前利润增加时，每一元息税前利润负担的债务利息就会相对下降，从而给投资者带来额外收益（称为财务杠杆利益）。

【例 4 − 8】公司目前拥有资本 100 万元，其中负债资本 40 万元，负债利息率 8%，权益资本 60 万元，总资产报酬率 12%，预计计划期总资产报酬率可达到 16.8%，所得税税率 40%。

基期息税前利润 = 1 000 000 × 12% = 12 000（元）

计划期息税前利润 = 1 000 000 × 16.8% = 168 000（元）

$$息税前利润增长率 = \frac{16.8\% - 12\%}{12\%} = 40\%$$

息税前利润的增加对每股盈余（或资本净利润率）的影响程度如表 4 − 5 所示。

表 4 − 5　　　　息税前利润的增加对每股盈余的影响

项　　目	基　期	计划期
负债	400 000	400 000
权益资本	600 000	600 000
资本总额	1 000 000	1 000 000
息税前利润	120 000	168 000
利息（8%）	32 000	32 000
税前利润	88 000	138 000
所得税（40%）	35 200	54 400
税后利润	52 800	81 600
权益资本	60 000	60 000
资本净利率（%）	8.8	13.6

从表4－5计算结果可以看出，由于计划期债务利息不变，随着息税前利润由12万元增加到16.8万元，即增长40%，资本净利率由基期的8.8 %提高到13.6 %，增长近55%［(13.6% －8.8%)÷8.8%］。说明因财务杠杆作用，使息税前利润的增长带来每股盈余更大幅度的增长。同样，由于财务杠杆作用，也会给企业带来财务风险。财务风险也称筹资风险，它是指企业全部资本中因债务资本的变动而导致的风险。企业为了获得财务杠杆利益，就需要增加债务资本，债务利息也相应增加。一旦息税前利润下降，就会引起普通股每股盈余更大幅度下降，造成股票价格下跌，给普通股股东带来额外的损失。当息税前利润不足以补偿债务利息支出时，就会发生亏损。如果扭亏无望或无力偿还到期债务，就会导致企业破产，这就是财务杠杆给企业带来的负效应。可见，财务风险来自债务资本，没有债务资本，就不存在财务杠杆作用，也就不存在财务风险。

导致财务风险的主要原因是：

1. 债务资本供求关系变化而引起资本结构的变化是导致财务风险的根本原因。

2. 债务利率变动。债务利率变动与财务风险呈同方向变动。

3. 获利能力变动。企业获利能力与财务风险呈反方向变动，即获利能力增强，财务风险下降，相反，获利能力下降，财务风险加大。

由于财务风险的存在，企业要想获得财务杠杆利益，必须同时承担由此而引起的财务风险。因此，企业的决策者必须在财务杠杆利益和财务风险之间进行权衡，以便做出正确的决策。

（二）财务杠杆系数

财务杠杆系数，亦称财务杠杆程度，它是指普通股每股盈余的变动率相当于息税前利润变动率的倍数。财务杠杆系数越大，财务杠杆利益就越大，财务风险也越大；反之，财务杠杆系数越小，财务杠杆利益越小，财务风险也越小。财务杠杆系数的计算公式如下：

$$DFL=\frac{\frac{\Delta EPS}{EPS}}{\frac{\Delta EBIT}{EBIT}}$$

式中：DFL——财务杠杆系数；

EPS——普通股每股盈余；

ΔEPS——普通股每股盈余变动额；

EBIT——息税前利润；

ΔEBIT——息税前利润变动额。

为了便于计算，可以将上式进行推导：

$$EPS = \frac{(EBIT - I)(1 - T)}{C}$$

$$\Delta EPS = \frac{\Delta EBIT(1 - T)}{C}$$

将以上两式代入财务杠杆系数计算公式中，经推导得：

$$DFL = \frac{EBIT}{EBIT - I}$$

式中：I——债务利息率；

T——所得税税率；

C——流通在外的普通股股数。

根据例 4 - 7 中的资料，计算财务杠杆系数如下：

$$DFL = \frac{120\ 000}{120\ 000 - 32\ 000} = 1.36$$

以上计算结果说明，当息税前利润增长 1 倍时，普通股每股盈余则以 1.36 倍的幅度增长；反之，当息税前利润下降 1 倍时，普通股每股盈余将以 1.36 倍的幅度下降。

上述财务杠杆系数是按照基期息税前利润计算的，当息税前利润变动后，则应在其变动的基础上重新计算财务杠杆系数。计划期的财务杠杆系数计算如下：

$$DFL = \frac{168\ 000}{168\ 000 - 32\ 000} = 1.24$$

当息税前利润由 12 万元增长到 16.8 万元时，财务杠杆系数由 1.36 下降到 1.24。

在债务利息不变的条件下，息税前利润越大，财务杠杆系数越小，财务风险也越小；相反，息税前利润越小，财务杠杆系数越大，财务风险也越大。因此，企业可以通过增加息税前利润和合理安排负债比率，使财务杠杆利益大于财务风险的不利影响，从而使普通股每股盈余稳步增长。

三、联合杠杆

从以上分析可知，经营杠杆是通过销售额的变动来影响息税前利润的，而财务杠杆则是通过息税前利润变动来影响普通股每股盈余的。事实上，经营杠杆和财务杠杆的作用最终都将影响普通股每股盈余。因此，企业在筹资决策中，通过合理使用经营杠杆和财务杠杆的作用，达到提高普通股每股盈余的目标。通常把经营杠杆和财务杠杆的连锁作用称为联合杠杆（Combined Leverage）。

联合杠杆的作用程度称为联合杠杆系数。联合杠杆系数实际上是经营杠杆系数和财务杠杆系数的乘积。联合杠杆系数的计算公式如下：

$$DCL = DOL \times DFL$$

$$=\frac{EBIT+F}{EBIT}\times\frac{EBIT}{EBIT-I}$$

$$=\frac{EBIT+F}{EBIT-I}$$

联合杠杆系数实际上是边际贡献总额与税前利润的比值。

联合杠杆系数也可以用销售额表示，计算公式如下：

$$DCL_S=\frac{S-VC}{S-VC-F-I}$$

式中：DCL_S——按销售额确定的联合杠杆系数。

根据表4－5的资料可以计算该公司的联合杠杆系数：

$DCL_S=2\times1.36=2.72$

或 $DCL=\frac{120\ 000+120\ 000}{120\ 000-32\ 000}=2.72$

以上联合杠杆系数的意义在于，销售额增长1倍，普通股每股盈余就会以2.72倍的幅度增长；同样，当销售额下降时也会使普通股每股盈余以更大的幅度下降。可见，联合杠杆的影响程度超过了单个经营杠杆系数或财务杠杆系数的影响程度。联合杠杆系数越大，其影响程度就越大。这种由联合杠杆作用使每股盈余大幅度变动而形成的风险，就是企业风险。因此，在财务管理中可以借助联合杠杆了解经营杠杆和财务杠杆之间的依存关系，通过经营杠杆系数和财务杠杆系数多种组合形式的调整，以期实现企业财务管理目标所要求的总的杠杆利益和企业总风险水平。例如，经营杠杆系数较高的公司，可以使用较低的财务杠杆；而经营杠杆系数较低的公司，则可以在较高的程度上使用财务杠杆。

第三节　资本结构决策

一、资本结构的概念

资本结构是指企业各种资本的价值构成及其比例关系。在企业筹资管理活动中，资本结构有广义和狭义之分。广义的资本结构是指企业全部资本价值的构成及其比例关系。它不仅包括长期资本，还包括短期资本，主要是短期债权资本。狭义的资本结构是指企业各种长期资本价值的构成及其比例关系，尤其是指长期的股权资本与债权资本的构成及其比例关系。在狭义资本结构下，短期债权资本是作为营运资本来管理的。

二、资本结构的决策方法

企业资本结构决策就是要确定最佳资本结构。所谓最佳资本结构是指企业在适度财务风险的条件下，使其预期的综合资本成本率最低，同时使企业价值最大的资本结构。它应作为企业的目标资本结构。根据资本结构原理，确定企业的最佳资本结构，可以采用资本成本比较法、每股利润分析法。

（一）资本成本比较法

资本成本比较法是指在适度财务风险的条件下，测算可供选择的不同资本结构或筹资组合方案的综合资本成本率，并以此为标准相互比较确定最佳资本结构的方法。

企业筹资可分为创立初期的初始筹资和发展过程中的追加筹资两种情况。与此相对应，企业的资本结构决策可分为初始筹资的资本结构决策和追加筹资的资本结构决策。下面分别说明资本成本比较法在这两种情况下的运用。

1. 初始筹资的资本结构决策。在企业筹资实务中，企业对拟订的筹资总额，可以采用多种筹资方式来筹资，每种筹资方式的筹资额亦可有不同安排，由此会形成若干预选资本结构或筹资组合方案。在资本成本比较法下，可以通过综合资本成本率的测算及比较来做出选择。

【例4－9】XYZ公司在初创时需资本总额5 000万元，有如下三个筹资组合方案可供选择，有关资料经测算汇入表4－6。

表4－6　　XYZ公司初始筹资组合方案资料测算表　　单位：万元

筹资方式	初始筹资额	筹资方案Ⅰ资本成本率	初始筹资额	筹资方案Ⅱ资本成本率	初始筹资额	筹资方案Ⅲ资本成本率
长期借款	400	6%	500	6.5%	800	7%
长期债券	1 000	7%	1 500	8%	1 200	7.5%
优先股	600	12%	1 000	12%	500	12%
普通股	3 000	15%	2 000	15%	2 500	15%
合计	5 000	—	5 000	—	5 000	—

假定XYZ公司的第Ⅰ、Ⅱ、Ⅲ三个筹资组合方案的财务风险相当，都是可以承受的。下面分两步分别测算这三个筹资组合方案的综合资本成本率并比较其高低，从而确定最佳筹资组合方案，即最佳资本结构。

第一步，测算各方案各种筹资方式的筹资额占筹资总额的比例及综合资本成本率。

方案Ⅰ　　各种筹资方式的筹资额比例：

长期借款　　$400/5\,000=0.08$

长期债券　　$1\,000/5\,000=0.20$

优先股　　$600/5\,000=0.12$

普通股　　$3\,000/5\,000=0.60$

综合资本成本率：

$6\%\times0.08+7\%\times0.20+12\%\times0.12+15\%\times0.60=12.36\%$

方案Ⅱ　　各种筹资方式的筹资额比例：

长期借款　　$500/5\,000=0.1$

长期债券　　$1\,500/5\,000=0.3$

优先股　　$1\,000/5\,000=0.2$

普通股　　$2\,000/5\,000=0.4$

综合资本成本率：

$6.5\%\times0.1+8\%\times0.3+12\%\times0.2+15\%\times0.4=11.45\%$

方案Ⅲ　　各种筹资方式的筹资额比例：

长期借款　　800/5 000 = 0.16

长期债券　　1 200/5 000 = 0.24

优先股　　500/5 000 = 0.10

普通股　　2 500/5 000 = 0.50

综合资本成本率：

$7\% \times 0.16 + 7.5\% \times 0.24 + 12\% \times 0.10 + 15\% \times 0.50 = 11.62\%$

第二步，比较各个筹资组合方案的综合资本成本率并做出选择：筹资组合方案Ⅰ、Ⅱ、Ⅲ的综合资本成本率分别为12.36%、11.45%和11.62%。经比较，方案Ⅱ的综合资本成本率最低，在适度财务风险的条件下，应选择筹资组合方案Ⅱ作为最佳筹资组合方案，由此形成的资本结构可确定为最佳资本结构。

2. 追加筹资的资本结构决策。企业在持续的生产经营活动过程中，由于经营业务或对外投资的需要，有时会追加筹措新资，即追加筹资。因追加筹资以及筹资环境的变化，企业原定的最佳资本结构未必仍是最优的，需要进行调整。因此，企业应在有关情况的不断变化中寻求最佳资本结构，实现资本结构的最优化。

企业追加筹资可有多个筹资组合方案供选择。按照最佳资本结构的要求，在适度财务风险的前提下，企业选择追加筹资组合方案可用两种方法：一种方法是直接测算各备选追加筹资方案的边际资本成本率，从中比较选择最佳筹资组合方案；另一种方法是分别将各备选追加筹资方案与原有最佳资本结构汇总，测算比较各个追加筹资方案下汇总资本结构的综合资本成本率，从中比较选择最佳筹资方案。下面举例说明。

【例4-10】XYZ公司拟追加筹资1 000万元，现有两个追加筹资方案可供选择，有关资料经测算整理后列入表4-7。

表4-7　XYZ公司追加筹资方案资料测算表　　单位：万元

筹资方式	追加筹资额	筹资方案Ⅰ资本成本率	追加筹资额	筹资方案Ⅱ资本成本率
长期借款	500	7%	600	7.5%
优先股	200	13%	200	13%
普通股	300	16%	200	16%
合计	1 000	—	1 000	—

下面分别按上述两种方法测算比较追加筹资方案。

（1）追加筹资方案的边际资本成本率比较法。

首先，测算追加筹资方案Ⅰ的边际资本成本率。

$$7\% \times \frac{500}{1\ 000} + 13\% \times \frac{200}{1\ 000} + 16\% \times \frac{300}{1\ 000} = 10.9\%$$

其次，测算追加筹资方案Ⅱ的边际资本成本率。

$$7.5\% \times \frac{600}{1\ 000} + 13\% \times \frac{200}{1\ 000} + 16\% \times \frac{200}{1\ 000} = 10.3\%$$

最后，比较两个追加筹资方案，方案Ⅱ的边际资本成本率为10.3%，低于方案Ⅰ的边际资本成本率。因此，在适度财务风险的情况下，方案Ⅱ优于方案Ⅰ，应选追加筹资方案Ⅱ。从而，追加筹资方案Ⅱ为最佳筹资方案，由此形成的新的资本结构为XYZ公司的最佳资本结构。若XYZ公司原有资本总额为5 000万元，资本结构是：长期借款500万元、长期债券1 500万元、优先股1 000万元、普通股2 000万元。则追加筹资后的资本总额为6 000万元，资本结构是：长期借款1 000万元、长期债券1 500万元、优先股1 200万元、普通股2 300万元。

（2）备选追加筹资方案与原有资本结构综合资本成本率比较法。

首先，汇总追加筹资方案和原资本结构，形成备选追加筹资后资本结构，如表4－8所示。

表4－8　追加筹资方案和原资本结构资料汇总表　　单位：万元

筹资方式	原资本结构	资本成本率	追加筹资额	筹资方案Ⅰ资本成本率	追加筹资额	筹资方案Ⅱ资本成本率
长期借款	500	6.5%	500	7%	600	7.5%
长期债券	1 500	8%				
优先股	1 000	13%	200	13%	200	13%
普通股	2 000	16%	300	16%	200	16%
合计	5 000	—	1 000	—	1 000	—

其次，测算汇总资本结构下的综合资本成本率。

追加筹资方案Ⅰ与原资本结构汇总后的综合资本成本率：

$$\left(\frac{6.5\%\times500}{6\ 000}+\frac{7\%\times500}{6\ 000}\right)+\frac{8\%\times1\ 500}{6\ 000}+\frac{13\%\times(1\ 000+200)}{6\ 000}+\frac{16\%\times(2\ 000+300)}{6\ 000}$$

$=11.86\%$

追加筹资方案Ⅱ与原资本结构汇总后的综合资本成本率：

$$\left(\frac{6.5\%\times600}{6\ 000}+\frac{7.5\%\times600}{6\ 000}\right)+\frac{8\%\times1\ 500}{6\ 000}+\frac{13\%\times(1\ 000+200)}{6\ 000}+\frac{16\%\times(2\ 000+200)}{6\ 000}$$

$=11.76\%$

在上列计算中，根据股票的同股同利原则，原有股票应按新发行股票的资本成本率计算，即全部股票按新发行股票的资本成本率计算其总的资本成本率。

最后，比较两个追加筹资方案与原资本结构汇总后的综合资本成本率，方案Ⅱ与原资本结构汇总后的综合资本成本率为11.76%，低于方案Ⅰ与原资本结构汇总后的综合资本成本率。因此，在适度财务风险的前提下，追加筹资方案Ⅱ优于方案Ⅰ，由此形成的新的资本结构为XYZ公司的最佳资本结构。

由此可见，XYZ公司追加筹资后，虽然改变了资本结构，但经过分析测算，做出正确的筹资决策，公司仍可保持资本结构的最优化。

资本成本比较法的测算原理容易理解，测算过程简单，但仅以资本成本率最低为决策标准，没有具体测算财务风险因素，其决策目标实质上是利润最大化而不是公司价值最大化，一般适用于资本规模较小、资本结构较为简单的非股份制企业。

（二）每股利润分析法

每股利润分析法是利用每股利润无差别点来进行资本结构决策的方法。所谓每股利润无差别点是指两种或两种以上筹资方案下普通股每股利润相等时的息税前利润点，亦称息税前利润平衡点，有时亦称筹资无差别点。运用这种方法，根据每股利润无差别点，可以分析判断在什么情况下可利用债权筹资来安排及调整资本结构，进行资本结构决策。

现举例说明这种方法的应用。

【例4－11】ABC公司目前拥有长期资本8 500万元，其资本结构为：长期债务1 000万元，普通股7 500万元。现准备追加筹资1 500万元，有三种筹资方式可供选择：增发普通股、增加债务、发行优先股。有关资料详见表4－9。

表4－9　**ABC公司目前和追加筹资后的资本结构资料表**　单位：万元

资本种类	目前资本结构		追加筹资后的资本结构					
			增发普通股		增加长期债务		发行优先股	
	金额	比例	金额	比例	金额	比例	金额	比例
长期债务	1 000	0.12	1 000	0.10	2 500	0.25	1 000	0.10
优先股					7 500	0.75	1 500	0.15
普通股	7 500	0.88	9 000	0.90			7 500	0.75
资本总额	8 500	1.00	10 000	1.00	10 000	1.00	10 000	1.00
其他资料								
年债务利息额	90		90		270		90	
年优先股股利额							150	
普通股股数（万股）	1 000		1 300		1 000		1 000	

当息税前利润为1 600万元时，为便于计算，假定公司所得税率为40%，下面测算这三种筹资方式追加筹资后的普通股每股利润，如表4－10所示。

表4－10　**ABC公司预计追加筹资后的每股利润测算表**　单位：万元

项　　目	增发普通股	增加长期债务	发行优先股
息税前利润	1 600	1 600	1 600
减：长期债务利息	90	270	90
所得税前利润	1 510	1 330	1 510
减：公司所得税（40%）	604	532	604
所得税后利润	906	798	906
减：优先股股利			150
普通股可分配利润	906	798	756
普通股股数（万股）	1 300	1 000	1 000
普通股每股利润（元）	0.70	0.80	0.76

由表4－10的测算结果可见，采用不同筹资方式追加筹资后，普通股每股利润是不相等的。在息税前利润为1 600万元的条件下，采用增发普通股的方式进行筹资，普通股每股利润最低，为每股0.70元；当增加长期债务筹资时每股利润最高，为每股0.80元；当发行优先股时居中，为每股0.76元。这反映了在息税前利润一定的条件下不同资本结构对普通股每股利润的影响。

表4－10所测算的结果是在息税前利润预计为1 600万元的情况。那么，息税前利润究竟为多少时，采用哪种筹资方式更为有利呢？这需要通过测算息税前利润平衡点来判断。其测算公式如下：

$$\frac{(\overline{EBIT}-I_1)(1-T)-D_{P1}}{N_1}=\frac{(\overline{EBIT}-I_2)(1-T)-D_{P2}}{N_2}$$

式中：$\overline{EBIT}$——息税前利润平衡点，即每股利润无差别点；

I_1，I_2——两种增资方式下的长期债务年利息；

D_{P1}，D_{P2}——两种增资方式下的优先股年股利；

N_1，N_2——两种增资方式下的普通股股数。

现将表4－10的有关资料代入上式，进行测算：

（1）增发普通股与增加长期债务两种增资方式下的每股利润无差别点为：

$$\frac{(\overline{EBIT}-90)(1-40\%)}{1\ 300}=\frac{(\overline{EBIT}-270)(1-40\%)}{1\ 000}$$

$\overline{EBIT}=870$（万元）

（2）增发普通股与发行优先股两种增资方式下的每股利润无差别点为：

$$\frac{(\overline{EBIT}-90)(1-40\%)}{1\ 300}=\frac{(\overline{EBIT}-90)(1-40\%)-150}{1\ 000}$$

$\overline{EBIT}=1\ 173$（万元）

上列测算结果是：当息税前利润为870万元时，增发普通股和增加长期债务的每股利润相等；同样道理，当息税前利润为1 173万元时，增发普通股和发行优先股的每股利润相等。为验证，还可列表测算如表4－11所示。

表4－11　ABC公司每股利润无差别点测算表

单位：万元

项　目	增发普通股	增加长期债务	增发普通股	发行优先股
息税前利润	870	870	1 173	1 173
减：长期债务利息	90	270	90	90
所得税前利润	780	600	1 083	1 083
减：公司所得税（40%）	312	240	433.2	433.2
所得税后利润	468	360	649.8	649.8
减：优先股股利				150
普通股可分配利润	468	360	649.8	499.8
普通股股数（万股）	1 300	1 000	1 300	1 000
普通股每股利润（元）	0.36	0.36	0.50	0.50

上述每股利润无差别点分析的结果可用图 4 – 3 表示。

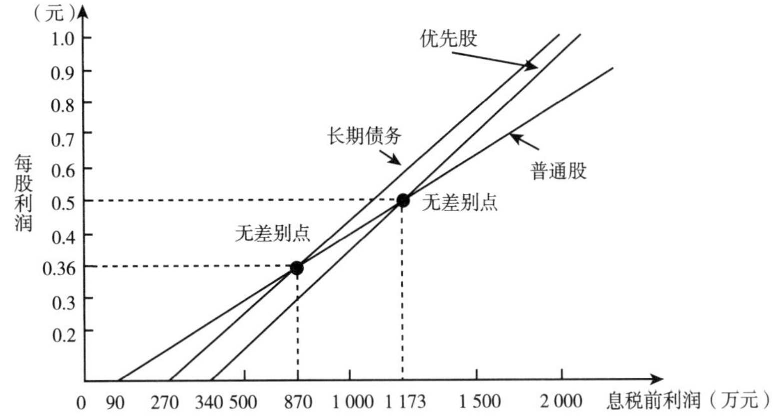

图 4 – 3 ABC 公司每股利润无差别点分析示意图

由图 4 – 3 可见，每股利润无差别点的息税前利润为 870 万元的意义在于：当息税前利润大于 870 万元时，增加长期债务要比增发普通股有利；而当息税前利润小于 870 万元时，增加长期债务则不利。同样道理，每股利润无差别点的息税前利润为 1 173 万元的意义在于：当息税前利润大于 1 173 万元时，发行优先股要比增发普通股有利；而当息税前利润小于 1 173 万元时，发行优先股则不利。

上述结论的前半部分，即“大于”的情况，已在表 4 – 10 中得到证明。例如，在表 4 – 10 中，息税前利润为 1 600 万元，大于 870 万元或 1 173 万元，则增加长期债务和发行优先股的每股利润分别为 0. 80 元和 0. 76 元，都高于增发普通股的每股利润（0. 70 元），因此，增加长期债务或发行优先股都比增发普通股有利。现在举例证明结论的后半部分，即“小于”的情况。

【例 4 – 12】假设 ABC 公司息税前利润为 500 万元，其他有关资料与表 4 – 10 相同。下面通过表 4 – 12 测算每股利润。

表 4 – 12　　ABC 公司息税前利润为 500 万元时的每股利润测算表　　单位：万元

项目	增发普通股	增加长期债务	发行优先股
息税前利润	500	500	500
减：长期债务利息	90	270	90
所得税前利润	410	230	410
减：公司所得税（40%）	164	92	164
所得税后利润	246	138	246
减：优先股股利			150
普通股可分配利润	246	138	146
普通股股数（万股）	1 300	1 000	1 000
普通股每股利润（元）	0. 20	0. 14	0. 15

由表 4 – 12 可见，假设息税前利润为 500 万元，小于每股利润无差别点的息税前利润 870 万元或 1 173 万元时，增加长期债务和发行优行股的每股利润分别为 0. 14 元和 0. 15 元，都低

于增发普通股的每股利润（0.20 元），因此，增加长期债务或发行优先股都不利。

每股利润分析法的测算原理比较容易理解，测算过程较为简单。它以普通股每股利润最高为决策标准，也没有具体测算财务风险因素，其决策目标实际上是股票价值最大化而不是公司价值最大化，可用于资本规模不大、资本结构不太复杂的股份有限公司。

三、资本结构的调整

（一）影响资本结构变动的因素

资本结构的变动，除受资本成本、财务风险等因素影响外，还要受到其他因素的影响，这些因素主要是指：

1. 企业因素。企业因素包括：（1）管理者的风险态度。如果管理者对风险极为厌恶，则企业资本结构中负债的比重相对较小；相反，如果管理者以取得高报酬为目的而比较愿意承担风险，则资本结构中负债的比重相对要大。（2）企业获利能力。息税前利润是用以还本付息的根本来源。息税前利润越大，即资产利润率大于负债利息率，则利用财务杠杆能取得越高的资本利润率；反之则相反。可见，获利能力是衡量企业负债能力强弱的基本依据。（3）企业经济增长。增长快的企业，总是期望通过扩大筹资来满足其资本需要，而在权益资本一定的情况下，扩大筹资即意味着对外负债。从这里也可看出，负债筹资及负债经营是促进企业经济增长的主要方式之一。

2. 环境因素。环境因素包括：（1）银行等金融机构的态度。虽然企业希望通过负债筹资来取得资本利润率的提高，但银行等金融机构的态度在企业负债筹资中起着重要的作用。在这里，银行等金融机构的态度就是商业银行的经营规则，即考虑贷款的安全性、流动性与收益性。（2）信用评估机构的意见。信用评估机构的意见对企业的对外筹资能力，起着举足轻重的作用。（3）税收因素。债务利息从税前支付，从而具有节税功能，税率变动对企业资本结构变动具有某种导向作用。（4）行业差别。不同行业所处的经济环境、资产构成及运营效率、行业经营风险等是不同的。因此，上述各种因素的变动直接导致行业资本结构的变动，从而体现其行业特征。

（二）资本结构调整的原因

就某一具体企业来讲，资本结构变动或调整有其直接的原因，归纳起来有：

1. 成本过高。即原有资本结构的加权资本成本过高，从而使利润下降。这是资本结构调整的主要原因之一。

2. 风险过大。虽然负债筹资能降低成本、提高利润，但风险较大。如果筹资风险过大，以至于企业无法承担，则破产成本会直接抵减因负债筹资而取得的杠杆收益，企业此时也需要进行资本结构调整。

3. 弹性不足。所谓弹性是指企业在进行资本结构调整时原有结构应有的灵活性。其包括筹资期限弹性、各种筹资方式间的转换弹性等。其中，期限弹性针对负债筹资方式是否具有展期性、提前收兑性等而言；转换弹性针对负债与负债间、负债与资本间、资本与资本间是否具有可转换性而言。弹性大小是判断企业资本结构是否健全的标志之一。

4. 约束过严。不同的筹资方式，投资者对筹资方的使用约束是不同的。约束过严，在一定意义上有损于企业财务自主权，有损于企业灵活调度与使用资金。正因为如此，有时企业宁愿承担较高的代价而选择那些使用约束相对较宽的筹资方式。

（三）资本结构调整的方法

针对这些调整可能性与时机，资本结构调整的方法可归纳为：

1. 存量调整。所谓存量调整是指在不改变现有资产规模的基础上，根据目标资本结构要求，对现有资本结构进行必要的调整。具体方式有：（1）在债务资本过高时，将部分债务资本转化为权益资本。例如，将可转换债券转换为普通股票。（2）在债务资本过高时，将长期债务收兑或提前归还，而筹集相应的权益资本额。（3）在权益资本过高时，通过减资并增加相应的负债额，来调整资本结构。不过这种方式很少被采用。

2. 增量调整。是指通过追加筹资量，从而增加总资产的方式来调整资本结构。具体方式有：（1）在债务资本过高时，通过追加权益资本投资来改善资本结构。（2）在债务资本过低时，通过追加负债筹资规模来提高负债筹资比重。（3）在权益资本过低时，可通过筹措权益资本来扩大投资，提高权益资本比重。

3. 减量调整。它是通过减少资产总额的方式来调整资本结构。具体方式有：（1）在权益资本过高时，通过减资来降低其比重（股份公司则可回购部分普通股票等）。（2）在债务资本过高时，利用税后留存归还债务，用以减少总资产，并相应减少债务比重。

思考题

1. 什么是资本成本？如何计算资本成本？
2. 资本成本在现代企业财务管理中有何重要作用？
3. 什么是经营杠杆？什么是经营杠杆系数？经营杠杆系数的大小说明什么问题？
4. 什么是财务杠杆？什么是财务杠杆系数？财务杠杆系数的大小说明什么问题？
5. 什么是联合杠杆？说明联合杠杆的财务意义？
6. 什么是最优资本结构？如何安排最优资本结构？

练习题

1. Y公司计划筹资1 200万元，所得税税率40%，有关资料如下：（1）向银行申请借款200万元，年利息率10%，手续费率0.5%；（2）经批准溢价发行企业债券，债券面值280万元，票面利率12%，溢价发行价格总额300万元，每年支付利息，筹资费用率4%；（3）发行优先股200万元，年股息率13%，筹资费用率5%；（4）发行普通股40万股，每股10元，按面值发行筹资费用率6%，预计第一年每股股利为2.5元，以后年递增5%；（5）其余所剩资金由公司留存收益解决。要求：（1）计算各种筹资方式的资本成本；（2）计算该公司的加权平均资本成本。

2. 某公司计划发行债券及普通股筹资，债券共发行600万元，面值1 000元，票面利率14%，每半年计息一次，期限5年，到期一次还本，发行费用10万元。普通股发行10万股，每股50元，筹资费用率4%，股利为8%，预计以后年增长1.5%，求债券的资本成本率，发行价格，股票的资本成本率，综合资本成本率。

3. 某企业年销售额为280万元，息税前利润为80万元，固定成本为32万元，变动成本率为60%，全部成本为200万元，负债比率为45%，负债利率为12%。要求分别计算该企业的经营杠杆系数，财务杠杆系数和复合杠杆系数。

4. AC公司目前拥有资本2 000万元，其中，长期借款800万元，年利息率10%；普通股1 200万元，每股面值1元，发行价格20元，目前市场价格也是20元，上年每股股利2元，预计以后每年股利增长5%，所得税税率40%；该公司计划追加筹资100万元，有两种筹资方案可供选择：（1）增加长期借款100万元，借款年利率将上升到12%；（2）增发普通股40 000股，普通股每股市价增加到25元。

要求：（1）计算该公司追加筹资前的加权平均资本成本；（2）运用比较资本成本法确定该公司的最佳资本结构。

5. 企业2020年度销售产品50万件，单价20元，单位变动成本15万，发生借款利息支出80万元，实现税前利润120万元。年末企业股本共100万股，其中优先股50万股，每股分配股利0.30元。计算其经营杠杆系数、财务杠杆系数、复合杠杆系数（企业所得税率为25%），企业在2021年度准备筹资250万元，有以下两种方案：

方案一，发行债券30万元，年利率10%。

方案二，发行普通股2万股，每股15元。

公司2021年度股利分配保持不变，借款利息支出不变，所得税率为25%。用息税前利润无差异点分析应采用哪个方案？

6. AB公司目前拥有资本总额1 600万元，其中，公司债券600万元，年利率10%，普通股100万股，每股10元，所得税税率40%。现拟追加筹资400万元，有两个筹资方案可供选择：（1）增发公司债券400万元，年利率12%（原债券利率不变）；（2）增发普通股40万股，每股面值10元。

要求：（1）计算两种筹资方案的每股利润无差别点；（2）预计该公司追加筹资后的总资产报酬率可达到20%，对以上两个筹资方案进行决策并对选中的方案进行评价。

综合案例

WK资本拟发100亿元优先股还债

2022年6月30日盘后，WK资本公告，公司拟发行不超过1亿股的优先股，募集资金总额不超过人民币100亿元，扣除发行费用后的募集资金净额拟用于偿还有息负债。截至2022年3月31日，公司短期借款余额为436.33亿元，长期借款余额为8.61亿元。

公告显示，此次优先股将采取向不超过200人的符合《优先股试点管理办法》和其他法律法规规定的合格投资者非公开发行的方式。另外，本次非公开发行不向WK资本原股东优先配售。公司控股股东、实际控制人或其控制的关联方不参与本次非公开发行优先股的认购，亦不通过资产管理计划等其他方式变相参与本次非公开发行优先股的认购。所有发行对象均以现金认购本次发行的优先股。

对此，WK资本表示，目前公司业务发展的资金来源主要是通过银行贷款等债务融资，债务融资导致公司的资产负债率处于较高水平。公司亟须使用募集资金偿还有息负债，降低业务发展过程中对银行等机构的借款依赖。

WK 资本表示，通过本次发行募集资金偿还部分有息负债，将有效降低公司的资产负债率，优化公司资本结构，缓解公司偿债压力，提高公司抗风险能力，降低公司债务成本，并将进一步提升公司的综合实力和盈利水平，推动公司持续稳定发展。

值得一提的是，2020 年 WK 资本就曾通过非公开发行优先股的方式募集资金 79.84 亿元，其中 54.84 亿元用于对子公司 WK 信托有限公司增资，25 亿元用于对子公司 WK 证券有限公司增资。

思考：

1. 发行优先股融资和利用银行贷款融资各有哪些优缺点？
2. 试比较优先股融资和银行贷款融资的资金成本。
3. 发行优先股偿还银行贷款能够缓解公司的偿债压力吗？
4. 发行优先股偿债能够降低公司的综合资本成本吗？

第五章

长期投资管理

【学习目标】

通过本章学习，应当了解并掌握：

[1] 投资的特点、动机、分类和原则；

[2] 现金流的概念、构成和计算方法；

[3] 各种投资决策指标的概念、计算方法、决策规则和优缺点；

[4] 投资决策指标的应用。

一鸣服装是宁波一家专门从事男女服装生产和销售的企业，公司自成立以来本着天道酬勤、诚信为本的经营理念不断开拓市场，提升管理水平，至2020年底已发展成为拥有上千名员工，每年产值达2亿元的中型企业，业务范围覆盖整个东南沿海地区。服装生产属于劳动密集型产业，行业竞争激烈并且利润率不高，凭借良好的信誉和稳定的客户关系，公司盈利一直比较稳定。然而，近几年随着社会平均工资水平的不断上涨，公司的用工成本和管理费用也随之飙升。为控制公司人力成本的进一步上升，公司总经理决定购进一套自动化生产系统，该系统不需要配备生产工人，只需少量的管理人员看管即可。这套系统需要一次性投资5 000万元，每年的维护费用为200万元，投入这套系统每年可以节省人工成本1 500万元，管理费用500万元，此外，这套系统还可以显著提高产品的合格率，杜绝了人为因素引发的各种安全事故。

第一节　投资的特点及种类

投资是指特定经济主体为了在未来可预见的时期内获得收益或使货币增值，在一定时期内向一定领域的标的物投放足够数额的资金或实物等货币等价物的经济行为。从特定企业角度看，投资就是企业为获取收益而向一定对象投放资金的经济行为。本章重点介绍长期投资的管理。

一、投资的特点

从上述投资定义可以看出，投资具有如下特点。

（一）目的性

投资是一种有目的的经济行为，是现在支出一定价值的经济活动。从静态的角度来说，投资是现在垫支一定量的资金；从动态的角度来说，投资则是为了获得未来的报酬而采取的经济行为。

（二）时间性

投资具有时间性。即投入的价值或牺牲的消费是现在的，而获得的价值或消费是将来的，也就是说，从现在支出到将来获得报酬，在时间上总要经过一定的间隔。这表明投资是一个行为过程，这个过程越长，未来报酬的获得越不稳定，风险就越大。

（三）收益性

投资的目的在于得到正报酬（即收益）。投资活动是以牺牲现在价值为手段，以赚取未来价值为目标。未来价值超过现在价值，投资者方能得到报酬。投资的报酬可以是各种形式的收入，如利息、股息，可以是价格变动的资本利得，也可以是本金的增值，还可以是各种财富的保值或权利的获得。

（四）风险性

投资具有风险性，即不稳定性。现在投入的价值是确定的，而未来可能获得的收益是不确定的，这种收益的不确定性，即为投资的风险。

二、投资的动机

从企业投资动机的层次高低上可将其划分为行为动机、经济动机和战略动机三个层次。投资是企业的重要职能之一，它既规定了筹资的目的，又决定了经营的方向和规模，因此，可以说投资最简单的动机就是出于企业的本能；经济动机就是要取得收益，获得资金增值，这是投资的核心目的；开拓市场、控制资源、防范风险等则属于层次比较高的战略动机。

从投资的功能上也可将投资动机划分为以下四种类型：一是获利动机，即通过投资取得更大收益；二是扩张动机，即通过投资扩大企业的经营规模或范围，甚至开拓新领域；三是分散风险动机，即通过投资为暂时闲置的资金寻求出路，以便分散持有资金的风险；四是控制动机，即通过投资取得对其他企业或实体的控制权，以便取得控制物流环路中的上游资源或下游市场。

三、投机与投资的关系

（一）投机的含义

以现代化社会的“经济”标准来判断，投机是一种承担特殊风险获取特殊收益的行为。许多人经常将投资与投机相混淆。这是因为投资与投机两者之间确实有相同之处。

（二）投机与投资的关系

投机与投资之间存在以下三点联系：第一，投机是投资的一种特殊形式，这是因为投机与投资一样都需要资金投入或垫付资本；第二，两者的基本目的一致，都是以获得未来货币的增值或收益为目的；第三，两者的未来收益都带有不确定性，都包含有风险因素，都要承担本金损失的危险。

投机与投资的不同之处主要表现在以下几个方面：第一，两者行为期限的长短不同。一般认为，投资的期限较长，投资者愿意长期地持有证券；而投机的期限则较短，投资者多热衷于频繁地进行快速买卖。第二，两者的利益着眼点不同。投资着眼于长期的利益；而投机活动只着眼于短期证券市价的涨落，以谋取短期利益。第三，两者承担的风险不同。一般来讲，投资的风险较小，本金相对安全，而投机所包含的风险则可能很大，本金有损失的危险。因此，投机也被称为"高风险的投资"。第四，两者的交易方式不同。投资一般是一种实际交割的交易行为，而投机往往是一种买空卖空的信用交易。

（三）投机的积极作用

投机具有如下积极作用：（1）导向作用，即可以起到引导证券市场中的资金流向的作用。投机者本身的特点决定了其消息较灵通。判断较准确，从而可以引导资金投入业绩好的公司。这样客观上又会引起某个公司股票价格的涨落，对上市公司也可起到客观的评价作用，进一步引起内外压力，导致公司的经营调整及公司间的调整。（2）平衡作用。投机者为了获取高收益而购买风险较大的证券，这种行为本身就会使市场上不同风险的证券供求平衡。同时，由于投机者反应灵敏，在市场出现波动时，其买卖行为可以把价格在不同市场、不同品种和不同时间上的不正常的高低拉平，使其趋于合理和均衡，避免价格大起大落，保证供求平衡，可以说具有"市场抹平"的作用。（3）动力作用。投机是证券市场的一个原动力。投机者为证券市场提供了大量的风险资金，并且是证券市场中最活跃的因素，投机者的投机活动推动了市场的起伏运动，增强了证券交易的流动性，活跃了市场交易，从而促进了证券市场的正常延续的运行。（4）保护作用。从宏观经济运行的角度来讲，证券市场的投机可以对宏观经济运行起到保护作用，增大经济运行的弹性。因为投机者不是消费者，他们手中掌握的大量资金不是用来购买商品，而是用来购买证券的。当经济出现通货膨胀、国家增发钞票时，有很大一部分钞票会通过各种渠道首先流入投机者手中，而不是流向消费者。投机者所掌握的钞票又只会继续用于购买证券，这样便在证券市场中锁定大量资金，从而减少了增发钞票和通货膨胀对市场的冲击，保护了经济，增大了经济运行的弹性。一般地，通货膨胀越严重，流入投机者手中的钞票就越多，这在一定程度上减轻了通货膨胀的压力。

（四）投机的消极作用

过度投机或违法投机会带来以下消极作用：（1）投机活动会使一些投机者在很短的时间内成为暴发户，而使另一些投机者在很短的时间内遭到破产损失，不利于社会安定；（2）在投机过度的情况下，一些投机者为了牟取暴利会进行内幕交易，甚至制造谣言，进行虚假交易，垄断操纵证券市场，违背证券市场"公平、公正、公开"的三公原则，造成市场混乱；（3）在投机过度的情况下，证券价格会脱离现实的经济条件，脱离公司业绩，不断暴涨，形成虚假的市场繁荣和需求，形成泡沫经济。而当价格过高时，一旦产生不利的因素，又会即刻引起暴跌，严重地影响了大批投资者的利益和国民经济的稳定运行。

四、投资的分类

为了加强企业的投资管理，提高投资效益，必须分清投资的性质，对投资进行科学的分类。企业投资可以从不同角度进行分类。

（一）按照投资与企业生产经营的关系，可以分为直接投资与间接投资

1. 直接投资。又称为生产性投资，是指把资金投放于生产经营性资产，以便获取利润的投资。企业的生产性投资主要包括：①与企业创建有关的初始性投资，如建造厂房、购置机器设备和原材料等；②与维持企业现在经营有关的重置性投资，如更新已老化或损坏的设备；③与提高产品质量、降低企业成本有关的重置性投资，如购置新技术、高效率设备；④与现在产品和市场有关的追加性投资，如对增加产量、扩大销售所进行的投资；⑤与新产品和新市场有关的扩充性投资，如为新产品和新生产线、新开拓的市场所进行的投资。这里讨论的是生产性资本投资，又进一步分为营运资产和资本资产。资本资产是指企业的长期资产，资本资产的投资对企业的影响涉及时间长，又称为长期投资，本章从第二节开始讨论长期投资管理。营运资产是指企业的流动资产。流动资产投资对企业的影响涉及时间短，又称为短期投资，我们将在第七章“流动资产管理”中讨论。

2. 间接投资。又称为金融投资或证券投资，是指把资金投放于证券等金融资产，以便取得股利或利息收入的投资，它包括企业对政府债券、金融债券、企业债券和股票等方面的投资。随着我国金融市场的完善和多渠道筹资的形成，企业间接投资将越来越广泛。

直接投资与间接投资同属于投资者对预期能带来收益的资产的购买行为，但两者有着实质性的区别：直接投资的资金所有者和资金使用者是统一的；而间接投资的资金所有者和资金使用者是分离的。

这两种投资决策所使用的一般性概念虽然相同，但决策的具体方法却很不一样。证券投资只能通过证券分析与评价，从证券市场中选择企业需要的股票和债券，并组成投资组合；作为行动方案的投资组合，不是事先创造的，而是通过证券分析得出的。直接投资要事先创造一个或几个备选方案，通过对这些方案的分析和评价，从中选择一个足够满意的行动方案。证券投资将在第六章讨论。

（二）按照投资回收时间的长短，可以分为短期投资和长期投资

1. 短期投资。又称为流动资金投资，是指能够并且也准备在一年内收回的投资，这主要包括对现金、应收账款、存货、短期有价证券等的投资，长期有价证券若能够随时变现则也可以归类于企业短期投资的范畴。

2. 长期投资。是指在一年以上能收回的投资，主要包括企业对厂房、机器设备等固定资产的投资，也包括对无形资产和长期有价证券的投资。

需要注意的是，财务管理中所说的短期投资和长期投资与财务会计中所说的短期投资和长期投资有一定的区别。财务会计中所说的投资主要是指对外的短期和长期投资，而财务管理中所说的投资不仅包括对外投资，还包括内部的投资。

长期投资和短期投资的决策方法有所区别。由于长期投资涉及的时间长、风险大，决策分析时更重视货币的时间价值和投资风险价值的计量。

（三）按照投资发生作用的地点，可以分为对内投资与对外投资

1. 对内投资，是指企业将资本投放在企业内部，以购置各种生产经营资产的投资。它主要包括旨在直接形成或提高企业生产经营能力效应方面的固定资产投资和流动资产投资。企业的对内投资属于直接投资的范畴。

2. 对外投资，是指企业以现金、实物资产、无形资产等方式或者以购买股票、债券等有价证券方式向其他单位的投资。其目的是获得适当的投资收益或实现对其他单位的控制。企业的对外投资主要是间接投资，也可以是直接投资。随着我国市场经济的不断发展，金融市场的日趋完善，企业横向经济联系的更加广泛，对外投资对企业理财的作用和意义日显重要。

如果从一个企业的角度看，对内投资就是项目投资，是指企业将资金投放于为取得供本企业生产经营使用的固定资产、无形资产和垫支流动资金而形成的一种投资。对外投资是指企业为购买国家及其他企业发行的有价证券或其他金融产品（如期货与期权、信托、保险），或以货币资金、实物资产、无形资产向其他企业（如联营企业、子公司等）注入资金而发生的投资。

区分企业对内投资和对外投资最简单的方法，就是看投资的结果是否取得了可供本企业使用的实物资产。假定甲企业拟投资购买一处厂房，如果指定用途是为扩大本企业生产能力，则该项投资为对内投资；如果指定用途是作为与乙企业另外组建一个合营企业的出资，则该项投资为对外投资。如果甲企业将部分现在设备和产品作为新组建的全资子公司的实物资产投资，则该项投资也属于对外投资。

（四）按照投资对未来的影响程度，可以分为战术性投资与战略性投资

1. 战术性投资。它是相对于战略性投资而言的，是指不影响企业全局和发展方向的投资，如更新设备、改善工作环境、提高生产效率等方面的局部性投资。此类投资一般涉及的投资量不大，风险较低，见效较快，而且发生的次数比较频繁。因此，一般由企业的部门经理研究分析后提出，经企业批准后即可实施，不必花费太多的研究、分析费用。

2. 战略性投资。它是相对于战术性投资而言的，它是指对企业全局及未来有重大影响的投资，如对新产品投资、转产投资、建立分企业投资等。此类投资往往表现为投资数量大、回收期限长、风险程度高等特点。因此，要求企业的理财人员从方案的提出、分析、论证、决策和实施等诸多环节按照严格的程序进行。

（五）按照投资的风险程度，可以分为确定性投资与风险性投资

1. 确定性投资。它是指投资风险很小，且对未来收益可以进行相当准确的预测的投资。企业在进行此种投资决策时，可以暂时不考虑风险问题。

2. 风险性投资。它是指投资风险大，未来收益难以准确预测的投资。企业的大多数战略性投资基本上都是属于风险性投资。在进行决策时，应充分考虑到投资风险问题，采用科学的分析方法，以做出正确的投资决策。

（六）按投资的内容不同，投资可以分为固定资产投资、无形资产投资、开办费投资、流动资金投资、房地产投资、有价证券投资、期货与期权投资、信托投资、保险投资等多种形式

1. 固定资产投资。

固定资产投资是指企业为购置或建造生产经营使用的特定固定资产所发生的投资，它既包括基本建设投资（新建、扩建工程的投资），也包括对现有固定资产进行更新改造的投资。

2. 无形资产投资和开办费投资。

无形资产投资是指企业为取得或创立特定无形资产（如专利权、专有技术等）所发生的投资。无形资产投资与固定资产投资既有不同之处也有相同之处。其不同之处在于，无形资产投资的投入方式通常一次完成；相同之处是：两者都必须在企业投产后分期陆续以折旧或摊销的方式实现回收。

开办费投资是指企业自依法成立之日起到正式建成投产之日止所发生的不属于固定资产、无形资产和流动资金投资的其他递延性投资。开办费投资的投入方式只能是分次投入，但回收是一次完成的。因为按现行制度规定，开办费投资不需要分期摊销，而是在开始生产经营起一次计入开始生产经营当期的损益。

五、投资的原则

企业投资的根本目的是增加利润，增加企业价值。企业能否实现这一目标，关键在于企业能否在风云变幻的市场环境下，抓住有利的投资机会，做出合理的投资决策。为此，企业在投资时必须坚持以下原则。

（一）认真进行市场调查，及时捕捉投资机会

捕捉投资机会是企业投资活动的起点，也是企业投资决策的关键。在商品经济条件下，投资机会是不断变化的，它要受到诸多因素的影响，最主要的是受市场需求变化的影响。企业在投资之前，必须认真进行市场调查和市场分析，寻找最有利的投资机会。市场是不断变化、发展的，对于市场和投资机会的关系，也应从动态的角度加以把握。正是由于市场不断变化和发展，才有可能产生了一个又一个新的投资机会。随着经济不断发展，人民收入水平不断增加，人们对消费的需求也就发生很大变化，无数的投资机会正是在这种变化中产生的。

（二）建立科学的投资决策程序，认真进行投资项目的可行性分析

在市场经济条件下，企业的投资决策都会面临一定的风险。为了保证投资决策的正确有效，必须按科学的投资决策程序，认真进行投资项目的可行性分析，投资项目可行性分析的主要任务，是对投资项目技术上的可行性和经济上的有效性进行论证，运用各种方法计算出有关指标，以便合理确定不同项目的优劣。财务部门是对企业的资金进行规划和控制的部门，财务人员必须参与投资项目的可行性分析。

（三）及时足额地筹集资金，保证投资项目的资金供应

企业的投资项目，特别是大型投资项目，建设工期长，所需资金多，一旦开工，就必须有

足够的资金供应，否则就可能使工程项目中途下马，出现“半截子工程”，造成很大的损失。因此，在投资项目上马之前，必须科学预测投资所需资金的数量和时间，采用适当的方法，筹集资金，保证投资项目顺利完成，尽快产生投资效益。

（四）认真分析风险和收益的关系，适当控制企业的投资风险

收益与风险是共存的。一般而言，收益越大，风险也越大，收益的增加是以风险的增大为代价的，而风险的增加将会引起企业价值的下降，不利于财务目标的实现。企业在进行投资时，必须在考虑收益的同时认真考虑风险情况，只有在收益和风险达到比较好的均衡时，才有可能不断增加企业价值，实现财务管理的目标。

第二节　长期投资概述

一、长期投资的含义及特点

长期投资是指影响所及超过一年的投资，如购买设备、建造厂房等。长期投资又称资本性投资，用于股票和债券的长期投资，在必要时可以出售变现，而较难改变的是生产经营性的固定资产投资。因此，有时长期投资专指固定资产投资。

从性质上看，长期投资是企业直接的、生产性的对内实物投资，通常包括固定资产投资、无形资产投资、开办费投资和流动资金投资等内容。

与其他形式的投资相比，长期投资具有以下主要特点。

1. 投资金额大。

长期投资，特别是战略性的扩大生产能力，投资一般都需要较多的资金，其投资额往往是企业及其投资人多年的资金积累，在企业总资产中占有相当大的比重。因此，长期投资对企业未来的现金流量和财务状况都将产生深远的影响。

2. 影响时间长。

长期投资的投资期及发挥作用的时间都较长，对企业未来的生产经营活动和长期经营活动将产生重大影响。

3. 变现能力差。

长期投资一般不准备在一年或一个营业周期内变现，而且即使在短期内变现，其变现能力也较差。因为，长期投资一旦完成，要想改变是相当困难的，不是无法实现，就是代价太大。

4. 投资风险大。

因为影响长期投资未来收益的因素特别多，加上投资额大、影响的时间长和变现能力差，必然造成其投资风险比其他投资大，对企业未来的命运产生决定性影响。无数事例证明，一旦长期投资决策失败，则会给企业带来先天性的、无法逆转的损失。

工业企业投资项目主要可分为以新增生产能力为目的的新建项目和以恢复或改善生产能力为目的的更新改造项目两大类。新建项目按其涉及内容还可进一步细分为单纯固定资产投资项目和完整工业投资项目。单纯固定资产投资项目简称固定资产投资，其特点在于：在投资中只包括为取得固定资产而发生的垫支资本投入而不涉及周转资本的投入；完整工业投资项目则不仅包括固定资产投资，而且还涉及流动资金投资，甚至包括其他长期资产项目（如无形资产、递延资产）的投资。因此，也不能将长期投资简单地等同于固定资产投资。

二、长期投资的决策程序

长期投资决策具有投资额大、投资期长、投资风险高等特点，投资决策成败与否关系着企业的生存和发展，因此，企业要建立一套行之有效的决策制度和决策程序，以确保长期投资决策的正确性。

（一）明确投资目标

任何投资活动都有其特定的投资目标，企业长期投资的出发点差别较大，有的属于企业主动性投资，如企业为扩大经营规模而实施的投资活动，或企业持有大量无短期财务用途的现金，积极寻求投资机会；有的则属于被动性投资，如企业为维持简单再生产而进行的设备更新改造投资，为保持对联营单位的控制权而追加的投资等。投资目标的不同，对投资机会的选择和投资效果判断标准的把握等也有不同要求，目标不明，往往会无的放矢。

（二）提出投资方案

投资目标确定后，接下来就是要确定具体的投资方案。企业一般应按投资项目的重大性程度不同，委托不同的管理部门来实施该项工作，对某些战术性投资，如设备更新投资，可由具体经办部门来负责，对重大战略性投资，如扩建新厂，应成立专门机构来经办，各经办部门应进行广泛的市场调查，在众多投资方案中进行筛选，把符合标准的投资方案提交有关审查部门。投资方案应包括该方案投资期内的现金流量估计数、投资方案的风险因素及程度估计、投资方案预期收益水平等。

（三）投资方案的财务可行性研究

对企业任何一项投资，决策前都需要对其经济合理性进行可行性论证。此项工作应由企业财务负责人负责完成，在进行财务评价时，要注意根据投资方案的风险程度大小来重新确定贴现率或调整每期的现金流量，而评价方法的选择可根据投资项目本身的特点和重要性来定，如投资回收期法简便、直观，可用来对某些战术性投资的合理性进行评估，净现值法充分考虑时间价值和风险程度，具有广泛的适应性。一旦投资方案通过可行性论证，符合企业投资标准，就被送到相应的决策层作最后的方案取舍。

（四）投资方案的决策

在决策阶段，最终决策层要对投资方案进行全方位的审查和分析，不仅要考虑投资方案的经济合理性，而且还要关注该方案的技术先进性和时效性。决策者还应从企业外部宏观经济环境和政策因素来把握可能对投资方案的影响，以确定投资时机选择的合理性；投资方案的风险程度是否在企业所能承受的范围之内；投资方案的社会效益如何，是否符合国家的有关规定；投资合作伙伴是否符合企业的基本要求，等等。最后，决策层会做出批准、否决、再调查三种决策决议。

（五）投资方案的执行

投资方案经决策层批准后就进入具体执行阶段。此阶段对企业来说至关重要，投资风险、工程投资进度、投资成本、工程质量等能否得到有效控制，关系到方案的成败。因此，企业有关管理人员应积极关注企业内部条件变化对投资方案的积极或消极影响，一旦投资方案的某些关键性因素发生较大变化，企业就应当果断地采取相应对策，如对原有投资方案做出某些修正，或停止原投资方案的执行，以避免投资损失的进一步扩大。

三、长期投资项目计算期的构成和资金构成内容

（一）项目计算期的构成

项目计算期是指投资项目从投资建设开始到最终清理结束整个过程的全部时间，即该项目的有效持续时间。完整的项目计算期包括建设期和生产经营期。其中建设期（记作 s，$s \geqslant 0$）的第 1 年初（记作第 0 年）称为建设起点，建设期的最后一年末（第 s 年）称为投产日；项目计算期的最后一年末（记作第 n 年）称为终结点，从投产日到终结点之间的时间间隔称为生产经营期（记作 p），生产经营期包括试产期和达产期（完全达到设计生产能力）。项目计算期、建设期和生产经营期之间存在以下关系：

$$n = s + p$$

【例 5－1】某公司拟购建一项固定资产，预计使用寿命为 8 年。

要求：就以下各种相关情况分别确定该项目的项目计算期。

（1）在建设起点投资并投产。

（2）建设期为一年。

解：（1）项目计算期 $= 0 + 8 = 8$（年）

（2）项目计算期 $= 1 + 8 = 9$（年）

（二）原始总投资和投资总额的内容

原始总投资又称为初始投资，是反映项目所需现实资金水平的价值指标。从长期投资的角度看，原始总投资是企业为使项目完全达到设计生产能力、开展正常经营而投入的全部现实资金，包括建设投资和流动资金投资两项内容。

建设投资是指在建设期内按一定生产经营规模和建设内容进行的投资，包括固定资产投资、无形资产投资和开办费投资三项内容。

固定资产投资是用于购置或安装固定资产应当发生的投资，也是任何类型项目投资中不可缺少的投资内容。计算折旧的固定资产原值与固定资产投资之间可能存在差异，原因在于固定资产原值可能包括应构成固定资产成本的建设期内资本化了的借款利息。两者的关系是：

固定资产原值＝固定资产投资＋建设期资本化借款利息

无形资产投资是指项目用于取得无形资产而发生的投资。

开办费投资是指为组织项目投资的企业在其筹建期内发生的，不能计入固定资产和无形资产价值的那部分投资。

流动资金投资是指项目投产前后分次或一次投放于流动资产项目的投资增加额，又称垫支流动资金或营运资金投资。其计算公式为：

本年流动资金增加额（垫支数）＝本年流动资金需用数－截至上年的流动资金投资额经营期流动资金需用数＝该年流动资金需用数－该年流动负债需用数

投资总额是一个反映项目投资总体规模的价值指标，它等于原始总投资与建设期资本化利息之和。其中建设期资本化利息是指在建设期发生的与购建项目所需的固定资产、无形资产等长期资产有关的借款利息。

它们之间的关系见图5－1。

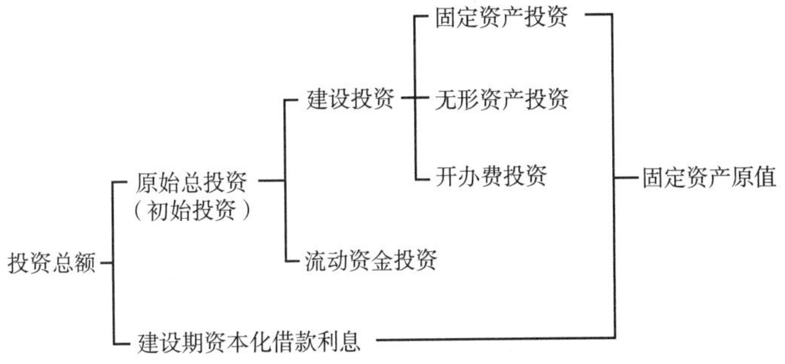

图5－1　投资关系构成

【例5－2】某公司拟新建一条生产线，需要在建设起点一次投入固定资产投资100万元，无形资产投资10万元。建设期为1年，建设期资本化利息为6万元，全部计入固定资产原值。投产第一年预计流动资产需用额为30万元，流动负债需用额为15万元；投产第二年预计流动资产需用额为40万元，流动负债需用额为20万元（新建企业的筹建期是指取得工商营业执照依法成立之日起到企业正式建成投产之日止的时间间隔）。

根据上述资料可计算该项目有关指标如下：

（1）固定资产原值＝100＋6＝106（万元）

（2）投产第一年的流动资金需用额＝30－15＝15（万元）

首次流动资金投资额＝15－0＝15（万元）

投产第二年的流动资金需用额＝40－20＝20（万元）

投产第二年的流动资金投资额＝20－15＝5（万元）

流动资金投资合计＝15＋5＝20（万元）

（3）建设投资额＝100＋10＝110（万元）

（4）原始总投资额＝110＋20＝130（万元）

（5）投资总额＝130＋6＝136（万元）

四、项目投资资金的投入方式

从时间特征上看，投资主体将原始总投资注入具体项目的投入方式包括一次投入和分次投入两种形式。一次投入方式是指投资行为集中一次发生在项目计算期第一个年度的年初或年末；如果投资行为涉及两个或两个以上年度，或虽然只涉及一个年度但同时在该年的年初和年末发生，则属于分次投入方式。

资金投入方式与项目计算期的构成情况有关，同时也受到投资项目的具体内容制约。建设投资既可以采用年初预付的方式，也可采用年末结算的方式，因此该项投资必须在建设期内一次或分次投入。就单纯固定资产投资项目而言，如果建设期等于零，说明固定资产投资的投资方式是一次投入；如果固定资产投资是分次投入的，则意味着该项目的建设期一定大于或等于一年。

流动资金投资必须采取预付的方式，因此其首次投资最迟必须在建设期末（即投产日）完成，亦可在试产期内有关年份的年初分次追加投入。正因为如此，在实务中，即使其完整工业项目的建设期为零，其原始投资也可能采用分次投入的方式。

【例5-3】有关资料同［例5-2］

要求：指出流动资金投资的投资方式和在项目计算期内的投资时间。

解：依题意，可知该项目的流动资金分两次投入，第一次是在项目计算期的第2年年初投入的，第二次是在项目计算期的第3年年初投入的。

第三节　现金流量及其计算

一、现金流量的含义

现金流量指的是在投资活动过程中，由于某一个项目而引起的现金支出或现金收入的数量。在投资决策分析中，“现金”是一个广义的概念，它不仅包括货币资金，也包括与项目相关的非货币资源的变现价值。例如，在投资某项目时，投入企业的原有固定资产的价值，这时的“现金”就包含该固定资产的变现价值，或其重置成本。

现金流量的构成：

1. 现金流出量。在投资决策中，一个方案的现金流出量指的是在实施此方案的过程中所需投入的资金，主要包括投放在固定资产上的资金，项目建成投产后为正常经营活动而投放在流动资产上的资金，以及为使机器设备正常运转而投入的维护修理费等。

2. 现金流入量。与现金流出量相对应，现金流入量指的是由于实施了该方案而增加的现金。现金流入量主要包括经营利润、固定资产报废时的残值收入、项目结束时收回的原投入在该项目流动资产上的流动资金以及固定资产的折旧费用。计提固定资产折旧虽然将导致营业利润的下降，但并不会引起现金的支出，所以可将其视为一项现金流入。与折旧相同，递延资产的摊销、无形资产的摊销也形成企业的一项现金流入。

3. 净现金流量。净现金流量（以NCF表示）指的是一定期间内现金流入量与现金流出量之间的差额。

一个项目从准备投资到项目结束，经历了项目准备及建设期、生产经营期及项目终止期三个阶段，因此有关项目净现金流量的基本计算公式为：

净现金流量＝投资现金流量＋营业现金流量＋项目终止现金流量

＝－(投资在固定资产上的资金＋投资在流动资产上的资金)

＋(各年经营损益之和＋各年所提折旧之和)

＋(固定资产的残值收入＋收回原投入的流动资金)

从上面净现金流量的基本计算公式中可以看到，有关项目的净现金流量包括投资现金流量、营业现金流量和项目终止现金流量。由于交纳所得税也是企业的一项现金流出，因此在计算有关现金流量时，还应该将所得税的影响考虑进去。于是，现金流量也可从另一个角度进行说明。

1. 投资现金流量。投资现金流量包括投资在固定资产上的资金和投资在流动资产上的资金两部分。其中投资在流动资产上的资金一般在项目结束时将全部收回。这部分现金流量在会计上一般不涉及企业的损益，因此不受所得税的影响。

投资在固定资产上的资金有时是以企业原有的旧设备进行投资的。在计算投资现金流量时，一般是以设备的变现价值作为其现金流出量的（但是该设备的变现价值通常并不与其折余价值相等）。另外，还必须注意将这个投资项目作为一个独立的方案进行考虑，即假设企业将该设备出售可能得到的收入（设备的变现价值），以及企业由此而可能支付或减免的所得税，即：

投资现金流量 = 投资在流动资产上的资金 + 设备的变现价值

－(设备的变现价值－折余价值)×税率

2. 营业现金流量。从净现金流量的角度考虑，交纳所得税是企业的一项现金流出，因此这里的损益指的是税后净损益，即税前利润减所得税，或税后收入减税后成本。

折旧作为一项成本，在计算税后净损益时是包括在成本当中的，但是由于它不需要支付现金，因此需要将它当作一项现金流入看待。

综上所述，企业的营业现金流量可用公式表示如下：

营业现金流量 = 税后净损益 + 折旧

= 税前利润×(1－税率)+折旧

=(收入－总成本)×(1－税率)+折旧

=(收入－付现成本－折旧)×(1－税率)+折旧

= 收入×(1－税率)－付现成本×(1－税率)

－折旧×(1－税率)+折旧

= 收入×(1－税率)－付现成本×(1－税率)+折旧×税率

3. 项目终止现金流量。项目终止现金流量包括固定资产的残值收入和收回原投入的流动资金。在投资决策中，一般假设当项目终止时，将项目初期投入在流动资产上的资金全部收回。这部分收回的资金由于不涉及利润的增减，因此也不受所得税的影响。固定资产的残值收入如果与预定的固定资产残值相同，那么在会计上也同样不涉及利润的增减，所以也不受所得税的影响。但是在实际工作中，最终的残值收入往往不等于预计的固定资产残值，它们之间的差额会引起企业的利润增加或减少，因此在计算现金流量时，不能忽视这部分的影响。

项目终止现金流量 = 实际固定资产残值收入 + 原投入的流动资金

－(实际残值收入－预计残值)×税率

二、现金流量的计算

为了正确地评价投资项目的优劣，必须正确地计算投资项目的现金流量。

【例5－4】大华公司准备购入一设备以扩充生产能力。现有甲、乙两个方案可供选择，甲方案需投资10 000元，使用寿命为5年，采用直线法计提折旧，5年后设备无残值。5年中每年销售收入为6 000元，每年的付现成本为2 000元。乙方案需投资12 000元，另外，在第一年垫支营运资金3 000元，采用直线法计提折旧，使用寿命也为5年，5年后有残值收入2 000元。5年中每年的销售收入为8 000元，付现成本第一年为3 000元，以后随着设备陈旧，逐年将增加修理费400元，假设所得税率为40%，试计算两个方案的现金流量。

为计算现金流量，先计算两个方案每年的折旧额：

甲方案每年折旧额 = 10 000 ÷ 5 = 2 000（元）

$$乙方案每年折旧额 = \frac{12\ 000 - 2\ 000}{5} = 2\ 000（元）$$

下面先用表 5 - 1 计算两个方案的营业现金流量，然后再结合初始现金流量和终结现金流量编制两个方案的全部现金流量表，如表 5 - 2 所示。

表 5 - 1　　投资项目的营业现金流量计算表　　单位：元

T	1	2	3	4	5
甲方案					
销售收入（1）	6 000	6 000	6 000	6 000	6 000
付现成本（2）	2 000	2 000	2 000	2 000	2 000
折旧（3）	2 000	2 000	2 000	2 000	2 000
税前净利（4）=（1）-（2）-（3）	2 000	2 000	2 000	2 000	2 000
所得税（5）=（4）×40%	800	800	800	800	800
税后净利（6）=（4）-（5）	1 200	1 200	1 200	1 200	1 200
营业现金流量（7）=（1）-（2）-（5）=（3）+（6）	3 200	3 200	3 200	3 200	3 200
乙方案					
销售收入（1）	8 000	8 000	8 000	8 000	8 000
付现成本（2）	3 000	3 400	3 800	4 200	4 600
折旧（3）	2 000	2 000	2 000	2 000	2 000
税前净利（4）=（1）-（2）-（3）	3 000	2 600	2 200	1 800	1 400
所得税（5）=（4）×40%	1 200	1 040	880	720	560
税后净利（6）=（4）-（5）	1 800	1 560	1 320	1 080	840
营业现金流量（7）=（1）-（2）-（5）=（3）+（6）	3 800	3 560	3 320	3 080	2 840

表 5 - 2　　投资项目现金流量计算表　　单位：元

t	0	1	2	3	4	5
甲方案：						
固定资产投资	-10 000					
营业现金流量		3 200	3 200	3 200	3 200	3 200
现金流量合计	-10 000	3 200	3 200	3 200	3 200	3 200
乙方案：						
固定资产投资	-12 000					
营运资金垫支	-3 000					
营业现金流量		3 800	3 560	3 320	3 080	2 840
固定资产残值						2 000
营运资金回收						3 000
现金流量合计	-15 000	3 800	3 560	3 320	3 080	7 840

在表5-1和表5-2中，t=0代表第一年年初，t=1代表第一年年末，t=2代表第二年年末……

在现金流量的计算中，为了简化计算，一般都假定各年投资在年初一次进行，各年营业现金流量在各年年末一次发生，终结现金流量在最后一年年末发生。

三、投资决策中使用现金流量的原因

1. 采用现金流量有利于科学地考虑时间价值因素。科学的投资决策必须认真考虑资金的时间价值，这就要求在决策时一定要弄清每笔预期收入款项和支出款项的具体时间，因为不同时间的资金具有不同的价值。因此，在衡量方案优劣时，应根据各投资项目寿命周期内各年的现金流量，按照资本成本，结合资金的时间价值来确定。而利润的计算，并不考虑资金收付的时间，它是以权责发生制为基础的。

利润与现金流量的差异主要表现在以下几个方面：（1）购置固定资产付出大量现金时不计入成本；（2）将固定资产的价值以折旧或折耗的形式逐期计入成本时，却又不需要付出现金；（3）计算利润时不考虑垫支的流动资产的数量和回收的时间；（4）只要销售行为已经确定，就计算为当期的销售收入，尽管其中有一部分并未于当期收到现金；（5）项目寿命终了时，以现金的形式回收的固定资产残值和垫支的流动资产在计算利润时也得不到反映。

可见，要在投资决策中考虑时间价值的因素，就不能利用利润来衡量项目的优劣，而必须采用现金流量。

2. 采用现金流量才能使投资决策更符合客观实际情况。在长期投资决策中，应用现金流量能更科学、更客观地评价投资方案的优劣，而利润则明显地存在不科学、不客观的成分，这是因为：

（1）利润的计算没有一个统一的标准，在一定程度上要受存货估价、费用摊配和折旧计提的不同方法的影响。因而，净利润的计算比现金流量的计算有更大的主观随意性，作为决策的主要依据不太可靠。

（2）利润反映的是某一会计期间“应计”的现金流量，而不是实际的现金流量。若以未实际收到现金的收入作为收益，具有较大风险，容易高估投资项目的经济效益，存在不科学、不合理的成分。

第四节　长期投资决策评价指标及其计算

一、非贴现现金流量指标

非贴现现金流量指标是指不考虑时间价值的各种指标。这类指标主要有以下几种。

（一）投资回收期

投资回收期（Payback Period，PP）是指回收初始投资所需要的时间，一般以年为单位，是一种运用很久、很广的投资决策指标。

投资回收期的计算，因每年的营业净现金流量是否相等而有所不同。

如果每年的营业净现金流量（NCF）相等，则投资回收期可按下式计算：

$$投资回收期 = \frac{原始投资额}{每年 NCF}$$

如果每年 NCF 不相等，那么计算回收期要根据每年年末尚未回收的投资额加以确定。

【例 5-5】试根据例 5-4 中大华公司的资料，分别计算甲、乙两个方案的回收期。

甲方案每年 NCF 相等，故：

$$甲方案投资回收期 = \frac{原始投资额}{每年 NCF} = \frac{10\ 000}{3\ 200} = 3.125$$

乙方案每年现金流量不等，所以应先计算其各年尚未回收的投资额（见表 5-3）。

表 5-3

单位：元

年份	每年净现金流量	年末尚未回收的投资额
1	3 800	11 200
2	3 560	7 640
3	3 320	4 320
4	3 080	1 240
5	7 840	—

乙方案的回收期 = 4 + 1 240/7 840 = 4.16（年）

投资回收期法的概念容易理解，计算也比较简便，但这一指标没有考虑货币的时间价值，没有考虑回收期满后的现金流量状况，现举例说明如下。

【例 5-6】假设有两个方案的预计现金流量如表 5-4 所示，试计算回收期，比较优劣。

表 5-4

单位：元

t	0	1	2	3	4	5
A 方案现金流量	-10 000	4 000	6 000	4 000	4 000	4 000
B 方案现金流量	-10 000	4 000	6 000	6 000	6 000	6 000

两个方案的回收期相同，都是 2 年，如果用回收期进行评价，似乎两者不相上下，但实际上 B 方案明显优于 A 方案。

（二）平均报酬率

平均报酬率（Average of Rate of Return，ARR）是投资项目寿命周期内平均的年投资报酬率，也称平均投资报酬率。其计算公式为：

$$平均报酬率(ARR) = \frac{年平均现金流量}{原始投资额} \times 100\%$$

【例 5-7】现仍以前例大华公司的实例（详见表 5-1 和表 5-2）说明平均报酬率的计算。

$$ARR_{甲} = \frac{3\ 200}{10\ 000} \times 100\% = 32\%$$

$$ARR_{乙} = \frac{(3\ 800 + 3\ 560 + 3\ 320 + 3\ 080 + 7\ 840) \div 5}{15\ 000} \times 100\% = 28.8\%$$

在采用平均报酬率这一指标时，应事先确定一个企业要求达到的平均报酬率，或称必要平均报酬率。在进行决策时，只有高于必要的平均报酬率的方案才能入选，而在有多个方案的互斥选择中，则选用平均报酬率最高的方案。

平均报酬率的优点是简明、易算、易懂；其主要缺点是没有考虑资金的时间价值，第一年的现金流量与最后一年的现金流量被看作具有相同的价值，所以有时会做出错误的决策。

二、贴现现金流量指标

贴现现金流量指标是指考虑了资金时间价值的指标。这类指标主要有以下几种。

（一）净现值

投资项目投入使用后的净现金流量，按资本成本或企业要求达到的报酬率折算为现值，减去初始投资现值以后的余额，称为净现值（Net Present Value，NPV）。其计算公式为：

$$NPV = \left[\frac{NCF_1}{(1+K)^1} + \frac{NCF_2}{(1+K)^2} + \cdots \frac{NCF_n}{(1+K)^n}\right] - C$$

$$= \sum_{t=1}^{n} \frac{NCF_t}{(1+K)^t} - c$$

其中，NPV——净现值

NCF_t——第 t 年的净现金流量

K——贴现率（资本成本或企业要求的报酬率）

n——项目预计使用年限

C——初始投资额

净现值还有另外一种表述方法，即净现值是从投资开始至项目寿命终结时所有 切现金流量（包括现金流出和现金流入）的现值之和。其计算公式为：

$$NPV = \sum_{t=0}^{n} \frac{CFAT_t}{(1+K)^t}$$

其中，n——开始投资至项目寿命终结时的年数

$CFAT_t$——第 t 年的现金流量

K——贴现率（资本成本或企业要求的报酬率）

1. 净现值的计算步骤。净现值的计算可按下列步骤进行：

第一步：计算每年的营业净现金流量。

第二步：计算未来报酬的总现值，又可分成三步：

（1）将每年的营业净现金流量折算成现值。如果每年的 NCF 相等，则按年金法折成现值；如果每年的 NCF 不相等，则先对每年的 NCF 进行贴现，然后加以合计。

（2）将终结现金流量折算成现值。

（3）计算未来报酬的总现值。

第三步：计算净现值。

净现值 = 未来报酬的总现值 − 初始投资

2. 净现值法的决策规则。净现值法的决策规则是，在只有一个备选方案的采纳与否决策中，净现值为正者则采纳，净现值为负者不采纳。在有多个备选方案的互斥选择决策中，应选

用净现值是正值中的最大者。

【例5-8】现仍以［例5-4］中大华公司的资料为例（详见表5-1和5-2）来说明净现值的计算。假设资本成本为10%，甲方案的NCF相等。故计算如下：

$$
\begin{aligned}
NPV_{甲} &= 未来报酬的总现值 - 初始投资额 \\
&= NCF \times PVIFA_{k,n} - 10\ 000 \\
&= 3\ 200 \times PVIFA_{10\%,5} - 10\ 000 \\
&= 3\ 200 \times 3.791 - 10\ 000 \\
&= 2\ 131.2\ (元)
\end{aligned}
$$

乙方案的NCF不相等，故应列表5-5计算如下。

表5-5 单位：元

t	各年的NCF(1)	现值系数PVIF10%，n(2)	现值（3）=(1)×(2)
1	3 800	0.909	3 454
2	3 560	0.826	2 941
3	3 320	0.751	2 493
4	3 080	0.683	2 104
5	7 840	0.621	4 869
未来报酬的总现值			15 861
减：初始投资			15 000
净现值NPV			861

从上面计算中我们可以看出，两个方案的净现值均大于零，都是可取的。但甲方案的净现值大于乙方案，故大华公司应选用甲方案。

3. 净现值法的优缺点。净现值法的优点是：此法考虑了货币的时间价值，能够反映各种投资方案的净收益，是一种较好的方法。净现值法的缺点是：净现值法并不能揭示各个投资方案本身可能达到的实际报酬率是多少。

（二）内部报酬率

内部报酬率又称内含报酬率（Internal Rate of Return，IRR）是使投资项目的净现值等于零的贴现率。

内部报酬率实际上反映了投资项目的真实报酬，目前越来越多的企业使用该项指标对投资项目进行评价。内部报酬率的计算公式为：

$$\frac{NCF_1}{(1+r)^1} + \frac{NCF_2}{(1+r)^2} + \cdots \frac{NCF_n}{(1+r)^n} - C = 0$$

即 $\sum_{t=1}^{n} \frac{NCF_t}{(1+r)^t} - C = 0$

其中，NCF_t——第t年的现金净流量

r——内部报酬率

n——项目使用年限

C——初始投资额

1. 内部报酬率的计算步骤。内部报酬率具体的计算过程如下。

（1）如果每年的 NCF 相等，则按下列步骤计算：

第一步：计算年金现值系数。

$$年金现值系数=\frac{初始投资额}{每年\ NCF}$$

第二步：查年金现值系数表，在相同的期数内，找出与上述年金现值系数相邻近的较大和较小的两个贴现率。

第三步：根据上述两个邻近的贴现率和已求得的年金现值系数，采用插值法计算出该投资方案的内部报酬率。

（2）如果每年的 NCF 不相等，则需要按下列步骤计算：

第一步：先预估一个贴现率，并按此贴现率计算净现值。如果计算出的净现值为正数，则表示预估的贴现率小于该项目的实际内部报酬率，应提高贴现率，再进行测算；如果计算出的净现值为负数，则表明预估的贴现率大于该方案的实际内含报酬率，应降低贴现率，再进行测算。经过如此反复测算，找到净现值由正到负并且比较接近于零的两个贴现率。

第二步：根据上述两个邻近的贴现率再来用插值法，计算出方案的实际内部报酬率。

2. 内部报酬率法的决策规则。采用内部报酬率法的决策规则是：在只有一个备选方案的采纳与否决策中，如果计算出的内部报酬率大于或等于企业的资本成本或必要报酬率就采纳；反之，则拒绝。在有多个备选方案的互斥选择决策中，选用内部报酬率超过资本成本或必要报酬率最多的投资项目。

【例 5－9】现仍以［例 5－4］大华公司的资料为例（见表 5－1、表 5－2）来说明内部报酬率的计算方法。由于甲方案的每年 NCF 相等，因而可采用如下方法计算内部报酬率。

$$年金现值系数=\frac{初始投资额}{每年\ NCF}=\frac{10\ 000}{3\ 200}=3.125$$

查年金现值系数表，第五期与 3.125 相邻近的年金现值系数在 18%～20%，现用插值法计算如下：

贴现率			年金现值系数		
18%	x%	2%	3.127	0.002	0.136
?%			3.125		
20%			2.991		

$$\frac{x}{2}=\frac{0.002}{0.136}$$

x＝0.03

甲方案的内部报酬率＝18%＋0.03%＝18.03%。

乙方案的每年 NCF 不相等，因而必须逐次进行测算，测算过程见表 5－6。

在表 5－6 中，先按 10% 的贴现率进行测算，净现值为正数，便把贴现率调高到 12%，进行第二次测算，净现值仍为正数，于是把贴现率调高到 14%，进行测算，净现值为负数，说明该项目的内部报酬率一定在 12%～14%。

表 5-6

单位：元

时间 t	NCF_t	测试 10%		测试 12%		测试 14%	
		复利现值系数 $PVIF_{10\%,t}$	现值	复利现值系数 $PVIF_{12\%,t}$	现值	复利现值系数 $PVIF_{14\%,t}$	现值
0	-15 000	1.000	-15 000	1.000	-15 000	1.000	-15 000
1	3 800	0.909	3 454	0.893	3 393	0.877	3 337
2	3 560	0.826	2 940	0.797	2 837	0.769	2 738
3	3 320	0.751	2 493	0.712	2 364	0.675	2 241
4	3 080	0.683	2 104	0.636	1 958	0.592	1 823
5	7 840	0.621	4 869	0.567	4 445	0.519	4 069
	—	—	860	—	3	—	-796

现用插值法计算如下：

贴现率	净现值
12%	3
?%	0%
14%	-796

$$\left.\begin{array}{l}12\% \\ ?\%\end{array}\right\}x\%\quad \left.\begin{array}{l}12\% \\ 14\%\end{array}\right\}2\% \qquad \left.\begin{array}{l}3 \\ 0\%\end{array}\right\}3\quad \left.\begin{array}{l}3 \\ -796\end{array}\right\}799$$

$$\frac{x}{2}=\frac{3}{799}$$

$x=0.01$

乙方案的内部报酬率 = 12% + 0.01% = 12.01%。

从以上计算两个方案的内部报酬率可以看出，甲方案的内部报酬率较高，故甲方案效益比乙方案好。

3. 内部报酬率法的优缺点。内部报酬率法考虑了资金的时间价值，反映了投资项目的真实报酬率，概念也易于理解。但这种方法的计算过程比较复杂。特别是每年 NCF 不相等的投资项目，一般要经过多次测算才能算出。

（三）利润指数

利润指数又称现值指数（Profitability Index，PI），是投资项目未来报酬的总现值与初始投资额的现值之比。

利润指数的计算公式为：

$$PI=\left[\frac{NCF_1}{(1+K)^1}+\frac{NCF_2}{(1+K)^2}+\cdots+\frac{NCF_n}{(1+K)^n}\right]/C$$

即 $PI=\dfrac{\text{未来报酬的总现值}}{\text{初始投资额}}$。

1. 利润指数的计算步骤。利润指数的计算过程是：

第一步：计算未来报酬的总现值。这与计算净现值所采用的方法相同。

第二步：计算利润指数，即根据未来的报酬总现值和初始投资额之比计算利润指数。

2. 利润指数法的决策规则。利润指数法的决策规则是，在只有一个备选方案的采纳与否决策中，利润指数大于或等于 1，则采纳，否则就拒绝。在有多个方案的互斥选择决策中，应采用利润指数超过 1 最多的投资项目。

$$甲方案的利润指数=\frac{未来报酬的总现值}{初始投资额}=\frac{12\ 131.2}{10\ 000}=1.21$$

$$乙方案的利润指数?\ =\frac{未来报酬的总现值}{初始投资额}=\frac{15\ 861}{15\ 000}=1.06$$

甲、乙两个方案的利润指数都大于 1，故两个方案都可进行投资，但因甲方案的利润指数更大，所以应采用甲方案。

3. 利润指数法的优缺点。利润指数法的优点是：考虑了资金的时间价值，能够真实地反映投资项目的盈亏程度，由于利润指数是用相对数来表示，因而有利于初始投资额不同的投资方案之间进行对比。利润指数法的缺点是：利润指数这一概念不便于理解。

三、投资决策指标的比较研究

以上介绍了长期投资决策中的贴现现金流量和非贴现现金流量两大类指标，下面对这些指标作一些比较。

（一）非贴现现金流量指标与贴现现金流量指标的比较

在 20 世纪 50 年代以前，世界各国企业在进行投资决策时一般都以非贴现的现金流量指标为主。但 50 年代以后，使用贴现现金流量指标的企业不断增多。从 70 年代开始，贴现现金流量指标已占主导地位，并形成了以贴现现金流量指标为主，以投资回收期为辅的多种指标并存的指标体系。贴现现金流量指标广泛应用的主要原因有：

1. 非贴现指标把不同时间点上的现金收入和支出当作毫无差别的资金进行对比，忽略了资金的时间价值因素，这是不科学的。而贴现指标则把不同时间点收入或支出的现金按着统一的贴现率折算到同一时间点上，使不同时期的现金具有可比性，这样才能做出正确的投资决策。

2. 非贴现指标中的投资回收期法只能反映投资的回收速度，不能反映投资的主要目标——净现值的多少。同时，由于回收期没有考虑时间价值因素，因而夸大了投资的回收速度。

3. 投资回收期、平均报酬率等非贴现指标对寿命不同、资金投入的时间和提供收益的时间不同的投资方案缺乏鉴别能力。而贴现法指标则可以通过净现值、内部报酬率和利润指数等指标，有时还可以通过净现值的年均化方法进行综合分析，从而做出正确合理的决策。

4. 非贴现指标中的平均报酬率、投资利润率等指标，由于没有考虑资金的时间价值，因而实际上是夸大了项目的盈利水平。而贴现指标中的内部报酬率是以预计的现金流量为基础，考虑了货币的时间价值以后计算出的真实报酬率。

5. 在运用投资回收期这一指标时，标准回收期是方案取舍的依据。但标准回收期一般都是以经验或主观判断为基础来确定的，缺乏客观依据。而贴现指标中的净现值和内部报酬率等指标实际上都是以企业的资本成本为取舍依据的，任何企业的资本成本都可以通过计算得到，因此，这一取舍标准符合客观实际。

6. 管理人员水平的不断提高和电子计算机的广泛应用，加速了贴现指标的使用。在 20 世纪 50 ~ 60 年代，只有很少企业的财务人员能真正了解贴现现金流量指标的真正含义，而今天，几乎所有大企业的高级财务人员都明白这一方法的科学性和正确性。电子计算机的广泛应用使贴现指标中的复杂计算变得非常容易，从而也加速了贴现现金流量指标的推广。

（二）贴现现金流量指标的比较

通过以上对比知道，贴现现金流量指标是科学的投资决策指标，那么，贴现现金流量指标中的各种方法——净现值、内部报酬率和利润指数——哪一种方法更好呢？下面作一些比较。

1. 净现值和内部报酬率的比较。在多数情况下，运用净现值和内部报酬率这两种方法得出的结论是相同的。但在以下两种情况下，有时会产生差异：（1）初始投资不一致，一个项目的初始投资大于另一个项目的初始投资；（2）现金流入的时间不一致，一个在最初几年流入的较多，另一个在最后几年流入的较多。尽管是在这两种情况下使两者产生了差异，但引起差异的原因是共同的，即两种方法假定中期产生的现金流量进行再投资时，会产生不同的报酬率。净现值法假定产生的现金流入量重新投资会产生相当于企业资本成本的利润率，而内部报酬率法却假定现金流入量重新投资产生的利润率与此项目的特定的内部报酬率相同。下面我们举一例加以说明。

【例5－10】假设有两个项目D和E，它们的初始投资不一致，详细情况如表5－7所示。

表5－7　　项目D和项目E的详细情况　　单位：元

指　　标	年	项目D	项目E
初始投资	0	110 000	10 000
营业现金流量	1	50 000	5 050
	2	50 000	5 050
	3	50 000	5 050
NPV		6 100	1 726
IRR		17.28%	24.03%
PI		1.06	1.17
资本成本		14%	14%

下面计算在不同的贴现率情况下两个项目的净现值，如表5－8所示。

表5－8　　不同贴现率下两个项目的净现值　　单位：元

贴现率（%）	NPVD	NPVE
0	40 000	5 150
5	26 150	3 751
10	14 350	2 559
15	4 150	1 529
20	－4 700	635
25	－12 400	－142

下面，将表5－8中不同贴现率情况下算出的净现值绘入图5－2中。

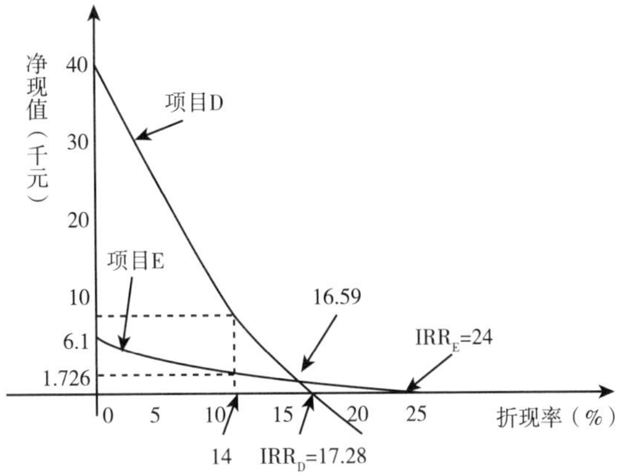

图 5－2　净现值与内部报酬率对比图

从表 5－8 中可以看出，如果按内部报酬率法应拒绝项目 D 而采纳项目 E，如果应用净现值法则应采纳项目 D 而拒绝项目 E。产生上述差异的根本原因是：内部报酬率法假定项目 D 前两期产生的现金流量（第一年和第二年的 50 000 元）若进行再投资，则会产生与 17.28% 相等的报酬率，而项目 E 前两期的现金流量（第一年和第二年的 5 050 元）若进行再投资则得到 24% 的报酬率。相反，净现值法假定前两期产生的现金流量若进行再投资的话报酬率应当相当，在本例中是 14%，即资本成本。如图 5－2 所示，本例中两个项目的净现值曲线相交于 16.59% 处，把这一点称为净现值分界点。如果资本成本小于 16.59%，则项目 D 的净现值要大于项目 E，即项目 D 优于项目 E，如果资本成本大于 16.59%，从图 5－2中可以看出，项目 E 的净现值大于项目 D，即项目 E 优于项目 D。因此，在资本成本为 14% 时，且没有资金限量的情况下，项目 D 虽然投资较多，但净现值也较高，可为企业带来较多的财富，是较优的项目。而当资本成本大于 16.59% 时不论用净现值法还是用内部报酬率法，都会得出项目 E 优于项目 D 的结论。也就是说，净现值法总是正确的，而内部报酬率法有时却会做出错误的决策。因而，在无资金限量的情况下，净现值法是一个比较好的方法。

2. 净现值和利润指数的比较。由于净现值和利润指数使用的是相同的信息，在评价投资项目的优劣时，它们常常是一致的，但有时也会产生分歧。

只有当初始投资不同时，净现值和利润指数才会产生差异。由于净现值是用各期现金流量现值减去初始投资，而利润指数是用现金流量值除以初始投资。因而，评价的结果可能会产生不一致。

最高的净现值符合企业的最大利益。也就是说，净现值越高，企业的收益越大，而利润指数只反映投资回收的程度，不反映投资回收的多少，在没有资金限量的情况下的互斥选择决策中，应选用净现值较大的投资项目。也就是说，当利润指数与净现值做出不同结论时，应以净现值为准。

总之，在无资金限量的情况下，利用净现值法在所有的投资评价中都能做出正确的决策。而利用内部报酬率和利润指数在采纳与否决策中也能做出正确的决策，但在互斥选择决策中有时会做出错误的决策。因而，在这三种评价方法中，净现值是最好的评价方法。

第五节 投资决策指标的应用

在第四节中，介绍了投资决策的基本指标，在本节中，结合几个具体实例来研究这些指标的应用问题。

一、固定资产更新决策

第二次世界大战以来，科学技术在不断发展，固定资产更新周期大大缩短。这是因为旧设备往往消耗大，维修费用多，当生产效率更高，原材料、燃料、动力的消耗更低的设备出现时，尽管旧设备还能继续使用，但企业也会对固定资产进行更新。因此，固定资产更新决策便成为企业长期投资决策的一项重要内容。

固定资产更新是指用新设备来替代旧设备，是固定资产投资中较为频繁的一种投资。由于更新决策中涉及的固定资产未来使用年限是否一致会影响投资决策方法的选择，下面分两种情况分别进行介绍。

（一）固定资产未来使用期一致的更新决策

在新旧固定资产未来使用期相同的情况下，可以通过净现值指标进行决策，具体运用方法有两种：其一，分别计算新、旧设备的净现值，选择净现值为正且最大的设备；其二，通过计算差量现金净流量并按确定的折现率计算出差量净现值，并根据净现值的正值或负值进行方案选择，值得提出的是，差量净现值法是建立在原有方案可行的基础之上，如果原有设备的净现值小于零的话，最终会影响到新设备的现金流量分析和最终的决策。

【例5-11】某企业拟进行设备的更新改造投资，原设备尚可使用5年，其变现净收入为160 000元，如继续使用，5年后报废时的净残值为30 000元。新设备的投资额为350 000元，使用期5年，第5年末报废净残值50 000元，为配合新设备的使用，尚需增加投入流动资产40 000元。如果使用新设备可使企业经营期内每年增加销售收入120 000元，付现成本增加50 000元。假设企业所得税税率40%，固定资产采用直线法计提折旧。假设该企业的资本成本为10%，运用差量净现值方法来为本企业做出决策。

根据以上资料，有关指标计算如下：

（1）更新设备所需的差量投资。

固定资产差额投资 = 350 000 - 160 000 = 190 000（元）

流动资产差额投资 = 40 000（元）

（2）更新设备的差额折旧 $=\dfrac{190\ 000-(50\ 000-30\ 000)}{5}=34\ 000$（元）

（3）经营期差额利润的计算。

经营期年差额成本 = 50 000 + 34 000 = 84 000（元）

经营期年差额净利润 = (120 000 - 84 000) × (1 - 40%)

= 21 600（元）

（4）经营期每年差额净现金流量 = 21 600 + 34 000 = 55 600（元）

（5）终结点差额现金流量。

固定资产净残值差额 = 50 000 − 30 000 = 20 000（元）

流动资产差额投资回收 = 40 000（元）

则：终结点差额净现金流量 = 20 000 + 40 000 = 60 000（元）

差量净现值为：

$$= 55\,600 \times PVIFA(10\%,5) + 60\,000 \times PVIF(10\%,5) - 230\,000$$

$$= 55\,600 \times 3.791 + 60\,000 \times 0.621 - 23\,000$$

= 18 040（元）

计算结果表明，用新设备替代旧设备在企业资本成本为 10% 的情况下，可以为企业增加 18 040 元的净现值，因此该企业应选择新设备。

（二）固定资产未来使用期不一致的更新决策

固定资产更新决策通常会遇到原有设备的未来使用期和新设备的寿命不相等的情况，在这种情况下，决策就不能简单地根据净现值、获利指数和内含报酬率等指标做出判断。为此，可选用年等额净回收额法来比较方案的优劣。所谓年等额净回收额法又称等年值法，是指按投资方案年平均收回的净现值大小为标准来决定投资方案的取舍，年平均收回的净现值越大，表示该方案的投资效果越好，应选择该方案。如果备选方案每年实现的现金收入相同，也可只进行固定资产的年使用成本比较，年均平均成本越低的方案越好。

【例 5 − 12】某企业计划用 A 设备替代 B 设备，B 设备现行变价净收入为 12 万元，尚可继续使用 5 年，报废时净残值为 2 万元，预计使用 B 设备年实现利润额为 3 万元。如果企业用 B 设备以旧换新取得 A 设备，需增加投资 9 万元，该设备的使用期预计为 8 年，预计净残值为 10%。取得 A 设备后可立即投入运营，A 设备年创利额较 B 设备增加 1.5 万元。该企业所得税税率为 40%，企业平均资本成本为 10%，试比较 A、B 两个方案的优劣。

首先分别计算经营期内两个方案的年净现金流量：

A 方案经营期年净现金流量为：

$$(3 + 1.5) \times (1 - 40\%) + \frac{21 \times (1 - 10\%)}{8} = 5.06\text{（万元）}$$

B 方案经营期年净现金流量为：

$$3 \times (1 - 40\%) + \frac{11 - 2}{5} = 3.8\text{（万元）}$$

则：A、B 两个方案的净现值为：

$$\begin{aligned} NPVA &= 5.06 \times PVIFA(10\%,8) + 2.1 \times PVIF(10\%,8) - 21 \\ &= 5.06 \times 5.335 + 2.1 \times 0.467 - 21 \\ &= 6.97\text{（万元）} \end{aligned}$$

$$\begin{aligned} NPVB &= 3.8 \times PVIFA(10\%,5) + 2 \times PVIF(10\%,5) - 12 \\ &= 3.8 \times 3.791 + 2 \times 0.621 - 12 \\ &= 3.65\text{（万元）} \end{aligned}$$

然后利用下列公式计算各方案的年等额净回收额。

$$\text{年等额净回收额} = \frac{\text{净现值}}{\text{年金现值系数}}$$

$$A方案年等额净回收额 = \frac{6.97}{5.335} = 1.31\ (万元)$$

$$B方案年等额净回收额 = \frac{3.65}{3.791} = 0.96\ (万元)$$

可见，A 方案的等年值大于 B 方案，故 A 方案优于 B 方案，该方法除了用于设备更新决策外，也可用于扩大规模投资涉及的多方案的选择。

二、多个互斥方案的比较决策

决策时，如涉及多个相互排斥、不能同时并存的投资方案，应在每一个入选方案已具备财务可行性的前提下，利用相应的评价指标比较各个方案的优劣，并从各个备选方案中选出一个最优方案。

在多个互斥方案的比较中，一般情况下我们可以利用投资回收期、投资报酬率、净现值、内部报酬率及获利指数等方法做出正确的决策。但当投资项目的投资总额或寿命期不相等时，仅利用上述指标就可能做出错误的决策。

【例 5－13】某企业拟投资新建一条生产线。现有 A、B、C 三个方案可供选择：A 方案的原始投资为 243 万元，项目寿命期为 18 年，净现值为 1 086 万元；B 方案的原始投资为 145 万元，项目寿命期为 10 年，净现值为 845 万元；C 方案的原始投资为 364 万元，项目寿命期为 11 年，净现值为 875 万元。

从所给的资料看，以净现值指标进行判断似乎 A 方案最可取，其净现值为 1 086 万元，远远大于 B、C 方案。但由于 A、B、C 三个方案的投资总额及寿命期都不相同，仅利用净现值进行决策可能不太合适。因为，净现值适用于原始投资相同且项目寿命期相等的多方案比较决策。

当备选方案的投资总额或寿命期不相同时，决策的目的是要保证投资年收益最大。这时，可以采用差额投资内部报酬率法或年等额净回收额法进行决策，后一种方法尤其适用于项目寿命期不同的多方案比较决策。

（一）差额投资内部报酬率法

差额投资内部报酬率法是指在两个原始投资额不同的方案的差量净现金流量 ΔNCF 的基础上，计算出差额内部报酬率（即 ΔIRR），并据以判断方案优劣的方法。采用该方法时，当差额内部报酬率指标大于或等于基准报酬率或设定的贴现率时，原始投资额大的方案较优；反之，则投资少的方案为优。

ΔIRR 的计算过程同 IRR 一样，所依据的只是 ΔNCF。

【例 5－14】某更新改造项目的差量净现金流量如表 5－9 所示。

表 5－9　　投资项目差量现金流量表　　单位：万元

年	0	1	2	3	4	5
ΔNCF	－1 000	303	303	303	303	303

如行业基准投资报酬率为 10%，要求就是否更新改造做出决策。

依题意，有：

$(PVIFA_{\Delta IRR,5}) = 1\ 000 \div 303 = 3.300$

查年金现值系数表得：

$(PVIFA_{16\%,5}) = 3.274 < 3.300$

$(PVIFA_{15\%,5}) = 3.352 < 3.300$

由于 $15\% < \Delta IRR < 16\%$，因而采用插值法计算 ΔIRR：

$$\Delta IRR = 15\% + \frac{3.352 - 3.300}{3.352 - 3.274} \times 1\%$$

$$= 15.667\%$$

由于更新改造项目的差额内部报酬率指标为 15.667%，高于行业基准投资报酬率，因而应采用更新设备的方案。

（二）年等额净回收额法

年等额净回收额法是指根据所有投资方案的年等额净回收额的大小来选择最优方案的决策方案。某一方案年等额净回收额等于该方案净现值与相关的资本回收系数（即年金现值系数的倒数）乘积。

若某方案净现值为 NPV，设定贴现率或基准报酬率为 i，项目寿命期为 n，则年等额净回收额可按下式计算：

$A = NPV \div PVIFA_{i,n}$

其中，A——方案的年等额净回收额；

$PVIFA_{i,n}$——为 n 年，贴现率为 i 的年金现值系数。

采用该种方法时，所有方案中年等额净回收额最大的方案即为最优方案。

【例 5-15】采用［例 5-13］的资料，如果行业基准贴现率为 10%，按年等额回收额法进行 A、B、C 三个方案的决策分析如下（计算结果保留三位小数）：

$A_a = NPV_A \times (1 \div PVIFA_{10\%,18})$

$= 1\ 086 \times (1 \div 8.201)$

$= 132.423$（万元）

$A_b = NPV_B \times (1 \div PVIFA_{10\%,10})$

$= 845 \times (1 \div 6.145)$

$= 137.510$（万元）

$A_c = NPV_C \times (1 \div PVIFA_{10\%,11})$

$= 875 \times (1 \div 6.495)$

$= 134.719$（万元）

通过上述计算可知，尽管 A 方案的净现值大于 B、C 两个方案，但其年等额净回收额最小，因而不可取；由于 B 方案的年等额净回收额最大，因而 B 方案为最优方案。

三、多方案组合排队投资决策

如果一组方案中既不属于相互独立，又不属于相互排斥，而是可以实现任意组合或排队，则这些方案被称作组合或排队方案，其中又包括先决方案、互补方案和不完全互斥方案等形式。在这种方案决策中，除了要求首先评价所有方案的财务可行性、淘汰不具备财务可行性的方案外，在接下来的决策中需要衡量不同组合条件下的有关评价指标的大小，从而做出最终决策。

这类决策涉及的多个项目之间不是相互排斥的关系，它们之间可以实现任意组合。但其又分两种情况：(1) 在资金总量不受限制的情况下，可按每一项目的净现值 NPV 大小排队，确定优先考虑的项目顺序；(2) 在资金总量受到限制时，则需按净现值率 NPVR 或获利指数 PI 的大小，结合净现值 NPV 进行各种组合排队，从中选出能使 $\sum$NPV 最大的最优组合。

具体程序如下：

第一，以各方案的净现值率高低为序，逐项计算累计投资额，并与限定投资总额进行比较。

第二，当截至某项投资项目（假定为第 j 项）的累计投资额恰好达到限定的投资总额时，则第 1 至第 j 项的项目组合为最优的投资组合。

第三，若在排序过程中未能直接找到最优组合，必须按下列方法进行必要的修正。

(1) 当排序中发现第 j 项的累计投资额首次超过限定投资额，而删除该项后，按顺延的项目计算的累计投资额却小于或等于限定投资额时，可将第 j 项与第 j+1 项交换位置，继续计算累计投资额。这种交换可连续进行。

(2) 当排序中发现第 j 项的累计投资首次超过限定投资额，又无法与下一项进行交换，第 j-1 项的原始投资大于第 j 项原始投资时，可将第 j 项与第 j-1 项交换位置，继续计算累计投资额。这种交换亦可连续进行。

(3) 若经过反复交换，已不能再进行交换，仍未找到能使累计投资额恰好等于限定投资额的项目组合时，可按最后一次交换后的项目组合作为最优组合。

总之，在主要考虑投资效益的条件下，多方案比较决策的主要依据，就是能否保证在充分利用资金的前提下，获得尽可能多的净现值总量。

【例 5-16】A、B、C、D、E 五个投资项目为非互斥方案，有关原始投资额、净现值、净现值率和内部收益率数据如表 5-10 所示。

表 5-10　　五个投资项目的相关数据　　单位：万元

项目	原始投资	净现值	净现值率	内部收益率
A	300	120	0.4	18%
B	200	40	0.2	21%
C	200	100	0.5	40%
D	100	22	0.22	19%
E	400	30	0.3	35%

要求：分别就以下不相关情况做出多方案组合决策。

(1) 投资总额不受限制；

(2) 投资总额受到限制，分别为 200、300、400、450、500、600、700、800 和 900 万元；

解：按各方案净现值率的大小排序，并计算累计原始投资和累计净现值数据。其结果如表 5-11 所示。

表 5-11　　各方案的结果　　单位：万元

顺序	项目	原始投资	累计原始投资额	净现值	累计净现值
1	C	200	200	100	100
2	A	300	500	120	220
3	E	100	600	30	250
4	D	100	700	22	272
5	B	200	900	40	312

根据表 5-11 数据按投资组合决策原则作如下决策；

(1) 当投资总额不受限制或限额大于或等于 900 万元时，表 5-11 所列的投资组合方案最优。

(2) 当限定投资总额为 200 万元时，只能上 C 项目，可获 100 万元净现值，比另一组合 E+D 的净现值合计 52 万元多。

(3) 当限定投资总额为 300 万元时，最优投资组合为 C+E（因为 A 和 E 可进行交换），净现值为 130 万元，大于其他组合：A、C+D、E+B 和 D+B。

(4) 当限定投资总额为 400 万元时，最优投资组合为 C+E+D（这里 A 与 E、D 分别交换一次）。

在这一组合下可获 152 万元净现值，大于以下组合：A+E、A+D、C+B、E+D+B。

(5) 当限定投资总额分别为 500 万元、600 万元和 700 万元时，最优投资组合分别为：C+A、C+A+E、C+A+E+D 。

(6) 当限定投资总额为 800 万元时，最优的投资组合为 C+A+E+B（这里 D 与 B 交换一次），获得净现值 290 万元，大于 C+A+E+D 组合的净现值 272 万元。

(7) 当限定投资总额为 450 万元时，最优组合仍为 C+E+D，此时累计投资总额为 $200+100+100=400$ 万元 <450 万元，但实现的净现值仍比所有其他组合多。

第六节　无形资产的投资与管理

一、无形资产的特点和分类

无形资产（Intangible Assets）是指企业所拥有的没有物质实体的，可使企业长期获得超额收益的资产。随着科学技术的进步和市场竞争的加剧，无形资产对企业越来越重要，对无形资产的管理是财务管理的重要内容。

（一）无形资产的特点

无形资产是一种特殊资产，一般具有以下特点：

1. 无形资产没有物质实体。无形资产不同于有形资产，它没有特定的物质实体，通常表现为企业所拥有的一种特殊权利。

2. 无形资产能带来超额利润。无论是自创还是购入的无形资产，它都能使企业在较长的时期内获得超出一般水平的经济效益，企业拥有无形资产的价值越高，其获利能力就可能越强。

3. 无形资产可在较长的时期内发挥作用。无形资产一经取得或形成，就可为企业长期拥有，可在较长时期内使用，并为企业带来收益。

（二）各种主要的无形资产

无形资产项目比较多，现介绍其中最主要的几项。

1. 专利权。专利权是国家授予发明人在一定的有效期限内对其发明创造的使用和转让的权利。专利权之所以有助于获得收益，理由为：专利权有助于企业降低成本，确定独立优势；有利于企业占领市场，提高售价；转让出去，可获得转让收入。

2. 专有技术。专有技术是指由企业研制和发明的生产、制造工艺过程的秘密和各种诀窍。这种技术不公开申请专利，而由发明者秘密保存。

3. 专营权。专营权是指政府或其他部门授予的经营某项业务的独占特权。它包括两类：一种是由政府机构授权，准许企业使用公有财产或在一定地区享有经营某种业务的独占权，如公共交通、电力、电话、自来水、煤气等；另一种是一个企业根据合同授予另一个企业使用其商标、商号、专利权、专有技术等的权利。

4. 场地使用权。场地使用权是指根据法规和合同所获得的使用一定土地的权利。在我国，土地归国家所有，出资方不能用土地投资，只能用土地使用权来投资，企业对土地只有使用权，而无所有权。

5. 商标权。商标权是专门在某类指定的商品或产品上使用特定的名称或图案的权利。商标权以及类似的商号标记等，对消费者接受某种商品具有非常重要的意义。

（三）无形资产的分类

无形资产可按不同标准作不同的分类：

1. 按无形资产有无有效期限，分为有期限的无形资产和无期限的无形资产。有期限的无形资产都有法律或合同规定的最长有效期限，过了有效期限，就不能创造超额利润了，如专利权、租赁权都属于这类资产。无期限的无形资产一般没有具体规定的有限期，专有技术便属于这类资产。

2. 按无形资产是否受法律保护，分为权利资产和非权利资产。

二、无形资产投资的管理

固定资产投资决策的一些基本方法，一般都适用于无形资产的投资管理。但与固定资产投资相比，无形资产投资则更加复杂，这是因为：（1）无形资产投资有多种形式。有的需要企业自己投资开发研制，有的可以直接从外部购入，有的可以与其他单位合作开发，等等，每种情况都需要进行具体分析。（2）无形资产投资期及取得超额收益的时间很难准确预测。例如，发明和申报一项专利，可能需要三年，也可能需要五年。专利权取得后，究竟在多长时间内给企业带来超额收益也很难确定。（3）无形资产所增加的超额收益额也存在不确定性。例如，一项专有技术可能给企业带来巨额收益，但如果有更先进合理的技术出现，这种巨额收益就可能会随之消失。

现举例说明无形资产投资决策问题。

【例5－17】春风公司拟投资购买一项专利，此专利的初始投资为150万元，预计可使用5年，5年中每年的现金净流量估计为50万元，但公司主要领导都认为，这每年的50万元现金净流量存在较大的不确定性，拟用确定当量法对现金流量进行调整。公司有关领导所选用的约当系数及相关权数见表5－12。该公司的资本成本为10%。试分析此项成本是否可行。

表5－12　　公司领导所选用的约当系数和相关权数

公司领导成员	约当系数	所确定的权数
董事长	0.90	0.30
总经理	0.80	0.20
财务副总经理	0.85	0.20
总工程师	0.70	0.20
销售处长	0.80	0.10

首先，根据以上资料，计算加权平均约当系数：

$0.90\times0.30+0.80\times0.20+0.85\times0.20+0.70\times0.20+0.80\times0.10=0.82$

其次，利用计算出的约当系数对每年50万元的现金净流量进行调整：

$50\times0.82=41$（万元）

最后，计算该项无形资产投资的净现值。

$$\begin{aligned}NPV&=41\times PVIFA_{10\%,5}-150\\&=41\times3.791-150\\&=5.43\text{（万元）}\end{aligned}$$

该项投资有净现值5.43万元，所以可进行投资。

【例5－18】春柳公司拟投资开发一项专用技术，其初始投资为120 000元，该项技术预计在3年内有效，3年中每年为企业带来的现金流量是不确定的，其有关资料见表5－13。该企业的资本成本为15%，试对投资项目的可行性进行评价。

表5－13　　公司有关资料

第一年		第二年		第三年	
现金流量（NCF_1）	概率（P_1）	现金流量（NCF_2）	概率（P_2/P_1*）	现金流量（NCF_3）	概率（P_3/P_1P_2**）
7 500	0.60	100 000	0.70	140 000 110 000 75 000	0.60 0.30 0.10
		60 000	0.30	90 000 70 000 40 000	0.40 0.40 0.20

续表

第一年		第二年		第三年	
现金流量（NCF_1）	概率（P_1）	现金流量（NCF_2）	概率（$P_2/P_1{}^{*}$）	现金流量（NCF_3）	概率（$P_3/P_1P_2{}^{**}$）
40 000	0. 40	80 000	0. 20	100 000	0. 30
				90 000	0. 40
				80 000	0. 30
		70 000	0. 40	90 000	0. 70
				50 000	0. 30
		50 000	0. 40	750 000	0. 10
				50 000	0. 30
				25 000	0. 60

注：$P_2/P_1{}^{*}$ 是指在第一年特定概率发生的情况下，第二年发生的概率。

$P_3/P_1P_2{}^{**}$ 是指在第一年、第二年特定概率发生的情况下，第三年发生的概率。

下面分步说明在此种情况下的评价方法：

1. 计算各现金流量序列的净现值。

$$NPV_1 = 75\ 000 \times PVIF_{15\%,1} + 100\ 000 \times PVIF_{15\%,2} + 140\ 000 \times PVIF_{15\%,3} - 120\ 000$$
$$= 75\ 000 \times 0.870 + 100\ 000 \times 0.756 + 140\ 000 \times 0.658 - 120\ 000$$
$$= 112\ 970\ (元)$$

$$NPV_2 = 75\ 000 \times 0.870 + 100\ 000 \times 0.756 + 110\ 000 \times 0.658 - 120\ 000$$
$$= 93\ 230\ (元)$$

其他各项计算从略。

2. 计算联合概率。

$$P_{m1} = 0.60 \times 0.70 \times 0.60 = 0.252$$
$$P_{m2} = 0.60 \times 0.70 \times 0.30 = 0.126$$

其他各项计算从略。

3. 计算期望净现值。

$$\overline{NPV} = \sum_{i=1}^{n} NPV_i \times P_{mi}$$

其中，$\overline{NPV}$——期望净现值；

NPV_i——第 i 个现金流量序列的净现值；

P_{mi}——第 i 个现金流量序列的联合概率。

$$\overline{NPV} = NPV_1(P_{m1}) + NPV_2(P_{m2}) + \cdots + NPV_{14}(P_{m14})$$
$$= 112\ 970 \times 0.252 + 93\ 230 \times 0.126 + \cdots(-30\ 950) \times 0.096$$
$$= 52\ 171\ (元)$$

将以上计算结果列式在表 5－14 中，从表中可以看出，该项目的期望净现值为 52 171 元；净现值为负数的机会很少，其联合概率只有 0. 144（0. 048＋0. 096）。看来该项目的获利能力较高而风险不大，故可以投资。

表 5－14　　投资项目评价表

初始投资		第一年现金流量和概率分布		第二年现金流量和概率分布		第三年现金流量和概率分布		各年现金流量的净现值和联合概率分布		
NCF_0	P_0	(NCF_1)	(P_1)	(NCF_2)	(P_2/P_1 *)	(NCF_3)	(P_3/P_1P_2 **)	i	NPV_i	P_{mi}
－120 000	1.0	75 000	0.60	100 000	0.70	140 000	0.60	1	112 970	0.252
						110 000	0.30	2	93 230	0.126
						75 000	0.10	3	70 200	0.042
				60 000	0.30	90 000	0.40	4	49 830	0.072
						70 000	0.40	5	36 670	0.072
						40 000	0.20	6	16 930	0.036
		40 000	0.40	80 000	0.20	100 000	0.30	7	41 080	0.024
						90 000	0.40	8	34 500	0.032
						80 000	0.30	9	27 920	0.024
				70 000	0.40	90 000	0.70	10	26 940	0.112
						50 000	0.30	11	620	0.048
				50 000	0.40	750 000	0.10	12	1 950	0.016
						50 000	0.30	13	14 500	0.048
						25 000	0.60	14	－30 950	0.096

三、无形资产的日常控制

为了不断提高无形资产的使用效果，保证无形资产投资目标的实现，必须加强对无形资产的日常控制。无形资产的日常控制包括以下几个方面。

（一）无形资产增加的管理

无形资产增加主要有以下四种来源：外部购入、其他单位投入、自行研制和意念中形成。外部购入、其他单位投入、自行研制的无形资产，要办理合法的交接手续，并及时入账，这其中最关键的问题是无形资产的计价问题。意念中形成的无形资产，是在长期的生产经营过程中形成的，没有明显的、可以确定的成本支出，一般不单独进行管理，只有在企业合并、改组、变卖时，才作为无形资产的增加实施管理。

无形资产应按取得时的实际成本计价，各种来源的无形资产计价原则分别是：（1）外部购入的无形资产，按实际支付的价款计价；（2）投资者投入的无形资产，按评估确认或者合同、协议中约定的金额计价；（3）自行开发研制的无形资产，按照开发过程中的实际支出计价；（4）接受捐赠的无形资产，按照发票账单所列金额或者同类无形资产的市价计价。在上述计价中，非专利技术和商誉的计价，应当由法定评估机构评估确认。

在对无形资产的增加管理时，除正常确定无形资产来源方式外，还要注意以下几个问题：（1）组织无形资产的增加，必须结合企业的现有规模、生产条件、技术水平、销售状况统一安排；（2）必须根据有关法律和经济合同，合理取得无形资产；（3）在向外界购入无形资产时，必须筹集足够的资金以支付价款；（4）在向外界购入无形资产或吸收其他企业投入无形资产时，必须进行可行性研究，杜绝盲目引进。

（二）无形资产摊销的管理

无形资产从开始使用之日起，应在有效使用期限内，将原始价值平均摊入管理费用。无形资产的摊销，应考虑以下一些问题。

1. 无形资产的有效使用年限。无形资产的使用年限是无形资产摊销中影响摊销额的一个重要因素。无形资产的有效使用年限应按以下原则确定：

（1）法律和合同或者企业申请书分别规定有法定有效期限和受益年限的，按照法定有效期限与合同或者企业申请书规定的受益年限孰短的原则确定。

（2）法律没有规定有效期限，企业合同或者企业申请书中规定有受益年限的，按合同或者企业申请书中规定的受益年限确定。

（3）法律和合同或者企业申请书中均未规定法定有效期限或受益年限的，按不少于10年的期限确定。

2. 无形资产的原始价值。无形资产的原始价值是指最初购置或创建无形资产时，所花费的全部货币支出。无形资产的原始价值应按实际成本计价。无形资产随情况的变化可能会发生增值或减值，此时应对无形资产的原始价值进行适当调整，并相应调整摊销额。

3. 无形资产摊销额的计算。在确定了无形资产的有效经济年限和原始价值以后，无形资产可按下列公式计算摊销额：

无形资产年摊销额 = 无形资产原始价值/有效经济年限

无形资产月摊销额 = 年摊销额/12

（三）无形资产使用的管理

无形资产管理的根本目的就是提高无形资产的使用效率，因此，无形资产使用的管理是无形资产日常管理中的重要内容。

1. 要挖掘潜力，提高无形资产的利用率。企业在管理无形资产时，应与管理固定资产一样，积极挖掘资产的潜力，提高无形资产的利用率，以取得最佳效果。提高无形资产的利用率，可通过以下方式进行：积极开拓市场，努力扩大企业的产销数量，组织满负荷运行，使无形资产得到充分利用。组织无形资产的对外出售或转让。企业应将自己暂时不用多余的无形资产出售或向其他企业投资，以提高无形资产的利用率，增加企业收益。企业将无形资产移交给其他单位时，应根据无形资产的取得成本和它所能创造的价值，合理确定转让价格，并本着认真负责的精神，将有关资料如实转移给对方，并要作相应的技术指导，以确保无形资产发挥作用。

2. 要实行无形资产的分级分口管理。同有形资产的日常管理相类似，企业无形资产的日常管理也应在财务部门实施综合性和指导性管理的基础上，由企业内部各有关部门按分级分口管理的原则实施责任管理，例如，专利权、专有技术应归口技术部门管理、专营权、场地使用权、租赁权应归生产、销售部门管理，商标权应由销售部门管理，开办费应实行全厂综合管理。各个归口管理的部门，又应按照经济责任制的原则，实行分级管理，以便明确经济责任，提高无形资产的利用效果。

第七节　对外直接投资

企业以货币资产、实物资产、无形资产对其他企业进行直接投资，是企业重要的投资方式。企业对外进行直接投资，有利于充分利用企业资产，提高企业发展速度，增加企业投资报酬，降低企业经营风险，因而，对实现财务管理目标具有重要意义。

一、企业对外直接投资应考虑的因素

企业对外直接投资具有时间长、风险大、投资数额多、不能任意抽回等特点。投资的成败对企业当前及未来的财务状况影响很大，因此，在投资时必须认真考虑以下因素。

(一) 企业资产的利用情况

企业总是希望将其各项资产用在收益最高的项目上。如果企业本身经营状况良好，生产任务饱满，产品销售顺畅，收益水平高，资产没有闲置，且企业自身尚有发展的余地，则一般不必对外进行直接投资。但如果企业经营发展受到限制，产品销路不畅，资产大量闲置，在此种情况下就需要向外寻找有利的投资机会，以提高企业资产的总体盈利水平。

(二) 企业经营的需要情况

企业自身的经营状况及其发展的需要，对于直接投资项目和时机的选择也有重要影响。如果企业自身的某种名牌产品在竞争中处于优势，在市场上有较高的知名度，那么，为了扩大销售量，进一步占领市场，就要寻找与自己产品相配套的合作伙伴，进行合作投资，形成以本企业为核心、以自身名牌产品为龙头、以资产为纽带的经济实体。

(三) 投资项目的获利水平

企业对外投资，总是希望获得比自己经营更加丰厚的收益。如果投资项目获利水平较高，且能稳定增长，风险较小，就可以作为直接投资的备选对象，否则就可能排除在外。当然，这也不能一概而论，有的项目虽然收益不高，但对企业的购销活动或今后发展有利，企业也可考虑进行投资，以谋求整体和长远的利益。

二、企业对外直接投资的方式

对外直接投资方式是企业进行对外投资时采用的具体形式。通常有以下三种：(1) 对外合资投资；(2) 对外合作投资；(3) 对外合并投资。现介绍各种投资方式的特点。

(一) 对外合资投资

对外合资投资是指投资者通过与其他企业组建合资经营企业所进行的投资。这里的合资经营企业通常是指由投资者按共同投资、共同经营、共享利润、共担风险的原则而设立的企业。合资经营企业一般具有如下特点：

1. 合资经营企业是由两个或两个以上的投资者共同出资设立的。

2. 合资经营企业的法律形式是有限责任公司。企业拥有独立的法人地位，以企业的全部财产作为企业从事经营活动的经济担保，合资各方对企业债务的责任仅以其出资额为限。

3. 合资经营企业是一种股权式的合营企业。合营各方的出资均折成相应的股份，合营者根据各自出资额在整个注册资本中所占的股权比例，对合资经营企业享受权利和承担义务。

进行对外合资投资的优点是：由合资各方共同分担分险，投资者只承担有限责任。对外合资投资的缺点是：所需时间比较长，一般来说，进行合资投资必须寻找合适的投资伙伴，而且要经过长时间的谈判和协商。

（二）对外合作投资

对外合作投资是指投资者通过与其他企业组建合作经营企业所进行的投资。这里的合伙经营企业又称契约式的合营企业，是指一投资者与其他投资者通过签订合同、协议等形式来规定各方的责任、权利、义务而组建的企业。合作经营企业具有以下特点：

1. 合作经营企业的投资者根据合作企业合同的规定享受权利和承担义务，而不是根据出资比例。合作各方面所投入的资产，一般也不必作价和折成具体的股份。

2. 合作企业在法律形式上可以是法人，也可以不是法人。因此，在进行合作投资时，投资者可以根据合作企业的经营特点、生产规模等情况自主选择是否取得法人资格。

3. 合作企业的组织机构一般比较灵活、简便，可以只设董事会，也可以只设联合管理机构，或委托他人进行管理。

从上述特征可以看出，对外合作投资是一种比较灵活、适应面较广、资产回收较快的投资方式。但这种投资所形成的合作企业不像合资企业那样规范，合作企业在合作过程中容易对合同中的条款发生争议，影响合作企业的正常发展。

（三）对外合并投资

对外合并投资是指通过合并其他企业而进行的投资。例如，北京东安市场合并北京第二手表厂，并筹集资金，对原手表厂的厂房进行改扩建，改造成双安商场，便属于对外合并投资。随着我国经济体制改革的深化，产权转让越来越多，进行对外合并性投资已成为企业的一种重要的对外投资方式。

在上述三种对外直接投资方式中，合资投资是最常见、最普遍的形式，本书后面的论述，都是以对外合资投资为主来展开说明的。

三、对外直接投资决策

企业对内投资的一些基本方法，在进行对外投资中也是适用的，但在进行对外投资时，还有一些特殊的问题需要考虑，在这些问题中，最主要的问题就是评价主体问题。在对一个对外投资项目进行评价时，是以投资项目为主体进行评价，还是以总公司为主体进行评价。评价的主体不一样，评价的结果可能就不一样。这是因为：（1）由于地区、行业的不同总公司对外投资项目所享受的税收优惠等政策的不同，税率可能不完全一致；（2）许可证费、专利权使用费等，对总公司来说是收益，但对投资项目来说是费用；（3）由于总公司的资金来源和项目的资金来源不完全相同，因此，在进行评价时，所使用的资金成本也不完全一致。

关于如何确定对外投资项目的评价主体，理论界和实务界都存在不同观点。从理论上来看，主要有以下三种观点：（1）应以总公司为评价主体。持这种观点的人认为，企业进行对外投资，归根到底是为了总公司股东的利益。（2）应以对外投资的项目为评价主体。这种观点认为，许多企业在进行对外投资时都制定了长期的而不是短期的投资目标，投资项目创造的利润倾向于在当地进行再投资，而不是汇回总公司，基于这种考虑，从项目的角度来进行评价也是适当的。（3）应以项目为主体和以总公司为主体分别进行评价。这种观点认为，财务管理的目标是多元的、复杂的，因而，对投资项目的评价也应是全方位的。

从实践上来看，财务经理对对外投资的评价主体问题也存在很多分歧。有人对美国的156家企业进行调查表明，在回答的公司中，21%的企业强调应以总公司为主体进行评价；42%的企业强调应以项目为主体进行评价；37%的企业强调应以总公司和项目为主体进行双重评价。

根据企业财务目标的多元性和层次性，在进行对外投资决策时，应分别以总公司和项目为主体进行双重评价。对外投资项目如果局限于以投资项目为主体进行评价，所采用的方法同企业内部投资基本相同，前面已有详述。对外投资项目如果以总公司为评价主体，则会涉及一些特殊问题。

思考题

1. 投资的定义及其特点分别是什么？
2. 如何区分投机与投资？
3. 熟悉投资的分类。
4. 如何掌握投资的原则？
5. 长期投资的含义及特点是什么？
6. 项目计算期的构成情况如何？
7. 原始总投资、建设投资、流动资金投资之间的关系如何？
8. 什么是现金流量？在长期投资决策过程中，为什么采用现金流量而不是采用会计利润作为评价的基础？
9. 长期投资决策用到哪些指标？利用长期投资决策的不同指标进行投资决策时，为什么会得出不同的投资结果？
10. 如何对无形资产进行投资和管理？

练习题

1. 某企业计划年度拟投资A项目，经可行性分析，有关资料如下：

（1）A项目共需固定资产投资450 000元，其中第一年年初和第二年年初分别投资250 000元和200 000元，第一年年末部分竣工并投入试生产，第二年年末全部竣工交付使用。

（2）A项目投产时需要垫支相应流动资金320 000元，用于购买材料、支付工资等。其中第一年年末垫支200 000元，第二年年末又增加垫支120 000元。

（3）A项目经营期预计为5年，固定资产按直线法计提折旧。A项目正常终结处理时预计清理费用3 000元，残余价值123 000元。

（4）根据市场预测，A 项目投产后第一年销售收入为 320 000 元，以后 4 年每年销售收入均为 450 000 元。第一年的付现成本 150 000 元，以后 4 年每年的付现成本均为 210 000 元。

（5）A 项目需征用土地 10 亩，支付土地 10 年使用费共计 350 000 元。

（6）该企业适用所得税率为 40%。

试计算 A 项目的全部现金流量。

2. 某企业拟购建一项固定资产，需投资 1 000 万元，按直线法折旧，使用寿命 10 年，期末有 100 万元净残值。在建设起点一次投入借入资金 1 000 万元，建设期为一年，发生建设期资本化利息 100 万元。预计投产后每年可获营业利润 100 万元。在经营期的头三年中，每年归还借款利息 110 万元（假定营业利润不变，不考虑所得税因素）。要求：

（1）计算该项目的净现金流量；

（2）计算该项目的投资利润率。

3. 企业打算在 2022 年末购置一套不需要安装的新设备，以替换一套尚可使用 5 年、折余价值为 91 000 元、变价净收入为 80 000 元的旧设备。取得新设备的投资额为 285 000 元。到 2027 年末，新设备的预计净残值超过继续使用旧设备的预计净残值 5 000 元。使用新设备可使企业在 5 年内每年增加营业利润 10 000 元。新旧设备均采用直线法计提折旧。假设全部资金来源均为自有资金，适用的企业所得税税率为 33%，折旧方法和预计净残值的估计均与税法的规定相同。要求：

（1）计算更新设备比继续使用旧设备增加的投资额。

（2）计算经营期因更新设备而每年增加的折旧。

（3）计算经营期每年因营业利润增加而导致的所得税变动额。

（4）计算经营期每年因营业利润增加而增加的净利润。

（5）计算因旧设备提前报废发生的处理固定资产净损失。

（6）计算经营期第 1 年因旧设备提前报废发生净损失而抵减的所得税额。

（7）计算建设期起点的差量净现金流量 NCF_0。

（8）计算经营期第 1 年的差量净现金流量 NCF_1。

（9）计算经营期第 2 ~4 年每年的差量净现金流量 $NCF_2 \sim NCF_4$。

（10）计算经营期第 5 年的差量净现金流量 NCF_5。

4. 某公司拟进行一项投资，投资期为 3 年。每年年初投资 2 000 万元，第四年年初开始投产，投产时需垫支 500 万元营运资金，项目寿命期为 5 年，5 年中会使企业每年增加销售收入 3 600 万元，每年增加付现成本 1 200 万元，假设该企业所得税率为 30%，资本成本为 10%，固定资产无残值。要求计算该项目投资回收期、净现值。

5. XYZ 公司拟进行一项完整工业项目投资，现有甲、乙、丙、丁四个可供选择的互斥投资方案。已知相关资料如下：

资料一：已知甲方案的净现金流量为：$NCF_0 = -800$ 万元，$NCF_1 = -200$ 万元，$NCF_2 = 0$ 万元，$NCF_{3\sim11} = 250$ 万元，$NCF_{12} = 280$ 万元。假定经营期不发生追加投资，XYZ 公司所在行业的基准折现率为 16%。

资料二：乙、丙、丁三个方案在不同情况下的各种投资结果及出现概率等资料见表 5 - 15。

表 5-15　　相关资料表　　单位：万元

		乙方案		丙方案		丁方案	
		出现的概率	净现值	出现的概率	净现值	出现的概率	净现值
投资的结果	理想	0.3	100	0.4	200	0.4	200
	一般	0.4	60	0.6	100	0.2	300
	不理想	0.3	10	0	0	(C)	*
净现值的期望值		—	(A)	—	140	—	160
净现值的方差		—	*	—	(B)	—	*
净现值的标准离差		—	*	—	*	—	96.95
净现值的标准离差率		—	61.30%	—	34.99%	—	(D)

资料三：假定市场上的无风险收益率为 9%，通货膨胀因素忽略不计，风险价值系数为 10%，乙方案和丙方案预期的风险收益率分别为 10% 和 8%，丁方案预期的总投资收益率为 22%。要求：

（1）根据资料一，指出甲方案的建设期、经营期、项目计算期、原始总投资，并说明资金投入方式。

（2）根据资料一，计算甲方案的下列指标：①不包括建设期的静态投资回收期；②包括建设期的静态投资回收期；③净现值（结果保留小数点后一位小数）。

（3）根据资料二，计算表中用字母“A—D”表示的指标数值。

（4）根据资料三，计算下列指标：①乙方案预期的总投资收益率；②丙方案预期的总投资收益率；③丁方案预期的风险收益率和投资收益率的标准离差率。

（5）根据净现值指标评价上述四个方案的财务可行性。XYZ 公司从规避风险的角度考虑，应优先选择哪个投资项目？

综合案例

北京东方电子公司与上海浦华电子公司拟合资组建一新企业——东华电子公司。东华电子公司准备生产新型电子计算机，项目分析评价小组已收集到如下材料：

（1）为组建该项合资企业，共需固定资产投资 12 000 万元，另需垫支营运资金 3 000 万元，采用直线法计提折旧，双方商定合资期限为 5 年，5 年后固定资产残值为 2 000 万元。5 年中每年销售收入为 8 000 万元，付现成本第 1 年为 3 000 万元，以后随设备陈旧，逐年将增加修理费 400 万元。

（2）为完成该项目所需的 12 000 万元固定资产投资，由双方共同出资，每家出资比例为 50%，垫支的营运资金 3 000 万元拟通过银行借款解决。根据分析小组测算，东华公司的加权平均资本为 10%，东方电子公司的加权平均资本为 8%，浦华电子公司加权平均的资本成本为 12%。

（3）预计东华公司实现的利润 20% 以公积金的方式留归东华公司使用，其余全部进行分配，东方公司和浦华公司各得 50%。但提取出的折旧不能分配，只能留在东华公司以补充资金需求。

（4）东方公司每年可以从东华公司获得800万元的技术转让收入，但要为此支付200万元的有关费用。浦华公司每年可向东华公司销售1 000万元的零配件，其销售利润预计为300万元，另外，浦华公司每年还可从东华公司获得300万元的技术转让收入，但要为此支付100万元的有关费用。

（5）设东方公司、浦华公司和东华公司的所得税税率均为30%，假设从子公司分得的股利不再交纳所得税，但其他有关收益要按30%的所得税税率依法纳税。

（6）投资项目在第5年底出售给当地投资者经营，设备残值、累计折旧及提取的公积金等估计售价为10 000万元，扣除税金和有关费用后预计净现金流量为6 000万元。该笔现金流量东方公司和浦华公司各分50%，假设分回母公司后不再纳税。

试根据以上资料分别以东华公司、东方公司、浦华公司为主体对投资的可行性进行评价。

第六章

证券投资管理

【学习目标】

通过本章学习，应当了解并掌握：

［1］证券的分类、证券投资的含义和目的；

［2］债券估价的主要方法；

［3］股票股价的主要方法；

［4］债券投资和股票投资的风险；

［5］证券投资组合理论。

受新冠肺炎疫情暴发的冲击，美国股市2020年第一季度经历了历史上罕见的大跌，美国各大投资者损失惨重，其中也包括被称为“股神”的巴菲特。据巴菲特旗下的伯克希尔·哈撒韦公司在股东大会前夕公布的2020年第一季报显示，报告期内归属于股东的净亏损为497.46亿美元，而上年同期盈利216.61亿美元。

伯克希尔·哈撒韦公司约69%的持仓集中在5家公司，这5家公司的股票全部下跌。具体而言，美国运通公允价值130亿美元，环比减少59亿美元；苹果公允价值638亿美元，环比减少99亿美元；美国银行公允价值202亿美元，环比减少132亿美元；可口可乐公允价值177亿美元，环比减少44亿美元；富国银行公允价值99亿美元，环比减少87亿美元。除此之外，最近抄底的航空股也损失严重。2月27日，全球资本市场一片恐慌时，巴菲特以平均每股46.40美元的价格，购买了97.6万股达美航空，后来疫情愈发严重，航空业损失惨重，4月初，“股神”壮士断腕以每股24美元价格出售，直接亏损48%。

面对如此惨状，巴菲特不禁感慨：“我活了89岁也没见过这种场面”。

巴菲特以价值投资著称，大家想一想，新冠肺炎疫情的暴发会对一只股票的价格和价值有什么样的影响？

第一节 证券投资概述

证券是指票面载有一定金额，代表财产所有权或债权，可以有偿转让的凭证。证券投资是企业投资管理的重要组成部分，科学地进行证券投资管理，能增加企业收益，减少风险，有利于理财目标的实现。

一、证券的分类

证券的种类很多，按不同的标准可以作不同的分类。

（一）按证券的发行主体，可分为政府证券、金融证券和公司证券

政府证券是指中央政府或地方政府为筹集资金而发行的证券。金融证券则是指由银行或其他金融机构筹措资金而发行的证券。公司证券又称企业证券，是指由工商企业为筹集资金而发行的证券。政府证券的风险较小，金融证券次之，公司证券的风险则视企业的规模、财务状况和其他情况而定。

（二）按证券的到期日，可分为短期证券和长期证券

短期证券是指到期日短于一年的证券，如短期融资券、银行承兑汇票等。长期证券是指到期日长于一年的证券，如国库券、公司债券等。一般而言，短期证券的风险小、变现能力强，但报酬率相对较低。长期证券的报酬率一般较高，但时间长、风险大。长期证券既能转让、流通，亦可用于短期投资。

（三）按证券的收益状况，可分为固定收益证券和变动收益证券

固定收益证券是指在证券票面上规定有固定收益率的证券，如债券票面上一般有固定的利息率，优先股票面上一般有固定的股息率，这些证券都属于有固定收益的证券。变动收益的证券是指证券票面不标有固定的收益率，其收益情况随企业经营状况而变动的证券，普通股票是最典型的变动收益证券。一般来说，固定收益证券风险较小，但收益率不高，而变动收益证券风险大，但收益率较高。

（四）按证券体现的权益关系，可分为所有权证券和债权证券

所有权证券又称权益证券，是体现证券持有人和证券发行单位所有权关系的证券，这种证券的持有人一般对发行单位都有一定的管理和控制权。股票是典型的所有权证券，股东便是发行股票企业的所有者。债权证券是体现证券持有人和发行单位债权关系的证券，这种证券的持有人一般无权对发行单位进行管理和控制。发行单位破产时，债权证券要优先清偿，而所有权证券要在最后清偿，所以所有权证券一般要承担较大的风险。

（五）按证券是否在证券交易所挂牌交易分类，证券可分为上市证券和非上市证券

证券上市是指已经发行的证券经证券交易所批准后，在交易所公开挂牌交易的行为。上市

证券，即可在交易所公开挂牌交易的证券；非上市证券，即不能在交易所公开挂牌交易的证券。

（六）按证券的募集方式分类，证券可分为公募证券和私募证券

公募证券又称公开发行证券，是指发行人向不特定的社会公众广泛发售的证券。在公募发行情况下，所有合法的社会投资者都可以参加认购。采用公募方式发行证券的有利之处在于：①公募以众多的投资者为发行对象，筹集资金潜力大；②公募发行投资者范围大，可避免囤积证券或被少数人操纵；③只有公开发行的证券方可申请在交易所上市，因此这种发行方式可增强证券的流动性，有利于提高发行人的社会信誉。公募方式也存在某些缺点，如发行过程比较复杂，登记核准所需时间较长，发行费用也较高。

私募证券又称不公开发行证券或内部发行证券，是指面向少数特定投资者发行的证券。私募证券的持有者主要有两类，一类是个人投资者，如公司老股东或发行机构自己的员工；另一类是机构投资者，如大的金融机构或与发行人有密切往来关系的企业等。私募发行的优点是发行手续简单，可以节省发行时间和费用；不足之处是投资者数量有限，流通性较差，而且也不利于提高发行人的社会信誉。

二、证券投资的含义和目的

（一）证券投资的含义与特点

证券投资是指投资者将资金投资于股票、债券、基金及衍生证券等资产，从而获取收益的一种投资行为。

对于实际投资而言，证券投资具有如下特点：

1. 流动性强。证券投资的流动性明显地高于实际资产。一项资产被认为是具有流动性的条件有三个：第一，有明显的、大规模的投资单位的交易，而不引起市场价格的上下波动；第二，营业时间内存在连续的买价和卖价；第二，存在“微小”的买卖价差。证券有着十分活跃的二级市场，与实际资产相比其转让过程快捷、简便得多，实际资产很难找到一个连续的二级市场，变现受到了限制。

2. 价值不稳定。证券投资不涉及人与自然界的关系，只涉及人与人之间的财务交易。由于证券相对于实际资产来说，受人为因素的影响较大，且没有相应的实物作保证，其价值受政治、经济等各种环境因素的影响较大，因而具有价值不稳定、投资风险大的特征。

3. 交易成本低。证券买卖的交易快速、简捷、成本较低。而实际资产的交易过程复杂、手续繁多，通常还需要进行调查、咨询等工作，交易成本较高。

（二）证券投资的目的

一个企业将其资金投资于证券，目的是多种多样的，现按短期证券投资和长期证券投资分别加以说明。

1. 短期证券投资的目的。

短期证券投资的目的是替代非营利的现金，以便获取一定收益，具体而言，主要包括以下几个方面：

（1）作为现金的替代品。企业一般都持有一定量的有价证券以替代较大量的非营利的现金余额，并在现金流出超过现金流入时，将有价证券售出，以增加现金。短期证券的投资多数情况下都是出于预防的动机，因为大多数企业都依赖银行信用来应付短期交易对现金的需要，但银行信用有时是不可靠的或不稳定的，因此，必须持有有价证券以防银行信用的短缺。

（2）与筹集长期资金相配合。成长或扩充中的公司一般每隔一段时间就会出售长期证券（股票或公司债券）。但出售长期证券所获得的资金一般并不一次使用完，而是逐渐、分次使用。这样，暂时不用的资金可投资于有价证券以获取一定收益，而当企业进行投资需要资金时，则可卖出有价证券，以获得现金。

（3）满足未来的财务需要。假如企业在不久的将来有一笔现金需求，如建一座厂房或归还到期债务，则将现有现金用于有价证券，以便到时售出，满足所需要的现金。

（4）满足季节性经营对现金的需求。从事季节性经营的公司在一年内的某些月份有剩余现金，而在另几个月则会出现现金短缺，这些公司通常在现金有剩余时购入有价证券，而在现金短缺时出售。

2. 长期证券投资的目的。

长期证券投资主要有两个方面的目的，一是获取报酬；二是获取控制权。

（1）获取报酬。一些比较成熟的公司拥有比较充裕的现金，但公司本身没有盈利较高的投资计划，便把长期闲置的现金投资于证券，以便增加收益，提高公司的股票价格。

（2）获取控制权。有些公司往往从战略上考虑要控制另一家公司。例如，一家汽车制造厂欲控制一家钢铁厂以获取稳定的材料供应，这时便可能动用一定资金以购买钢铁厂的股票，直到其所拥有的股权能控制这家钢铁厂为止。

三、证券投资的风险与收益

（一）证券投资风险

证券投资风险按风险性质分为系统性风险和非系统性风险两大类别。

1. 系统风险。

系统风险也称为不可分散风险，是由于外部经济环境因素变化引起整个金融市场不确定性加强，从而对市场上所有证券都产生影响的共同性风险。其主要包括以下几种。

（1）利息率风险。

由于利息率的变动而引起金融资产价格波动，投资人遭受损失的风险，称为利息率风险。证券的价格，将随利息率的变动而变动，一般而言，银行利率下降，则证券价格上升，银行利率上升，则证券价格下跌。不同期限的证券，利息率风险不一样，期限越长，风险越大。

（2）再投资风险。

再投资风险是由于市场利率下降而造成的无法通过再投资而实现预期收益的风险。根据流动性偏好理论，长期投资的收益率应当高于短期利率。为了避免市场利率变动的利息率风险，投资者可能会投资于短期证券，但短期证券又会面临着市场利率下降的再投资风险，即无法按预定收益率进行再投资而实现所要求的预期收益。

（3）购买力风险。

由于通货膨胀而使证券到期或出售时所获得的货币资金的购买力降低的风险，称为购买力风险。在通货膨胀时期，购买力风险对投资者有重要影响。一般而言，随着通货膨胀的发生，变动收益的证券比固定收益的证券更好。因此，普通股票被认为比公司债券和其他有固定收入的证券能更好地避免购买力风险。

2. 非系统风险。

非系统风险也称为可分散风险，是由于特定经营环境或特定事件变化引起的不确定性，从而对个别证券产生影响的特有性风险。其主要包括以下几种。

（1）违约风险。

证券发行人无法按期支付利息或偿还本金的风险，称为违约风险。一般而言，政府发行的证券违约风险小，金融机构发行的证券次之，工商企业发行的证券风险较大。导致发行人违约的原因有以下几个方面：①政治、经济形势发生重大变动；②发生自然灾害，如水灾、火灾等；③企业经营管理不善、成本高、浪费大；④企业在市场竞争中失败，主要顾客消失；⑤企业财务管理失误，不能及时清偿到期债务。

（2）流动性风险。

在投资人想出售持有的证券获取现金时，证券不能立即出售的风险，称为流动性风险。一种能在较短期内按市价大量出售的资产，是流动性较高的资产，这种资产的流动性风险较小；反之，如果一种资产不能在短时间内按市价大量出售，则属于流动性较低的资产，这种资产的流动性风险较大。例如，购买不知名公司的债券，想立即出售比较困难，因而流动性风险较大，但若购买国库券，几乎可以立即出售，则流动性风险小。

（3）破产风险。

破产风险是在证券发行者破产清算时，投资者无法收回应得权益的风险。当证券发行者由于经营管理不善而持续亏损、现金周转不畅而无力清偿债务或其他原因导致难以持续经营时，他可能会申请破产保护。破产保护会导致债务清偿的豁免，使投资者无法取得应得的投资收益，甚至无法收回投资的本金。

（二）证券投资收益

从投资人的角度看，投资者的收益是让渡一定资产使用权获得的报酬。证券投资收益包括证券交易现价与原价的价差以及定期的股利或利息收益。收益的高低是影响证券投资的主要因素。证券投资的收益有绝对数和相对数两种表示方法，在财务管理中通常用相对数，即收益率来表示。计算一年内收入流量的证券收益常用的有如下几种：息票收益率、本期收益率、到期收益率、持有期收益率。

1. 息票收益率。

息票收益率，也称息票利息率，是指证券发行人承诺在一定时期内支付的名义利息率，即证券票面上标明的收益与投资本金的比率。计算公式为：

息票收益率 = 支付的年利息（股利）总额/证券的面值

2. 本期收益率。

本期收益率又称当前收益率，指支付的证券利息额对本期证券的市场价格的比值，即证券票面上标明的收益与证券市场价格的比率。计算公式为：

本期收益率 = 支付的年利息（股利）总额 /证券的市场价格

3. 到期收益率。

到期收益率是最常用的计算证券收益率的方式。它既考虑到证券的利息收入，又考虑到市场价格与面值的差额，较前两种方法更真实。

（1）短期证券到期收益率。

短期证券到期收益率的计算一般比较简单，因为期限短，所以一般不用考虑时间价值因素，其基本的计算公式为：

$$短期证券到期收益率 = \frac{证券利息(股息)收入 + 证券卖出价 - 证券买入价}{证券买入价 \times 到期年限} \times 100\%$$

【例6－1】某人于2021年6月1日以102元的价格购买一面值为100元、利率为8.56%、每年12月1日支付一次利息的2016年发行的5年期国债，并持有到2021年12月1日到期，则：

$$到期收益率 = \frac{100 \times 8.56\% + 100 - 102}{102 \times 0.5} \times 100\% = 12.86\%$$

（2）长期证券到期收益率。

长期证券到期收益率的计算比较复杂，因为涉及的时间较长，所以要考虑资金时间价值因素。在已知未来的本息收入情况下，投资者愿意付的现期价格是按照他所预期的收益率将未来的货币收入折成现值。计算公式为：

$$P = \frac{F_1}{(1+i)^1} + \frac{F_2}{(1+i)^2} + \cdots\cdots + \frac{F_n}{(1+i)^n}$$

式中：i——到期收益率；

F_n——证券第 n 年的现金收入；

n——期限；

P——证券的当期市场价格。

4. 持有期收益率。

持有期收益率和到期收益率相似，只是持有人在到期前出售其证券。

（1）短期持有收益率。

短期持有收益率的计算一般不用考虑时间价值因素，其基本的计算公式为：

$$持有期收益率 = \frac{证券年利息(股息)收入 + 证券卖出价 - 证券买入价}{证券买入价 \times 持有年限} \times 100\%$$

【例6－2】2020年2月9日，通达公司购买四方公司每股市价为64元的股票，2021年1月，通达公司每股获现金股利3.90元，2021年2月9日，通达公司将该股票以每股66.50元的价格出售。则持有期收益率为：

$$K = \frac{66.5 - 64 + 3.9}{64 \times 1} \times 100\% = 10\%$$

（2）长期持有收益率。

长期持有收益率的计算与长期到期收益率的计算公式相同。

$$P = \frac{F_1}{(1+i)^1} + \frac{F_2}{(1+i)^2} + \cdots\cdots + \frac{F_n}{(1+i)^n}$$

上式中所有的符号与到期收益率一致，只有 F_n 一项在这里是证券出售时所发生的现金流量，而不是到期时的现金流量。

四、证券投资的程序

（一）选择投资对象

企业进行证券投资首先要选择合适的投资对象，即选择投资于何种证券，投资于哪家企业的证券。投资对象的选择是证券投资最关键的一步，它关系到投资的成败，投资对象选择得好，可以更好地实现投资的目标，投资对象选择得不好，就有可能使投资者蒙受损失。企业在选择对象时一般应遵循三个原则：（1）安全性原则；（2）流动性原则；（3）收益性原则。企业在选择证券投资对象时，必须结合自己的投资目的进行选择。一般来说，短期投资应特别重视投资的安全性和流动性，以便能够随时变现，安全地收回资金，因此，短期投资可以选择信用等级较高、流动性较强的债券进行投资；长期投资则更重视投资的安全性和收益性，以期在较长的时期内能够获得更大的投资回报，因此，长期投资大多进行股票投资，以求长期稳定地对某一企业进行控股。

（二）开户与委托

投资者在进行证券买卖之前，首先要到证券登记公司开立证券账户。证券账户的作用是用来表明投资者参与证券交易的交易所和用来记载投资者进行证券买卖和拥有证券的数额和品种的情况。投资者在开户后并选择好投资于何种证券后，就可以选择合适的证券经纪人，委托其买卖证券。办理委托也称为下单，即委托人填写委托单，由证券公司营业部的业务员将委托单中的内容传递到委托人进行交易的证券交易所中的驻场交易员手中，并由其按客户委托的指令进行证券买卖。投资者委托证券经纪人进行证券买卖，应明确告知经纪人代其买卖何种证券、买卖的价格和数量。证券经纪人在其营业所内接受客户的买卖委托后，应通知其在证券交易所的场内代表进行买卖交易，待交易完成后再向营业所报告交易结果，最后经纪人向客户报告，以便投资者准备办理交割事宜。

（三）交割与清算

投资者在委托证券经纪人买卖各种证券之后，就要及时办理证券交割。所谓证券交割，是指买入证券方交付价款领取证券，卖出证券方交出证券收取价款的收缴活动。证券交割的时间长短是由证券交易系统的技术先进程度所决定的，目前的证券交易多采用计算机联网系统，所以证券交割的时间都较短，一般在证券成交的第二个工作日即办理证券交割。投资者在证券交割过程中并不是逐笔进行的，一般均进行清算制度，即将投资者证券买卖的数量、金额相互抵消，然后就其抵消后的净额进行交割。这种抵消买卖金额，只支付其净额的办法就是清算制度。实行清算制度，可以减少实际交割的证券的数量，以节省人力物力。

（四）过户

证券过户就是投资者从交易市场买进证券后，到证券的发行公司办理变更持有人姓名的手续。证券过户一般只限于记名股票。办理过户的目的是保障投资者的权益。只有及时办理过户手续，才能成为新股东，享有应有的权利。因此，投资者购进股票后，应及时办理证券过户手续。只有在过户以后，证券交易的整个过程才算是最终结束。

第二节 债 券 投 资

一、债券投资的特点

债券投资是指企业通过证券市场购买各种债券（如国库券、金融债券、公司债券及短期融资券等）进行的投资。相对于股票投资而言，债券投资一般具有以下特点：

1. 债券投资属于债权性投资。虽然债券投资、股票投资都属于证券投资，但投资的性质不同：债券投资属于债权性投资，债券持有人作为发行公司的债权人，定期获取利息并到期收回本金，但无权参与公司经营管理；股票投资属于股权性投资，股票持有人作为发行公司的股东，有权参与公司的经营管理。因此，债券体现债权、债务关系，股票体现所有权关系。

2. 债券投资的风险较小。债券具有规定的还本付息日，其求偿权位于股东之前，因此债券投资到期能够收回本金（或部分本金），其风险较股票投资小。特别是政府发行的债券，由于有国家财力作后盾，其本金的安全性非常高，通常视为无风险证券。

3. 债券投资的收益较稳定。债券投资的收益是按票面金额和票面利率计算的利息收入及债券转让的价差，与发行公司的经营状况无关，因而其投资的收益比较稳定。

4. 债券价格的波动性较小。债券的市场价格尽管有一定的波动性，但由于前述原因，债券的价格毕竟不会偏离其价值太多，其波动性相对较小。

5. 市场流动性好。许多债券如政府及大企业发行的债券，一般都可在金融市场上迅速出售，具有较好的流动性。

二、债券价格的确定

投资者进行债券投资，是为了在未来获取增值收入，即未来期间的利息收入及转让价差。因此，债券的价值应该是按投资者要求的必要收益率对未来的上述增值收入及到期收回（或中间转让）的本金的折现值。投资者如果按照等于债券价值的价格购买债券，他将获得预期的投资报酬（即达到了投资者所要求的投资收益率）；如果按照大于债券价值的价格购买债券，他将获得高于预期的投资报酬（即超过了投资者所要求的投资收益率）；如果按照小于债券价值的价格购买债券，他将不能获得预期的投资报酬（即达不到投资者所要求的投资收益率）。可见，债券价值主要由两个因素决定：债券的预期总收入（即利息收入、转让价差与本金之和）和投资者要求的必要投资收益率。

由于债券利息的计算方法不同，债券价值的计算也就不同，目前主要有以下几种基本计算方法。

1. 债券价格确定的基本方法。债券价格确定的基本公式是指在复利方式下，通过计算债券各期利息的现值及债券到期收回收入的现值来确定债券价格的估价方式。其一般计算公式为：

$$
\begin{aligned}
P &= \sum_{t=1}^{n} \frac{F \times i}{(1+K)^{t}} + \frac{F}{(1+K)^{n}} \\
&= \sum_{t=1}^{n} \frac{I}{(1+K)^{t}} + \frac{F}{(1+K)^{n}} \\
&= I \times PVIFA_{k,n} + F \times PVIF_{k,n}
\end{aligned}
$$

式中：P —— 债券价格；

i ——债券票面利息率；

F ——债券面值；

I ——每年利息；

K ——市场利率或投资人要求的必要收益率；

n ——付息总期数。

【例 6－3】某债券面值为 1 000 元，票面利率为 8%，期限为 6 年，某企业要对这种债券进行投资，当前的市场利率为 10%，该债券价格多少时才能进行投资。

$$P = 1\,000 \times 8\% \times PVIFA_{10\%,6} + 1\,000 \times PVIF_{10\%,6}$$

$$= 80 \times 4.355 + 1\,000 \times 0.565$$

$$= 913.40\ (\text{元})$$

即这种债券的价格必须低于 913.40 元时，该投资者才能购买。

2. 一次还本付息、不计复利的债券价格的确定。我国目前发行的债券大多属于一次还本付息且不计复利的债券，其估价计算公式为：

$$P = \frac{(F + F \cdot i \cdot n)}{(1 + k)^n}$$

$$= (F + F \cdot i \cdot n) \times PVIF_{k,n}$$

公式中符号含义同前式。

【例 6－4】某企业拟购买一种利随本清的企业债券，该债券面值为 800 元，期限 6 年，票面利率为 8%，不计复利，当前市场利率为 10%，该债券发行价格为多少时，企业才能购买？

$$P = \frac{800 + 800 \times 8\% \times 6}{(1 + 10\%)^6}$$

$$= (800 + 800 \times 8\% \times 6) \times 0.564$$

$$= 667.78\ (\text{元})$$

即债券价格必须低于 667.78 元时，企业才能购买。

3. 折现发行的债券价格的确定。有些债券以折现方式发行，没有票面利率，到期按面值偿还。这些债券的估价模型为：

$$P = \frac{F}{(1 + K)^n}$$

$$= F \times PVIF_{k,n}$$

公式中的符号含义同前式。

【例 6－5】某债券面值为 1 000 元，期限为 6 年，以折现方式发行，期内不计利息，到期按面值偿还，当时市场利率为 6%。其价格为多少时，企业才能购买？

$$P = 1\,000 \times PVIF_{6\%,6}$$

$$= 1\,000 \times 0.705 = 705\ (\text{元})$$

该债券的价格只有低于 705 元时，企业才能购买。

三、债券投资收益

债券投资收益包括两个部分：一部分为转让价差，即债券到期收回的偿还金额（即债券面额）或到期前出售债券的价款与购买债券时投资金额之差，转让价差为正时为收益，相反则为损失；另一部分为利息收入，通常用债券投资收益率来衡量债券投资收益的高低。债券投资收益率是一定时期内债券投资收益与投资额的比率，是衡量债券投资是否可行的重要指标。

债券投资收益的主要部分是利息，计息方式的不同必然影响投资收益的计算。下面就按不同的计息方式分别介绍附息债券和贴现债券的投资收益的计算。

（一）附息债券投资收益率的计算

附息债券是指在债券券面上附有各种息票的债券。息票上标明应付利息额和支付利息的时期。息票到期时，只要将息票从债券上剪下来就可以据以领取本期利息。附息债券投资收益率的计算又可以分两种情况。

1. 单利计息的附息债券投资收益率。附息债券一般采用单利计息方法，每期利息额都是相等的，在用单利计息方法计算债券投资收益率时，如果不考虑债券利息的再投资收益，则债券投资收益率的计算公式为：

$$R=\frac{P+\frac{S_n-S_0}{n}}{S_0}\times 100\%$$

式中：R ——债券的年投资收益率；

S_n——债券到期时的偿还金额或到期前出售的付款；

S_0——债券投资时购买债券的金额；

P ——债券年利息额；

n ——债券的持有期限（以年为单位）。

附息债券投资收益率也可以用下列公式计算：

$$R=\frac{M-S_0}{n\times S_0}\times 100\%$$

式中：M ——债券持有期间所取得的本利之和。

其他符号含义同上。

【例6－6】某企业于2020年10月1日购入面额为500元的附息债券50张，票面利率为年利率6%，以发行价格每张510元买入，到期日为2022年10月1日。要求计算该债券到期时的投资收益率。

$$R=\frac{500\times 50\times 6\%+(500\times 50-510\times 50)\div 2}{510\times 50}\times 100\%=4.9\%$$

2. 复利计息的附息债券投资收益率。当投资决策采用复利计息，并且考虑债券的利息收入和转让价差及再投资收益时，债券投资收益率的计算公式为：

$$R=\sqrt[n]{\frac{S_n+P\sum_{t=1}^{n}(1+i)^{t-1}}{S_0}}-1$$

式中：I—— 债券利息的再投资收益率，一般可用市场利率；

$\sum_{t=1}^{n}(1+i)^{t-1}$ ——年金终值系数；

$P\sum_{t=1}^{n}(1+i)^{t-1}$——债券利息年金终值。

其他符号的含义同前。

【例6－7】某企业于2020年10月1日以发行价格每张1 020元购入面额为1 000元的附息债券100张，票面利率为年利率10%，到期日为2022年10月1日。如果市场利率为年利率9%，要求用复利计息方法计算该债券的投资收益率。

$$R=\sqrt[n]{\frac{S_n+P\sum_{t=1}^{n}(1+i)^{t-1}}{S_0}}-1$$

$$=\sqrt{\frac{1\,000\times100+1\,000\times100\times10\%\times\sum_{t=1}^{2}(1+9\%)^{t-1}}{1\,020\times100}}-1$$

$$=8.87\%$$

从上述两个例题可知，采用单利与复利两种计算方法，计算出来的债券投资收益率是有差异的，但两年的差异并不大，期限越长，其差异越大。一般在进行债券投资决策时，最好采用复利计息方法计算债券投资收益率，因为这种方法考虑到了货币时间价值，特别当债券的投资期限较长时，债券利息的再投资收益就不能不加以考虑。

（二）贴现债券投资收益率

贴现债券是指券面上不附息票，发行时按规定的折扣率，以低于票面面值的价格折价发行，到期时按票面面值偿还本金的债券。这种债券无票面利率，发行价格与票面面值的差价就是债券的利息。贴现债券投资收益率也可以按单利和复利两种方法计算。

1. 单利计息的贴现债券投资收益率。贴现债券在债券持有期间无利息，只有在债券到期时或转让债券时能取得价差收益。在按单利计息时，贴现债券投资收益率的计算公式为：

$$R=\frac{S_n-S_0}{n\times S_0}\times100\%$$

公式中的符号含义同前。

【例6－8】某一投资者在债券发行时购买一张面值为1 000元，期限为2年的贴现债券，其发行价格为860元。要求按单利计息方法计算该债券的投资收益率。

根据上面的计算公式，该债券的投资收益率为

$$R=[(1\,000-860)\div(2\times860)]\times100\%=8.14\%$$

2. 复利计息的贴现债券投资收益率。在投资决策中，也可以按复利计息方法计算贴现债券投资收益率，尤其对于期限较长的贴现债券，一般都应采用这种方法。其计算公式为：

$$R=(\sqrt[n]{S_n\div S_0}-1)\times100\%$$

公式中符号含义同前。

【例6－9】如果上例中的债券采用复利计息方法，则其投资收益率可计算如下：

$$R=(\sqrt[n]{S_n\div S_0}-1)\times100\%$$

$$=(\sqrt{1\,000\div860}-1)\times100\%$$

$$=7.83\%$$

可见，采用复利计息方法计算的贴现债券投资收益率要比单利计息方法计算的投资收益率低一些。

四、债券投资的风险

进行债券投资与进行其他投资一样，在获得未来投资收益的同时，也要承担一定的风险。风险与报酬是对应的，高报酬意味着高风险，低报酬则意味着低风险。因此，风险与报酬的分析是债券投资（乃至所有投资）决策必须考虑的重要因素。债券投资要承担的风险主要有违约风险、利率风险、流动性风险、通货膨胀风险和汇率风险等。

（一）违约风险

违约风险是指债券的发行人不能履行合约规定的义务，无法按期支付利息和偿还本金而产生的风险。不同种类的债券违约风险是不同的。一般来讲，政府债券以国家财政为担保，一般不会违约，可以看作是无违约风险的债券；由于金融机构的规模较大并且信誉较好，其发行的债券的风险较政府债券高但又低于企业债券；工商企业的规模及信誉一般较金融机构差，因而其发行的债券的风险较大。形成违约风险的原因大致有以下几个：（1）政治、经济形势发生重大变化；（2）自然灾害或其他非常事故，如水灾、火灾、风灾等；（3）企业在竞争中失败，丧失生存和发展的机会；（4）企业经营不善，发生重大亏损；（5）企业资金调度失灵，缺乏足够的现金清偿到期债务。违约风险的大小，通常通过对债券的信用评级表现出来，高信用等级的债券违约风险要比低信用等级的债券小。由于在未来较长的期间内，企业的经营状况可能会发生变化，其债券的信用等级也会有所改变，因此投资者应密切关注今后的债券信用等级变化情况。

（二）利率风险

利率风险是指由于市场利率上升而引起的债券价格下跌，从而使投资者遭受损失的风险。债券的价格随着市场利率的变动而变动。一般来说，市场利率与债券价格成反比，市场利率上升，会引起债券市场价格下跌；市场利率下降，会引起债券市场价格上升。当金融市场上资金供大于求时，市场利率就会下降，当其下跌到低于债券利率时，将会导致债券价格上升；相反，当市场利率上升到高于债券利率时，投资者将转向更有利可图的投资机会，从而导致债券价格下跌。此外，债券利率风险与债券持有期限的长短密切相关，期限越长，利率风险也越大。因此，即使债券的利息收入是固定不变的，但因市场利率的变化，其投资收益也是不确定的。

（三）流动性风险

流动性风险是指债券持有人打算出售债券获取现金时，其所持债券不能按目前合理的市场价格在短期内出售而形成的风险，又称变现力风险。如果一种债券能在较短的时间内按市价大量出售，则说明这种债券的流动性较强，投资于这种债券所承担的流动性风险较小；反之，如果一种债券按市价卖出很困难，则说明其流动性较差，投资者会因此而遭受损失。一般来说，政府债券以及一些著名的大公司债券的流动性较高，而不为人们所了解的小公司的债券的流动性就较差。

（四）通货膨胀风险

通货膨胀风险又称购买力风险，是指由于通货膨胀而使债券到期或出售时所获得的现金的购买力减少的风险。在通货膨胀比较严重时期，通货膨胀风险对债券投资者的影响比较大，因为投资于债券只能得到一笔固定的利息收益，而由于货币贬值，这笔现金收入的购买力会下降。一般而言，在通货膨胀情况下，固定收益证券要比变动收益证券承受更大的通货膨胀风险，因此普通股票被认为比公司债券和其他有固定收益的证券能更好地避免通货膨胀风险。

（五）汇率风险

汇率风险是指由于外汇汇率的变动而给外币债券的投资者带来的风险。当投资者购买了某种外币债券时，本国货币与该外币的汇率变动会使投资者难以确定未来的本位币收入。如果在债券到期时，该外币贬值，就会使投资者遭受损失。

五、债券投资决策

债券投资的决策是一个非常复杂的问题，对于投资者来说又是十分重要的。债券投资的决策应在上述分析的基础上，进行进一步经济分析后做出。本部分主要进行以下分析。

（一）基本分析

这是对影响债券价格的各种基本因素（如经济增长、利率水平、通货膨胀、企业财务状况等）进行分析。因为一个公司未来的发展前景实际上是由这些基本因素所决定的。基本分析既包括对宏观经济形势（如经济增长、经济周期、利率水平、通货膨胀、货币金融政策、财政政策、产业政策等）进行的分析，也包括对公司财务状况（如资产结构、偿债能力、盈利能力等）进行的分析。宏观经济形势对整个证券市场都会产生影响，它主要是影响证券市场的基本走势，因此对宏观经济形势的基本方面进行分析，有利于从战略上把握债券投资的方向。在宏观经济形势已经确定的情况下，对公司财务状况的分析就更加重要。公司分析主要应对公司的财务状况和公司的经营状况进行分析。对公司财务状况的分析主要是通过公司定期公布的财务报告进行；对公司经营状况的分析主要了解公司的内部管理是否有效率、公司的商品和劳务的销售情况、市场占有率、产品的寿命周期、公司的投资计划、公司未来新的利润增长点、公司的发展前景等。

（二）技术分析

这是运用数学和逻辑的方法，通过对证券市场过去和现在的市场行为进行分析，从而预测证券市场上债券的未来变化趋势。技术分析是在证券市场上广泛使用的一种分析方法，是长期以来证券投资者进行证券投资的经验总结。技术分析对证券投资是大有裨益的，作为一个证券投资者，有必要熟练掌握技术分析的基本方法。

在上述综合分析的基础上，投资者就能做出是否进行某种债券投资的决策。

第三节 股 票 投 资

股票是股份公司为了筹集自有资金而发行的代表所有权的有价证券。购买股票是企业投资的一种重要方式。股票投资的目的主要有两种：一是获利，即作为一般的证券投资，获取股利收入及股票买卖差价；二是控股，即利用购买某一企业的大量股票达到控制该企业的目的。股票投资相对于债券投资风险更大。

一、股票投资的特点

股票投资和债券投资都属于证券投资。证券投资与其他投资相比，总的说来，具有高风险、高收益、易于变现的特点。但股票投资而言，又具有以下特点。

（一）股票投资与债券投资虽然都是证券投资，但投资的性质不同

股票投资属于股权性投资，股票是代表所有权的凭证，持有人作为发行公司的股东，有权参与公司的经营决策；而债券投资属于债权性投资，债券是代表债权债务的凭证，持有人作为发行公司的债权人，可以定期获取利息，但无权参与公司经营决策。

（二）股票投资的风险大

投资者购买股票之后，不能要求股份公司偿还本金，只能在证券市场上转让。因此，股票投资者至少面临两方面的风险：一是股票发行公司经营不善所形成的风险。如果公司经营状况较好，盈利能力强，则股票投资者的收益就多；如果公司的经营状况不佳，发生了亏损，就可能没有收益；如果公司破产，由于股东的求偿权位于债权人之后，因此，股东可能部分甚至全部不能收回投资。二是股票市场价格变动所形成的价差损失风险。股票价格的高低，除了取决于公司经营状况外，还受政治、经济、社会等多种因素的影响，因而股票价格经常处于变动之中，其变动幅度往往高于债券价格的变动幅度。股票价格的变动既能为股东带来价格上升的收益，也会带来价格下跌的损失。

（三）股票投资的收益高

由于投资的高风险性，股票作为一种收益不固定的证券，其收益一般高于债券。股票投资收益的高低，取决于公司的盈利水平和整体经济环境的好坏。当公司经营状况好、盈利水平高而社会经济发展繁荣稳定时，股东既可以从发行公司领取高额股利，又可因股票升值而获取转让收益。

（四）股票投资的收益不稳定

股票投资的收益主要是公司发放的股利和股票转让的价差收益，相对债券而言，其稳定性较差。股票股利直接与公司的经营状况相关，公司盈利多，就可能多发放股利，公司的盈利少，就可能少发或不发股利；股票转让的价差收益主要取决于股票市场的行情，股市行情好，出售股票就可以得到较大的价差收益，股市低迷时，出售股票将会遭受损失。

（五）股票价格的波动性大

股票价格既受发行公司经营状况影响，又受股市投机等因素的影响，波动性极大。这就决定了不宜冒险的资金最好不要用于股票投资，而应选择风险较小的债券投资。

二、股票价格的确定

股票价格的确定实际是对股票投资价值进行的评估。由于股票价格受多种因素的影响，而其中公司的内在品质，如公司的财务状况、盈利能力、成长性等，对股票价格有举足轻重的作用。因此，实务中形成了以下几种常用的股票估价方法。

（一）长期持有股票、股利稳定不变的股票估价模型

股票价格的高低，同债券价格一样，取决于股祟持有期间的现金流量的现值。对于长期持有某种股票的股东来说，从发行公司取得的现金流量，就是无休止的股利。因此，股票的价格就是永续股利年金的现值之和。

于是，股票价格的估价模型可表述为：

$$V=\frac{d}{K}$$

式中：V——股票现在价格；

d——每年固定股利；

K——投资人要求的收益率。

【例6－10】某企业购入一种股票准备长期持有，预计每年股利4元，预期收益率为10%，则该种股票的价格为：

$$V=4\div 10\%=40\text{（元）}$$

（二）长期持有股票、股利固定增长的股票估计模型

发行公司如果经营状况很好，则其股利分派一般呈现逐年增长的状态。这种股票的估价就比较困难，只能计算近似值。

假设某公司最近一年支付的股利为 d_0，预期股利增长率为 g，则有：

$$V=\frac{d_0\ (1+g)}{K-g}$$

$$=\frac{d_1}{K-g}$$

将上述公式进行转换，可计算出预期收益率为：

$$K=\frac{d_1}{V}+g$$

式中 d_1 为第 1 年的股利。

【例6－11】A 公司准备投资购买 H 公司的股票，该股票上年每股股利为 4.8 元，预计以后每年以 5% 的增长率增长，A 公司经分析后，认为必须得到 10% 的报酬率，才能购买 H 公司的股票，则该种股票的价格应为：

$V = 4.8 \div (10\% - 5\%) = 96$（元）

即 H 公司的股票价格在 96 元以下时 A 公司才能购买。

【例 6－12】如果 A 公司以 80 元的价格购买 H 公司的股票，预期股利为每股 4.8 元，股利每年以 5% 的速度递增，则预期收益率为：

$K = (4.8 \div 80) + 5\% = 11\%$

（三）短期持有股票、未来准备出售的股票估价模型

在现实生活中，大部分投资者并不准备永久持有某种股票，而是准备在持有一段时期后再转让出售，他们不仅希望得到股利收入，还希望在未来出售股票时从股票价格的上涨中获得好处。于是，投资者获得的未来现金流量就包括两个部分：股利和股票转让收入。这时，股票价格的计算公式为：

$$V = \sum_{t=1}^{n} \frac{d_t}{(1+K)^n} + \frac{V_n}{(1+K)^n}$$

式中：V_n——未来出售时预计的股票价格；

d_t——第 t 期的预期股利；

n ——预计持有股票的期数。

【例 6－13】某公司拟购买 Z 公司发行的股票，预计 4 年后出售可得收入 2 500 元，该批股票在 4 年中每年可得股利收入 150 元，该股票预期收益率为 16%，则其价格为：

$$V = \sum_{t=1}^{4} \frac{150}{(1+16\%)^4} + \frac{2\,500}{(1+16\%)^4}$$

$$= 150 \times 2.798 + 2\,500 \times 0.552$$

$$= 1\,799.70 \text{（元）}$$

从以上的计算可以看出，股票估价的关键在于确定一个能把风险因素考虑在内的、合适的收益率。为此，必须对股票投资的风险有足够的估量。

三、股票投资的收益

投资者进行股票投资的目的最终是取得投资收益。投资收益因发行公司的未来获利状况和股价变动情况而变动，投资收益的计算必须考虑上述因素的影响。

（一）不考虑时间价值因素时的长期股票投资收益率

计算股票投资收益必须将股价与收益结合起来进行衡量，如果不考虑时间价值因素，则长期股票投资收益率可以采用下面的公式进行计算：

$$R = \frac{A + S_1 + S_2 + S_3}{P} \times 100\%$$

式中：R——股票投资收益率；

P——股票购买价格；

A——每年收到的股利；

S_1——股价上涨的收益；

S_2——新股认购收益；

S_3——公司无偿增资收益。

【例6－14】某公司于2015年年初以每股1.5元的价格购入10 000股面值1元的B公司股票，该股票每年每股分派股利0.25元。由于B公司经营效益好，该公司股票价格每年上涨8%，则截至2018年年底，该批股票的投资收益率为：

$$R = \frac{10\,000 \times 0.25 + 10\,000 \times 1.5 \times [(1+8\%)^4 - 1]}{10\,000 \times 1.5} \times 100\%$$

$$= \frac{2\,500 + 10\,000 \times 1.5 \times (1.360 - 1)}{15\,000} \times 100\%$$

$$= 52.67\%$$

这个指标表明了投资某一种股票所取得的综合收益，很显然，该指标越高，说明股票投资的收益越好。

（二）考虑时间价值因素时的长期股票投资收益率

如果考虑时间价值因素，长期股票投资收益率应为该股票投资净现值为零时的折现率（即内部收益率）。在各年股利不等的情况下，其基本计算公式为：

$$V = \sum_{j=1}^{n} \frac{D_j}{(1+i)^j} + \frac{F}{(1+i)^n}$$

式中：V——股票的购买价格；

F——股票的出售价格；

D_j——第j年股利；

n——投资期限；

i　股票投资收益率。

【例6－15】中盛公司于2013年2月1日以每股3.2元的价格购入H公司股票500万股，2014年、2015年、2016年分别分派现金股利每股0.25元、0.32元、0.45元，并于2016年4月2日以每股3.5元的价格售出，要求计算该项投资的收益。

首先，采用测试法进行测试，见表6－1。

表6－1　　测试表　　单位：万元

时间	股利及出售股票的现金流量	测试		测试		测试	
		系数10%	现值	系数12%	现 值	系数14%	现 值
2013年	－1 600	1.000	－1 600	1.000	－1 600	1.000	－1 600
2014年	125	0.909	113.625	0.893	111.625	0.877	109.625
2015年	160	0.826	132.160	0.797	127.520	0.769	123.040
2016年	1 975	0.751	1 483.225	0.712	1 406.2	0.657	1 333.125
净现值	—		129.010		45.345		－34.210

然后，采用插值法计算投资收益率。由于折现率12%时净现值为45.345万元，折现率14%时净现值为－34.210万元，因此，该股票投资收益率必然介于12%～14%。这时，可以采用插值法计算投资收益率：

$$\left.\begin{matrix}\left.\begin{matrix}12\% \\ ?\%\end{matrix}\right\} x\% \\ 14\%\end{matrix}\right\} \qquad \left.\begin{matrix}\left.\begin{matrix}45.345 \\ 0\end{matrix}\right\} 45.345 \\ -34.21\end{matrix}\right\} 79.555$$

$$\frac{x\%}{2\%} = \frac{45.345}{79.555}$$

$$x\% = 1.14\%$$

于是，该项投资收益率 = 12% + 1.14% = 13.14%。

（三）短期股票投资收益率

短期股票投资一般持有期间比较短，因而其收益率的计算通常不考虑时间价值因素，其基本计算公式为：

$$R = \frac{S_1 - S_0 + P}{S_0} \times 100\%$$

式中：R——股票投资收益率；

S_1——股票出售价格；

S_0——股票购买价格；

P——股票股利。

【例 6－16】某公司于 2020 年 10 月 1 日以每股 85 元的价格购买 A 公司股票共计 85 000 元，2021 年 2 月该公司每股获现金股利 5.4 元；2021 年 3 月 5 日，该公司以每股 98 元的价格将 A 公司股票全部售出。则该批股票的投资收益率为：

$$R = \frac{98 \times 1\,000 - 85\,000 + 5.4 \times 1\,000}{85\,000} \times 100\% = 21.65\%$$

四、股票投资的风险

股票投资是一种高收益、高风险的投资，在各种对外投资中，普通股股票的投资风险最高。股票投资的风险，包括流动性风险、购买力风险、利率风险，还有经营风险、市场风险、经济风险等。这些风险从总体上看，可以分为不可避免风险和可避免风险。

前已述及，不可避免风险，又称非偶然性风险、不可分散风险。它是指由于某些因素给证券市场上所有证券造成经济损失的可能性，主要是由国内外政治经济形势发生变化引起证券市场波动而形成的，因而是企业自身不能抵御或回避的。如国家信贷政策的调整、通货膨胀的发生、国家进入紧急状态等，都会对各个投资公司和股票发行公司产生影响。可避免风险，又称偶然性风险、可分散风险。它是指由于某些因素给证券市场上单个证券造成经济损失的可能性，如经营亏损、财务困难、破产倒闭等。

从股票发行公司来说，要通过加强管理，改善经营来避免可避免风险，对股票持有人来说，则要通过多角化投资和有效投资组合来分散可避免风险。由于可避免风险是不同发行公司所特有的风险，与影响一切证券的非偶然因素（如政治、经济形势引起的变化）无关，而与公司经营状况的好坏、市场竞争对手的变化、可替代产品的冲击、企业经营方式的改变等有密切关系。为此，投资公司如能持有多种股票，将能减少偶然性风险。按照西方财务管理的经验，投资者只要持有 10～15 种股票，就能减少一大部分可避免风险。如果股票投资组合合理，可避免风险甚至可以减少到零。

五、股票投资决策

此种决策分析主要有定性分析和定量分析两个方面。定性分析的内容包括经济形势、宏观经济政策、产业或行业特点、企业经营状况、财务状况，竞争能力等。定量分析主要是对资产负债表、损益表、现金流量表等进行比率分析，考察投资的安全性及投资收益。

（一）投资规模与投资时机的选择

企业在进行股票投资的可行性分析以后，就应确定股票投资规模即购买股票的数额。投资规模的确定主要根据企业自身财力、股票价格变化和整个企业的投资组合，投资规模也与投资时机密切相关，投资机会好时，可以多购买股票，以抓住时机，取得较大的投资收益。选择投资时机主要看股市行情变化。影响股市价格的因素很多，一般有经济因素和政治因素。经济因素如经济发展状况、主要产业部门的发展趋势、物价指数、失业率、利息率等；政治因素如政权的变动、政府的政策尤其是金融政策、外交、法令等。

（二）投资方法的选择

确定了购买何种股票，购买数额和时机以后，就应该确定购买方法；投资者选择正确的投资方法，可以减少风险，提高收益，股票投资方法主要有以下几种：

1. 三分法和两分法。这两种方法都是确定投资组合的比例关系。三分法是三分之一的资金用于股票投资，三分之一用于存款或风险较小、收益稳定的证券，另三分之一用于不动产投资，两分法是将存款和有确定收益的证券为一组、股票为另一组，实行两分制。

2. 定式法。这种方法有许多，主要是将资金划分为攻势资金和守势资金两个部分，前者收益高而风险大，后者权益低而风险小。这种投资方法可以减少投资风险，也能取得满意的收益，一般称作科学化投资法。常见的定式法有金额平均法、尺度法、定率法、变率法、定额法等。

3. 均损法。这是一种平均损失或风险的方法。先购进一定数量的股票，如果这种股票价格下跌时，再购进一定数量。这种方法只适用于行情向下的情况。

4. 三成（30%）涨跌法。这种方法是根据“行情平均按三成循环涨跌”的经验而产生的，不论股价上升或下降，只要上下幅度达到30%时，就卖出或买进。

六、证券投资组合

人们进行证券投资的直接动机就是获得投资收益，所以投资决策的目标就是使投资收益最大化。投资收益受许多不确定性因素影响，投资者在作投资决策时，只能根据经验和所掌握的资料对未来的收益进行估计。因为不确定性因素的存在，有可能使将来得到的投资收益偏离原来的预期，甚至可能发生亏损，这就是证券投资的风险。因此，人们在进行证券投资时，总是希望尽可能减少风险，增加收益。

证券投资组合理论旨在探索如何通过有效的方法来消除投资风险。投资者进行证券的组合投资，是为了分散掉可避免风险。实践证明，只要科学地选择足够多的证券进行组合投资，就能基本分散掉大部分可避免风险。简而言之，就是不要把全部资金都投资于某一种证券，而应根据各种证券的具体情况和投资者本人对收益与风险的偏好，来选择若干种最理想的证券作为投资对象，形成一个投资组合。

（一）证券投资组合的策略

证券投资组合策略是投资者根据市场上各种证券的具体情况以及投资者对风险的偏好与承担能力，选择相应证券进行组合时所采用的方针。常见的证券投资组合策略有以下几种。

1. 保守的投资组合策略。该组合策略要求尽量模拟证券市场现状（无论是证券种类还是各证券的比重）。将尽可能多的证券包括进来，以便分散掉全部可避免风险，从而得到与市场平均报酬率相同的投资报酬率。这种投资组合是一种比较典型的保守型投资组合策略，其所承担的风险与市场平均风险相近。保守型投资组合策略基本上能分散掉可避免风险，但所得到的收益也不会高于证券市场的平均收益。

2. 冒险的投资组合策略。该组合策略要求尽可能多地选择一些成长性较好的股票，而少选择低风险低报酬的股票，这样就可以使投资组合的收益高于证券市场的平均收益。这种组合的收益高，风险也高于证券市场的平均风险。采用这种投资组合，如果做得好，可以取得远超过市场平均报酬的投资收益，但如果失败，会发生较大的损失。

3. 适中的投资组合策略。该组合策略认为股票的价格主要由企业的经营业绩决定，只要企业的经济效益好，股票的价格终究会体现其优良的业绩。所以在进行股票投资时，要全面深入地进行证券投资分析，选择一些品质优良的股票组成投资组合，如果做得好，就可以获得较高的投资收益，而又不会承担太大的投资风险。

（二）证券投资组合的具体方法

证券投资是一个充满风险的投资领域，由于风险的复杂性和多样性，投资者进行投资时必须防范风险。没有风险的证券投资是不存在的，而防范风险的最有效方法就是进行证券投资组合，以分散全部可避免风险。常用的证券投资组合方法主要有以下几种。

1. 投资组合的三分法。比较流行的投资组合三分法是：三分之一的资金存入银行以备不时之需；三分之一的资金投资于债券、股票等有价证券；三分之一的资金投资于房地产等不动产。同样，投资于有价证券的资金也要进行三分，即三分之一投资于风险较大的有发展前景的成长性股票，三分之一投资于安全性较高的债券或优先股等有价证券，三分之一投资于中等风险的有价证券。

2. 按风险等级和报酬高低进行投资组合。证券的风险大小可以分为不同的等级，收益也有高低之分。投资者可以测定出自己期望的投资收益率和所能承担的风险程度，然后，在市场中选择相应风险和收益的证券作为投资组合，一般来说，在选择证券进行投资组合时，同等风险的证券，应尽可能选择报酬高的；同等报酬的证券，应尽可能选择风险低的；并且要选择一些风险呈负相关的证券进行投资组合。

3. 选择不同的行业、区域和市场的证券作为投资组合。这种投资组合的做法是：

（1）尽可能选择足够数量的证券进行投资组合，这样可以分散掉大部分可分散风险。根据投资专家的估算，在美国纽约证券市场上随机地购买40种股票，就可以分散掉大部分可分散风险。

（2）选择证券的行业也应分散，不可集中投资于同一个行业的证券。这是为了避免某个行业的不景气，而使投资遭受重大损失。

（3）选择证券的区域也应尽可能分散，这是为了避免因某个地区市场衰退而使投资遭受重大损失。

（4）将资金分散投资与不同的证券市场，这样可以防范同一证券市场的可分散风险。因为不同证券市场具有较大的独立性，即使在同一个国家，有时也可能一个市场强、一个市场弱。如在我国，深圳证券市场和上海证券市场有时就表现为一强一弱，同时在这两个证券市场上进行证券投资可以降低投资风险。

4. 选择不同期限的投资进行组合。这种投资组合要求投资者根据未来的现金流量来安排各种不同投资期限的证券，进行长、中、短期相结合的投资组合。同时，投资者可以根据可用资金的期限来安排投资，长期不用的资金可以进行长期投资，以获取较大的投资收益，近期就可能要使用的资金，最好投资于风险较小、易于变现的有价证券。

思考题

1. 什么是证券？证券的分类方法有几种？
2. 证券投资的目的是什么？特点又是什么？
3. 证券投资的风险水平如何确定？
4. 证券投资收益包括哪些内容？常用的有几种表示方法？各自的公式又是什么？
5. 证券投资的程序是什么？
6. 债券投资的特点是什么？如何确定债券价格？
7. 债券投资收益的计算方式如何进行？
8. 债券投资的风险有哪些？
9. 股票投资的特点是什么？常用的股票估价方法有哪些？
10. 股票投资的收益如何计算？
11. 证券投资组合的策略有几种？
12. 企业对外直接投资的方式通常有哪些类型？

练习题

1. A公司于2021年1月1日以120元的价格购买了B公司于2020年发行的面值为100元、利率为10%、每年1月1日支付一次利息的10年期公司债券，持有到2026年1月1日，以140元的价格卖出，计算持有期收益率。

2. A公司于2021年1月1日以102元的价格购买了面值为100元、利率为10%、每年1月1日支付一次利息的2017年发行五年期国库券，持有到2022年1月1日到期，试计算到期收益率。

3. D公司于2021年1月1日以1 010元价格购买了P公司于2018年1月1日发行的面值为1 000元、票面利率为10%的5年期债券。要求：

（1）如果债券为一次还本付息，计算其到期收益率。

（2）如果该债券为分期付息、每年支付一次利息，计算其到期收益率。

4. 某债券面值为 1 000 元，票面利率为 10%，期限为 5 年，某企业要对这种债券进行投资，当前的市场利率为 12%，问债券价格为多少时才能进行投资？

5. 某企业拟购买另一家企业发行的利随本清的企业债券，该债券面值为 1 000 元，期限 5 年，票面利率为 10%，不计复利、当前市场利率为 8%，该债券发行价格为多少时，企业才能购买？

6. 某债券面值为 1 000 元，期限为 5 年，以折现方式发行，期内不计利息，到期按面值偿还，当时市场利率为 8%，其价格为多少时，企业才能购买？

7. 胜周公司在2013 年4 月1 日投资510 万元购买某种股票100 万股，在2014 年、2015 年和2016 年的3 月31 日每股各分得现金股利 0.5 元，0.6 元和 0.8 元，并于2019 年3 月31 日以每股 6 元的价格将股票全部售。试计算该项投资的投资收益率。

8. 希望公司准备投资购买 K 公司的股票，该股票上年每股股利为 2 元，预计以后每年以 4% 的增长率增长，希望公司经分析后，认为必须得到 10% 的报酬率，才能购买 K 公司的股票，计算该股票的内在价值。

综合案例

牛顿的炒股教训和巴菲特的选股经验

一、牛顿的炒股经历

1711 年，为攫取蕴藏在南美东部海岸的巨大财富，有着英国政府背景的英国南海公司成立，并发行了最早的一批股票。当时的英国，经济发展迅速，公众储蓄不断膨胀，大量社会闲散资金正在迫切寻找出口，投资机会却相应不足。在这种情况下，南海公司的股票理所当然地吸引了很多投资者的目光。然而，事实上南海公司的业绩并不好，只是不死不活地撑着，股票也没多大起伏。

为了改变这种状况，从 1720 年开始，南海公司向政府官员大量行贿，获得了 3 100 万英镑英国国债的包销权，其股票价格也迅速由之前的每股 130 英镑涨到了每股 300 英镑。英国社会的各个阶层如饮狂泉，争相购买南海公司的股票，出现了万众追捧的局面。

牛顿就是在这时“杀入”股市的。当时他手头有一些余钱，加上一些个人积蓄，他投入约 7 000 英镑购买了南海公司的股票。很快他的股票就涨起来了，不过通过计算，他觉得南海股票已经达到峰值了。于是他见好就收，出清了所有的股票。以原始成本计算，投资回报率正好一倍，挣了 7 000 英镑。牛顿曾做过英格兰皇家造币厂厂长的高薪职位，年薪也不过 2 000 英镑。可是牛顿没想到，他撤出后，南海股票依然疯涨，很快涨到了每股 800 英镑。按道理说，在这种疯狂的情形下，牛顿理应坚持他一贯的理性，遗憾的是，经过“深思熟虑”，牛顿竟然决定加大投入，在股市接近最高点时，重回“牛”市。

股市的“泡泡”越吹越大，为抑制市场过度投机，1720 年 6 月英国议会通过了《泡沫法案》，强行“挤泡”。于是，许多股份公司立刻灰飞烟灭，公众开始清醒过来，都把怀疑的目光聚焦到南海公司身上。随着外国投资者大量抛售南海股票，国内投资者也纷纷跟进，南海股价很快一落千丈，牛顿也因此损失 2 万英镑。

事后，牛顿说了一句话：“我可以算出天体的运行轨迹，却无法计算出人性的疯狂。”智商高达 190 的牛顿以其实战炒股经历告诉我们 5 个字：投资需谨慎！

二、巴菲特的选股思路

伯克希尔哈撒韦总裁巴菲特可能是我们身处的时代之中，最受景仰的投资者。1965 ~ 2020 年，他管理的伯克希尔哈撒韦公司年复合回报率高达 20.3%，是基准标普 500 指数的两倍。那么被称为“股神”的巴菲特在选股方面有哪些高招呢？

1. 挑选价值股。

巴菲特认为，企业的内在价值是股票价格的基础，如果一家企业具有良好的前景和较高的成长性，那么随着企业内在价值的提高，其股票价格最终会反映它的价值。他曾说：“我们的投资将以股票的内在价值而不是热门作为投资的选择标准。”

巴菲特常用投资收益率指标衡量企业的内在投资价值。一个上市公司的获利能力再强、成长性再好，那也是它自身价值的体现。买进这些公司的股票并长期持有后，如果不能依靠企业的获利给投资者带来丰厚的收益，就不是一个具有投资价值的股票。

2. 选择安全的股票。

巴菲特指出：“以具有吸引力的价格买到有吸引力的股票是我们的股票投资策略持续有效的前提。对投资人来说，如果支付了过高的价格买入一家即便是优秀公司的股票时，也将抵消这家企业未来 10 年所创造的价值。”这就是说，忽视安全边际，即使买入优秀企业的股票，也会因买价过高而难以盈利。

巴菲特之所以非常强调安全边际原则，其根本原因在于影响股票市场价格和公司经营的因素过于庞杂，而人的预测能力又是非常有限的，不可避免会出现预测失误。有了较大的安全边际后，即使我们对公司价值的评估有一定误差，市场价格也会在较长时间内仍低于价值，也不会妨碍我们投资资本的安全性以及保证我们获得最低限度的报酬，这就是安全边际原则的精髓所在。

3. 选择自己熟悉的股票。

巴菲特只愿意投资熟悉的公司，从不购买不熟悉的股票。对于那些财务状况、经营状况、管理人员的基本情况等都不了解、不熟悉的公司即便被媒体宣传得天花乱坠，巴菲特也不会去投资。巴菲特常说：“投资必须坚持理性的原则，如果你不了解它，就不要投资。”他认为，一个人的精力总是有限的，股市上的股票数以千计，不同的企业从事着不同的业务，我们不可能对这些业务都熟悉和了解。不如将我们有限的时间和精力集中到我们熟悉的企业上，尽可能多地了解这些企业的情况，这样才更有利于我们的投资决策。

4. 更加重视企业而不是股价。

更加重视企业内在价值而不是股价波动是巴菲特选股的重要习惯之一。巴菲特认为，投资人和企业家应该以相同的方法来调研一家公司，因为实际上他们购买的东西是相同的，区别只是在于企业家买下的是整个公司，而投资人通过购买股票得到公司的一部分。如果你问一个企业家，当他购买一家公司的时候，他最想知道的是什么，答案经常是：“这家企业能产生多少现金流。”而大多数的投资人更愿意耗费大量的时间和精力来观察和预测股票价格，不愿花少量时间去了解他们手中持股公司的实际经营状况。

思考：

1. 什么是“投资”？什么是“投机”？
2. 牛顿炒股为什么会先赚后赔？巴菲特为什么会比一般投资者获取更高的收益？
3. 你认为股市中怎样才能做到理性投资？

第七章

流动资产管理

【学习目标】

通过本章学习，应当了解并掌握：

[1] 理解营运资金投资的定义及其特点；

[2] 掌握流动资产的概念及分类；

[3] 掌握现金管理的目的及最佳现金余额的测定；

[4] 掌握应收账款的管理方法及收账政策的制定；

[5] 掌握存货管理的方法和存货经济订货量的确定方法。

营运资本因其较强的流动性而成为企业日常生产经营活动的润滑剂和基础，在客观存在现金流入量与流出量不同步和不确定的现实情况下，企业持有一定量营运资本十分重要。营运资本是流动资产与流动负债的差额，有关流动负债管理的内容已在本书第三章中述及，本章重点介绍流动资产的管理。

“现金流之于公司，犹如氧气之于人体一样。”失去了立命之本，再精妙的管理方案也会付诸东流。现金流决定公司兴衰成败，也反映公司的本质，一味盲目地叫嚣公司利润几何、资产几许，而忽视现金管理的公司，终究逃不过一个命运，即凯恩斯所谓的“最后我们都会死去”。客户是企业最大的资产，是“上帝”，为了吸引客户、扩大销售、提高市场竞争力，公司往往采取信用销售，应收账款是公司营业活动中信用销售的产物。然而如果客户拖欠账款，销售人员催收不力，就会使应收账款长期滞留在资产负债表上成本为呆账、坏账，导致公司出现经营性资金断流，使原本单薄的利润被更加严重地侵蚀。为了不使“上帝”变成企业的最终“杀手”，公司必须进行信用管理，恰当的信用周期会将账款源源不断地转化为现金，为公司的持续发展输送血液。与应收账款一样，存货能否及时变现也会影响到公司现金流的稳定，对公司存货进行科学管理和控制可以加快现金回收速度。

通过本章学习，可以了解公司持有现金的主要目的，掌握目标现金余额的确定方法，理解公司现金流量的日常管理；掌握公司信用政策的分析和决策方法，熟悉应收账款的全程信用管理模式；掌握公司存货控制方法，熟悉存货成本的类型。

第一节　营运资本的含义及特点

一、营运资本的含义

营运资本又称营运资金，是指流动资产减去流动负债后的余额。这里所说的流动资产是指可以在一年或者超过一年的一个营业周期内变现或耗用的资产，主要包括现金、有价证券、应收账款和存货等。这里所说的流动负债是指将在一年或者超过一年的一个营业周期内必须清偿的债务，主要包括短期借款、应付账款、应付票据、预收账款、其他应付款等。

企业应控制营运资本的持有数量，既要防止营运资本不足，也要避免营运资本过多。这是因为企业营运资本越大，风险越小，但收益率也越低；相反，营运资本越小，风险越大，但收益率也越高。企业需要在风险和收益之间进行权衡，从而将营运资本的数量控制在一定范围之内。

二、营运资本的特点

营运资本的特点需要从流动资产和流动负债两个方面予以说明。

（一）流动资产的特点

流动资产投资又称经营性投资，与固定资产投资相比，有投资回收期短、流动性强、并存性等特点，具体内容将在第二节流动资产概述中进行详细阐述。

（二）流动负债的特点

与长期负债筹资相比，流动负债筹资具有如下特点：

1. 速度快。申请短期借款往往比申请长期借款更容易、更便捷，通常在较短时间内便可获得。长期借款的借贷时间长，贷方风险大，贷款人需要对企业的财务状况评估后方能做出决定。因此，当企业急需资金时，往往首先寻求短期借款。

2. 弹性大。与长期债务相比，短期贷款给债务人更大的灵活性。长期债务债权人为了保护自己的利益，往往要在债务契约中对债务人的行为加以种种限制。而短期借款契约中的限制条款比较少，使企业有更大的行动自由。而短期借款契约中的限制条款比较少，使企业有更大的行动自由。对于季节性企业，短期借款比长期借款具有更大的灵活性。

3. 成本低。在正常情况下，短期负债筹资所发生的利息支出低于长期负债筹资的利息支出。而某些“自然融资（如应交税费、应计费用等）”则没有利息负担。

4. 风险大。尽管短期债务的成本低于长期债务，但其风险却大于长期债务。这主要表现在两个方面：一方面，长期债务的利息相对比较稳定，即在相当长一段时间内保持不变。而短期债务的借款利率则随市场利率的变化而变化，时高时低，使企业难以适应；另一方面，如果企业过多筹措短期债务，当债务到期时，企业不得不在短期内筹措大量资金还债，这极易导致企业财务状况恶化，甚至会因无法及时还债而破产。

本章重点介绍流动资产的管理。

第二节　流动资产概述

一、流动资产的概念及流动资产投资的特点

（一）流动资产的概念和组成

流动资产是指企业可以在一年内或超过一年的一个营业周期内变现或者运用的资产，属于生产经营过程中短期置存的资产，是企业资产的重要组成部分。

流动资产在企业的再生产过程中以各种不同的形态同时存在，这些不同的存在形态就是流动资产的组成内容。其具体项目包括：

1. 货币资金。它是指企业在再生产过程中由于种种原因而持有的、停留在货币形态的资金，包括库存现金、银行存款和其他货币资金。

2. 应收及预付款项。它是指在商业信用条件下企业延期收回和预先支付的款项，如应收票据、应收账款、其他应收款、预付账款、待摊费用等。

3. 存货。它是指企业在再生产过程中为销售或者耗用而储备的物资，包括原材料、燃料、包装物及低值易耗品、修理用备件、在产品、自制半成品、产成品、外购商品等。

4. 短期投资。它是指各种能够随时变现、持有时间不超过一年的有价证券以及不超过一年的其他投资，如各种短期债券、股票等。

现以工业企业为例，将流动资产的组成项目列示如图 7－1 所示。

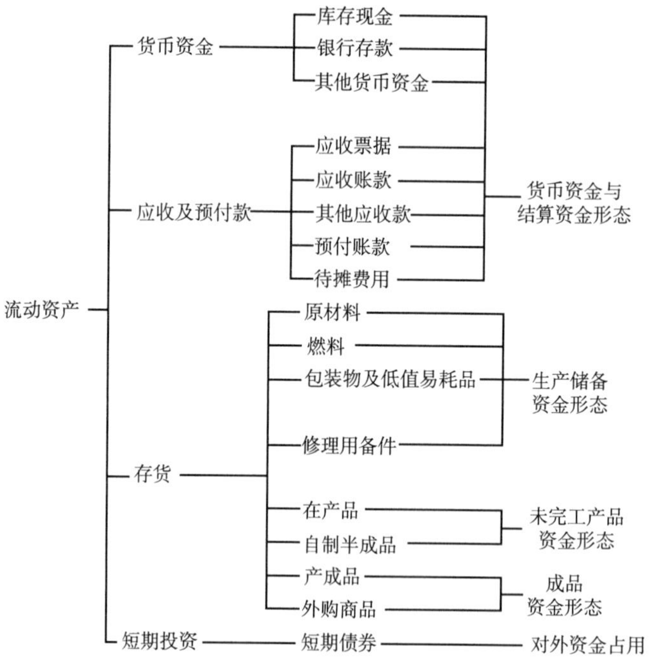

图 7－1　流动资产组成项目

（二）流动资产投资的特点

流动资产投资又称经营性投资，通常具有如下特点：

1. 回收时间较短。企业投资在流动资产上的资金，周转一次所需时间较短，通常会在一年或一个营业周期以内收回，对企业影响的时间比较短。根据这一特点，流动资产投资中所需要的资金可用商业信用、银行短期借款等筹资方式来加以解决。

2. 变现能力较强。短期投资、应收账款、存货等流动资产一般具有较强的变现能力，如果遇到意外情况，企业出现资金周转不灵、现金短缺时，便可迅速变卖这些资产，以获取现金。这对财务上应付临时性资金需求具有重要意义。

3. 流动性强。在循环周转的过程中，经过供产销三个阶段，其占用形态不断变化，即按“现金→材料→在产品→产成品→应收账款→现金”的顺序转化。这种转化循环往复，川流不息。流动资产的流动性与其变现能力相关，如遇意外情况，可迅速变卖流动资产，以获取现金。这对于财务上满足临时性资金需求具有重要意义。

4. 具有并存性。在流动资产的周转过程中，每天不断有资金流入，也有资金流出，流入和流出总要占用一定的时间，从供产销的某一瞬间看，各种不同形态的流动资产同时存在。因此合理地配置流动资产各项目的比例，是保证流动资产得以顺利周转的必要条件。

5. 数量波动很大。流动资产的数量会随企业内外条件的变化而变化，时高时低，波动性大。季节性企业如此，非季节性企业也如此。随着流动资产数量的变动，流动负债的数量也会相应发生变动。

6. 占用形态经常变动。企业流动资产的占用形态是经常变化的，一般在现金、材料、在产品、产成品、应收账款、现金之间顺序变化。企业筹集的资金，一般都以现金的形式存在；为了保证生产经营的正常进行，必须拿出一部分现金去采购材料，这样，有一部分现金转化为材料；材料投入生产后，便形成在产品或自制半成品；当产品进一步加工完成后，就成为准备出售的产成品；产成品经过出售，有的可直接获取现金，有的则因赊销而形成应收账款；经过一定时期以后，应收账款通过收现又转化为现金。总之，流动资产每次循环都要经过采购、生产、销售过程，并表现为现金、材料、在产品、产成品、应收账款等具体形态。为此，在进行流动资产投资时，必须在各项流动资产上合理配置资金数额，以促进资金周转顺利进行。

7. 发生次数比较频繁。企业财务人员经常面临流动资产投资问题，为了经营上的需要，在一个月内就可能需要多次追加对现金、应收账款和存货等方面的投资。

二、流动资产的分类

流动资产可按不同标准进行分类，主要的分类方法如下：

（一）按资产的占用形态，流动资产可分为现金、短期投资、应收及预付款和存货

1. 现金，是指可以立即用来购买物品、支付各种费用或用来偿还债务的交换媒介或支付手段。其主要包括库存现金和银行活期存款，有时也将即期或到期的票据看作现金。现金是流动资产中流动性最强的资产，既可直接使用，也可以立即投入流通。拥有大量现金的企业具有较强的偿债能力和承担风险的能力。但因为现金不会带来报酬或只有极低的报酬，所以在财务

管理比较健全的企业，都不会保留过多的现金。

2. 短期投资，是指各种准备随时变现的有价证券以及不超过一年的其他投资，其中主要是指有价证券投资。企业进行有价证券投资，一方面能带来较好的收益；另一方面又能增加企业资产的流动性，降低企业的财务风险。因此，适当持有有价证券是一种较好的财务策略。

3. 应收及预付账款，是指企业在生产经营过程中所形成的应收而未收的或预先支付的款项，包括应收账款、应收票据、其他应收款和预付账款。在商品经济条件下，为了加强市场竞争能力，企业拥有一定数量的应收及预付款项是不可避免的，企业应力求加速账款的回收，减少坏账损失。

4. 存货，是指企业在生产经营过程中为销售或者耗用而储存的各种资产，包括商品、产成品、半成品、在产品、原材料、辅助材料、低值易耗品、包装物等。存货在流动资产中占的比例较大。加强存货的管理与控制，使存货保持在最优水平上，便成为财务管理的一项重要内容。

（二）按在生产经营过程中的作用，流动资产可分为生产领域中的流动资产和流通领域中的流动资产

1. 生产领域中的流动资产，是指在产品生产过程中发挥作用的流动资产，如原材料、辅助材料、低值易耗品等。

2. 流通领域中的流动资产，是指在商品流通过程中发挥作用的流动资产。商业企业中的流动资产均为流通领域中的流动资产，工业企业的产成品、现金、外购商品等也属于流通领域中的流动资产。

（三）按资产的变现情况，流动资产可分为速动资产和非速动资产

速动资产，是指能迅速转化为现金的资产，主要包括现金、应收账款、短期投资等。

非速动资产，是指不能迅速转化为现金的流动资产，主要有存货、预付账款等。

第三节 现 金 管 理

现金是企业中流动性最强的资产，这里说的现金包括企业的库存现金，以及各种形式的银行存款、银行汇票、银行本票等。企业在生产经营活动过程中必须持有一定数量的现金，这对保证企业的支付能力、降低企业财务风险都有着非常重要的意义。

一、现金管理的目标

（一）企业持有现金的动机

企业持有一定数量的现金，主要有以下动机：

1. 交易动机。交易动机是指持有现金，以便满足日常支付的需要，如用于购买材料、支付工资、缴纳税款、支付股利等。企业每天的现金收入和现金支出很少同时等额发生，保留一定的现金余额可使企业在现金支出大于现金收入时，不致中断交易。需要支付的现金数量，取

决于其销售水平。正常营业活动所产生的现金收入和支出以及它们的差额，一般同销售量呈正比例变化。其他现金的支出，如买卖有价证券、购入机器设备、偿还借款等，比较难以预测，但随着销售数量的增加，都有增加的倾向。

2. 预防动机。预防动机是指持有现金，以应付意外事件对现金的需求。企业预计的现金需要量一般是指正常情况下的需要量，但有许多意外事件会影响企业的现金收入和支出。例如，地震、水灾、火灾等自然灾害；生产事故；主要顾客未能及时付款等，都会打破企业的现金收支计划，使现金收支出现不平衡。持有较多的现金，便可使企业更好地应付这些意外事件的发生。预防动机所需要现金的多少取决于以下三个因素：（1）现金收支预测的可靠程度；（2）企业临时借款能力；（3）企业愿意承担的风险程度。

3. 投机动机。投机动机是指企业持有现金，以便当证券价格剧烈波动时，从事投机活动，从中获得收益。当预期利率上升、有价证券的价格将要下跌时，投机的动机就会鼓励企业暂时持有现金，直到利率停止上升为止。当预期利率将要下降、有价证券的价格将要上升时，企业可能会将现金投资于有价证券，以便从有价证券的价格上升中得到好处。

（二）现金管理的目的

一般来说，某项资产的流动性越强，其收益性相对较低。而现金资产的特点就是流动性好，但盈利能力较差。如果企业的现金储备量过大，虽然可以保证企业的支付能力，但是，由于库存现金不能给企业带来收益，而银行存款的利息率也远远低于企业的资金利润率，从而将会影响到企业的获利能力。另外，如果企业的现金储备量太小，又可能造成现金短缺，从而影响到企业的生产经营活动，或者丧失投机的机会。因此，企业进行现金管理的目标，就是应该在流动性和盈利能力之间做出选择，以获取最大的整体收益。更进一步地说，是要在保证企业正常生产经营活动的前提下，尽可能地降低现金的储备量。

二、现金管理的有关规定

按照现行制度，国家有关部门对企业使用现金有如下规定：

（1）规定了现金的使用范围。这里的现金，是指人民币现钞，即企业用现钞从事交易，只能在一定范围内进行。该范围包括：支付职工工资、津贴；支付个人劳务报酬；根据国家规定颁发给个人的科学技术、文化艺术、体育等各种奖金；支付各种劳保、福利费用以及国家规定的对个人的其他支出；向个人收购农副产品和其他物资的价款；出差人员必须随身携带的差旅费；结算起点（1 000 元）以下的零星支出；中国人民银行确定需要支付现金的其他支出。

（2）规定了库存现金限额。企业库存现钞，由其开户银行根据企业的实际需要核定限额，一般以 3 ~5 天的零星开支额为限。

（3）不得坐支现金。即企业不得从本单位的人民币现钞收入中直接支付交易款。现钞收入应于当日终了时送存开户银行。

（4）不得出租、出借银行账户。

（5）不得签发空头支票和远期支票。

（6）不得套用银行信用。

（7）不得保存账外公款，包括不得将公款以个人名义存入银行和保存账外现钞等各种形式的账外公款。

三、最佳现金余额的确定

现金是一种流动性最强的资产，又是一种盈利性最差的资产。现金过多，会使企业盈利水平下降，而现金太少，又有可能出现现金短缺，影响生产经营。在现金余额问题上，也存在风险与报酬的权衡问题。在西方财务管理中，确定最佳现金余额的方法很多，现结合我国实际情况，介绍最常用的几种方法。

（一）现金周转模式

现金周转期是指从现金投入生产经营开始，到最终转化为现金的过程。它的长短取决于以下三个周转期：（1）存货周转期，是指将原材料转化为产成品并出售所需要的时间；（2）应收账款周转期，是指将应收账款转换为现金所需要的时间，即从产品销售到收回现金的期间；（3）应付账款周转期，是指从收到尚未付款的材料开始到现金支出所用的时间。上述三个周转期与现金周转期之间的关系可用图 7－2 加以说明。

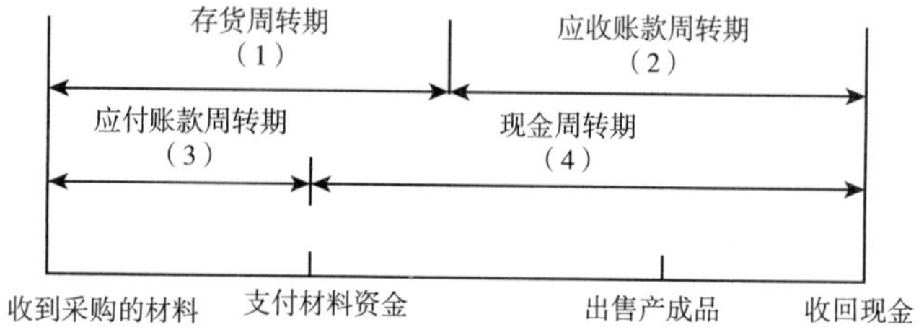

图 7－2　现金周转期示意图

根据图 7－2 所示，现金周转期可用下列算式表示：

现金周转期＝存货周转期＋应收账款周转期－应付账款周转期

现金周转期确定以后，便可确定最佳现金余额。其计算公式如下：

最佳现金余额＝(企业年现金需求总量/360)×现金周转期

【例 7－1】某企业预计存货周转期为 90 天，应收账款周转期为 40 天，应付账款周转期为 30 天，预计全年需要现金 720 万元，求最佳现金余额。

现金周转期＝90＋40－30＝100（天）

$$最佳现金余额=\frac{720}{360}\times 100=200\ （万元）$$

现金周转模式简单明了，易于计算。但是这种方法假设材料采购与产品销售产生的现金流量在数量上一致，企业的生产经营过程在一年中持续稳定地进行，即现金需要和现金供应不存在不确定的因素。如果以上假设条件不存在，则求得的最佳现金余额将发生偏差。

（二）存货模式

确定最佳现金余额的存货模式来源于存货的经济批量模型（Economic－Quantity Model）。这一模式最早由美国财务学家 W. J. Baumol 于 1952 年提出，故又称 Baumol 模型。

在存货模式中，假设收入是每隔一段时间发生的，而支出则是在一定时期内均匀发生的。

在每次收入的间隔期内，企业可通过销售有价证券获得现金。现用图 7 -3 加以说明。

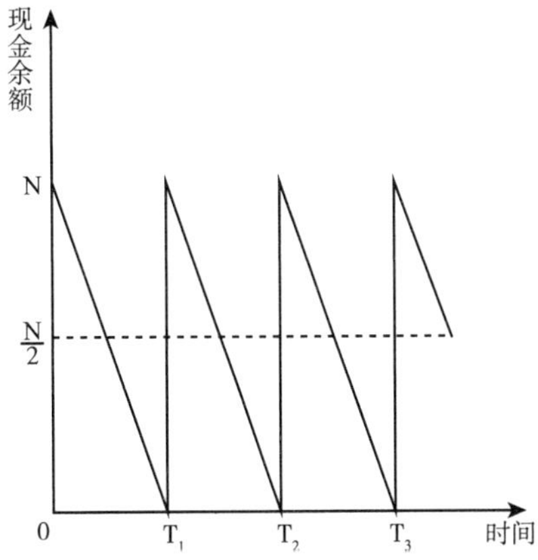

图 7 -3　确定现金余额的存货模式

在图 7 -3 中，假定公司的现金支出需要在某一时期（例如一个月）内是稳定的。公司原有 N 元资金，当此笔现金在 T_1 时用掉之后，出售 N 元有价证券补充现金；随后当这笔现金到 T_2 时又使用完了，再出售 N 元有价证券补充现金。如此不断重复。

存货模式的目的是要求出使总成本最小的 N 值。现金余额总成本包括两个方面：（1）现金持有成本。持有现金所放弃的报酬，是持有现金的机会成本，这种成本通常为有价证券的利息率，它与现金余额呈正比例的变化。（2）现金转换成本。即现金与有价证券转移的固定成本，如经纪人费用、捐税及其他管理成本，这种成本只与交易的次数有关，而与持有现金的数量无关。

如果现金余额大，则持有现金的机会成本高，但转换成本可减少。如果现金余额少，则持有现金的机会成本低，但转换成本要上升。两种成本合计最低条件下的现金余额即为最佳现金余额。

假设：TC——总成本；

b——现金与有价证券的转换成本；

T——特定时间内的现金需求总额；

N——理想的现金转换数量（最佳现金余额）；

i——短期有价证券利息率。

则：$TC = \frac{N}{2}i + \frac{T}{N}b$

年总成本、持有成本和转换成本的关系如图 7 -4 所示。

图 7 -4 中，TC 是一条凹形曲线，可用导数方法求出最小值。

$$TC' = \left(\frac{N}{2}i + \frac{T}{N}b\right)' = \frac{i}{2} - \frac{Tb}{N^2}$$

令 $TC' = 0$，则 $\frac{i}{2} = \frac{Tb}{N^2}$，

$N^2 = \frac{2Tb}{i}$。

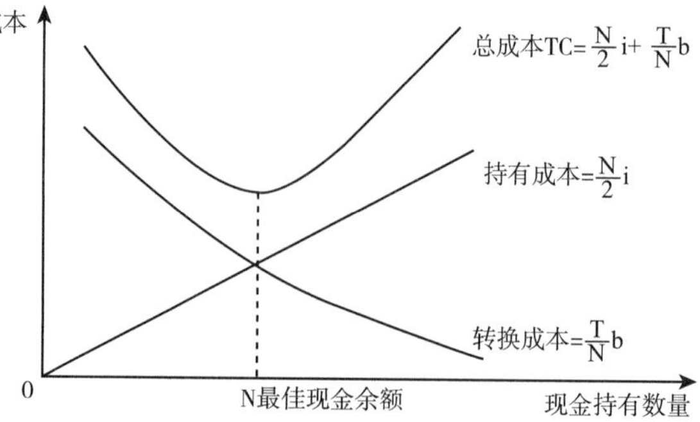

图7－4　最佳现金余额图

最佳现金余额 $\overline{N}=\sqrt{\frac{2Tb}{i}}$。

【例7－2】某公司预计全年需要现金3 200 000元，现金与有价证券的转换成本为每次1 000元，有价证券的利息率为4%。则最佳现金余额为：

$$\overline{N}=\sqrt{\frac{2\times3\ 200\ 000\times1\ 000}{4\%}}=400\ 000\text{（元）}$$

最佳现金余额为400 000元，这就意味着公司从有价证券转换为现金的次数为8次（3 200 000/400 000）。

存货模式可以精确地测算出最佳现金余额和变现次数，表述了现金管理中基本的成本结构，它对加强企业的现金管理有一定作用。但是这种模式以货币支出均匀发生，现金持有成本和转换成本易于预测为前提条件。因此，只有在上述因素比较确定的情况下才能使用此种方法。

（三）因素分析模式

因素分析模式是根据上年现金占用额和有关因素的变动情况，来确定最佳现金余额的一种方法。其计算公式如下：

最佳现金余额＝(上年现金平均占用额－不合理占用额)×(1±预计销售收入变化的%)

【例7－3】某企业2021年平均占用现金为1 000万元，经分析其中有50万元的不合理占用额，2007年销售收入预计较2006年增加10%。则2007年最佳现金余额为：

(1 000－50)×(1＋10%)＝1 045(万元)

因素分析模式考虑了影响现金余额高低的最基本因素，计算也比较简单。但是这种模式假设现金需求量与营业量呈同比例增长，有时情况并非完全如此。

以上各种计算模式分别从不同角度来计算最佳现金余额，各有优缺点，在实际工作中，可结合企业具体情况选择。另外，现金余额的多少是多种因素作用的结果，数学模型并不能把各种因素的变化都考虑进去，所以还需要财务管理人员根据经验加以确定。

四、现金的日常控制

在现金管理中，企业除认真确定最佳现金余额外，还必须进行现金的日常控制。

（一）加速收款

为了提高现金的使用效率，加速资金周转，企业应尽量加速收款，即在不影响未来销售的情况下，尽可能地加快现金的回收。一般来说，企业账款的收回需要经过四个时点，即客户开出付款票据、企业收到票据、票据交存银行和企业收到现金。这个过程如图 7 -5 所示。

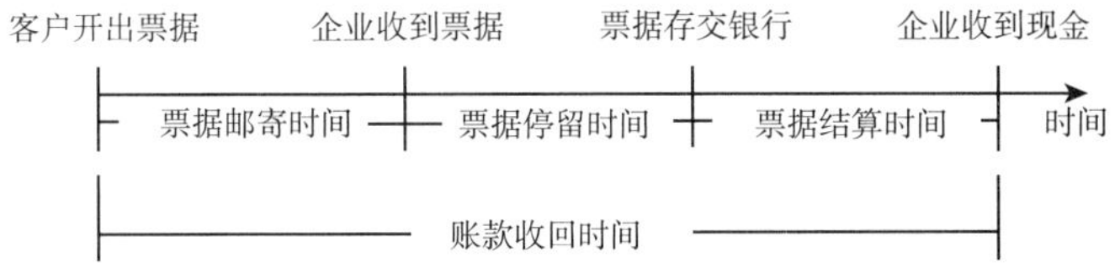

图 7 -5　企业账款收回流程

如果现金折扣在经济上可行，应尽量采用，以加速账款的回收。企业加速收款的任务不仅要尽量使顾客早付款，而且要尽快地使这些付款转化为可用现金。为此，必须满足如下要求：（1）减少顾客付款的邮寄时间；（2）减少企业收到顾客开来支票与支票兑现之间的时间；（3）加速资金存入自己往来银行的过程。为达到以上要求，可采用以下措施：

1. 集中银行（Concentration Banking）。集中银行是指通过设立多个策略性的收款中心（Collection Center）来代替通常在公司总部设立的单一收款中心，以加速账款收回的一种方法。其目的是缩短从顾客寄出账款到现金收入企业账户这一过程的时间。

具体做法是：（1）企业以服务地区和各销售区的账单数量为依据，设立若干收款中心，并指定一个收款中心（通常是设在公司总部所在地的收款中心）的账户为集中银行；（2）公司通知顾客将货款送到最近的收款中心，而不必送到公司总部；（3）收款中心将每天收到的货款存到当地银行，然后再把多余的现金从地方银行汇入集中银行——公司开立的主要存款账户的商业银行。

设立集中银行主要有以下优点：（1）账单和货款邮寄时间可大大缩短。账单由收款中心寄发该地区顾客，与由总部寄发相比，顾客能较早收到。顾客付款时，货款邮寄到最近的收款中心，通常也较直接邮往总公司所需时间短。（2）支票兑现的时间可缩短。收款中心收到顾客汇来的支票存入该地区的地方银行，而支票的付款银行通常也在该地区内，因而支票兑换较方便。

但集中银行也有如下缺点：（1）每个收款中心的地方银行都要求有一定的补偿余额，而补偿余额是一种闲置的不能使用的资金。开设的中心越多，补偿余额也越多，闲置的资金也越多。（2）设立收款中心需要一定的人力和物力，花费较多。因此，财务主管在决定采用集中银行时，一定不可忽略这两个缺陷。

【例 7 -4】某企业现在平均占用现金 1 000 万元，企业准备改变收账方法。经研究测算，企业增加收款中心预计每年增加支出 8 万元，但可节约资金 100 万元，企业加权平均的资本成本为 9%，问是否应采用集中银行制。

采用集中银行制，企业从节约资金中获得的收益是 100 ×9% =9（万元），比增加的支出 8 万元多 1 万元。因此，采用集中银行制度比较有利。

2. 锁箱系统（Lock - Box System）。锁箱系统是通过承租多个邮政信箱，以缩短从收到顾客付款到存入当地银行的时间的一种现金管理办法。

采用锁箱系统的具体办法是：（1）在业务比较集中的地区租用当地加锁的专用邮政信箱；（2）通知顾客把付款邮寄到指定的信箱；（3）授权公司邮政信箱所在地的开户行，每天数次收取邮政信箱的汇款并存入公司账户，然后将扣除补偿余额后的现金及一切附带资料定期送往公司总部。这就免除了公司办理收账、货款存入银行的一切手续。

采用锁箱系统的优点是极大地缩短了公司办理收款、存储手续的时间，即公司从收到支票到这些支票完全存入银行的时间差距消除了。这种方法的主要缺点是需要支付额外的费用。由于银行提供多项服务，因此要求有相应的报酬。这种费用支出一般来说与存入支票张数呈一定比例。因此，如果平均汇款数额较小，则采用锁箱系统并不一定有利。

是否采用锁箱系统方法要看节约资金带来的收益与额外支出的费用孰大孰小。如果增加的费用支出比收益小，则可采用该系统；反之，则不宜采用。

3. 其他程序（Other Procedure）。除以上两种方法外，还有一些加速收现的方法。例如，对于金额较大的货款可直接派人前往收取支票并送存银行，以加速收款。另外，公司对于各银行之间以及公司内部各单位之间的现金往来也要严加控制，以防有过多的现金闲置在各部门之间。

（二）控制支出

企业在收款时，应尽量加快收款的速度，而在管理支出时，应尽量延缓现金支出的时间。在西方财务管理中，控制现金支出的方法有以下几种：

1. 运用“浮游量（Playing the Float）”。所谓现金的浮游量是指企业账簿上现金余额与银行账户上所示的存款余额之间的差额。有时，公司账簿上的现金余额已为零或负数，而银行账户上该公司的现金余额还有不少。这主要是因为有些支票公司虽已开出，但顾客还没有到银行兑现。如果能正确预测浮游量并加以利用，则可节约大量资金。

当一个公司在同一国家内有多个银行存款户时，可选用一个能使支票流通在外的时间最长的银行来支付货款，以扩大浮游量。

利用现金的浮游量，公司可适当减少现金数量，实现现金的节约。但是，一个公司的利益，就是另一个公司的损失，因而，利用浮游量往往对供应商不利，有可能破坏公司和供应商之间的关系，这一因素应加以考虑。

2. 控制支出时间。为了最大限度地利用现金，合理地控制现金支出的时间是十分重要的。例如，企业在采购材料时，如果付款条件是“2/10，n/45 天”，则应安排在发票开出日期后的第 10 天付款，这样，企业可以最大限度地利用现金而又不丧失现金折扣。

3. 工资支出模式（Payroll Disbursement）。许多公司都为支付工资而设立一个存款账户。这种存款账户余额的多少，当然也会影响公司现金总额。为了减少这一存款数额，公司必须合理预测所开出支付工资的支票到银行兑现的具体时间。假设某企业在 1 月 3 日支付工资 10 万元，根据历史资料，3 日、4 日、5 日、6 日、7 日及 7 日以后的兑现比率分别为 20%、40%、20%、10%、5% 和 5%。这样，公司就不必在 3 日存够 10 万元，再结合其他因素，公司就能求出应存入银行的应付工资支票的大概金额。

（三）现金收支的综合控制

以上已说明现金收入和现金支出的控制方法，现阐述对现金的综合控制方法。

1. 力争现金流入与流出同步。如果企业能尽量使它的现金流入与现金流出发生的时间趋于一致，就可以使其所持有的交易性现金余额降到较好水平，这就是所谓的现金流量同步。基于这种认识，企业可以重新安排付出现金的时间，尽量使现金流入与现金流出趋于同步。

2. 实现内部牵制制度。在现金管理中，要实现管钱的不管账，管账的不管钱，使出纳人员和会计人员互相牵制，互相监督。凡有库存现金收付，应坚持复核制度，以减少差错，堵塞漏洞。在出纳人员调换时，必须办理交接手续，做到责任明确。

3. 及时进行现金的清理。在现金管理中，要及时进行现金的清理。库存现金的收支要做到日清月结，确保库存现金的账面余额与实际库存额相符；银行存款账面余额与银行对账单余额相符；现金、银行存款日记账数额分别与现金、银行存款总账相符。

4. 遵守国家规定的库存现金的使用范围。

5. 做好银行存款的管理。企业超过库存现金限额的现金，应存入银行，由银行统一管理。企业银行存款主要有以卜三种类型：

（1）结算户存款。结算户存款是指企业为从事结算业务而存入银行的款项。其资金主要来自企业出售商品的货款、提供劳务的收入、发行证券筹得的资金等。结算户存款企业可以随时支取，具有与库存现金一样灵活的购买力，比较灵活方便。但结算户存款的利息率很低，企业获得的报酬很少。

（2）单位定期存款。单位定期存款是企业按银行规定的存储期限存入银行的款项。企业向开户行办理定期存款，应将存款金额从结算户转入专户存储，由银行签发存单。存款到期凭存单支出，只能转入结算户，不能直接提取为库存现金。单位定期存款的利息率较高，但使用不太方便、只有闲置的、一定时期内不准备动用的现金才能用于定期存款。

（3）专项存款。专项存款是企业将具有特定来源和专门用途的资金存入银行而形成的存款，如科技三项费用拨款等的存款。

加强对银行存款的管理具有重要意义，银行应做好以下几项工作：①按期对银行存款进行清查，保证银行存款安全完整；②当结算户存款结余过多，一定时期内又不准备使用时，可转入定期存款，以获得较多的利息收入；③与银行保持良好的关系，使企业的借款、还款、存款、转账结算等顺利进行。

6. 适当进行证券投资。企业库存现金没有利息收入，银行活期存款的利息率也比较低，因此，当企业有较多闲置不用的现金时，可投资于国库券、大额定期可转让存单、企业债券、企业股票，以获取较多的利息收入，而当企业现金短缺时，再出售各种证券以获得现金。这样，既能保证有较多的利息收入，又能增强企业的变现能力。进行证券投资是调整企业现金余额的一种比较好的方法。

第四节　应收账款管理

这里所说的应收账款是指因对外销售产品、材料、供应劳务及其他原因，应向购货单位或接受劳务的单位及其他单位收取的款项，包括应收销售款、其他应收款、应收票据等。

一、应收账款管理的目标

发生应收账款的原因，主要有以下两种：

第一，商业竞争。这是发生应收账款的主要原因。在社会主义市场经济的条件下，存在着激烈的商业竞争。竞争机制的作用迫使企业以各种手段扩大销售。除了依靠产品质量、价格、售后服务、广告等外，赊销也是扩大销售的手段之一。对于同等的产品价格、类似的质量水平、一样的售后服务，实行赊销的产品或商品的销售额将大于现金销售的产品或商品的销售额。这是因为顾客将从赊销中得到好处。出于扩大销售的竞争需要，企业不得不以赊销或其他优惠方式招揽顾客，于是就产生了应收账款。由竞争引起的应收账款，是一种商业信用。

第二，销售和收款的时间差距。商品成交的时间和收到货款的时间经常不一致，这也导致了应收账款。当然，现实生活中现金销售是很普遍的，特别是零售企业更常见。就一般批发和大量生产企业来讲，发货的时间和收到货款的时间往往不同。这是因为货款结算需要时间的缘故。结算手段越是落后，结算所需时间就越长，销售企业只能承认这种现实并承担由此引起的资金垫支。由于销售和收款的时间差而造成的应收账款，不属于商业信用，也不是应收账款的主要内容，不再对它进行深入讨论，而只论述属于商业信用的应收账款的管理。

既然企业发生应收账款的主要原因是扩大销售，增强竞争力，那么其管理的目标就是求得利润。应收账款是企业的一项资金投放，是为了扩大销售和盈利而进行的投资。而投资肯定要发生成本，这就需要在应收账款信用政策所增加的盈利和这种政策的成本之间做出权衡。只有当应收账款所增加的盈利超过所增加的成本时，才应当实施应收账款赊销；如果应收账款赊销有着良好的盈利前景，就应当放宽信用条件增加赊销量。

二、信用政策

信用政策是企业根据自身营运情况制定的有关应收账款的政策，因此，信用政策也称为应收账款政策，它是企业财务政策的一个重要组成部分。应收账款政策主要由以下三个方面内容构成。

（一）信用标准

信用标准是指企业为客户提供商业信用时，对客户所提出的要求其在资信程度方面必须具备的最低标准。如果客户在资信程度方面达到了企业要求的最低标准，便可以获得企业所提供的商业信用，从而可以以较优惠的条件向企业购货；相反，如果客户在资信程度方面达不到企业要求的最低标准，就不能获得企业提供的商业信用，从而只能在较苛刻的条件下向企业购货。

信用标准一般用预计的坏账损失率来表示。如果企业的信用标准较严，只对信誉较好、坏账损失率很低的顾客给予赊销，则会减少坏账损失，减少应收账款的机会成本，但这可能不利于扩大销售量，甚至会使销售量减少；反之，如果信用标准较宽，虽然会增加销售，但会相应增加坏账损失和应收账款的机会成本。企业应根据具体情况进行权衡。

【例 7－5】中华公司现在的经营情况和信用政策如表 7－1 所示。

表 7-1　　　　中华公司经营情况与信用政策

项　　目	数据
S_0现在信用政策情况下的销售收入（元）（全部为赊销）	100 000
A_0现在信用政策情况下的应收账款投资（元）	12 500
p_0现在利润（元）	20 000
p'销售利润率（%）	20
B_0信用标准［预期坏账损失率的限制（%）］	10
$\overline{B_0}$平均坏账损失率（%）	6
C_0信用条件（要求的最长付款天数）	30
$\overline{C_0}$平均收现期	45
R_0应收账款的机会成本（%）	15

假设中华公司要改变信用标准，提出 A、B 两个方案，信用标准变化情况见表 7-2。

表 7-2　　　　中华公司信用标准调整方案

A 方案（较紧的信用标准）	B 方案（较松的信用标准）
信用标准：只对那些预计坏账损失率低于 5% 的企业提供商业信用	信用标准：对那些预计坏账损失率低于 15% 的企业提供商业信用
S_A 由于标准变化减少销售额 10 000 元	S_B 由于标准变化增加销售额 15 000 元
$\overline{C_{A1}}$减少的 10 000 元销售额的平均收现期为 90 天（减少的销售额属于平均收现期为 90 天的客户） $\overline{C_{A2}}$其余 90 000 元的应收账款的平均收现期为 40 天	$\overline{C_B}$增加的销售额的平均收现期为 75 天，原 100 000 元的平均收现期仍为 60 天。
$\overline{B_A}$减少的销售额平均的坏账损失率为 8.7%	$\overline{B_B}$新增加销售额的坏账损失率为 12%

平均收现期仍为 45 天，即：$90\times\frac{10\ 000}{100\ 000}+40\times\frac{90\ 000}{100\ 000}=45$（天）。

为了评价两个可选择的信用标准孰优孰劣，必须计算两个方案各自带来的利润和成本。在这种情况下，应测算如下几个项目的变化：（1）销售量变化对利润的影响；（2）应收账款投资及其机会成本的变化；（3）坏账成本的变化；（4）管理成本的变化（在本例中这项成本变化略而不计）。现分别对两个方案进行测算，如表 7-3 所示。

表 7-3　　　　中华公司信用标准调整方案预算

项目	A 方案	B 方案
信用标准变化对销售利润的影响	$P_A=S_A\times P'$ $=-10\ 000\times 20\%$ $=-2\ 000$（元）	$P_B=S_B\times P'$ $=15\ 000\times 20\%$ $=3\ 000$（元）

续表

项目	A 方案	B 方案
信用标准变化对应收账款机会成本的影响	$I_A=\left[\frac{\overline{C}_{A1}-\overline{C}_0}{360}\times S_A+\frac{\overline{C}_{A2}-\overline{C}_0}{360}\times(S_0+S_A)\right]R_0$ $=\left[\frac{90-45}{360}\times(-10\ 000)+\frac{40-45}{360}\times(100\ 000-10\ 000)\right]\times15\%$ $=-375$(元)	$I_B=\overline{C_B}/360\cdot S_B\cdot R_0$ $=75/360\times15\ 000\times15\%$ $=469$(元)
信用标准变化对坏账成本的影响	$K_A=S_A.\overline{B_A}$ $=-10\ 000\times8.7\%$ $=-870$(元)	$K_B=S_B\cdot\overline{B_B}$ $=15\ 000\times12\%$ $=1\ 800$(元)
信用政策变化带来的净利润	$P_{ma}=P_A-I_A-K_A$ $=(-2\ 000)-(-375)-(-870)$ $=-755$(元)	$P_{mB}=P_B-I_B-K_B$ $=3\ 000-469-1\ 800$ $=731$(元)

以上计算表明，采用较松的信用标准——B 方案，能使中华公司增加利润 731 元。故应采用 B 方案。

（二）信用条件

信用条件（Credit Terms）是指企业要求顾客支付赊销款项的条件，包括信用期限、折扣期限和现金折扣。信用期限是企业为顾客规定的最长付款时间，现金折扣是指顾客提前付款时给予的优惠。如账单中的“2/10，n/30”就是一项信用条件，它规定如果在发票开出后 10 天内付款，可享受 2% 的折扣；如果不想取得折扣，这笔货款必须在 30 天内付清。在这里，30 天为信用期限；10 天为折扣期限；2% 为现金折扣。提供比较优惠的信用条件，能增加销售量，但也会带来额外的负担，如会增加应收账款机会成本、坏账成本、现金折扣成本等。

（三）收账政策

收账政策是指信用条件被违背时，企业采取的收账策略。企业如果采用积极的收账政策，可能就会减少应收账款投资，减少坏账损失，但要增加收账成本。如果采用较消极的收账政策，则可能会增加应收账款投资，增加坏账损失，但会减少收账成本。在实际工作中，可参照测算信用标准、信用条件的方法，来制定收账政策。

一般而言，收账费用支出越多，坏账损失越少，但这两者并不一定存在线性关系。通常情况是：（1）开始花费一些收账费用，应收账款和坏账损失有小部分降低；（2）收账费用继续增加，应收账款和坏账损失明显减少；（3）收账费用达到某一限度以后，应收账款和坏账损失的减少就不再明显了，这个限度称为饱和点，如图 7－6 中的 P 点。在制订信用政策时，应权衡增加收账费用与减少应收账款机会成本和坏账损失之间的得失。

【例 7－6】春风公司在不同收账政策条件下的有关资料如表 7－4 所示。

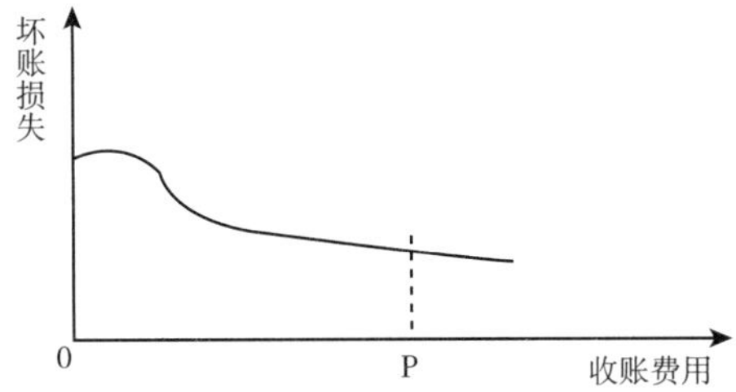

图 7－6　收账费用与坏账损失的关系图

表 7－4　春风公司收账政策

项目	现行收账政策	建议收账政策
年收账费用（元）	10 000	15 000
应收账款平均收账期（天）	60	30
坏账损失率（%）	4	2

该企业当年销售额为 1 200 000 元（全部赊销），收账政策对销售收入的影响忽略不计。该企业应收账款的机会成本为 10%。现根据以上资料计算如表 7－5 所示。

表 7－5　春风公司建议收账政策收益计算

项目	现行收账政策	建议收账政策
1. 年销售收入（元）	1 200 000	1 200 000
2. 应收账款周转次数	6	12
3. 应收账款平均占用额（元）	200 000	100 000
4. 建议收账政策节约的机会成本（元）	—	10 000
5. 坏账损失（元）	48 000	24 000
6. 建议计划减少坏账成本（元）	—	24 000
7. 两项节约合计（4）+（6）	—	34 000
8. 按建议政策增加收账费用（元）	—	5 000
9. 建议政策可获得收益（7）－（8）	—	29 000

按建议收账政策可获收益 29 000 元，故应采用建议收账政策。

（四）综合信用政策

前面我们分析的是单项的信用政策，但要制订最优的信用政策，应把信用标准、信用条件、收账政策结合起来，考虑信用标准、信用条件、收账政策的变化对销售额、应收账款机会成本、坏账成本和收账成本的影响。这里决策的原则仍是决策的总收益应大于因赊销带来的总成本。综合决策的计算相当复杂，计算中的几个变量都是预计的，有相当大的不确定性。因此，信用政策的制定并不能仅靠数量分析，在很大程度上要由管理经验来判断决定。制订综合信用政策时，应考虑的基本模式如表 7－6 所示。

表 7-6　　综合信用政策基本模式

信用标准：预计坏账损失率（%）	信用条件	收账政策
0～0.5 0.5～1	从宽信用条件 （60 天付款）	消极收账政策 （拖欠 20 天不催收）
1～2 2～5	一般信用条件 （45 天付款）	一般收账政策 （拖欠 10 天不催收）
5～10 10～20	从严信用条件 （30 天付款）	积极收账政策 （拖欠立即催收）
20 以上	不予赊销	—

企业信用政策确定后，便可根据信用政策和预计的销售收入等指标来计算确定应收账款占用资金的数额。

三、应收账款的成本

企业在采取赊销方式促进销售的同时，会因持有应收账款而付出一定的代价，即应收账款的成本。其内容包括：

1. 机会成本。它是指资金由于投放在应收账款上而不能用于其他投资所丧失的收益，如投资于有价证券所能获得的利息收入。应收账款机会成本的大小通常与企业维持赊销业务所需要的资金数量、资金成本率或有价证券利息率有关。其数额可按下列步骤计算：

（1）计算应收账款周转率：

应收账款周转率 = 日历天数 ÷ 应收账款周转期

（2）计算应收账款平均余额：

应收账款平均余额 = 赊销收入净额 ÷ 应收账款周转率

（3）计算维持赊销业务所需要的资金：

维持赊销业务所需要的资金 = 应收账款平均余额 ×（变动成本 ÷ 销售收入）

= 应收账款平均余额 × 变动成本率

（4）计算应收账款的机会成本：

应收账款的机会成本 = 维持赊销业务所需要的资金数额 × 资金成本率

上式中资金成本率一般可按有价证券利息率计算。

【例 7-7】某企业预测的年度赊销收入净额为 4 800 000 元，应收账款周转期（或收账天数）为 60 天，变动成本率为 70%，资金成本率为 10%，则应收账款机会成本可计算如下：

应收账款周转率 = 360 ÷ 60 = 6（次）

应收账款平均余额 = 4 800 000 ÷ 6 = 800 000（元）

维持赊销业务所需要的资金 = 800 000 × 70% = 560 000（元）

应收账款机会成本 = 560 000 × 10% = 56 000（元）

上述计算表明，企业投放 560 000 元的资金可维持 4 800 000 元的赊销业务，相当于垫支资金的 8 倍多。这一较高的倍数在很大程度上取决于应收账款的周转速度。在正常情况下，应收账款周转率越高，维持一定赊销额所需的资金就越少；应收账款周转率越低，维持相同赊销额所需要的资金也就越大。而应收账款机会成本的高低在很大程度上取决于企业维持赊销业务所需要资金的多少。

2. 管理成本。它是指企业对应收账款进行管理而耗费的开支，是应收账款成本的重要组成部分，主要包括对客户的资信调查费用、应收账款账簿记录费用、收账费用以及其他费用。

3. 坏账成本。它是指应收账款因某些原因无法收回而给应收账款持有企业带来的损失。应收账款的坏账成本一般同应收账款数额成正比，即应收账款越多，坏账成本也越多。因此，为规避坏账给企业生产经营活动的稳定性带来不利影响，企业应按应收账款余额的一定比例提取坏账准备。

四、应收账款的日常管理

（一）客户企业的信用评估

企业要制订合理的信用政策，首先必须对客户的信用状况进行调查，在此基础上，做出对每个客户企业的信用评估。客户信用状况的评估结果是企业制订信用政策、确定信用标准的前提。进行企业信用评估的方法很多，常用的有以下三种：

1. 5C 评估法。所谓5C 评估法是指通过重点分析影响企业信用的五个方面，而对客户信用进行评估的方法。这五个方面英文的第一个字母都是 C，故称为5C 评估法。影响信用的五个方面是：品质（character）、能力（capacity）、资本（capital）、抵押品（collateral）和环境（conditions）。在信用评估中，以上五个方面不但各有其特定含义而且各有侧重。

（1）品质，是指债务到期时客户愿意主动履行偿债义务的可能性。客户的品质主要是企业领导人或主管部门负责人的品质。其好坏将直接影响到应收账款的回收速度和数量，品质被认为是影响信用状况最重要的因素。

（2）能力，是指客户的偿债能力。通过分析与客户收益有关的各种财务资料，就可以大致预测出该客户在信用期满时的偿债能力。

（3）资本，是指客户的一般财务状况。通过分析客户的各项财务比率，如流动比率、资产负债率等，可以了解客户的一般财务状况。

（4）抵押品，是指客户为获得信用可能提供担保的资产。如果客户能够提供抵押品，企业向他们提供信用的风险就小得多，因此信用标准可适当放宽。

（5）环境，是指外部环境，如经济形势和竞争状况。外部环境对客户来说虽然不可控，但会直接或间接地影响到客户的信用状况。

对以上五个因素分别分析后，还要对它们进行排列综合。五个因素都是良好，说明客户信用状况最佳；反之，一个因素都不好，说明客户的信用状况最差，其他情况下可以根据五个因素的重要程度依次排列，以此来确定是否应向客户提供商业信用。

2. 信用评级法。信用评级法是直接借用评估机构所发布的信用等级结论，而对客户信用进行评估的方法。

许多国家都有信用评估的专门机构，定期发布企业（客户）的信用等级报告。美国的标准普尔公司和莫迪公司，都是世界著名的信用评级机构，它们的评估结论在世界各国都具有权威性。我国的信用评估机构目前有三种形式：①独立的社会评估机构，它们只根据自身的业务吸收有关专家参加，不受行政干预和集团利益的牵制，独立自主地开展信用评估业务；②由中国人民银行负责组织的评估机构，一般吸收各商业银行和各部门的专家进行企业信用评估；③由商业银行组织的评估机构，由商业银行组织专家对其客户的信用进行评估。随着经济活动规范化进程的加快和力度的加大，国家已对非社会性信用评估机构开始从设立、执业范围等方面进行限制。

信用评估机构在企业（客户）信用等级评定方面，目前主要采用两种标准。①“三等九级制”，即把企业的信用状况分为 A、B、C 三等和 AAA、AA、A、BBB、BB、B、CCC、CC、C 九级。按照国际惯例，AAA 级和 AA 级为信用状况良好；A 级和 BBB 级为信用状况一般；BB 级和 B 级为信用状况较差；CCC 级、CC 级和 C 级为信用状况很差。②“三级制”，即把企业的信用状况分为 AAA、AA、A 三个等级，通常 AAA 为信用状况良好，AA 为信用状况一般，而 A 为信用状况较差或很差。

专门的信用评估机构通常评估方法先进，评估调查细致，评估程序合理，从而其结论的可信程度也较高。信用评级法是一种对客户信用评估较为简捷的方法。

3. 信用评分法。信用评分法是先对一系列财务比率和信用情况指标进行评分，然后进行加权平均，得出客户综合的信用分数，并以此进行信用评估的一种方法。进行信用评分的基本公式是：

$$Y = \sum_{i=1}^{n} a_i x_i$$

其中，Y 表示某企业的信用评分得分数；a_i 表示事先拟定出的对第 i 种财务比率或信用品质进行加权的权数；x_i 表示第 i 种财务比率或信用品质的评分；n 为事先确定的影响企业信用状况的财务比率和信用品质的数量。表 7－7 就是对某个企业进行的信用评分结果。

表 7－7　　某企业的信用评分表

项目	评估状况	分数 x_i（0～100 分）	权重 i	加权平均数（a_ix_i）
流动比率	1.9	90	0.20	18.00
资产负债率	50%	85	0.10	8.50
销售净利率	10%	80	0.10	8.00
信用评估等级	AAA	95	0.25	23.75
付款历史情况	良好	80	0.25	20.00
企业未来预测	良好	80	0.05	4.00
其他因素	好	90	0.05	4.50
合计			1.00	87.75

一般来说，信用评分值在 80 分以上，说明企业的信用状况良好，评分值在 60～80 分时，可以认为企业的信用状况一般，分值低于 60 分时，说明该企业的信用状况较差。

（二）应收账款追踪分析

应收账款一旦发生，赊销企业就必须考虑如何按期足额收回的问题。要达到这一目的，赊销企业就有必要在收账之前，对该项应收账款的运行过程进行追踪分析。既然应收账款是存货变现过程的中间环节，对应收账款实施追踪分析的重点应放在赊销商品的销售与变现方面。客户以赊购方式购入商品后，迫于获利和付款信誉的动力与压力，必然期望迅速地实现销售并收回账款。如果这一期望能够顺利地实现，而客户又具有良好的信用品质，则赊销企业如期足额地收回客户欠款一般不会有多大的问题。然而，市场供求关系所具有的瞬变性，使客户所赊购的商品不能顺利地销售与变现，经常出现的情形有两种：积压或赊销。但无论属于其中的哪种情形，对客户而言，都意味着与应付账款相对的现金支付能力匮乏。在这种情况下，客户能否严格履行赊销企业的信用条件，取决于两个因素：其一，客户的信用品质；其二，客户现金的持有量与调剂程度（如现金用途的约束性、其他短期债务偿还对现金的要求等）。如果客户的信用品质良好，持有一定的现金余额，且现金支出的约束性较小，可调剂程度较大，则客户大多是不愿以损失市场信誉为代价而拖欠赊销企业账款的。如果客户信用品质不佳，或者现金匮乏，或者现金的可调剂程度低下，则赊销企业的账款遭受拖欠也就在所难免。

（三）应收账款账龄分析

企业已发生的应收账款时间长短不一，有的尚未超过信用期，有的则已逾期拖欠。一般来讲，逾期拖欠时间越长，账款催收的难度越大，成为坏账的可能性也就越高。因此，进行账龄分析，密切注意应收账款的回收情况，是提高应收账款收现效率的重要环节。

应收账款账龄分析就是考察研究应收账款的账龄结构。所谓应收账款的账龄结构，是指各账龄应收账款的余额占应收账款总计余额的比重。

【例 7－8】已知某企业的账龄分析表如表 7－8 所示。

表 7－8　　应收账款账龄分析表

应收账款	账龄账户数量	金额（万元）	比重（%）
信用期内（设平均为 3 个月）	100	60	60
超过信用期 1 个月内	50	10	10
超过信用期 2 个月内	20	6	6
超过信用期 3 个月内	10	4	4
超过信用期 4 个月内	15	7	7
超过信用期 5 个月内	12	5	5
超过信用期 6 个月内	8	2	2
超过信用期 6 个月以上	16	6	6
应收账款余额总计	—	100	100

表 7－8 表明，该企业应收账款余额中，有 60 万元尚在信用期内，占全部应收账款的 60%。过期数额 40 万元，占全部应收账款的 40%，其中逾期在 1、2、3、4、5、6 个月内的，分别为 10%、6%、4%、7%、5%、2%。另有 6% 的应收账款已经逾期半年以上。此时，企业应分析逾期账款具体属于哪些客户，这些客户是否经常发生拖欠情况，发生拖欠的原因何在。一般而言，账款的逾期时间越短，收回的可能性越大，亦即发生坏账损失的程度相对越小；反之，收账的难度及发生坏账损失的可能性也就越大。因此，对不同拖欠时间的账款及不同信用品质的客户，企业应采取不同的收账方法，制定出经济可行的不同收账政策、收账方案；对可能发生的坏账损失，需要提前有所准备，充分估计这一因素对企业损益的影响。对尚未过期的应收账款，也不能放松管理与监督，以防发生新的拖欠。

通过应收账款账龄分析，不仅能提示财务管理人员应把过期款项视为工作重点，而且有助于促进企业进一步研究与制定新的信用政策。

（四）应收账款收现保证率分析

由于企业当期现金支付需要量与当期应收账款收现额之间存在非对称性矛盾，并呈现出预付性与滞后性的差异特征（如企业必须用现金支付与赊销收入有关的增值税和所得税，弥补应收账款资金占用等），这就决定了企业必须对应收账款收现水平制定一个必要的控制标准，即应收账款收现保证率。

应收账款收现保证率是为适应企业现金收支匹配关系的需要，所确定出的有效收现的账款应占全部应收账款的百分比，是两者应当保持的最低比例。公式为：

$$应收账款收现保证率=\frac{当期必要现金支付总额-当期其他稳定可靠的现金流入总额}{当期应收账款总计金额}$$

式中的其他稳定可靠现金流入总额是指从应收账款收现以外的途径可以取得的各种稳定可靠的现金流入数额，包括短期有价证券变现净额、可随时取得的银行贷款额等。

应收账款收现保证率指标反映了企业既定会计期间预期现金支付数量扣除各种可靠、稳定性来源后的差额，必须通过应收款项有效收现予以弥补的最低保证程度，其意义在于：应收款项未来是否可能发生坏账损失对企业并非最为重要，更为关键的是实际收现的账项能否满足同期必需的现金支付要求，特别是满足具有刚性约束的纳税债务及偿付不得展期或调换的到期债务的需要。

企业应定期计算应收账款实际收现率，看其是否达到了既定的控制标准，如果发现实际收现率低于应收账款收现保证率，应查明原因，采取相应措施，确保企业有足够的现金满足同期必需的现金支付要求。

第五节　存　货　管　理

一、存货管理的目标

存货是指企业在生产经营过程中为销售或者耗用而储备的物资，包括原材料、燃料、包装物及低值易耗品、在产品、半成品、产成品、协作件、商品等。

如果工业企业能在生产投料时随时购入所需的原材料，或者商业企业能在销售时随时购入该项商品，就不需要存货。但实际上，企业总有储存存货的需要，并因此占用或多或少的资金。这种存货的需要出自以下原因：

第一，保证生产或销售的经营需要。实际上，企业很少能做到随时购入生产或销售所需的各种物资，即使是市场供应量充足的物资也是如此。这不仅因为不时会出现某种材料的市场断档，还因为企业距供货点较远而需要必要的途中运输及可能出现运输故障。一旦生产或销售所需物资短缺，生产经营将被迫停顿，造成损失。为了避免或减少出现停工待料、停业待货等事故，企业需要储存存货。

第二，出自价格的考虑。零购物资的价格往往较高，而整批购买在价格上常有优惠。但是，过多的存货要占用较多的资金，并且会增加包括仓储费、保险费、维护费、管理人员工资在内的各项开支。存货占用资金是有成本的，占用过多会使利息支出增加并导致利润的损失；各项开支的增加更直接使成本上升。进行存货管理，就要尽力在各种存货成本与存货效益之间做出权衡，达到两者的最佳结合。这也就是存货管理的目标。

二、储备存货的有关成本

与储备存货有关的成本，包括以下三种。

（一）取得成本

取得成本指为取得某种存货而支出的成本，通常用TC_a来表示。其又分为订货成本和购置成本。

1. 订货成本。

订货成本指取得订单的成本，如办公费、差旅费、邮资、电报电话费等支出。订货成本中有一部分与订货次数无关，如常设采购机构的基本开支等，称为订货的固定成本，用F_1表示；另一部分与订货次数有关，如差旅费、邮资等，称为订货的变动成本。每次订货的变动成本用K表示；订货次数等于存货年需要量D与每次进货量Q之商。订货成本的计算公式为：

$$订货成本 = F_1 + \frac{D}{Q}K$$

2. 购置成本。

购置成本指存货本身的价值，经常用数量与单价的乘积来确定。年需要量用D表示，单价用U表示，于是购置成本为DU。

订货成本加上购置成本，就等于存货的取得成本。其公式可表达为：

取得成本 = 订货成本 + 购置成本

　　　　 = 订货固定成本 + 订货变动成本 + 购置成本

$$TC_a = F_1 + \frac{D}{Q}K + DU$$

（二）储存成本

储存成本指为保持存货而发生的成本，包括存货占用资金所应计的利息（若企业用现有现金购买存货，便失去了现金存放银行或投资于证券本应取得的利息，为“放弃利息”；若企业借款购买存货，便要支付利息费用，为“付出利息”）、仓库费用、保险费用、存货破损和变质损失，等等，通常用TC_c来表示。

储存成本也分为固定成本和变动成本。固定成本与存货数量的多少无关，如仓库折旧、仓库职工的固定月工资等，常用F_2表示。变动成本与存货的数量有关，如存货资金的应计利息、存货的破损和变质损失、存货的保险费用等，单位成本用K_C来表示。用公式表达的储存成本为：

储存成本 = 储存固定成本 + 储存变动成本

$$TC_C = F_2 + K_C \frac{Q}{2}$$

（三）缺货成本

缺货成本指由于存货供应中断而造成的损失，包括材料供应中断造成的停工损失、产成品库存缺货造成的拖欠发货损失和丧失销售机会的损失（还应包括需要主观估计的商誉损失）；如果生产企业以紧急采购代用材料解决库存材料中断之急，那么缺货成本表现为紧急额外购入成本（紧急额外购入的开支会大于正常采购的开支）。缺货成本用 TC_s 表示。

如果以 TC 来表示储备存货的总成本，它的计算公式为：

$$TC = TC_a + TC_c + Tc_s = F_1 + \frac{D}{Q}K + DU + F_2 + K_C\frac{Q}{2} + TC_S$$

企业存货的最优化，即是使 TC 值最小。

三、存货决策

存货的决策涉及四项内容：决定进货项目、选择供应单位、决定进货时间和决定进货批量。决定进货项目和选择供应单位是销售部门、采购部门和生产部门的职责。财务部门要做的是决定进货时间和决定进货批量（分别用 T 和 Q 表示）。按照存货管理的目的，需要通过合理的进货批量和进货时间，使存货的总成本最低，这个批量称为经济订货量或经济批量。有了经济订货量，可以很容易地找出最适宜的进货时间。

与存货总成本有关的变量（即影响总成本的因素）很多，为了解决比较复杂的问题，有必要简化或舍弃一些变量，先研究解决简单的问题，然后再扩展到复杂的问题。这需要设立一些假设，在此基础上建立经济订货量的基本模型。

（一）经济订货量基本模型

经济订货量基本模型需要设立的假设条件是：

1. 企业能够及时补充存货，即需要订货时便可立即取得存货。

2. 能集中到货，而不是陆续入库。

3. 不允许缺货，即无缺货成本，TC_s 为零，这是因为良好的存货管理本来就不应该出现缺货成本。

4. 需求量稳定，并且能预测，即 D 为已知常量。

5. 存货单价不变，即 U 为已知常量。

6. 企业现金充足，不会因现金短缺而影响进货。

7. 所需存货市场供应充足，不会因买不到需要的存货而影响其他。

设立了上述假设后，存货总成本的公式可以简化为：

$$TC = F_1 + \frac{D}{Q}K + DU + F_2 + K_C\frac{Q}{2}$$

当 F_1、K、D、U、F_2、K_C 为常数量时，TC 的大小取决于 Q。为了求出 TC 的极小值，对其进行求导演算，可得出下列公式：

$$Q^* = \sqrt{\frac{2KD}{K_c}}$$

这一公式称为经济订货量基本模型，求出的每次订货批量，可使 TC 达到最小值。

这个基本模型还可以演变为其他形式：

每年最佳订货次数公式：

$$N^{*}=\frac{D}{Q^{*}}=\frac{D}{\sqrt{\frac{2KD}{K_c}}}=\sqrt{\frac{DK_C}{2K}}$$

与批量有关的存货总成本公式：

$$TC_{(Q^{*})}=\frac{KD}{\sqrt{\frac{2KD}{K_c}}}+\frac{\sqrt{\frac{2KD}{K_C}}}{2}\times K_C=\sqrt{2KDK_C}$$

最佳订货周期公式：

$$t^{*}=\frac{1}{N^{*}}=\frac{1}{\sqrt{\frac{DK_C}{2K}}}$$

经济订货量占用资金：

$$I^{*}=\frac{Q^{*}}{2}\times U=\frac{\sqrt{\frac{2KD}{K_C}}}{2}\times U=\sqrt{\frac{KD}{2K_C}}\times U$$

【例7－9】某企业每年耗用某种材料3 600千克，该材料单位成本10元，单位存储成本为2元，一次订货成本25元。则：

$$Q^{*}=\sqrt{\frac{2KD}{K_c}}=\sqrt{\frac{2\times 3\ 600\times 25}{2}}=300\text{（千克）}$$

$$N^{*}=\frac{D}{Q^{*}}=\frac{3\ 600}{300}=12\text{（次）}$$

$$TC(Q^{*})=\sqrt{2KDK_C}=\sqrt{2\times 25\times 3\ 600\times 2}=600\text{（元）}$$

$$t^{*}=\frac{1}{N^{*}}=\frac{1}{12}=1\text{（个月）}$$

$$I^{*}=\frac{Q^{*}}{2}\times U=\frac{300}{2}\times 10=1\ 500\text{（元）}$$

经济订货量也可以用图解法求得：先计算出一系列不同批量的各有关成本，然后在坐标图上描出由各有关成本构成的订货成本线、储存成本线和总成本线，总成本线的最低点（或者是订货成本线和储存成本线的交接点）相应的批量，即经济订货量。

不同批量下的有关成本指标见表7－9。

表7－9　成本指标相关数据

订货批量	100	200	300	400	500	600
平均存量	50	100	150	200	250	300
储存成本	100	200	300	400	500	600
订货次数	36	18	12	9	7.2	6
订货成本	900	450	300	225	180	150
总成本	1 000	650	600	625	680	750

不同批量的有关成本变动情况可见图 7－7。从以上成本指标的计算和图形中可以很清楚地看出，当订货批量为 300 千克时总成本最低，小于或大于这一批量都是不合算的。

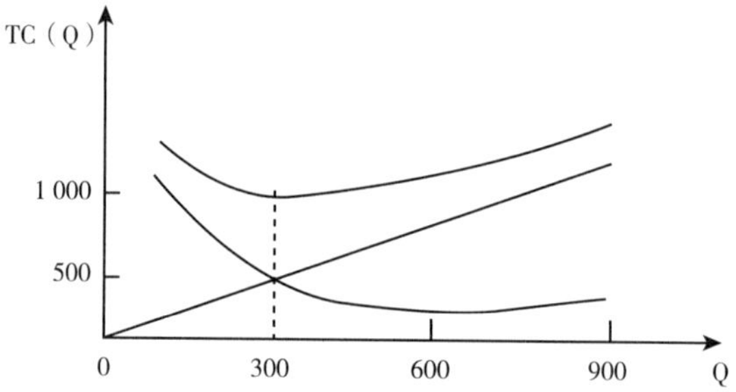

图 7－7 成本变动趋势图

（二）基本模型的扩展

经济订货量的基本模型是在前述各假设条件下建立的，但现实生活中能够满足这些假设条件的情况十分罕见。为使模型更接近于实际情况，具有较高的可用性，需要逐一放宽假设，同时改进模型。

1. 订货提前期

一般情况下，企业的存货不能做到随用随时补充，因此不能等存货用完再去订货，而需要在没有用完时提前订货。在提前订货的情况下，企业再次发生订货单时，尚有存货的库存量，称为再订货点，用 R 来表示。它的数量等于交货时间（L）和每日平均需要用量（d）的乘积：

$R = L \cdot d$

续前例，企业订货日至到货期的时间为 10 天，每日存货需要量为 10 千克，那么有：

$R = L \cdot d = 10 \times 10 = 100$（千克）

即企业在尚存 100 千克存货时，就应当再次订货，等到下批订货到达时（再次发出订货单 10 天后），原有库存刚好用完。此时，有关存货的每次订货批量、订货次数、订货间隔时间等并无变化，与瞬时补充时相同。订货提前期的情形见图 7－8。这就是说，订货提前期对经济订货量并无影响，可仍以原来瞬时补充情况下的 300 千克为订货批量，只不过在达到再订货点（库存 100 千克）时即发出订货单罢了。

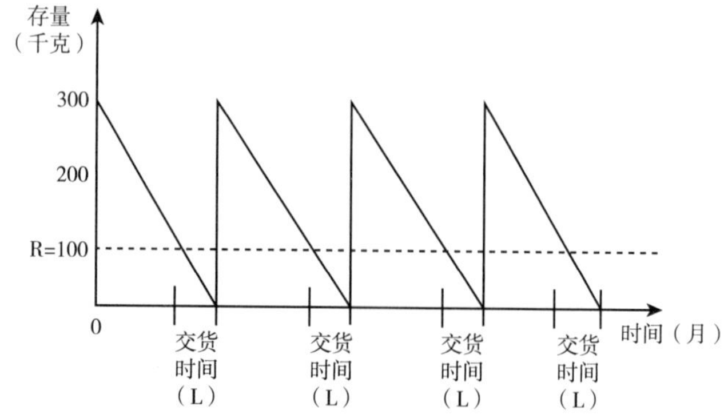

图 7－8 订货提前期示意图

2. 存货陆续供应和使用。

在建立基本模型时，是假设存货一次全部入库，故存货增加时存量变化为一条垂直的直线。事实上，各批存货可能陆续入库，使存量陆续增加。尤其是产成品入库和在产品转移，几乎总是陆续供应和陆续耗用的。在这种情况下，需要对图 7－8 基本模型做一些修改。

【例 7－10】某零件年需用量（D）为 3 600 件，每日送货量（P）为 30 件，每日耗用量（d）为 10 件，单价（U）为 10 元，一次订货成本（生产准备成本 K）为 25 元，单位储存变动成本（Kc）为 2 元。存货数量的变动见图 7－9。

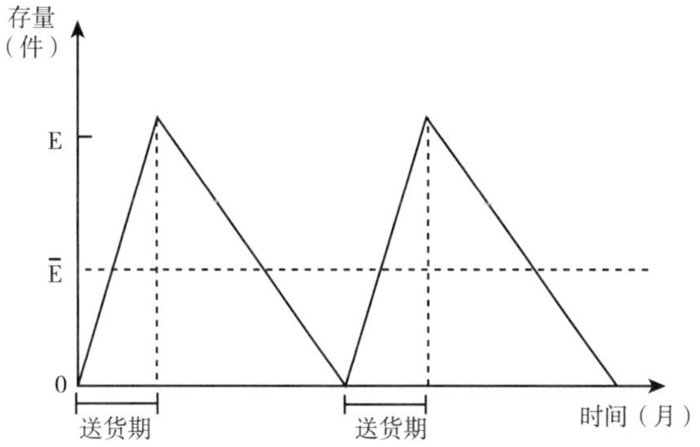

图 7－9　存货量变动示意图

设每批订货数为 Q。由于每日送货量为 P，故该批货全部送达所需日数为 Q/P，称其为送货期。

因零件每日耗用量为 d，故送货期内的全部耗用量为：

$$\frac{Q}{P}\times d$$

由于零件边送边用，因此每批送完时，最高库存量为：

$$Q-\frac{Q}{P}\times d$$

平均存量则为：

$$\frac{1}{2}\left(Q-\frac{Q}{P}\times d\right)$$

图 7－9 中的 E 表示最高库存量，$\overline{E}$ 表示平均库存量。这样，与批量有关的总成本为：

$$TC(Q)=\frac{D}{Q}\times K+\frac{1}{2}\left(Q-\frac{Q}{P}\times d\right)\times K_C$$

$$=\frac{D}{Q}\times K+\frac{Q}{2}\left(1-\frac{d}{P}\right)\times K_C$$

在订货变动成本与储存变动成本相等时，TC(Q) 有最小值，故存货陆续供应和使用的经济订货量公式为：

$$\frac{D}{Q}\times K=\frac{Q}{2}\left(1-\frac{d}{P}\right)\times K_C$$

$$Q^*=\sqrt{\frac{2KD}{K_C}\times\frac{P}{P-d}}$$

将这一公式代入上述 TC(Q) 公式，可得出存货陆续供应和使用的经济订货量总成本公式为：

$$TC(Q^*)=\sqrt{2KDK_C\left(1-\frac{d}{P}\right)}$$

将上述例题数据代入，则：

$$Q^*=\sqrt{\frac{2\times25\times3\ 600}{2}\times\frac{30}{30-10}}=367\text{（件）}$$

$$TC(Q^*)=\sqrt{2\times25\times3\ 600\times2\times\left(1-\frac{10}{30}\right)}=490\text{（元）}$$

陆续供应和使用的经济订货量模型，还可以用于自制和外购的选择决策。自制零件属于边送边用的情况，单位成本可能较低，但每批零件投产的生产准备成本比一次外购订货的订货成本可能高出许多。外购零件的单位成本可能较高，但订货成本可能比较低。要在自制零件和外购零件之间做出选择，需要全面衡量它们各自的总成本，才能得出正确的结论。这时，就可借用陆续供应或瞬时补充的模型。

【例 7-11】某生产企业使用 A 零件，可以外购，也可以自制。如果外购，则单价 4 元，一次订货成本 10 元；如果自制，则单位成本 3 元，每次生产准备成本 600 元，每日产量 50 件。零件的全年需求量为 3 600 件，储存变动成本为零件价值的 20%，每日平均需求量为 10 件。

下面分别计算零件外购和自制的总成本，以选择较优的方案。

（1）外购零件。

$$Q^*=\sqrt{\frac{2KD}{K_c}}=\sqrt{\frac{2\times10\times3\ 600}{4\times0.2}}=300\text{（件）}$$

$$TC(Q^*)=\sqrt{2KDK_C}=\sqrt{2\times10\times3\ 600\times4\times0.2}=240\text{（元）}$$

$$TC=DU+TC(Q^*)=3\ 600\times4+240=14\ 640\text{（元）}$$

（2）自制零件。

$$Q^*=\sqrt{\frac{2KD}{K_C}\times\frac{P}{P-d}}=\sqrt{\frac{2\times600\times3\ 600}{3\times0.2}\times\frac{50}{50-10}}$$
$$=3\ 000\text{（件）}$$

$$TC(Q^*)=\sqrt{2KDK_C\left(1-\frac{d}{P}\right)}$$
$$=\sqrt{2\times600\times3\ 600\times3\times0.2\left(1-\frac{10}{50}\right)}=1\ 440\text{（元）}$$

$$TC=DU+TC(Q^*)=3\ 600\times3+1\ 440=12\ 240\text{（元）}$$

由于自制的总成本（12 240 元）低于外购的总成本（14 640 元），因而以自制为宜。

3. 保险储备。

以前讨论假定存货的供需稳定且确知，即每日需求量不变，交货时间也固定不变。实际上，每日需求量可能变化，交货时间也可能变化。按照某一订货批量（如经济订货批量）和再订货点发出订单后，如果需求增大或送货延迟，就会发生缺货或供货中断。为防止由此造成的损失，就需要多储备一些存货以备应急之需，称为保险储备（安全存量）。这些存货在正常情况下不动用，只有当存货过量使用或送货延迟时才动用。保险储备如图 7-10 所示。

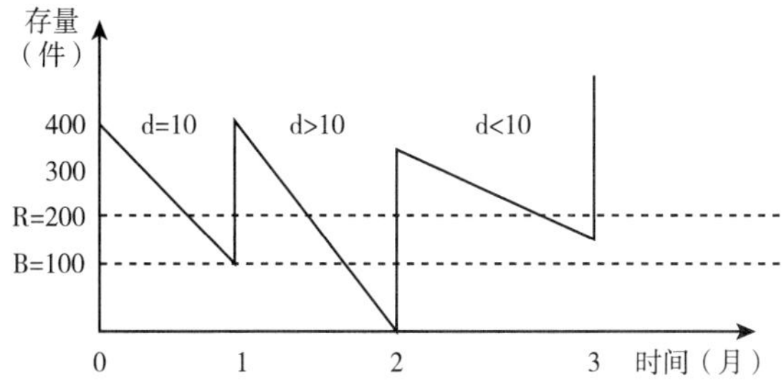

图 7－10　保险储备示意图

图 7－10 中，年需用量（D）为 3 600 件，已计算出经济订货量为 300 件，每年订货 12 次。又知全年平均日需求量（d）为 10 件，平均每次交货时间（L）为 10 天。为防止需求变化引起缺货损失，设保险储备量（B）为 100 件，再订货点 R 由此而相应提高为：

R ＝交货时间 × 平均日需求＋保险储备

$= L \cdot D + B$

$= 10 \times 10 + 100$

＝200（件）

在第一个订货周期内，$d = 10$，不需要动用保险储备；在第二个订货周期内，$d > 10$，需求量大于供货量，需要动用保险储备；在第三个订货周期内，$d < 10$，不仅不需动用保险储备，正常储备亦未用完，下次存货即已送到。

建立保险储备，固然可以使企业避免缺货或供应中断造成的损失，但存货平均储备量加大却会使储备成本升高。研究保险储备的目的，就是要找出合理的保险储备量，使缺货或供应中断损失和储备成本之和最小。方法上可先计算出各不同保险储备量的总成本，然后再对总成本进行比较，选定其中最低的。

如果设与此有关的总成本为 TC(S、B)，缺货成本为 C_S，保险储备成本为 C_B，则：

$TC(S、B) = C_S + C_B$

设单位缺货成本为 K_U，一次订货缺货量为 S，年订货次数为 N，保险储备量为 B，单位存货成本 K_C，则：

$C_S = K_U \cdot S \cdot N$

$C_B = B \cdot K_C$

$TC(S、B) = K_U \cdot S \cdot N + B \cdot K_C$

现实中，缺货量 S 具有概率性，其概率可根据历史经验估计得出；保险储备量 B 可选择而定。

【例 7－12】假定某存货的年需要量 D＝3 600 件，单位储存变动成本 $K_C = 2$ 元，单位缺货成本 $K_U = 4$ 元，交货时间 L＝10 天；已经计算出经济订货量 Q＝300 件，每年订货次数 N＝12 次。交货期内的存货需要量及其概率分布见表 7－10。

表 7－10　存货需要量与概率

需要量（10 × d）	70	80	90	100	110	120	130
概率（P_1）	0.01	0.04	0.20	0.50	0.20	0.04	0.01

先计算不同保险储备量的总成本。

（1）不设置保险储备量。

即令 $B=0$，且以100件为再订货点。此种情况下，当需求量为100件或以下时，不会发生缺货，其概率为0.75（0.01+0.04+0.20+0.50）；当需求量为110件时，缺货10件（110-100），其概率为0.20；当需求量为120件时，缺货20件（120-100），其概率为0.04；当需求量为130件时，缺货30件（130-100），其概率为0.01。因此，$B=0$ 时缺货的期望值 S_0、总成本 $TC(S、B)$ 可计算如下：

$S_0=(110-100)\times 0.2+(120-100)\times 0.04+(130-100)\times 0.01=3.1$（件）

$TC(S、B)=K_U\cdot S_0\cdot N+B\cdot K_C$

$=4\times 3.1\times 12+0\times 2$

$=148.4$（元）

（2）保险储备量为10件。

即 $B=10$ 件，以110件为再订货点。此种情况下，当需求量为110件或以下时，不会发生缺货，其概率为0.95（0.01+0.04+0.20+0.50+0.20）；当需求量为120件时，缺货10件（120-110），其概率为0.04；当需求量为130件时，缺货20件（130-110），其概率为0.01。因此，$B=10$ 件时缺货的期望值 S_{10}、总成本 $TC(S、B)$ 可计算如下：

$S_{10}=(120-110)\times 0.04+(130-110)\times 0.01=0.6$（件）

$TC(S、B)=K_U\cdot S_{10}\cdot N+B\cdot K_C$

$=4\times 0.6\times 12+10\times 2$

$=48.8$（元）

（3）保险储备量为20件。

同样运用以上方法，可计算 S_{20}、$TC(S、B)$ 为：

$S_{20}=(130-120)\times 0.01=0.1$（件）

$TC(S、B)=4\times 0.1\times 12+20\times 2=44.8$（元）

（4）保险储备量为30件。

即 $B=30$ 件，以130件为再订货点。此种情况下可满足最大需求，不会发生缺货，因此有：

$S_{30}=0$

$TC(S、B)=4\times 0\times 12+30\times 2=60$（元）

然后，比较上述不同保险储备量的总成本，以其低者为最佳。

当 $B=20$ 件时，总成本为44.8元，是各总成本中最低的。故应确定保险储备量为20件，或者说应确定以120件为再订货点。

以上举例解决了由于需求量变化引起的缺货问题。至于由于延迟交货引起的缺货，也可以通过建立保险储备量的方法来解决。确定其保险储备量时，可将延迟的天数折算为增加的需求量，其余计算过程与前述方法相同。如前例，若企业延迟到货3天的概率为0.01，则可认为缺货30件（3×10）或者交货期内需求量为130件（10×10+30）的概率为0.01。这样就把交货延迟问题转换成了需求过量问题。

四、存货的日常控制

存货的日常控制是指在日常生产经营过程中，按照存货计划的要求，对存货的使用和周转情况进行的组织、调节和监督。存货控制的方法主要有如下几种。

（一）存货的归口分级控制

存货的归口分级控制，是加强存货日常管理的一种重要方法。这一管理方法包括如下三项内容：

1. 在厂长经理的领导下，财务部门对存货资金实行统一管理。企业必须加强对存货资金的集中、统一管理，促进供、产、销互相协调，实现资金使用的综合平衡，加速资金周转。财务部门的统一管理主要包括如下几个方面工作：

（1）根据国家财务制度和企业具体情况制定企业资金管理的各种制度；

（2）认真测算各种资金占用数额，汇总编制存货资金计划；

（3）把有关计划指标进行分解，落实到有关单位和个人；

（4）对各单位的资金运用情况进行检查和分析，统一考核资金的使用情况。

2. 实行资金的归口管理。根据使用资金和管理资金相结合，物资管理和资金管理相结合的原则，每项资金由哪个部门使用，就归哪个部门管理。各项资金归口管理的分工一般如下：

（1）原材料、燃料、包装物等资金归供应部门管理；

（2）在产品和自制半成品归生产部门管理；

（3）产成品资金归销售部门管理；

（4）工具用具占用的资金归工具部门管理；

（5）修理用备件占用的资金归设备动力部门管理。

3. 实行资金的分级管理。各归口的管理部门要根据具体情况将资金计划指标进行分解，分配给所属单位或个人，层层落实，实行分级管理。具体分解过程可按如下方式进行：

（1）原材料资金计划指标可分配给供应计划、材料采购、仓库保管、整理准备各业务组管理；

（2）在产品资金计划指标可分配给各车间、半成品库管理；

（3）成品资金计划指标可分配给销售、仓库保管、成品发运各业务组管理。

（二）ABC 控制法

在企业成千上万种存货中，有的价格昂贵，有的价值低廉；有的数量庞大，有的数量甚少。如果管理中不分主次，对每一种存货都进行周密规划、严格控制，就抓不住重点，也不能有效地控制存货资金。ABC 控制法正是针对这一问题而提出来的重点管理方法。运用 ABC 法控制存货资金，一般分为如下几个步骤：

1. 计算每一种存货在一定时间内（一般为一年）的资金占用额。

2. 计算每一种存货资金占用额占全部资金占用额的百分比，并按大小顺序排列，编成表格。

3. 根据事先测定好的标准，把最重要的存货划为 A 类，把一般存货划为 B 类，把不重要的存货划为 C 类，并画图表示出来。

4. 对 A 类存货进行重点规划和控制，对 B 类存货进行次重点管理，对 C 类存货只进行一般管理。

【例 7 - 13】大华公司共有 20 种材料，共占用资金 100 000 元，按占用资金多少的顺序排列后，根据上述原则划分成 A、B、C 三类，详见表 7 - 11。

表 7-11　　材料资金的分类情况

材料品种（用编号代替）	占用资金数额（元）	类别	各类存货所占的		各类存货占用资金的	
			种数（种）	比重（%）	数额（元）	比重（%）
1 2	50 000 25 000	A	2	10	75 000	75
3 4 5 6 7	10 000 5 000 2 500 1 500 1 000	B	5	25	20 000	20
8 9 10 11 12 13 14 15 16 17 18 19 20	900 800 700 600 500 400 300 200 190 180 170 50 10	C	13	65	5 000	5
合计	100 000		20	100	100 000	100

表 7-11 中的各类材料资金占用情况，如图 7-11 所示。

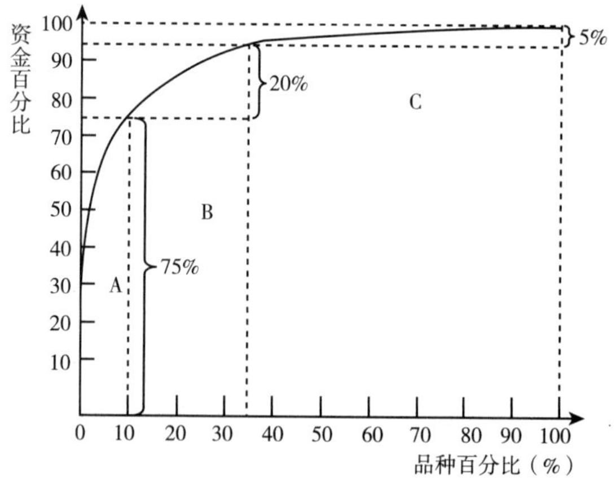

图 7-11　各类材料资金占用情况

从图 7 – 11 可以看出，A 类存货品种虽少，但占用资金多，因而应集中主要力量，对其收入、发出进行严格控制和管理；C 类存货虽然品种繁多，但占用资金不多，对这类存货不必花费大量时间和精力去进行规划和控制；B 类存货介于 A 类和 C 类之间，应给予相当的重视，但不必像 A 类那样进行非常严格的控制。

思考题

1. 什么是营运资本？
2. 流动资产有何特点？流动负债有何特点？
3. 流动资产的概念、组成及其分类。
4. 企业持有现金的动机有哪些？现金管理的目的又是什么？
5. 确定最佳现金余额的方法有几种？你认为哪一种方法最好，为什么？
6. 现金的日常控制工作应如何进行？
7. 应收账款的管理目标是什么？信用政策的内容有哪些？在制定信用政策时企业应考虑哪些因素？
8. 企业应如何对客户的信用状况进行评价？
9. 应收账款的成本包括哪些内容？
10. 如何做好应收账款的日常管理工作？
11. 存货的管理目标是什么？
12. 储备的存货成本都有哪些？
13. 何为经济订货量？如何确定？
14. 如何做好存货的日常控制工作？

练习题

1. 某企业每年需耗用 A 材料 45 000 件，单位材料年存储成本 20 元，平均每次进货费用为 180 元，A 材料全年平均单价为 240 元。假定不存在数量折扣，不会出现陆续到货和缺货的现象。要求：

（1）计算 A 材料的经济订货批量；

（2）计算 A 材料年度最佳订货批数；

（3）计算 A 材料的相关订货成本；

（4）计算 A 材料的相关存储成本；

（5）计算 A 材料经济订货批量平均占用资金。

2. ABC 公司 2021 年度设定的每季末预算现金余额的额定范围为 50 万 ~ 60 万元，其中，年末余额已预定为 60 万元。假定当前银行约定的单笔短期借款必须为 10 万元的倍数，年利息率为 6%，借款发生在相关季度的期初，每季末计算并支付借款利息，还款发生在相关季度的期末。2006 年该公司无其他融资计划。

ABC 公司编制的 2021 年度现金预算的部分数据如表 7 – 12 所示。

表 7－12　　**2021 年度 ABC 公司现金预算**　　单位：万元

项目	第一季度	第二季度	第三季度	第四季度	全年
①期初现金余额	40	*	*	*	（H）
②经营现金收入	1 010	*	*	*	5 516.3
③可运用现金合计	*	1 396.30	1 549	*	（I）
④经营现金支出	800	*	*	1 302	4 353.7
⑤资本性现金支出	*	300	400	300	1 200
⑥现金支出合计	1 000	1 365	*	1 602	5 553.7
⑦现金余缺	（A）	31.3	－37.7	132.3	*
⑧资金筹措及运用	0	19.7	（F）	－72.3	*
加：短期借款	0	（C）	0	－20	0
减：支付短期借款利息	0	（D）	0.3	0.3	*
购买有价证券	0	0	－90	（G）	*
⑨期末现金余额	（B）	（E）	*	60	（J）

注：表中用“＊”表示省略的数据。

要求：计算表 7－12 中用字母“A—J”表示的项目数值（除“H”和“J”项外，其余各项必须列出计算过程）

3. 企业销售收入为 4 500 万元，现销和赊销比率为 1：4，收款天数为 60 天，变动成本率为 50%，资金成本率为 10%。

（1）求应收账款平均余额；

（2）求维持应收账款的金额；

（3）求应收账款的机会成本；

（4）若保持是应收账款金额为 400 万元，其他条件不变，收账日期应为多少天？

4. 已知：某公司现金收支平稳，预计全年（按 360 天计算）现金需要量为 250 000 元，现金与有价证券的转换成本为每次 500 元，有价证券年利率为 10%。要求：

（1）计算最佳现金持有量；

（2）计算最佳现金持有量下的全年现金管理总成本、全年现金转换成本和全年现金持有机会成本；

（3）计算最佳现金持有量下的全年有价证券交易次数和有价证券交易间隔期。

综合案例

拉夏贝尔的经营困境

上海拉夏贝尔服饰股份有限公司（简称“拉夏贝尔”）成立于 1998 年，是一家多品牌运营的自有品牌服装连锁零售企业，主要从事服装自主设计与研发、外包生产、品牌推广和直营销售，其旗下拥有“La Chapelle”“La Chapelle SPORT”和“Candies”三大主营女装品牌。

邢加兴在 1998 年创办了拉夏贝尔，通过自己熟悉的代理加盟模式，实现了近 300 万元的销售额。邢加兴坚持“发展中的公司停不下来”的发展理念，加大生产，保证库存。到2007年，拉夏贝尔成了一个拥有近300家直营专卖店的知名服装品牌。之后的10年，拉夏贝尔走上了快速发展的阶段。到2017年，拉夏贝尔三次冲击A股后获批。当年数据显示，其零售网点数量达到了9 448家。这在整个服装行业体量如何？在可比的几家上市女装公司中，朗姿股份同期仅有454家；中国高端女装一线品牌维格娜丝，除去收购的韩国品牌Teenie Weenie后，门店总量为263家。于2018年6月上市的地素时尚，算得上线下规模前列品牌，但其门店数量也只有1 038家。这时候，消费者走进国内任何一家商业中心，都能平均找到3.5家拉夏贝尔及其旗下品牌的门店。而随着门店规模的增长，拉夏贝尔营收也从创业时的300万元，增长到了2017年的104.46亿元。

但事实上，拉夏贝尔自2016年已经陷入增收不增利的窘境。2016年，拉夏贝尔营收增速为19.81%，相较上期少了3.5%。2017年和2018年，这个数字已经分别跌到了14.95%、13.08%。到2019年上半年，营收增速为-9.78%。盈利方面更为严重，2017年年末拉夏贝尔扣非净利润虽达到4.72亿元，但首次出现了负增长，同比下滑16.85%，到了2018年，这一态势还在延续，扣非净利润同比增幅为-132%。2019年上半年，更是达到-311.2%。根据拉夏贝尔2017年年报中“产销量情况分析表”显示，其上装、下装、裙装、配饰的生产量比上年增长16.73%、18.19%、13.89%、-9.08%。由于公司主要采用外包生产模式，因此这里的生产量实为从第三方采购。在配饰以外超过两位数的采购增速下，拉夏贝尔的销售量却大跌。其同比增长数据分别为6.47%、7.88%、-5.14%、-17.47%。终端销售速度跟不上采购，仓库里的存货就开始多了起来。其2017年各产品库存量同比增长了24.79%、17.29%、25.05%、81.46%。这一年，拉夏贝尔的存货超过23亿元，占到总资产的29.79%，同比增长近3%。仅2019年上半年，拉夏贝尔的境内零售网点的数量减少了2 470个，平均每天就有13家店铺关闭，2019年年末国内经营网点数量由2019年初的9 269个降至4 800余个，关闭门店的经营亏损以及一次性确认装修摊销费用，导致亏损4亿~4.5亿元。拉夏贝尔的亏损态势持续加剧，2022年5月24日，由上交所摘牌退市。截至2022年6月，公司港股仍未退市，但股价整体亦呈下降趋势。

案例思考：

1. 拉夏贝尔资金链存在问题的最大原因是什么？
2. 拉夏贝尔过多的存货对该公司生产经营有什么影响？

第八章

成本管理

【学习目标】

通过本章学习，应当了解并掌握：

[1] 产品成本与生产费用的概念和构成；

[2] 成本预测与成本计划的过程和方法；

[3] 材料成本、人工成本以及制造费用控制的工作内容；

[4] 成本分析与考核的原理和方法。

成本的概念由来已久，对其的讨论亦是百家争鸣。从以马克思的《资本论》为代表的政治经济学开始，我们对成本有了宏观和微观的分析和总结。成本是商品生产的产物。政治经济学认为，在商品经济条件下，产品生产的过程，既是物化劳动和活劳动耗费的过程，同时又是剩余价值的创造和商品价值的形成过程。简而言之，成本属于价值的范畴，与价值有着紧密的联系，是企业为生产商品和提供劳务等所耗费物化劳动和活劳动中的必要劳动价值的货币表现。成本的概念是在商品生产的过程中不断完善和发展起来的，一直是企业和管理者重视的对象。企业在生产经营过程中，必然会发生各种耗费，包括原材料、燃料、动力消耗、劳动资料的磨损、劳动力的消耗等。这些耗费便构成企业的生产经营费用，将生产经营费用按某一具体对象归集时便构成其生产经营成果的生产经营成本，即成本是对象化的费用。我国在成本的理解上有其具体的内容，会计准则、会计制度为成本的核算和分析界定了范围，有利于将理论和实务联系起来。

成本与利润关系密切，企业财务管理的目标总是力图降低成本，使企业利润最大化，所以成本管理的核心是成本控制，成本管理的基本方法便是以企业的成本为对象，运用一定的方法进行计算和分析，便于企业管理者的评价和考核。本章以制造企业为例介绍成本预测、成本计划、成本控制、成本的分析与考核等内容。

第一节　产品成本和生产费用

一、产品成本概述

（一）产品成本的概念及作用

产品成本指制造业企业在一定时期内为制造一定数量产品所支出的全部费用的总和。

产品成本属于产品价值的范畴，是产品价值的基本部分，这是产品成本的实质。产品价值是由生产某种产品的社会必要劳动量决定的，它包括三个组成部分：（1）在生产过程中被消耗的生产资料的价值，即劳动资料或劳动对象；（2）劳动者在生产过程中为必要劳动创造的价值，即劳动者个人的报酬部分；（3）劳动者在生产过程中为社会创造的价值部分。产品成本与产品价值三个组成部分的关系见图 8－1。

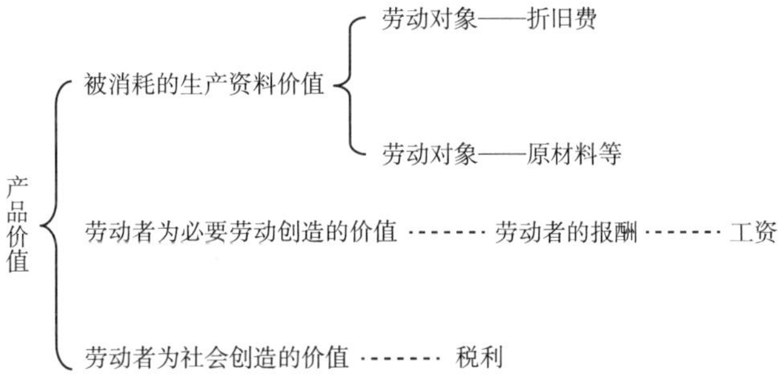

图 8－1　产品成本与产品价值三个组成部分的关系

产品成本是一项重要的经济指标，它在企业的经济核算和经营管理工作中具有重要的作用。

1. 成本指标是补偿生产耗费的尺度。

为了保证再生产过程的顺利进行，必须对生产耗费进行补偿。

在实行经济核算制的企业中，其生产过程的耗费要用自己的生产成果进行补偿，这些企业的经营成果表现为销售产品、商品实现的营业收入。在实现的营业收入中，用多少来补偿生产的耗费，客观上需要有一个衡量的尺度。成本指标是企业在生产过程中全部耗费的货币表现，因此成为衡量生产过程资金耗费的尺度。在企业取得的营业收入中，必须把相当于成本的数额划出来，用以补偿生产过程的顺利进行。

2. 成本指标是制定产品价格的重要依据。

从理论上讲，产品价格是产品价值的货币表现，因此产品的价格应当与产品价值大体一致。但在实际工作中，产品价值是一个无法准确计算的指标，只有通过产品成本及费用间接地计算，在制定产品价格时，要以产品成本为基础，确定产品的价格。所以成本指标成为制定产品价格的重要依据。在制定产品价格时，必须考虑成本水平，应当使产品价格大于总的成本，这样不但可以补偿生产过程的资金耗费，还可以使企业获取一定的利润。此外，在确定不同产品之间的比价时，要考虑各种产品成本水平的差异，以便在一定程度上相对反映出各种产品价值的比例关系。

3. 成本指标是企业进行经营决策的重要依据。

企业进行生产经营决策时，必须考虑各种因素的影响。成本指标是经常考虑的重要因素之一。成本水平直接影响着企业能否实现预计的经济效益，在产品价格确定的情况下，成本水平的高低则成为经济效益好坏的决定因素。因此成本指标成为企业进行经营决策的重要依据。企业在做出投资决策、开发新产品决策、制定产品价格和其他各项经营决策时，都应充分考虑成本水平对决策目标的影响，做出最佳的经营决策。

（二）产品成本的内容

根据产品价值的基本内容，产品生产过程中所发生的生产资料消耗价值和劳动者为必要劳动创造的价值，是产品成本的理论构成。

根据《企业财务通则》规定，制造业企业制造成本的内容是：企业生产过程中实际消耗的直接材料、直接工资、其他直接支出和制造费用。

按财务制度规定，企业发生下列支出不能计入成本：为购置和建造固定资产、无形资产和其他资产发生的支出；对外投资支出和向投资者分配的利润；被没收的财物支付的滞纳金、罚款罚息、违约金、赔偿金，以及企业的各项赞助、捐款支出；应在公积金、公益金中开支的支出；国家法律、法规规定以外的各种付费；国家规定不得列入成本的其他支出。这些支出不属于生产经营性支出，可以统称为非经营性支出。

（三）产品成本管理要求

产品成本管理是企业遵循产品成本形成的客观规律和国家有关产品成本管理法规，以价值形式，运用预测、计划、控制、核算、分析、考核等手段，对产品从研制到生产完工过程中所有费用的发生和成本的形成，进行真实和综合反映和严格监督，达到以较少的劳动耗费，取得最大利润的财务管理目标。

根据产品成本管理的客观内容，产品成本管理的根本目的是追求产品成本在相对条件下得以下降。这就意味着企业对产品成本管理提出了以下几个方面的要求。

1. 正确地处理好成本与产量、质量之间的关系。

在一定的产量范围内，产量的增长可以降低单位产品的固定费用，使成本水平趋向于标准目标，因此对企业标准能力产量的追求是相对地降低产品成本的重要途径。但值得提醒的是，当市场能够接受产销量的不断增长时，这里所指的产品成本水平下降，是在相关的产量范围内，突破这个数量区限，固定费用则不论数量突破多少，会以类似于倍数的幅度发生增长，所以成本是企业扩大产品产销量决策的重要前提之一。

关于成本与质量问题，往往认为提高产品质量能降低产品成本，实际上这只是成本降低途径的次要内容，因为这个“质量”概念的实质是产品生产中的工作质量，即提高这种质量，减少废次品（哪怕是合理比例内）的数量，能直接降低成本中废次品损失的分摊额。由于现代化的生产手段不断进步，废品损失对成本水平变化的影响将愈来愈小，所以成本与质量之间关系的探讨应该是产品制造成本水平与产品本身质量要求水平之间是否趋于平衡的研讨。一般来讲，产品本身质量要求水平较高，其制造成本水平也相应提高。社会消费是由低中高不同层次组成的，如何生产适应不同层次和质量要求的商品，既能满足市场的各种需求，又能控制成本水平于一定的范围内，这也是寻找成本水平控制方法和降低成本的重要途径之一。

2. 正确划分各种费用支出的界限，保证成本计算的正确性。

企业在生产经营中的费用支出，并非全部是一定时期内一定数量的产品成本所承担的。我们分析及划分各种费用支出的界限，有利于产品成本的确定，有利于收入与费用的合理配比，有利于企业切实地完成纳税指标。为此，成本管理中要划清以下几个方面的界限。

（1）收益支出与资本支出的界限。

收益支出是指与当期收益相配比的费用支出，即属于产品成本承担的料、工、费；资本支出是指投资于固定资产或其他长期资产的费用支出，应通过逐期摊销在今后的会计年度中分期承担。这样的区分将有利于保证资产价值以及与当期收益支出的各自正确性。

（2）收益支出与营业外支出的界限。

营业外支出是与生产经营无关的其他支出，如非常损失、赞助支出、处理固定资产损失等，这些支出与产品生产的费用支出无关，属于经营无关支出，不能计入产品成本。

（3）产品制造成本与当期期间费用的界限。

按制造成本法核算的产品成本是指企业在一定时期内为制造一定数量产品而发生的料、工、费的合计。而期间费用是指企业因本期经营需要而发生的管理费用、财务费用、营业费用等。这种划分界限使企业的经营管理者能有效地考核与分析产品生产的效益与经营中的效益，也有利于企业内部经济责任制的建立与各类费用支出的控制。

（4）本期产品成本与下期产品成本的界限。

权责发生制的原则或收益与支出的配比原则，要求把本期产品承担的费用支出与下期产品成本承担的费用支出作不同的会计核算处理。用待摊与预提两种处理方式，有利于企业的营业利润处于合理或平衡的状态。

3. 加强产品管理的基础工作。

（1）加强定额管理，以提高成本计划与成本分析的质量。

定额是指企业在生产经营过程中或在一定的生产技术和管理水平条件下，要求人力、物力、财力消耗和利用方面所要达到的数量、质量和时间等方面的标准。它不仅是企业实行内部经济核算的基础和要求，也是实行全面成本管理责任制的基础和要求，特别是它对成本计划和成本分析提供了一种科学的依据。但成本管理中有关定额的制定必须处理好先进性和可行性的辩证关系，以利于提高成本计划和成本分析的工作质量。

（2）健全有关成本的各种原始记录。

原始记录是直接反映生产经营活动的第一次记录。在整个成本管理过程中，原始记录是最初的起点，更是正确计算产品成本，进行成本分析直至下一个计算期产品成本预测和计划的基础资料之一。因此，健全原始凭证的记录，是成本管理与分析的一项重要内容。在企业内部必须有严格的管理和审核制度，保证企业各环节对产品产量、质量、工时消耗，物资领用和消耗，各种费用开支，以及产品的内部转移和产品入库等活动内容，都具有详细的记录或记载，并且确定科学合理的填制方法和传递网络。

（3）加强计量、验收和物资收发领退的管理。

企业内部一切物资的收发都要经过计量和验收。各种计量器具要配备齐全，并建立相应的器具校正、维修和定期检查的制度。

对材料、半成品、工具等物资的领用和退库，都要根据定额以及有关手续进行办理，并且做到定期盘点、账实相符，防止错领、多领等浪费现象的发生。

（4）制订厂内的计划价格。

为了加强全面成本管理责任制，必须制订和健全厂内的计划价格，包括外购和自制材料、工具、维修件、劳务的计划价格。厂内有关成本内容的计划价格是企业编制成本计划，进行成本核算和成本分析、考核的重要依据，也是为了保证成本管理过程中的口径一致性。但计划价格的制定要注意相对稳定的原则，这就要求计划价格尽可能符合实际情况。对于价格差异要作及时调整、合理分摊，以提高成本管理各项工作的质量。

总之，成本管理的各项基础工作应受到各层次管理人员的充分重视，特别是分管财务的厂长（经理）和财务主管人员应充分地认识到基础工作对较高层次管理内容所起到的重要作用，不要因小失大，失去成本计划、核算、分析等环节的真实性和严肃性，这是成本管理最起码的要求。

二、生产费用的分类

为了便于加强成本的管理，节约费用支出，降低成本，必须对生产经营过程中发生的各种费用进行科学的分类。根据生产费用的特点和核算与管理的要求，可以按照不同的标准分类，主要的分类包括按照经济内容和按照经济用途的分类。

（一）生产费用按照经济内容的分类

生产费用按经济内容的分类，也即按经济性质分类，目的是分析企业发生了哪些费用开支。将生产费用按照经济内容分类，可以划分为若干要素，称为生产费用要素。生产费用要素可以概括为劳动对象方面的费用、劳动手段方面的费用、活劳动方面的费用及其他费用等几个要素。它们可以归结为物质消耗的费用要素和非物质消耗的费用要素两类。

在实际工作中，为了反映成本的构成和水平，企业生产费用要素还应进一步具体划分为以下各项。

1. 外购材料。指企业为进行生产而耗用的一切由外部购入的原料及主要材料、半成品、辅助材料、包装物、修理用备件和低值易耗品等。

2. 外购燃料。指企业为进行生产而耗用的由外部购入的各种燃料。

3. 外购动力。指企业为进行生产而耗用的由外部购入的各种动力。

4. 工资。指企业支付给职工的应计入生产费用的劳动报酬（不包括付给生活福利单位工作人员的工资等）。

5. 提取的职工福利费。指企业根据国家规定，按工资总额的一定比例计算提取的职工福利费。

6. 折旧费。指企业按照规定的固定资产折旧率计算提取的折旧费用。

7. 税金。指应计入生产费用的应交房产税、车船使用税、印花税等各种税金。

8. 利息费用。指企业计入生产费用的利息支出减利息收入后的净额。

9. 其他费用。指不属于以上各要素的费用支出，如邮电费、旅差费、租赁费、筹资活动支出、计入本期的待摊费用和预提费用等。

生产费用要素是把属于同类性质的全部费用归集在一起，而不考虑它们的具体用途和发生地点。这种分类方法便于区分生产费用中的物化劳动消耗和活劳动消耗，可以为企业核定流动资金、考核流动资金周转情况、计算工业净产值和国民收入提供资料。但这种分类不反映生产费用的用途和发生地点，因而不能确定费用支出与各种产品之间的关系，不便于分析产品成本升降的原因和费用支出是否合理节约。

（二）生产费用按经济用途的分类

生产费用在企业生产经营中的用途各不相同，有的直接用于产品生产，有的用于生产经营的组织和管理，有的用于产品销售。为了加强对成本、费用的管理，分析生产费用用于哪些方面，需要按费用的经济用途进行分类。

按照生产费用的用途，可以划分为生产费用、管理费用、销售费用等类别，它们可以归结为产品制造成本和期间费用（或期间成本）两大类。产品制造成本和期间费用，应进一步按照企业的特点和成本、费用管理的需要加以细分，划分为若干项目，称为成本项目。

产品制造成本项目，根据生产费用的用途和发生地划分。一般说来，对直接用于产品生产、占产品制造成本比重较大而且规定有消耗定额的费用，单独设置成本项目；对于不直接用于产品生产，或在产品制造成本中占比重不大的费用，可归并设置成本项目。工业企业产品制造成本，一般包括以下三个成本项目。

1. 直接材料。指企业生产经营过程中实际消耗并构成产品实体或有助于产品形成的各项原材料、辅助材料、备品配件、外购半成品、燃料、动力、包装物以及其他直接材料。

2. 直接人工。指企业直接参加产品生产的生产工人工资（包括奖金、津贴和补贴）以及按生产工人工资总额和规定的比例计算提取的职工福利费。

3. 制造费用。企业各个生产单位（工厂、车间）为组织和管理生产所发生的各项间接费用，包括生产单位管理人员工资、生产单位房屋建筑物、机器设备等的折旧费等以及其他制造费用。

以上产品成本项目的费用，构成了产品的制造成本。为了使产品成本项目能够反映企业生产的特点，满足成本管理的要求，各企业可以根据自身的特点和管理的要求，对以上成本项目作适当增减调整。例如，企业生产过程中的燃料动力费用或外购半成品费用比重较大，而且又按产品制定了消耗定额的，就可以将它从“直接材料”项目中单独列为一个成本项目。企业还可以设立“其他直接费用”“废品损失”等项目。将生产费用按上述成本项目分类，可以反映企业产品成本的结构，通过分析考核找出降低成本的途径，促进企业加强经济核算。

企业的期间费用，是指在企业生产经营过程中发生的，不能直接归属于某个特定产品负担的费用。期间费用也就是归属某一会计期间的生产费用。按其经济用途，期间费用项目包括以下几项。

1. 管理费用。指企业行政管理部门为管理和组织经营活动的各项费用。具体内容包括：公司经费（工厂总部管理人员工资、职工福利费、差旅费、办公费、折旧费、修理费、物料消耗、低值易耗品摊销以及其公司经费）、工会经费、待业保险费、职工教育经费、劳动保险费、董事会费、咨询费、诉讼费、业务招待费、税金、场地使用费、技术转让费、无形资产摊销、其他资产摊销、坏账损失、职工培训费、土地损失补偿费、研究开发费以及其他管理费用。

2. 财务费用。指企业为筹集资金而发生的各项费用，包括企业生产经营期间发生的利息支出（减利息收入）、汇兑损失（减汇兑收益）和金融机构手续费以及筹资发生的其他费用等。

3. 营业费用。指企业在销售产品、自制半成品和工业性劳务等过程中发生的各项费用以及专设销售机构的各项经费。具体内容包括：应由企业负担的运输费、装卸费、包装费、保险费、委托代销手续费、广告费、展览费、租赁费（不含融资租赁费）和销售服务费用；销售部门人员工资、福利费、差旅费、办公费、折旧费、修理费、物料消耗、低值易耗品摊销以及其他经费。

企业的期间费用从收入中扣除，而不计入产品成本。这样做不仅因为期间费用与产品生产没有直接联系，也是为了考核企业生产经营单位进行成本管理的责任和正确进行成本预测和决策的水平。

生产费用按经济用途划分为成本项目，企业可以按费用的经济用途考核各项费用定额或计划的执行情况，分析费用支出是否合理节约，使企业能够采取有效措施降低产品成本，节约费用支出。

（三）生产费用的其他分类

企业的生产费用，除了以上两种基本分类以外，还有下列一些其他分类。

1. 按照生产费用计入产品成本的方法不同分为直接费用和间接费用。

直接费用是指为生产某一种产品或与产品生产直接相关的费用，能够根据原始凭证直接计入某一成本对象，如直接材料费用、直接工资费用等。

间接费用是指与多种产品有关，不能直接计入某一成本对象，而必须按照一定的标准分配计入各种产品成本的费用，如制造费用等。

2. 按照生产费用与产品产量的关系不同分为变动费用和固定费用。

变动费用是指随产品产量（一定范围内）增减变动而按比例变动的费用，如各种原材料、燃料动力费用等。

固定费用是指费用数额并不因为产量（一定范围内）增减而相应增减的、相对保持固定的费用，如车间管理人员工资、办公费等。

另外，有些费用虽与产品产量有联系，但费用总额不随产量的增减变动而成比例变动，如设备维修费用，一般称为半变动费用。

3. 按照生产费用与生产工艺的关系不同分为基本费用和一般费用。

基本费用是指由于生产工艺本身引起的各项费用，如原材料、燃料动力费用、生产工人工资等。

一般费用是指由于组织和管理产品生产而发生的费用，如管理人员工资、办公费用等。

4. 按照生产经营费用是否能被某一责任单位所控制，分为可控费用和不可控费用。

可控费用是指在某一单位的权责范围以内，能够直接控制、影响其发生数额的费用，如某生产单位的管理人员工资对于该单位属于可控费用。

不可控费用是指不在某一单位的权责范围之内，不能直接控制、无法影响其发生数额的费用，如生产车间对所分配的材料成本差异属于不可控费用。

以上这些生产费用的分类，对于企业分析成本升降的原因，寻求降低成本的途径，贯彻成本责任制和挖掘降低成本的潜力，具有重要的作用。

第二节　成本预测和成本计划

一、成本预测与计划的概念及意义

要完成产品成本管理的任务，达到产品成本管理的要求，就应当注意产品成本管理的三大环节，即预测与计划、控制与核算、分析与考核。预测与计划是三大环节管理的起点，它既是成本控制的目标，又是成本分析与考核的依据。

所谓产品成本预测与计划，是指企业为达到降低成本的目的根据企业历史成本或现行成本的有关资料，并结合计划年度影响产品成本水平变动的各种措施，如数量、采购、工艺技术、生产组织、经营要求等，采用科学的方法，对这一定时期内全部产品成本的变动趋势，或者某一产品成本指标及某成本项目的水平做出预计或推测，并在这种预计或推测的基础上，做出对成本控制目标的决策，即成本的计划制定。

产品成本的预测与计划作为成本管理的重要环节，对挖掘企业降低成本的潜力，提高成本控制的能力和各生产经营环节的经营管理水平等都具有十分重要的意义。

产品成本预测与计划的一般工作程序有如下几点：

（1）确定工作对象、目的与要求，为取得相应的有关资料提供明确的方向。

（2）收集与整理有关资料，一般包括历史或现行的会计资料，同行业可比性的成本与会计资料，生产、劳动工资组织、技术组织的计划，企业内部有关的经济定额，内部价格目录，以及有关的政策条例等。

（3）根据工作对象、目的与要求，以及资料的完整与否，采纳相应测算方法，进行初步的预测。由于测算方法选择不同以及对有关资料分析的角度不同，可产生多种可供选择的成本方案，以利决策之需。

（4）根据成本预测的结果，企业必须充分发动各部门、各环节确定成本管理目标，并提出相应的管理措施，使被决策的成本管理目标有切实的管理基础。然后，以企业财务部门为主，其他各部门的积极配合，对被确定的成本管理目标，结合相应的管理措施正式编制成本计划，并按归口分级管理的原则，将计划指标具体化，下达到各部门、各环节作为成本控制的目标。

（一）比例推算法

比例推算法是利用生产耗费与企业重大经营成果指标之间必然的依存关系，按被确认的报告年度成本与这些指标的比例推算预测期的成本水平，算式如下：

某预测期产品成本 = A × B

其中，“A”代表已确认的与预测期有关的重大经营成果指标（如产值、销售收入、营业利润）预测数据；“B”代表报告期的产品成本除以与报告期有关的重大经营成果指标（如产值、销售收入、营业利润）

【例 8－1】某企业报告期工业产品产值为 5 000 万元，产品成本为 3 100 万元，预测期产品产值计划达到 5 650 万元，则预测期产品成本的预测数额为：

5 650 ×(3 100 ÷ 5 000) = 3 503（万元）

这种方法虽然立足于成本与上述有关指标的客观关系，但是历史的比例关系并非都处于可比状态，成本的变动也并非完全取决于某个成果指标的上升与下降，因此，比例推算法只能使成本预测处于一种估计的水平。

（二）目标利润推算法

所谓目标利润推算法是指在产品销售数量、销售价格既定的前提下，以企业确定的目标利润倒挤成本控制目标。如下列算式：

$$\text{某产品的预测成本}=\text{已确定的产品销售收入}\times\left(1-\text{适用的价内税及附加的平均税率}\right)-\text{确定的目标利润}$$

【例8－2】某企业产品销售单价为1 000元，销售数量为50件，适用的价内税及附加的平均税率为30%，已确定的目标利润为80 000元，则该产品的预测成本为：

1 000×500×(1－30%)－80 000＝270 000（元）

这种方法是假定在市场既定与企业利益既定的前提下。事实上，市场的既定只能使企业获得无风险收益的部分，这恰恰不是企业投资于某种产品生产的主要目的。因此，以市场既定为假设去预测产品成本是带有很大主观盲目性的，而且这里预测成本的含义是模糊的，产品成本有完工成本与销售成本之区别，在这里只能以销售量为数量基础，这也是一种局限性表现。

（三）历史成本法

企业在一定生产规模内，各期产品生产成本中部分内容是相对固定的，如采用直线法时的每期折旧费、实行计时工资制管理的管理人员工资、房屋租赁费等，为成本总量中的常量因素，即固定成本。而各期产品生产中的另一部分是随产量变动而变动的，如直接材料、直接人工和直接水电费等费用，为成本总额中的变量因素，即变动成本。因此，固定成本、变动成本与产量呈下列线性关系：

产品成本＝固定成本＋变动成本×产量

这样的线性关系说明只要在一定生产规模范围内，根据历史成本资料确定固定成本与单位变动成本的数据，就能够测算出任何产量情况下的产品成本总额。确定固定成本与单位变动成本的方法有高低点法与回归直线法。

1. 高低点法。

已知在一定生产规模范围内，各期产品成本总额中的固定成本是基本相对的，那么各期成本中最高点与最低点的差异是因为产量因素变动而引起各期变动成本总额中最高点与最低点的差异，由此得出结论：

$$\text{单位变动成本}=\frac{\text{最高点的产品成本}-\text{最低点的产品成本}}{\text{最高点的产量}-\text{最低点的产量}}$$

$$\text{各期基本相等的固定成本}=\text{某产品成本总额}-\text{单位变动成本}\times\text{某期产品产量}$$

【例8－3】某企业甲产品某年1～12月产量及总成本资料如表8－1所示。

表 8－1　　甲产品 202×年 1～12 月产量及总成本资料

月份	产量（件）	总成本（元）
1	20 000	320 000
2	19 500	310 000
3	21 000	325 000
4	20 500	330 000
5	20 000	320 000
6	21 100	327 000
7	20 000	315 000
8	19 000	300 000
9	19 800	315 000
10	22 000	329 000
11	22 500	345 000
12	23 000	349 000

假定预测期的产量确定为 24 500 件，求预测期甲产品的总成本与单位成本。

从表中看出 1～12 月，甲产品的最高产量为 23 000 件，最低产量为 19 000 件，最高产量的总成本为 349 000 元，最低产量的成本为 300 000 元。则：

$$单位变动成本=\frac{349\ 000-300\ 000}{23\ 000-19\ 000}=12.25（元）$$

固定成本 $=349\ 000-12.25\times 23\ 000=67\ 250$（元）

根据测算，预测期的甲产品总成本与单位成本为以下计算结果：

甲产品预测期的总成本 $=24\ 500\times 12.25+67\ 250=367\ 375$（元）

$$甲产品预测期的单位成本=\frac{367\ 375}{24\ 500}=15（元）$$

高低点法对历史资料的选用仅仅是最高点资料及最低点的资料，所以只有当产量和成本在一定时期内较为稳定的情况下，才体现出这种方法结果的准确性和简便性。

2. 回归直线法。

根据直线方程式：产品成本（y）= 固定成本（a）+ 单位变动成本（b）× 产量（x）及若干观察期（n）的观察值，按最小二乘法得出线性回归方程组：

$$\begin{cases}\sum y = na + b\sum x \\ \sum xy = a\sum x + b\sum x^2\end{cases}$$

根据上式可转化为下列 a、b 值的求解公式：

$$a=\frac{\sum y - b\sum x}{n}$$

$$b=\frac{n\sum xy - \sum x\sum y}{n\sum x^2 - (\sum x)^2}$$

【例 8－4】某产品 2018～2022 年产量成本资料如表 8－2 所示。

表 8－2　　某产品成本资料

年份	产量（件）	成本（元）
2018	20	16 000
2019	30	25 000
2020	25	22 000
2021	35	31 000
2022	50	39 000

现将上述已知历史成本资料按 a、b 值求解公式要求整理为表 8－3。

表 8－3　　回归直线法计算表　　单位：元

年份	产量（x）	成本（y）	xy	x^2
2018	20	16 000	320 000	400
2019	30	25 000	750 000	900
2020	25	22 000	550 000	625
2021	35	31 000	1 085 000	1 225
2022	50	39 000	1 950 000	2 500
合计	160	133 000	4 655 000	5 650

$$单位变动成本(b)=\frac{5\times 4\ 655\ 000-160\times 133\ 000}{5\times 5\ 650-(160)^2}=752.83(元)$$

$$固定成本(a)=\frac{133\ 000-752.83\times 160}{5}=2\ 509.44(元)$$

假定 2023 年的产量预测为 45 件，则产品总成本、单位成本为：

产品总成本 $=2\ 509.44+752.83\times 45=36\ 386.79$（元）

产品单位成本 $=36\ 386.79\div 45=808.60$（元）

（四）因素分析法

因素分析法的主要内容是按成本组成项目及各自的影响因素测算产品成本较上期的降低水平，如降低率、降低额，然后将预测期产量按上期成本水平计算的总成本减去降低水平的分析测算结果，得出计划成本的预测数据。其中分析测算的主要部分是对产品成本较上期相比的成本降低率的预测，也就是成本较上期相比而发生变动的可能性分析。该方法的具体内容及过程如下。

1. 影响成本变动的因素及对成本影响的表现形式。

首先，引起成本变动的因素表现为成本组成项目，如原材料、燃料及动力、生产工人工资、制造费用等。这些项目成本中任何一项发生变动，都会引起产品成本上升或下降，所以因素分析法对成本较上期相比成本降低率的预测应以成本组成项目为基础或框架，也就是只要测算出各项目成本的成本降低率，就能合计为整个产品成本的成本降低率或变动的百分比。

其次，引起各项目成本发生变动的是指各种与成本发生直接或间接联系的有关特定的因素，如原材料或燃料、动力的消耗定额及价格、平均工资、劳动生产率、生产量、废品率等。这些特定因素对各自相关的成本项目、成本水平的影响表现出两类形式。如果某项目的成本由两个因素的积所决定，则形式为 $W=u\times v$；某项目的成本是由两个因素的比值决定的，则形式为 $Z=x/y$，如表 8－4 所示。

表 8－4　　成本变动影响因素及表现形式的综合图示

成本项目	影响因素	表现形式
原材料（W）	消耗定额（u），价格（v）	$w=u\times v$
燃料及动力（W）	消耗定额（u），价格（v）	$w=u\times v$
生产工人工资（X）	平均工资（x），劳动生产率（y）	$z=x/y$
制造费用（X）	制造费用（x），生产量（y）	$z=x/y$
废品损失（W）	废品损失量（u），废品平均单位成本（v）	$w=u\times v$

其中劳动生产率可由产量来表示或者由工时定额来表示。以产量来表示的劳动生产率与以工时定额来表示的劳动生产率互为倒数。以表 8－4 的计算资料为例。

表 8－5　　劳动成产率计算资料

分析项目	报告期	预测期	增减%
产品产量（单位）	10 000	12 500	25%
生产工人人数	100 人	100 人	—
总生产工时定额	200 000	217 500	8.75%
劳动生产率（产量）	100 件	115 件	15%
单位产量的工时定额	20	17.4	－13%

因为，以产量表示的预测期劳动生产率水平＝(1＋15%)，又因为，劳动生产率的提高使单位产量工时定额的预测期水平＝(1－13%)，则以产量表示的预测期劳动生产率水平与以单位产量工时定额表示的预测期劳动生产率水平互为倒数，如下式计算：

$$\text{预测期以产量表示的劳动率水平}=\frac{1}{1-13\%}=(1+15\%)$$

因此，当劳动生产率水平提高以工时定额变动为条件时，产品工人工资项目成本变动水平是由工时平均工资水平和工时定额水平的积来决定的，形式为 $w=u\times v$。

另外，应注意的是废品损失项目成本在预测分析中的特殊情况。从本意上，影响废品损失项目成本的因素是废品损失的数量及废品的平均单位成本水平，但是在成本预测分析中去确定废品的平均单位成本水平是无意义的。对废品损失项目成本的分析因素可直接综合为废品损失率。

2. 各项目成本降低率的测算公式。

$$\begin{array}{c}\text{某项目成}\\\text{本降低率}\end{array}=\left[1-\left(1\pm\begin{array}{c}\text{某影响成本水平变}\\\text{动的百分比因素 u}\end{array}\right)\times\left(1\pm\begin{array}{c}\text{某影响成本水平变}\\\text{动的百分比因素 v}\end{array}\right)\right]\times\begin{array}{c}\text{该成项目成本占}\\\text{总成本的比重}\end{array}$$

该公式适用于当用两个因素的积来决定某项目成本水平的情况，形式为 $w = u \times v$。

$$\text{某项目成本降低率} = \left(1 - \frac{1 \pm \text{某影响成本水平变动的百分比因素} x}{1 \pm \text{某影响成本水平变动的百分比因素} y}\right) \times \text{该项目成本占总成本的比重}$$

该公式适用于用两个因素的比值来决定某项目成本水平情况，形式为 $z = x/y$。

3. 因素分析法预测产品成本的计算过程。

【例 8－5】某企业已确定的预测年度产量按上年平均单位成本计算的总成本为 400 000 元，各项目成本的比重分别为：原材料 76%、燃料及动力 5%、生产工人工资 10%、制造费用 8%、废品损失 1%。预测年度已确定下列因素使产品成本水平较上年发生变动，产量增长 25%，原材料消耗定额压缩 2%，能源消耗上升 4%，原材料价格平均上涨 5%，生产工人工资增长 8%，劳动生产率（人均产量）提高 15%，制造费用总额下降 10%，废品损失率较上年低 50%。

首先根据上述企业的有关成本预测资料，采用成本降低率测算公式，按成本项目计算各项目的成本降低率。

（1）原材料项目成本降低率 $= [1 - (1 - 2\%) \times (1 + 5\%)] \times 76\%$

$= -2.204\%$

（2）燃料及动力项目成本降低率 $= [1 - (1 + 4\%) \times (1 \pm 0)2 \times 5\%$

$= -0.2\%$

当用两个因素的积决定某项目成本水平时，其中如果某区的变动保持上年水平，即不增不减时，那么该项目成本降低率的测算就是另一个变动的百分比因素乘以比重。

（3）生产工人工资项目成本降低率 $= \left(1 - \frac{1 + 8\%}{1 + 15\%}\right) \times 10\% = 0.61\%$

（4）制造费用项目成本降低率 $= \left(1 - \frac{1 - 10\%}{1 + 25\%}\right) \times 8\% = 2.24\%$

（5）废品损失项目成本降低率 $= 50\% \times 1\% = 0.5\%$

根据各项目成本降低率的测算结果并加以合计，即为预测计划总成本。

因为：

计划成本降低率 $= -2.204\% - 0.2\% + 0.61\% + 2.24\% + 0.5\%$

$= 0.946\%$

所以：

$$\text{计划总成本} = \text{预测产量按上年平均单位成本计算的总成本} \times (1 - \text{计划成本降低率})$$

按上例资料，则有：

计划总成本 $= 400\,000 \times (1 - 0.946\%) = 396\,216$（元）

上述各项目成本降低率是对于总成本而言的，如果不考虑比重因素，则是对于本项目同上年相比的成本降低率而言的，如以原材料项目为例：

原材料成本项目的成本降低率 $= 1 - (1 - 2\%) \times (1 + 5\%) = -2.9\%$

根据各成本项目同上年相比的成本降低率，也可测算某项目的计划成本。如下列算式：

$$\text{某项目的计划成本} = \text{预测产量按上年平均单位成本计算的总成本} \times \text{该项目成本比重} \times \left(1 - \text{该成本项目的成本降低率}\right)$$

如以原材料项目为例：

原材料项目计划总成本 = 400 000 × 76% × (1 + 2.9%) = 312 816（元）

另外，根据成本降低率数据可测算同上年相比的计划成本降低额。

计划成本降低额 = 400 000 × 0.946% = 3 784（元）

其中，原材料项目的计划成本降低额 = 400 000 × (−2.204%) = −8 816（元）

其他项目的计划成本降低额同上式计算。

二、成本计划的编制

产品成本计划是以价值形式预先规定企业在一定时期内产品生产耗费的水平，以及确定各种产品的成本目标和可比产品较上年相比的成本降低目标。产品成本计划是成本预测的结论，也是成本控制与成本分析的依据。产品成本计划包括主要商品单位成本计划与全部商品产品成本计划，其中全部商品产品成本计划的编制可分为两种形式，即按成本项目编制的形式与按产品类别编制的形式。

根据企业是否实行一级核算或分级核算，成本计划的编制为一级成本计划方法与多级成本计划方法。

（一）一级成本计划编制的方法

一级成本计划指企业财务管理部门会同各业务部门根据确定的各项消耗定额与有关成本计划资料，按成本项目的编制形式采用一定的成本计算方法，直接计算或确定各种主要商品产品的计划单位成本。其形式如表 8－6 所示。并在此基础上汇总编制全部商品产品成本计划，如表 8－7 和表 8－8 所示。

表 8－6　主要产品单位成本计划表

产品名称：甲
规　　格：× ×
产　　量：1 000 件　　202×年度　　金额单位：元

成本项目	单位成本		单位产品耗用					
	上年成本	本年成本	明细项目	单位	上年平均		本年计划	
					耗用量	金额	耗用量	金额
原材料	可根据上年有关资料填入（略）	67	A 材料	千克	可根据上年有关资料填入（略）		37	37
		5	B 材料	千克			15	30
燃料及动力		8.42	动力	度			50	5
工资及提取的职工福利费		8.50						
折旧费		10.2						
其他制造费用		（略）						
其他直接支出		99.12						
单位成品制造成本								

表 8－7　　全部商品产品成本计划（按产品类别计算）

编制单位：　　202×年　　金额单位：元

产品名称	单位	计划产量	单位成本		总成本			
			上年平均	本年计划	按上年平均成本计算	按本年计划成本计算	降低额	降低率
（甲）		1	2	3	4＝1×2	5＝1×3	6＝4－5	7＝6÷4
可比产品小计					197 000	192 893	4 107	2.08%
甲产品	件	1 000	102	99.120	102 000	99 120	2 880	2.82%
乙产品	件	500	190	187.546	95 000	93 773	1 227	1.29%
不可比产品小计						2 339		
丙产品								
丁产品	件	20		116.950		2 339		
全部商品产品合计						195 232		

表 8－8　　全部商品产品成本计划（按成本项目计算）

编制单位：　　202×年　　金额单位：元

成本项目	可比产品总成本				不可比产品计划总成本	全部商品产品计划总成本
	按上年平均单位成本计算	按本年计划单位成本计算	降低额	降低率		
（甲）	1	2	3＝1－2	4＝3÷1	5	6＝2＋5
原材料	133 360	130 500	2 860	2.14%	1 200	131 700
燃料及动力	9 982.50	9 750	232.50	2.33%	150	9 900
工资及提取的职工福利费	16 807.50	16 343	464.50	2.76%	307	16 650
折旧费	16 885	16 500	385	2.28%	310	16 810
其他制造费用	19 965	19 800	165	0.83%	372	20 172
其他直接支出	（略）	（略）	（略）	（略）	（略）	（略）
商品产品全部成本	197 000	192 893	4 170	2.08%	2 339	195 232

（二）分级成本计划编制的方法

分级成本计划适用于实行成本分级核算的企业，它是指先由各基本生产单位编制各自的车间成本计划，如表 8－9 所示，然后由厂级财务部门汇总编制全厂产品成本计划。

表 8－9　　车间成本计划（A 车间）

产品名称：甲产品

规　　格：××××

产　　量：1 000 件　　202×年　　金额单位：元

成本项目	计量单位	单价	单位成本		总成本	
			耗用量	金额	耗用量	金额
原材料				50		50 000
其中　A 材料	千克	1	30	30	30 000	30 000
B 材料	千克	2	10	20	10 000	20 000
工资及应提职工福利费				6.42	1 000	6 420

续表

成本项目	计量单位	单价	单位成本		总成本	
			耗用量	金额	耗用量	金额
燃料及动力	度	0.5	25	12.5	1 000	12 500
折旧费	工时	2.25	2	4.50	2 000	4 500
其他制造费用	工时	2.55	2	5.10	2 000	5 100
其他直接支出				0.48		480
合计				129		129 000

第三节　成　本　控　制

一、成本归口分级管理

在现代化企业管理中，归口分级管理是一个基本要求，特别在以成本管理为中心的要求下，进行成本的归口分级管理具有十分重要的意义，它既有利于提高成本核算的正确性，又有利于提高成本计划编制的先进性和可行性，更有利于成本的日常管理和控制。它的基本内容是根据成本计划指标的纵向分解，把保证成本计划的完成落实到每一个基层生产单位，即每一个生产车间、班组（大型企业的分厂、工段）。在当今企业强调独立经营、自负盈亏以及强调经济责任制的改革形势下，实行成本的归口分级管理，是经济责任和经济利益密切联系的必不可少的内容。

（一）厂部成本管理的主要职责

1. 制定并负责解释全厂成本管理制度；
2. 审核各职能部门、各生产单位的成本计划及实际费用支出；
3. 汇总编制全厂的成本计划，并将计划指标下达到各部门；
4. 制定厂内计划价格，并参与制定各项消耗定额和费用支出限额；
5. 检查分析成本计划的执行情况，及时发现问题，查明原因，提出和采取解决的措施。

（二）车间成本管理的职责

车间是企业内部的组织，是管理生产的基本单位，也是目前企业生产行政的一级组织。车间成本是企业产品成本的基础部分，车间成本的管理水平将影响企业成本管理水平，所以成本分级管理中的车间成本管理是重要内容之一。其职责是：

1. 根据厂部下达的成本指标编制车间成本计划和各种管理费用预算。并根据批准的计划和预算，组织全车间的成本管理工作。

2. 根据各级管理的原则，进一步进行指标分解和归口，落实到各生产班组或具体管理人员。

3. 负责车间成本核算、成本分析和考核。

4. 合理组织和调度车间生产，提高劳动生产率，降低原料、能源等消耗，及时组织在产品、半成品的内部转移。

5. 组织并指导车间或班组各种劳动竞赛活动，推广增产节约的先进经验，发动群众参与成本管理。

6. 及时上报有关成本形成方面的各种信息，配合专职部门纠正成本偏差。

（三）班组成本管理的职责

班组是企业内部从事生产活动和管理工作的基层组织。产品在生产过程中的各种实际消耗，主要在班组中发生，所以班组是否参与成本管理将直接影响产品成本的高低。其主要职责是：

1. 认真执行全厂和车间下达的成本计划；

2. 拟订班组消耗定额，控制班组的生产耗费；

3. 正确记录各生产耗费，并及时公布和报送车间；

4. 检查、分析班组各项耗费指标的执行情况。

（四）各职能部门成本管理的职责

各职能部门应积极参与成本管理工作，在其职责范围内作好各项工作，以确保全厂成本管理工作的顺利进行。其主要职责是：

1. 生产部门应负责制定生产定额，编制生产进度计划，组织均衡生产，搞好在产品和半成品的实物管理；

2. 统计部门应及时准确地进行生产和耗费的统计，为成本管理提供准确的数据资料；

3. 技术、工艺、动力、劳资部门应负责制定物资消耗、动力消耗、劳动消耗等定额；

4. 物资供销部门应负责各种物资的及时供应和产品的销售，并在物资供应过程中作好计量检验，合理节约各项费用支出，努力降低各项采购费用和产品的销售费用。

二、材料成本及人工成本的控制

（一）材料成本的控制

材料成本在产品成本中所占比重较大，因此成本控制中材料成本的控制处于一个重要地位：材料成本分为材料采购成本和材料消耗成本两个部分，所以材料成本的控制一般来讲也具有两个方面的内容。

1. 材料采购成本的控制。

它包括买价、材料采购费用的控制。在材料价格实行计划调节时，买价控制不属于控制的重点内容。但在市场经济调节情况下，买价对降低材料的采购成本起着决定性的作用。这就要求企业物资供应部门灵活地选择采购市场，并要求采购人员具有较高的业务水平，经常预测价格变动趋势，随机应变，在不影响企业资金周转的情况下，合理安排采购材料活动，采购费用除要降低运杂费外，企业财务部门和物资供应部门应制定合理的定额，防止采购过程中零星费用的浪费。

2. 材料耗用数量的控制。

其目的是降低材料的消耗成本。目前最有效的办法是实行定额或限额发料。首先要严格执行定额发料手续，其次要建立节约奖励制度。

（二）直接人工成本的控制

直接人工成本的控制可以从控制工资性报酬总额和提高劳动生产率两个方面进行。在计时工资制下，两者的控制都能直接降低单位产品承担的直接人工费用；在计件工资的前提下，劳动生产率的提高则通过降低固定费用在单位产品的分摊额以达到降低成本的目的。根据工效挂钩的工资政策，工资总额的增长控制必须依据企业经济效益的增长，从而使企业的工资总额增长处于良性循环的状态。在工资总额增长的同时，提高劳动生产率实质是直接人工成本控制的主要矛盾方面。企业无论采用计时或计件工资形式，只有抓住提高劳动生产率这个主要方面，才能真正体现直接人工成本控制的现实意义。所以企业应从发展的角度出发，一方面不断修改劳动定额以及确定合理的用工定员编制；另一方面，应重视对劳动人员的职业培训，提高就业素质，这样就能以劳动生产率的提高带来经济效益的增长，继而又能提高劳动报酬，同时达到对成本控制的目的。

三、制造费用及期间费用的控制

（一）制造费用的控制

关于产品生产中一般费用的控制，应严格掌握预算、控制与考核三个环节。虽然产量因素增长可能造成整体上的费用上升，但是严格控制费用中的固定费用部分，能直接带来降低成本的结果。因此，对制造费用中的可控成本，特别是办公费、水电费、机物料消耗、低值易耗品、停工损失、劳动保护费等诸类费用，需要加强预算，明确节支幅度。至于其他非可控成本，应以提高工作质量，提高使用效率，提高费用支出效益，达到间接控制的目的。

（二）期间费用的控制

企业当期发生的管理费用、财务费用和销售费用不构成产品成本，属于期间费用而直接体现在当期损益中。这些费用项目繁多，占企业成本费用各项开支的比例也不大。企业应当精简机构，提高工作效率，压缩一切不必要的开支，加强费用的日常控制。

1. 管理费用的控制。

管理费用的大部分属于固定费用，从责任成本的角度看，属不可控费用。在日常管理中应采用预算控制和审核控制等制度加以约束。

企业应对某一时期可能发生的管理费用，先做出预算，然后按预算控制支出。控制时应遵循各项费用按权责确定归属的原则。为了保证各项费用按预算执行，企业要对发生的管理费用实行严格的审批制度，超过标准的支出不予报销。负责审批的各部门应随时注意预算限额，不得超限额审批。如确有必要则要报上级部门单独审批，以保证管理费用预算的顺利执行。

2. 财务费用的控制。

财务费用是企业在筹集资金过程中发生的支出。因此对财务费用的支出数额应结合计划期内筹集资金的数额进行预计。分析各项财务费用是否合理，对发生的数额进行控制应结合筹资的控制进行研究。

3. 销售费用的控制。

销售费用是企业在销售产品或提供劳务过程中发生的费用。其特点是一般发生在销售部门业务范围内，并且多数项目随着销售量的大小而变化，如运输费、装卸费、包装费、代销手续费等。因此，在制订销售费用计划时，应结合企业计划期间的销售数量确定合理的费用支出，并将实际支出数与销售部门的销售业绩相结合，制订相应的奖罚制度，以调动销售部门和人员的积极性，降低各项费用的支出，在销售费用的控制上也采取预算控制和审核控制相结合的控制措施，并在执行过程中及时将实际支出数与预算相比较，找出差异并分析产生的原因，以便有效地降低销售费用的发生，保证计划的顺利完成。

对于费用的控制，实际工作中可以根据各生产、部门的特点和各类费用的不同性质，实行预算包干使用的制度，在财务部门统一审核支出的前提下，各部门可根据核定的预算范围自觉控制支出，企业主管部门根据各部门控制支出成绩的好坏，也应有相应的奖惩措施。

第四节　成本的分析与考核

成本分析与考核是成本管理的最后环节，起到一个承上启下的作用。承上，是指对成本计划与控制的总结，启下是指对下期成本预测与计划提供切实的可比资料，同时也为企业经济效益的考核从成本方面提供了各种对比资料，如上年度水平、历史最好水平，以及同行业水平等的对比；又可揭示成本控制中出现的薄弱环节，为降低产品成本寻求途径。

一、成本差异分析的一般原理

（一）成本差异分析的一般步骤

成本控制是实现成本目标和计划的有力手段。成本控制适应管理定量化的要求，一般应遵循以下几个主要步骤。

1. 制定成本控制标准。

成本控制标准是对各项费用开支和资源消耗规定的数量界限，是成本分析和考核的依据。制定成本控制标准，同时还要据以制定各项节约措施。

2. 执行标准。

执行标准是对成本的形成过程进行具体的监督。根据成本指标，审核各项费用开支和各项资源的消耗，实施增产节约措施，保证成本计划的实现。

3. 确定差异、分析原因。

核算实际消耗脱离成本指标的差异，分析成本脱离差异的程度和性质，确定造成差异的原因和责任归属。

4. 消除差异。

组织群众挖掘潜力，提出降低成本的新措施或修订成本标准的建议。

5. 考核奖惩。

考核成本指标执行结果，把成本指标的考核纳入经济责任制，实行物质奖励。

（二）标准成本的制订

标准成本按产品的直接材料、直接工资和制造费用制定，这三项成本都是以“数量”标准乘以“价格”标准而得。其中“数量”标准主要由工程技术部门制定，“价格”标准由会计部门会同有关责任部门（如采购、人事等部门）研究制定。

1. 直接人工标准成本的制定。

直接人工的用量标准（消耗定额）是在现有生产技术条件下生产单位产品耗用材料的数量，包括构成产品实体的材料、生产中的正常损耗和不可避免废品耗用的材料等，应按产品耗用的各种材料，以技术分析为基础计算确定，一般由生产部门组织制定。

材料的价格标准，由财务部门和采购部门共同制订，内容包括发票价格、运费、检验费和正常损耗费等构成，是取得材料的实际成本。同时还要考虑物价趋势、材料供需和市场情况等因素。

确定了材料的标准耗用量和价格标准，两者相乘即得出材料的标准成本，其公式为：

材料标准成本 = 消耗定额 × 价格标准

在制定材料的标准成本时，先要区分材料的品种，再逐一确定它们在单位产品中的标准用量和标准价格，计算每种材料的标准成本，最后汇总出单位产品的直接材料成本。

2. 直接工资标准成本的制定。

直接人工的“用量”标准是指人工工时标准，也称人工效率。人工工时标准（即工时定额）是在现有生产技术条件下生产单位产品需用的工时，包括产品加工时间、必要的间歇时间和不可避免废品的工时，应按产品的生产工序，以时间和动作研究为基础计算确定，按产品汇总人工工时标准主要由生产技术部门和劳动工资部门主持制定。

直接工资的“价格”标准，是指小时工资率标准，即每小时支付的工资额：如果采用月工资或周工资制，可按照标准工资和用工总量，计算出工资率。将人工工时标准和工资率标准相乘，就可得出标准的工资成本。其计算公式为：

工资标准成本 = 工时定额 × 小时工资率

制定直接人工标准成本，首先要区分清楚各种直接作业的种类，其次确定生产单位产品所需要的标准作业时间（人工工时）和标准工资率（单位工时的工资），最后两者相乘即可得到标准的直接人工成本。

3. 制造费用标准成本的制定。

制定制造费用标准成本，也是分别确定其数量标准和价格标准。数量标准通常采用单位产品的直接工时（或者机器工时等其他用量标准），价格标准是指制造费用的分摊率标准，制造费用的计算公式如下：

制造费用标准成本 = 工时定额 × 制造费用分摊率

公式中制造费用分摊率由制造费用预算数和按产量计算的总工时两项因素构成。制造费用计划数由财务部门会同有关生产单位制定；总工时则由计划产量乘以工时定额计算得出。分摊率的计算公式为：

$$制造费用分摊率 = \frac{制造费用总额（预算数）}{定额总工时}$$

制造费用预算数指尽可能节约开支和合理支配各费用项目的最低支付金额。制定时应参照以往经验并考虑物价趋势，由生产车间、财务部门、生产计划部门、设备动力部门、行政管理部门、劳动工资部门等多部门共同研究确定。制造费用预算还应分别变动费用和固定费用编制。

制造费用的标准成本是按部门分别编制的。如果特定产品经过几个部门加工时，就要将各部门单位产品制造费用汇总，才能得出整个产品的制造费用标准成本。

（三）标准成本的执行

标准成本的执行就是根据各项成本标准，审核各项费用开支和各种资源的消耗，保证成本计划的实现。它是对生产成本的日常控制。

1. 直接材料成本标准的执行。

直接材料一般占产品成本较大的比重，是成本控制的重点。执行直接材料成本标准包括控制材料消耗和材料价格（采购成本）两个方面。

为了控制材料消耗量，应当做到：（1）要严格实行限额领料制度，根据月份计划产量和材料用量标准确定月份领料限额，如需要超过限额领料，必须说明原因，经过一定的批准手续，采用超额领料单领取材料；（2）对生产中材料耗用情况进行核算，及时记录耗用材料数量和产品产量，计算实际单耗，并与材料用量标准进行比较，找出差异，分析原因，采取措施，降低消耗；（3）对生产中产生的边角余料、废料及时回收利用。生产中剩余不用的材料应及时办理退料手续。

为了控制材料采购成本，应当做到：（1）要在保证质量、规格的前提下，尽量采购价格低廉的材料；（2）选择价格低廉、来源充足的代用材料；（3）就近购买材料，选用最经济的运输方式，以降低材料运杂费；（4）尽量用国内材料代替国外进口材料。

2. 直接人工成本标准的执行。

对直接人工成本的控制，一般应从控制人员数量、产品工时消耗和控制工资水平等方面进行。

为了控制人员数量和产品工时消耗，应当做到：（1）要正确制定和执行编制定员；（2）要采取技术组织措施，提高劳动生产率，降低单位产品工时消耗。为了控制工资水平，企业应严格执行劳动人事部门关于职工工资、劳动福利费用的规定，认真控制职工工资水平，正确地计算职工工资，严格控制加班加点津贴的发放。

3. 制造费用标准的执行。

制造费用包括许多明细项目，由于各项目的内容和性质不同，因而对它们应分类进行控制。

对制造费用一般实行费用预算控制，企业应将制造费用预算指标分解落实到各部门、车间和班组，确定费用责任预算，按预算对费用支出进行控制。制造费用按其与产量（或业务量）的关系分类，有些项目属于固定费用，有些项目属于半变动费用。对于固定费用，按固定预算进行控制，即按项目控制费用的绝对数额，一般不应超过费用预算数；对于半变动费用，则按变动（弹性）预算进行控制，即联系产量（或工时）进行相对控制。企业应定期考核各部门和各级单位制造费用预算的执行情况，并实行适当的物质奖惩。

二、制造成本差异分析与考核

通过核算确定实际消耗直接材料、直接工资和制造费用脱离成本标准的差异，并分析差异的程度和性质，找出差异的原因和责任，就可以采取措施来消除差异，考核各部门成本指标执行的情况。各项成本差异的分析和考核方法说明如下。

（一）直接材料成本差异分析与考核

直接材料的实际成本与标准成本之间的差额，称为直接材料成本差异。直接材料成本差异分为两部分：一是材料价格脱离标准的差异，即材料价格差异；二是材料用量脱离标准的差异，即材料用量差异。

直接材料成本差异的计算公式如下：

材料价格差异 = 实际用量 ×（实际价格 − 标准价格）

材料用量差异 =（实际用量 − 标准用量）× 标准价格

【例 8－6】某产品直接材料的单位标准成本为：材料耗用量 7 公斤，材料单价 1 元；本月生产产品 600 件，耗用材料 3 000 公斤，所用材料单价 1.1 元。

材料价格差异 = 3 000 ×（1.1 − 1）= 300（元）

材料用量差异 =（3 000 − 600 × 7）× 1 = −1 200（元）

直接材料成本差异 = 材料价格差异 + 材料用量差异

= 300 +（−1 200）

= −900（元）

从上述分析看到，由于所用材料的价格比标准高，使直接材料成本上升 300 元；同时又由于生产实际用量比标准节省，使直接材料成本下降 1 200 元，直接材料成本净下降 900 元，为节约差异。

材料价格高于标准的原因很多，其中有的是企业不可控制的，如市价变动；有些却是可以避免的，如未按经济订货量进货、计划不周造成紧急订货、采购时舍近求远、不必要的快速运输方式等。本可避免的原因造成的价格损失，责任在于采购部门。但是，因为这种损失的各期分布受生产用量的影响，不直接表现为某一时期采购的情景，所以也不便用于分期考核采购部门的成本控制业绩。材料用量高于标准的原因也较多，但基本上都是企业可控制的。除了因材料质次导致用量增多外，其余的归因于生产部门，反映了生产部门的成本控制水平，可以作为对生产部门考核的依据。

（二）直接人工成本差异分析与考核

直接人工的实际成本与标准成本之间的差额，称为直接人工成本差异，也由“价差”和“量差”两部分构成。直接人工成本的“价差”指由于实际小时工资率脱离标准而形成的差异，称为工资率差异。直接人工成本的“量差”指由于实际使用的人工工时脱离标准而形成的差异，称为效率差异。

直接人工成本差异的计算公式如下：

工资率差异 = 实际工时 ×（实际工资率 − 标准工资率）

效率差异 =（实际工时 − 标准工时）× 标准工资率

【例 8－7】某产品直接人工的单位成本为：工时耗用 2 小时，小时工资率 4 元；本月生产产品 600 件，实际使用工时 1 000 小时，支付工资 5 000 元。

工资率差异 = 1 000 ×（5 000 ÷ 1 000 − 4）= 1 000（元）

效率差异 =（1 000 − 600 × 2）× 4 = −800（元）

直接人工成本差异 = 工资率差异 + 效率差异

= 1 000 +（−800）= 200（元）

上述分析表明，由于实际工资率比标准高，使直接人工成本上升 1 000 元，形成超支差异。由于实际工时耗用数量比标准少，使直接人工成本下降 800 元，形成节约差异。有利与不利差异相抵后净超支差异额为200元。

造成工资率差异的原因是多方面的，其中有的为不可控因素，如国家统一调整工资；也有相当一部分为可控因素，如工人调度和工人安排不得当、事前策划不周密而引起的紧急性生产所造成的小时工资率提高等。至于责任应由哪个部门承担，需要视具体情况而定，因为既有归咎于劳动部门的（工资变动后未及时修订标准等），也有属于生产部门的（人员安排不合理）。也就是说，考核工资率不能简单地针对某一部门，要与各部门的工作范围与责任相结合。

造成工时效率差异的原因也较复杂，但基本上都是可控的。其中，因工人技术不熟练和不熟悉工作环境造成的、生产安排不当造成的、工作准备时间过长造成的，应由生产部门、职工教育部门负责。因材料、动力供应不及时、料次多费工时造成的，应由采购、动力部门负责。因其他原因造成的，也要由相应的有关部门负责。对承担不同责任的各个部门，应分别考核它们的任务完成情况。

（三）制造费用成本差异的分析与考核

1. 变动制造费用成本差异的分析与考核。

变动制造费用的成本差异，是指实际变动制造费用与变动制造费用预算之间的差额。这一差额可以分解为“价差”与“量差”两个因素。变动制造费用的“价差”，是指变动制造费用小时分配率脱离标准而形成的差异，通常按实际工时来计算其金额，它反映变动制造费用耗费水平或者说支付水平的高低，故称为变动制造费用耗费差异。变动制造费用的“量差”，是指实际工时脱离标准工时而形成的变动制造费用差异，通常按标准小时费用率计算其金额，它反映工作效率变化而造成变动制造费用的节约或超支，故称为变动制造费用效率差异。

变动制造费用差异的计算公式为：

变动费用耗费差异 = 实际工时 ×（变动费用实际分配率 − 变动费用标准分配率）

变动费用效率差异 =（实际工时 − 标准工时）× 变动费用标准分配率

【例8－8】某产品的变动制造费用单位标准成本为：工时耗用2小时，变动制造费用小时分配率3元；本月生产产品600件，实际使用工时1 000小时，实际发生变动费用2 500元。

变动费用耗费差异：$1\ 000 \times (2\ 500 \div 1\ 000 - 3) = -500$（元）

变动费用效率差异 $= (1\ 000 - 100 \times 2) \times 3 = -600$（元）

变动费用成本差异 = 变动费用耗费差异 + 变动费用效率差异

$= -500 + (-600) = -1\ 100$（元）

由上述计算可知，由于变动制造费用实际小时分配率比标准低，使费用成本下降了500元；由于实际工时耗用数量比标准少，又使变动制造费用成本下降了600元。以上两因素都形成了节约差异，共1 100元。

形成变动制造费用耗费差异的原因中，有些属于可控成本，如计划时计算的错误、间接材料质量低耗费大、间接人工费高、其他费用控制不利等，其责任分别由财务部门、采购部门、生产部门负担；有些不属于可控成本，如间接材料价格变化、间接人工工资的国家统一调整等。形成变动制造费用的效率差异是由于实际工时的多少引起的，基本上都属于可控的，其原因与责任的分析和考核同工时效率差异。

2. 固定制造费用成本差异的分析与考核。

固定制造费用成本差异是实际发生的固定制造费用与预算之差额。实际费用与预算之差就是耗费差异。但是，如果现有生产能量没有充分发挥出来，所发生的固定制造费用也就没有起到应有的作用，没有创造应有的价值，相当于给企业带来了损失，只不过其数额没有直接显示出来。这种损失称为固定制造费用的能量差异。能量差异可以通过分析计算出来。

固定制造费用差异的计算公式为：

$$\text{固定制造费用耗费差异} = \text{固定制造费用实际数} - \text{固定制造费用预算数}$$

$$\begin{aligned}\text{固定制造费用能量差异} &= \text{固定制造费用预算数} - \text{固定制造费用标准成本}\\ &= \frac{\text{固定制造费用}}{\text{标准分配率}} \times \text{生产能量} - \frac{\text{固定制造费用}}{\text{标准分配率}} \times \text{标准工时}\\ &= (\text{生产能量} - \text{标准工时}) \times \text{固定制造费用标准分配率}\end{aligned}$$

【例 8－9】某产品固定制造费用的单位标准成本为：工时耗用 2 小时，固定制造费用小时分配率 2 元，生产能量 800 件即 1 600 小时；本月实际产量 600 件，发生固定制造费用 2 000 元，实际耗用工时 1 000 小时。

固定制造费用耗费差异 $= 2\ 000 - 1\ 600 \times 2 = -1\ 200$（元）

固定制造费用能量差异 $= (1\ 600 - 600 \times 2) \times 2 = 800$（元）

从上述分析计算表明，由于实际发生的固定制造费用比预算少，节省了 1 200 元；但固定制造费用具有的生产能量没有充分发挥，发生了闲置成本，损失额 800 元。

造成固定制造费用产生耗费差异的原因中相当一部分是不可控的，如管理人员工资的统一调整、租赁费、保险费价格上涨、各项公用费用上涨。也有一些是可控的，如折旧费的改变、修理费的开支、扩大租赁、保险范围等应分别由各分管部门对产生的差异负责。

固定制造费用生产能量不足而造成的能量差异，是一个涉及面很广的问题，涉及企业计划、生产、采购、销售、职工教育等部门，因而只能从企业的角度加以解决。

思考题

1. 产品成本有哪些作用？如何理解这些作用的基本含义？
2. 产品成本管理的根本任务是什么？并试述其重要意义？
3. 怎样理解成本与产量、质量之间的关系？
4. 降低成本的途径有哪些？
5. 试述成本日常控制的基本内容以及财务管理部门在成本归口管理中的基本内容。
6. 主要产品单位成本分析的意义与内容是什么？

练习题

1. 某企业 2017～2022 年有关产量与成本的历史资料如表 8－10 所示。

表 8－10　　某企业历史资料

年份	产量（台）	总成本（万元）
2017	20	2 000
2018	10	1 200
2019	15	2 000
2020	20	2 100
2021	25	2 200
2022	30	2 400

要求：假定2023年的产量计划确定为27台。试分别采用高低点法、回归直线法测算2023年的总成本。

2. 某产品标准成本资料和实际成本资料如表8－11所示。

表 8－11　　某产品相关资料

标准成本资料		实际成本资料	
产量	8 000 件	产量	6 000 件
单位产品材料耗用量	70 千克	材料耗用总量	400 000 千克
材料单价	10 元	材料实际单价	11 元
单位产品工时耗用	3 小时	实际耗用总工时	20 000 小时
小时工资分配率	8 元	生产工人工资总额	150 000 元
变动制造费用小时分配率	6 元	变动制造费用总额	140 000 元
固定制造费用小时分配率	4 元	固定制造费用总额	100 000 元
标准成本总额	587.2 万元	实际成本总额	479 万元

要求：进行实际成本与标准成本的差异分析。

综合案例

目标成本分析在中国企业中的运用举例

目标成本法，英译为“Target Costing”，按日语原意可译为“成本企划”。该方法源于20世纪60年代，是日本丰田汽车公司创造的一种独特的战略性利润和成本管理模式。经过数十年的研究与发展，目标成本法已被日本及西方很多国家的企业所认可与采用并被证明有效。

在目标成本法之前，企业采用的成本核算方法一般为成本加成法：以成本为基础，在此之上加上一定的利润百分比从而确定销售价格，即“成本决定价格”。这种方法对成本的控制的重心是放在生产过程中。

与此形成对比的是，目标成本法从市场出发，通过“市场调查→确定目标价格→扣除目标利润→得出可接受成本（目标成本）→产品设计→投入生产”这一过程来持续地降低成本。一般认为，产品研发阶段所锁定的产品成本占全部成本比例高达75%～90%，这意味着产品设计完成后，后续生产营销等阶段成本的可控余地不大，因此目标成本法把重心放在产品设计阶段。

随着市场竞争的加剧，中国企业逐渐开始关注这种成本管理思想。我国研究和运用目标成本法起步比较晚，在实践中取得的成果也相对有限，成功的案例也较少，而且一般集中在钢铁、石油等行业，其中最著名的案例即为“邯钢经验”，其做法概括起来有两个要点，一是“模拟市场核算”，二是“实行成本否决”。因为邯钢实行的这种成本控制是面向市场，而且预先设定了标准和目标，因此被人认为是目标成本，但其局限性为将目标成本管理的重心放在生产阶段而忽视了研发这一更为重要的环节。

延锋伟世通汽车饰件系统有限公司（以下简称“延锋公司”）在邯钢经验的基础上对目标成本法的运用做出了进一步的探索和尝试，将成本控制的重点放在产品研发上，是真正意义上中国的目标成本法。

延锋公司是一家汽车零部件制造厂商，其生产的主要产品为汽车内外部装饰系统，如座椅、门板、方向盘、保险杠等。汽车饰件产品市场竞争十分激烈，其竞争的焦点即为价格，而价格竞争的实质就是成本的竞争，只有成本领先才能在竞争中立于不败之地。

延锋公司的产品定价是要以投标的方式决定，若要价太高则不能得标，若只考虑当年或近几年的利润而不考虑产品整个生命周期的整体利润而要价过低则会导致亏损。通过提高价格来增加收入似乎并没有太大的空间，因此降低成本成了延锋公司的最优选择。

根据这种思路，延锋公司决定采用目标成本法，对产品提出策划方案，并在具体方案下对产品成本进行预测。为此公司建立了高效的报价体系和可靠的财务预测模型来对产品在整个生命周期的成本与收入进行预测，若策划方案的预测成本不能满足企业目标利润的要求，就对产品方案进行改进，直至达到目标的要求，从而确定目标成本及利润。

延锋公司通过采用目标成本法有效地控制了产品成本，取得了显著的效益。整个企业利润率达到 11%，处于行业领先的地位，在竞争中遥遥领先。

资料来源：王韵．经济生活文摘月刊［J］．2012（10）．

思考：

延锋公司在运用目标成本法之前面临的主要问题是什么？

请查阅相关资料，概括实施目标成本法的步骤，思考如何预测目标成本？

第九章

利　润　管　理

【学习目标】

通过本章学习，应当了解并掌握：

[1] 利润的含义及构成；

[2] 利润预测的方法和利润分配程序；

[3] 股利分配的政策；

[4] 股利分配的程序。

企业利润是企业在一定时期内实现的盈亏总额，它集中反映着企业各项生产经营活动的效益。利润管理关系到国家、企业、投资者、职工等各方面的利益，是一项十分重要的工作。本章主要围绕利润的构成、预测及分配展开，重点是怎样确定股利分配政策。

股利作为股东的一种财产权利，是股东获取投资报酬的重要形式。从 1976 年布莱克提出“股利之谜”，到 2001 年法马和弗兰奇提出“消失的现金股利之谜”，经济学家做出了种种解释，迄今仍未达成共识。观察股利政策的实践，可以发现公司收益的分配方式各不相同。美国通用汽车公司多年来一直奉行稳定的股利政策，于 1982 年对其股票进行分割，并把股利从每股 5 元增加到每股 6 元，这一决定的宣布使公司的股价上涨了 5%。微软公司 1986 年上市直到 2003 年才开始分红，2004 年 7 月公司宣布向在册股东一次性派发现金股利 320 亿美元，同时计划在以后的 4 年内回购股票价值 300 亿美元。但有的公司至今从未支付股利，有的则不断降低股利支付率（每股股利/每股收益）。据投资银行摩根（Morgan）估计，美国 500 家最大公司的股利支付率已从 1990 年的 50% 以上降至 30% 左右，即所谓的“股利消失”现象。

通过本章学习，可以了解股利支付方式，掌握现金股利与股票股利的动机，熟悉股票回购与股票分割对公司价值和投资者收益的影响，理解股利政策与公司价值、税收、代理成本、交易成本及信息不对称理论的基本思想，掌握股利政策的决定因素和实务中的基本做法。

第一节　利润的构成

一、利润的含义及其组成项目

企业利润是企业在一定时期内实现的盈亏总额，是企业最终财务成果的货币表现，它集中反映着企业各项生产经营活动的效益。企业一定时期的利润，通常以利润总额加以反映。利润总额若为正数，表示该企业为盈利企业；若为负数，则表示该企业为亏损企业。利润总额扣除所得税后的余额，称为净利润，是企业进行利润分配的基础。其计算公式为：

净利润 = 利润总额 − 所得税

企业利润总额包括销售利润、投资净收益及营业外收支净额。其计算公式为：

利润总额 = 营业利润 + 投资净收益 + 营业外收入 − 营业外支出

其中，营业利润的计算公式为：

营业利润 = 主营业务利润 + 其他业务利润 − 管理费用 − 财务费用 − 营业费用

其中：

主营业务利润 = 主营业务收入 − 主营业务支出 − 主营业务税金及附加

其他业务利润 = 其他业务收入 − 其他业务支出

投资净收益是指企业投资收益与投资损失的净额。投资收益和投资损失是指企业对外投资所取得的收益或发生的损失。投资收益扣除投资损失的数额，作为企业利润总额的构成项目。

投资收益包括投资分得的利润、股利和债券利息，投资到期收回或者中途转让取得款项高于账面价值的差额，以及按照权益法核算的股权投资在被投资单位增加的净资产中所拥有的数额等。

投资损失包括对外投资到期收回或者中途转让取得款项低于账面价值的差额，以及按照权益法核算的股权投资在被投资单位减少的净资产中所分担的数额等。

企业的营业外收入和营业外支出是指与企业生产经营无直接关系的各项收入和支出。其中，营业外收入包括固定资产的盘盈和出售净收益、罚款收入、教育费附加返还款等。营业外支出包括固定资产盘亏、报废、毁损和出售的净损失、非季节性和非修理期间的停工损失、职工子弟学校经费和技工学校经费、非常损失、公益救济性捐赠、赔偿金、违约金等。

由于营业外收入并非由企业经营活动所产生，不反映企业的经营成果。因此，它不必与成本费用相配比，可直接作为利润总额的组成部分。营业外支出虽然属于企业经营资金垫支的耗费。但其发生与企业经营收入没有内在的联系，不能与营业收入相配比，而必须用本期收入补偿，所以应作为利润总额的抵扣项目。

二、利润管理的要求

利润是衡量企业生产经营水平的一项综合性指标。企业利润的多少直接影响国家财政收入，同时也是企业扩大再生产和向投资者提供报酬的主要资金来源。因此，企业应当重视利润管理工作，不断提高企业的利润水平。利润管理的要求有以下几点。

（一）树立正确的盈利观点

企业增加盈利，必须服从生产目的，反对那种不顾社会生产和人民生活，违背国家计划指导方向，采用任意提价、降低质量等不正当手段谋取盈利的倾向。同时也要反对不重视经济核算、不讲效益，随意浪费社会财富，不惜蚀掉企业老本的倾向。要把为国家多贡献，为企业多创利，变为企业领导和广大职工群众的自觉行动。

（二）努力增产节约，提高盈利水平

降低产品成本，是增加利润的根本途径，每个企业都应采取一些有效措施，控制费用开支，降低产品成本，以增加利润。

扩大产品品种，努力增加产量、提高质量，是增加利润的重要途径，在其他条件大体相同的情况下，企业生产销售的产品增多，就可以扩大销售收入，增加利润数额，在实行按质论价、优质优价的原则下，企业提高产品的质量，就可以获得较多的收入和利润。

此外，充分有效地使用资金，提高资金的利用效果，对于增加利润也有一定的影响。

因此，每个企业都应从以上几个方面着手，从企业的实际出发，努力提高各个方面的工作质量，充分挖掘内部潜力，不断提高盈利水平。

（三）严格执行财经纪律

企业要增加盈利必须从全局利益出发。企业在安排生产任务时，不能只愿意生产产值大、利润高的产品，而不愿意生产社会所迫切需要的，但产值小、利润低的产品。企业应注意不断扩大品种，努力提高质量，不能为了增加利润而偷工减料、粗制滥造，更不能违反国家物价政策及财经纪律，任意提高产品销售价格。总之，企业必须认真开展技术革新，加强经济核算，通过正当途径增加企业盈利，绝不能搞歪门邪道，弄虚作假，损害国家和人民的利益。

（四）实行利润目标管理

为了加强利润管理，企业在计划年度开始之前，应当进行利润预测，制定出切合实际的利润目标。

为了实现利润目标，企业应当完善内部经营管理责任制，将利润目标和其他相关经济技术指标进行分解，并落实到有关职能部门、车间和个人，以明确各自应负的经济责任。并与奖罚相结合，动员各方面力量，以保证利润目标的顺利实现。

第二节　利　润　预　测

利润预测是运用一定的科学方法，结合影响利润增减的有关因素，进行调查、研究和分析计算，来预计企业利润的增减趋势，对未来的利润水平做出的判断和估计。按照企业利润总额的组成内容，企业的利润预测应当包括以下几点。

一、营业（销售）利润的预测

营业利润预测是对计划期内企业的营业利润水平及实现的途径进行的预测。营业利润（销售利润）是企业利润总额的主要组成部分，做好营业利润的预测，对于保证利润目标的实现有十分重要的意义。

（一）产品销售利润的预测

在企业利润总额中，产品销售利润占有绝大比重，产品销售利润的高低，会直接影响企业的利润水平。因此，企业应当合理地预测产品目标销售利润，以加强目标利润的管理。

产品目标利润的制定方法一般有直接测算法、比例法和量本利分析法等，现分别加以说明如下。

1. 直接测算法。

直接测算法，又称目标利润法，是指在商品销售收入一定的情况下，根据目标成本、销售费用和既定的税率来确定目标利润的方法。其计算公式为：

目标利润 = 商品销售净收入 − 目标制造成本 − 目标销售费用 − 销售税金及附加

其中，销售税金及附加是指销售产品应负担的营业税、城市维护建设税、资源税和教育费附加。凡实行价外增值税的产品，其增值税额不包括在内。

【例 9 − 1】某企业甲产品预计销售 3 000 件，单位售价 850 元，经测算该产品单位目标制造成本为 720 元，目标销售费用为销售收入的 1%，销售税金及附加等为销售收入的 5%。

则目标销售利润如下：

$$甲产品目标利润 = 3\,000 \times 850 \times (1 - 1\% - 5\%) - 3\,000 \times 720 = 237\,000（元）$$

2. 比例测算法。

比例测算法是根据利润同其相关指标的比率关系来测算目标利润的方法。常用的利润率指标有销售收入利润率、成本利润率、资金利润率等。目标利润的测算公式为：

产品目标销售利润 = 预计产品销售收入（销售成本、资金平均占用额等）×销售（成本、资金）利润率

上述公式中的各种利润率指标，应以基期实际利润率为依据，并考虑预测期可能变化的情况加以调整。当预测期和基期产品结构发生较大变动时，应分别对新产品（不可比产品）和老产品（可比产品）进行测算。

（1）对老产品利润率的调整应考虑以下因素：①扣除预测期不再生产产品的销售利润和销售收入（或成本等）；②基期内曾经调整过售价和税率的产品，应按变动后的售价和税率调整其销售利润；③估计和测算预测期售价、成本、税率等因素变动对利润的影响，调整产品基期利润率，再据以测定预测期目标利润。

（2）对新产品有关利润率的预计，可采用以下方法：①参照可比产品利润水平，如果新产品的原材料消耗、劳动效率、技术水平等情况与可比产品接近，可比照同类可比产品利润率确定；②选用先进标准，可根据同类产品的国内外、同行业先进利润水平，结合企业情况加以确定；③按协议规定利润率，如果新产品是与用户协商定价的，可按双方协议规定的利润率计算。

3. 量本利分析法。

该法是利用产品成本、销售量与利润之间的依存关系来预测企业产品销售利润的。其基本步骤如下。

（1）预测盈亏分界点。盈亏分界点又称盈亏平衡点或保本点，它是区分盈利和亏损的分界点。这里的盈亏指的是产品销售收入与销售成本（变动成本 + 固定成本）相比较的差额。收入大于成本是盈利；反之，则为亏损；收入和成本相等，就是不亏不盈。所以盈亏分界点是衡量企业盈亏的一个标准。

收入与成本之间的关系，可用公式表示如下：

销售额 - 固定成本 - 变动成本 = 盈利（或亏损）

如果：销售额 - 固定成本 - 变动成本 = 0，

即：销售额 = 固定成本 + 变动成本，

这时，销售额就是盈亏分界点销售额，表示保本。

即：

$$盈亏分界点销售数量=\frac{固定成本总额}{单价-单位变动成本}$$

【例9-2】某厂预计销售某产品2 000件，每件单位售价20元，固定成本总额为8 800元，变动成本总额为18 000元。

按上列公式计算出盈亏分界点的销售量：

盈亏分界点销售量 = 8 800 ÷ (20 - 18 000 ÷ 2 000)

= 8 800 ÷ (20 - 9) = 800（件）

根据求得的销售量与单价相乘，即可计算出销售额：

盈亏分界点的销售额 = 800 × 20 = 16 000（元）

这里有一点需要加以说明，工业企业实行价外增值税，故预测时销售单价中不包含销售税金。如测算商业企业销售利润，则可用营业净收入（营业收入总额减去营业税金后的数额）和营业成本（变动成本 + 固定成本）相比较，进行测算。这时，盈亏分界点的销售量为：

$$盈亏分界点销售量=\frac{固定成本总额}{销售单位-单位税金-单位变动成本}$$

（2）预测销售利润。预测产品销售利润可以采用边际利润法。单位边际利润是指单位销售价格减去单位变动成本后的余额。各种产品的销售收入总额减去变动成本总额后的余额，称为边际利润总额。边际利润占销售价格的百分比，称为边际利润率。如采用边际利润法预测盈亏分界点，其计算公式为：

$$盈亏分界点销售量=\frac{固定成本总额}{单位边际利润}$$

$$盈亏分界点的销售收入=\frac{固定成本总额}{边际利润率}$$

企业在一定时期内实现的边际利润总额弥补固定成本总额后，尚有剩余，即为企业销售利润。即：

销售利润 = 边际利润总额 - 固定成本总额

【例9-3】某企业计划年度的销售收入预测为3 000万元，固定成本总额为600万元，变动成本总额为1 500万元。则：

销售边际利润总额 = 3 000 − 1 500 = 1 500（万元）

销售利润总额 = 1 500 − 600 = 900（万元）

（3）预测有关因素变动对利润的影响。

企业销售利润的计算公式为：

产品销售利润 = 产品销售数量 ×（单位销售价格 − 单位变动成本）− 固定成本总额

从上式可以看出，企业销售利润的多少，会受到销售量、售价、变动成本和固定成本诸因素的影响。利用利润计算的基本公式，具体测算各有关因素变动对最终利润的影响，对于正确地进行管理决策，具有重要的作用。

设某厂有关资料如表 9 − 1 所示。

表 9 − 1　　某厂有关资料　　单位：元

销售收入：		3 200 000
（年销售 200 000 件，单价 16 元）		
成本：		
变动成本（每件 8 元）		
固定成本	1 600 000	
总成本	1 200 000	2 800 000
利润：		400 000

从以上资料可知，该厂预计销售利润的计算为：

销售利润 = 产量 × 单价 − 产量 × 单位变动成本 − 固定成本总额

= 200 000 × 16 − 200 000 × 8 − 1 200 000

= 3 200 000 − 1 600 000 − 1 200 000

= 400 000（元）

预测年度内如果其中各个因素发生变动，都会对企业的利润发生一定的影响。现举例说明如下：

①如通过节约材料消耗和提高工效，可使单位变动成本降低为 7.5 元，则可使年利润额达到：

利润额 = 200 000 × 16 − 200 000 × 7.5 − 1 200 000

= 500 000（元）

净增利润 = 500 000 − 400 000 = 100 000（元）

②如通过采取某些技术组织措施和压缩办公费用，可使全年的固定成本总额减少到 1 120 000 元，则可使年利润额达到：

利润额：200 000 × 16 − 200 000 × 8 − 1 120 000 = 480 000（元）

净增利润 = 480 000 − 400 000 = 80 000（元）

③如能使产品销量增加到 205 000 件，则可使全年利润达到：

利润额 = 205 000 × 16 − 205 000 × 8 − 1 200 000

= 440 000（元）

净增利润 = 440 000 − 400 000 = 40 000（元）

④如通过扩大宣传，使产品单价提高到 16.75 元，则可使年利润达到：

利润额 = 200 000 × 16.75 − 200 000 × 8 − 1 200 000

=550 000（元）

净增利润 =550 000 -400 000 =150 000（元）

企业应当充分考虑计划年度内影响利润诸因素的变化情况，正确地预测出产品销售利润。

（二）其他销售利润的预测

由于企业其他销售业务比较零星，发生数额不大，一般可采用简便的比例测算法加以预测。即按预计的其他业务销售收入和上年其他销售收入利润率及其变动情况，测算出计划年度的其他销售利润。其计算公式为：

其他销售利润计划额 = 预测期其他销售收入计划额 ×（上年其他销售收入利润率 ± 预计其他销售利润率升降%）

【例 9 -4】某厂上年其他销售收入为 40 000 元，其他销售利润为 6 000 元，计划年度预计实现其他销售收入 45 000 元，其他销售收入利润率将比上年提高 1%。则：

预计其他销售利润 =45 000 ×（6 000 ÷40 000 +1%）=7 200（元）

（三）管理费用和财务费用的预测

由于管理费用和财务费用直接计入当期损益，其变化会直接影响利润的高低。因此，应根据企业上年管理费用与财务费用的发生情况和预测年度的变化趋势加以科学的预测。

二、投资净收益的预测

投资净收益的预测是对企业未来时期投资所实现收益进行的预测。因此，应当在分析上年投资收益实现情况的基础上，根据预测期对外投资总额及其可能引起投资收益发生变化的因素，对未来的投资收益做出较合理的估计。其一般包括：①测算对外投资可分得的利润、股利和债券利息。应根据企业对外投资的种类、数额及其相应的获利水平分别加以测算。②测算投资到期收回和中途转让可能发生的损益。企业对外投资到期收回或因特殊原因中途转让，所取得的款项会高于或低于账面价值，从而引起对外投资损益的发生。企业应根据预测其可能发生的损益进行预测。③测算按权益法计算的股权投资在被投资单位增减的净资产中所承担的数额而引起的投资损益。由于该部分损益主要受被投资单位经营情况的影响，因而本企业只能做出大概的估计。

三、营业外净收入的预测

营业外收支项目一般由国家统一规定，非经有关部门批准，企业不得自行变更。尤其是对营业外支出项目，要严格按国家规定分项确定，企业不能任意增设和扩大营业外支出范围。因此，对营业外收支的预测，主要是对其中可以事先预计的项目进行测算。

将以上几个方面的预测结果加以汇总，即可确定出计划期企业利润总额的预计额。

第三节　利润分配概述

利润是企业在一定时期内从事各项经营活动所获得的经营成果，包括营业利润、投资净收益和营业外收支净额等。利润总额扣除所得税费用是企业一定期间的净利润。缴纳所得税是企业必须履行的义务，所以财务管理中的利润分配主要是指企业净利润的分配。

一、利润分配的一般程序

利润分配关系到国家、企业、投资者、职工等各方面的利益，是一项十分重要的工作，必须按照国家的法规和制度执行。利润分配程序是指企业根据适用法律、法规或规定，对企业一定期间实现的净利润进行分派应遵循的步骤。企业的组织形式不同，利润分配的具体程序不完全相同。

（一）非股份制企业的利润分配程序

1. 弥补以前年度的亏损。

按我国财务和税务制度的规定，企业的年度亏损可以由下一年度的税前利润弥补，下一年度税前利润尚不足弥补的，可以由以后年度的利润继续弥补，但用税前利润弥补以前年度亏损的连续期限不超过 5 年。5 年内弥补不足的，用本年税后利润弥补。本年净利润加上年初未分配利润为企业可供分配的利润，只有可供分配的利润大于零时，企业才能进行后续分配。

2. 提取法定盈余公积金。

可供分配的利润大于零是计提法定盈余公积金的必要条件。法定盈余公积金以净利润扣除以前年度亏损为基数，按 10% 提取，即企业年初未分配利润为借方余额时，法定盈余公积金计提基数为：本年净利润减年初未分配利润（借方）余额；若企业年初未分配利润为贷方余额时，法定盈余公积金计提基数为本年净利润。未分配利润贷方余额在计算可供投资者分配的净利润时计入。当企业法定盈余公积金达到注册资本的 50% 时，可不再提取。法定盈余公积金主要用于弥补企业亏损和按规定转增资本金，但转增资本金后的法定盈余公积金一般不低于注册资本的 25%。

3. 提取法定公益金。

法定公益金是以法定盈余公积金相同基数的 5% ~10% 计提的职工公共利益资金，主要用于企业职工的福利设施支出。

4. 向投资者分配利润。

企业本年净利润扣除弥补以前年度亏损、提取法定盈余公积金和公益金后的余额，加上年初未分配利润贷方余额，即为企业本年可供投资者分配的利润，按照企业的分配方案和原则，确定应向投资者分配的利润数额。

【例 9 -5】某公司 1998 年初未分配利润账户的贷方余额为 37 万元，1998 年发生亏损 100 万元，1999 ~2003 年的每年税前利润为 10 万元，2004 年税前利润为 15 万元，2005 年税前利润为 40 万元。所得税税率为 40%，盈余公积金（含公益金）计提比例为 15%。

要求：（1）2004 年是否交纳所得税？是否计提盈余公积金（含公益金)？（2）2005 年可供给投资者分配的利润为多少？

（1）2004 年年初未分配利润 $=37-100+10\times5=-13$（万元）（为以后年度税后利润应弥补的亏损）

2004 年应交纳所得税 $=15\times40\%=6$（万元）

本年税后利润 $=15-6=9$（万元）

企业可供分配的利润 $=9-13=-4$（万元）

因此，不能计提盈余公积金（含公益金）。

（2）2005 年税后利润 $=40\times(1-40\%)=24$（万元）

可供给分配的利润 $=24-4=20$（万元）

计提盈余公积金（公益金）$=20\times15\%=3$（万元）

可供给投资者分配的利润 $=20-3=17$（万元）

分配给投资者的利润，是投资者从企业获得的投资回报。向投资者分配利润应遵循纳税在先、企业积累在先、无盈余不分利的原则，其分配顺序在利润分配的最后阶段，这体现了投资者对企业的权利、义务以及投资者所承担的风险。

（二）股份制企业的利润分配程序

（1）弥补以前年度亏损。

（2）提取法定盈余公积金。

（3）提取法定公益金。

（4）支付优先股股息。一般地，优先股按事先约定的股息率取得股息，不受企业盈利与否或多少的影响。

（5）提取任意盈余公积金。任意盈余公积金是根据企业发展的需要自行提取的公积金，其提取基数与计提盈余公积金的基数相同，计提比例由股东会根据需要决定。

（6）支付普通股股利。

从上述利润分配程序看，股利来源于企业的税后利润，但净利润不能全部用于发放股利，股份制企业必须按照有关法规和公司章程规定的顺序、比例，在提取了法定盈余公积金、公益金后，才能向优先股股东支付股息，在提取了任意盈余公积金之后，才能向普通股股东发放股利。如股份公司当年无利润或出现亏损，原则上不得分配股利。但为维护公司股票的信誉，经股东大会特别决议，可按股票面值较低比率用盈余公积金支付股利，支付股利后的留存的法定盈余公积金不得低于注册资本的 25%。

二、利润分配的原则

利润分配是一项重要的财务管理工作，不仅涉及企业的筹资和投资决策，而且涉及企业长远利益与近期利益、整体利益与局部利益等关系的处理与协调。为合理组织企业的财务活动和正确处理财务关系，企业进行利润分配时应遵守以下原则。

（一）依法分配原则

企业利润分配必须依法进行，这是正确处理各方面利益关系的关键。为规范企业的利润分配行为，国家制定和颁布了若干法规，主要包括企业制度方面的法规、财务制度方面的法规等。这些法规规定了企业利润分配的基本要求、一般程序和重大比例，企业必须认真执行，不得违反。

（二）兼顾各方利益原则

利润分配涉及有关各方的切身利益，在进行利润分配时必须坚持全局观念，兼顾各方利益。国家作为社会管理者，为行使自身职能，必须有充分的资金作为保证。这就要求每个企业以缴纳税款的形式，依法上缴一部分利润，这是每个企业应尽的法定义务。投资者作为企业资产的投入者和所有者，依法享有税后剩余收益的分配权，纳税后的净利润归投资者所有。这是企业的基本制度，也是企业所有者投资于企业的根本动力所在。职工作为利润的直接制造者，除了获得工资、奖金等劳动报酬外，还可以适当的方式参与净利润的分配。我国财务制度规定企业必须提取公益金，用于职工集体福利设施。

（三）分配和积累并重的原则

企业进行收益分配应正确处理长远利益和近期利益关系，将两者有机结合起来，坚持积累和分配并重，对实现的净利润应保留一定的盈余用于企业未来的发展。企业留有了利润，虽然暂时未分配给投资者，但仍然归投资者所有，而且这部分资金为企业扩大再生产筹措了资金，增强了企业抵抗风险的能力，有利于增强投资者的回报。因此，正确处理积累和分配的关系，有利于平衡各期收益分配，起到稳定投资报酬的效果，有利于树立企业良好的财务形象。

（四）投资与收益对等原则

现代企业的收益分配关系与产权关系密切相关，企业利润分配必须做到谁投资谁受益，受益大小和投资比例相适应。企业在向投资者分配利润时，不管投资者的身份如何，应平等对待，严格按出资的比例和同股同利的原则进行分配，不允许出现任何一方随意多分多占的现象，以切实保证投资者的利益。

第四节　股利分配政策

股利分配是指公司制企业向股东分派股利，是企业利润分配的一部分，在公司制企业经营理财决策中占有重要地位。股利分配与利润分配是两个不同的概念。利润分配是指企业缴纳所得税后的净利润的分配，它有法定程序，首先弥补亏损，补亏后仍有剩余，则必须计提法定公积金及公益金，结余部分企业才具有相对的自由决策权，可按企业章程计提任意盈余公积，送股或派现；而股利分配仅针对送股或派现而言。前者的范畴明显大于后者。股利分配是利润分配的核心。

一、股利分配政策的概念

1. 股利。

股利是指企业的股东从企业所取得的利润，以股东投资额为分配标准。在实际工作中，人们常常将股利、股息和红利混用，严格来讲它们是有区别的。股息指优先股股东依照事先约定的股息率定期提取的企业经营收益；红利则指普通股股东在企业分派股息之后从企业提取的不定期的收益。股息和红利都是股东投资的收益，统称为股利。

2. 股利分配政策。

企业的净利润主要有两个用途，或者作为股利发放给股东，或者留在企业进行再投资。股利分配政策是以企业发展为目标，以股价稳定为核心，在平衡企业内外部相关利益的基础上，对于净利润在提取了各种公积金后如何分配而采取的基本态度和方针政策。

股利分配政策的内容主要包括 5 个方面：①股利支付率的高低政策，即确定每股实际分配盈余与可分配盈余的比率的高低；②股利支付具体形式的选择，即确定合适的分红形式（现金股利、股票股利，还是其他形式）；③股利支付率增长政策，即确定公司未来股利的增长速度，它将制约着某一时期股利支付率的高低；④选择股利发放策略，即采取剩余股利政策，还是固定股利政策；⑤股利发放程序的策划，如股利发放频率、股利宣布日、登记日、除息日和发放日的确定等。

二、股利分配的基本原则

股利分配在公司制企业经营理财决策中始终占有重要地位。在股利分配过程中应坚持的原则有以下几种。

1. 最大限度地保证企业价值最大化原则。

企业的股利分配政策必须与企业的财务管理目标相一致，即最大限度地保证企业价值最大化。满足理财目标的要求，是制定股利分配政策的前提条件和根本出发点。无论采取何种政策、方案，决策者都要预见它对企业价值的影响。在企业资金结构合理，经营规模适当，尚无更好投资机会时，则可派发现金股利。如果未来现金流入稳定，可采取较固定的股利政策；如果未来现金流入不稳定，则可采取较低水平的股利政策；否则，一旦削减股利，传递给投资者的信息则是企业未来盈余将较目前减少，导致企业股价下跌。

2. 既要考虑股东的眼前利益，又要保障企业的长远发展原则。

股利分配实际上是企业利润中股利和留存收益的分割比例问题。就企业发展而言，提高留存收益比例有利于企业当前的财务运作，减少外部融资，降低融资成本。但提高留存收益比例即意味着降低股利支付率，减少股东的现时收益，从而影响企业形象和投资者信心，增大企业未来的融资成本和融资难度。因此，股利政策的基本任务之一是通过股利分配，平衡企业和股东面临的当前利益与未来利益、短期利益与长远利益、分配与增长的三大矛盾，有效地增强企业的发展后劲，促进企业的长远稳定发展。

3. 有利于改善资金结构的原则。

股利分配政策对企业资金结构有直接的影响。良好的股利分配政策有助于改善资金结构，使其趋于合理。如果企业的资产负债率过高，则应考虑提高留存收益的比例，以改善资金结构，增强其财务实力，降低财务风险；反之，如果资产负债率过低，则应多发放股利，提高财务杠杆利益。另外，当企业预见到良好的投资机会时，在确定投资方案所需资金的问题上，应按照最佳的资金结构，相应确定股利和留存收益的分割比例。

4. 有利于股价的合理定位原则。

股票在市场上的价格过高或过低都不利于企业的正常经营和稳定发展。股价过高会影响股票的流动性，并留下股价急剧下跌的隐患；股价过低，必将影响企业声誉，不利于今后增资扩股或负债融资，还可能引发被收购和兼并的活动；股价时高时低，波动频繁剧烈，将动摇投资者信心。因此，稳定股价对于企业的正常生产经营具有重要的意义。而股利政策对股票价格有着直接的影响，维持股票价格的合理定位就必然成为制定股利政策的一个原则。

5. 保持股利政策的连续性和稳定性原则。

一般来说，股利政策的重大调整会在两个方面给股东带来影响：一方面是股利政策的波动或不稳定，会给投资者带来企业经营不稳定的印象，从而导致股票价格的下跌；另一方面，股利收入是一部分股东的生产和消费资金来源，股利的突然减少会给他们的生活带来较大的影响。因此，他们一般不愿意持有这种股票，最终导致需求减少，价格下跌。所以企业应尽量避免削减股利，只有在确信未来能够维持新的股利水平时才宜提高股利。

三、确定股利分配政策应考虑的因素

股利分配政策的确定受到各方面因素的影响，一般说来，应考虑的主要因素有法律、股东、公司等方面。

1. 法律因素。

为了保护债权人和股东的利益，国家有关法律法规对企业股利分配予以一定的硬性限制。这些限制主要体现为以下几个方面。

（1）资本保全约束。

资本保全是企业财务管理应遵循的一项重要原则。它要求企业发放的股利或投资分红不得来源于原始投资（或股本），而只能来源于企业当期利润或留存收益。其目的是防止企业任意减少资本结构中所有者权益（股东权益）的比例，以维护债权人利益。

（2）资本积累约束。

它要求企业在分配收益时，必须按一定的比例和基数提取各种公积金。另外，它要求在具体的分配政策上，贯彻“无利不分”原则，即当企业出现年度亏损时，一般不得分配利润。

（3）偿债能力约束。

偿债能力是指企业按时足额偿付各种到期债务的能力。对股份公司而言，当其支付现金股利后会影响公司偿还债务和正常经营时，公司发放现金股利的数额就要受到限制。

（4）超额累计利润约束。

对于股份公司而言，由于投资者接受股利缴纳的所得税要高于进行股票交易的资本利得所缴纳的税金，因此许多企业通过积累利润使股价上涨方式来帮助股东避税。西方许多国家都注意到了这一点，并在法律上明确规定企业不得超额累积利润，一旦企业留存收益超过法律认可的水平，将被加征额外税款。我国法律目前对此尚未做出规定。

2. 股东因素。

股东出于对自身利益的考虑，可能对企业的股利分配提出限制、稳定或提高股利发放率等不同意见。具体包括以下 4 个方面。

（1）稳定收入的考虑。

一些依靠股利维持生活的股东，往往要求公司支付稳定的股利，若公司留存较多的利润，将受到这部分股东的反对。

（2）避税的考虑。

一些高股利收入的股东出于避税的考虑（股利收入的所得税高于股票交易的资本利得税），往往反对公司发放较多的股利。

（3）控制权的稀释。

公司支付较高的股利，就会导致留存盈余减少，这又意味着将来发行新股的可能性加大，而发行新股必然稀释公司的控制权，这是公司原有的持有控制权的股东们所不愿看到的局面。因此，若他们拿不出更多的资金购买新股以满足公司的需要，宁肯不分配股利而反对募集

新股。

（4）规避风险考虑。

在某些股东看来，通过增加留存引起股价上涨而获得的资本利得是有风险的，而目前所得的股利是确定的，即便是现在较少的股利，也强于未来较多但存在较大风险的资本利得，因此他们往往要求较多地支付股利。

3. 公司的因素。

就公司的经营需要来讲，也存在一些影响股利分配的因素。

（1）盈余的稳定性。

公司是否能获得长期稳定的盈余，是其股利决策的重要基础。盈余相对稳定的公司能够较好地把握自己，有可能支付比盈余不稳定的公司较高的股利，而盈余不稳定的公司一般采取低股利政策。对于盈余不稳定的公司来讲，低股利政策可以减少盈余下降而造成的股利无法支付、股价急剧下降的风险，还可将更多的盈余再投资，以提高公司权益资本比重，减少财务风险。

（2）资产的流动性。

较多地支付现金股利，会减少公司的现金持有量，使资产的流动性降低，而保持一定的资产流动性，是公司经营所必需的。

（3）举债能力。

具有较强举债能力（与公司资产的流动性相关）的公司因为能够及时地筹措到所需的现金，有可能采取较宽松的股利政策；而举债能力弱的公司则不得不多滞留盈余，因而往往采取较紧的股利政策。

（4）投资机会。

有着良好投资机会的公司，需要强大的资金支持，因而往往少发放股利，将大部分盈余用于投资；缺乏良好投资机会的公司，保留大量现金会造成资金的闲置，于是倾向于支付较高的股利。正因为如此，处于成长中的公司多采取低股利政策；陷于经营收缩的公司多采取高股利政策。

（5）资本成本。

与发行新股相比，保留盈余不需花费筹资费用，是一种比较经济的筹资渠道。所以从资本成本考虑，如果公司有扩大资金的需要，也应当采取低股利政策。

（6）债务需要。

具有较高债务偿还需要的公司，可以通过举借新债、发行新股筹集资金偿还债务，也可直接用经营积累偿还债务。如果公司认为后者适当的话（例如，前者资本成本高或受其他限制难以进入资本市场），将会减少股利的支付。

4. 其他因素。

（1）债务合同约束。

公司的债务合同，特别是长期债务合同，往往有限制公司现金支付程度的条款。通常包括：

①未来的股利只能以签订合同之后的收益来发放，也就是说不能以过去的留存收益来发放；

②营运资金低于某一特定金额时不得发放股利；

③将利润的一部分以偿债基金的形式留存下来；

④利息保障倍数低于一定水平时不得支付股利；

企业出于方便未来负债筹资的考虑，一般都能自觉恪守与债权人事先签订的有关合同的限制性条款，以协调企业与债权人之间的关系。

（2）通货膨胀。

在通货膨胀的情况下，公司折旧基金的购买力水平下降，会导致没有足够的资金来源重置固定资产，这时盈余会被当作弥补折旧基金购买力水平下降的资金来源。因此在通货膨胀时期公司股利政策往往偏紧。

四、股利政策理论

股利支付与股票价格（企业价值）有无关系，如何解释影响股利政策的诸因素间的相互作用及这种作用对企业的最佳股利政策的影响方式，是企业财务管理专家长期争论的问题，从而形成了不同的股利政策，其中较有代表性的有以下 3 种。

1. 股利无关理论。

股利无关论是由美国财务学家米勒（Miller）和莫迪格莱尼（Modigliani）在 1961 年发表的著名论文《股利政策、增长和股票价值》中首先提出的，被称为 MM 理论。该理论认为在完善的资本市场条件下，股利政策不会对企业的价值或股票价格产生任何影响。因此，单就股利政策而言，既无所谓最佳，又无所谓最差，它与企业价值不相关。一个企业的股价完全是由其投资决策所决定的获利能力所影响的，而非决定于公司的股利分配政策。

MM 理论是以下述 4 个基本假设为前提：

（1）证券市场是完全资本市场，没有发行费用，没有交易费用，投资者和管理者一样可以公平地免费获得相同的信息，各种证券无限分散，任何投资者都不可能控制证券价格；

（2）没有个人或公司所得税存在，也就是说，股票价格上涨的资本利得和股票股利的现金所得之间没有所得税差异；

（3）公司的投资政策独立于股利政策；

（4）关于未来的投资机会，投资者和企业管理者之间信息是对称的。

在这些特定的假设条件下，MM 理论认为，假如某一公司发放给股东以较高的股利，那么他们就必须发行更多的股票，其数额正好等于公司的股利。也就是说，在不改变投资决策和目标资本结构的条件下，公司若要增发股利，唯一的方法是靠增发新股的方式筹得投资所需资金。在完善的市场条件下，新股东购买股票愿付的价格必须与企业价值相一致。因此，这一活动的结果是新老股东之间的价值转移，即老股东将自己拥有的一部分资产转让给新股东，新股东则把同等价值的现金交付给老股东，企业价值保持不变。

由于 MM 理论的前提假设过于脱离现实，致使该理论的结论与事实相差甚远。这是因为在现实条件下，企业不可避免地会发生相当昂贵的股票发行费用和交易成本；企业和投资者都必须缴纳所得税。事实上，资本利得的税率远低于股利所得，投资者更喜欢资本利得；企业管理层与投资者之间不可避免地存在着信息不对称。因而 MM 理论发表不久，许多观点不同的理论相继问世。

2. "一鸟在手"理论。

"一鸟在手"理论源于谚语"双鸟在林不如一鸟在手"。该理论是流行最广泛和最持久的股利理论，主要代表人物是迈伦·戈登（M. Gordon）和约翰·林特纳（J. Lintner）。该理论认为，由于股票价格波动较大，在投资者眼里股利收益要比由留存收益再投资带来的资本利得更为可靠，又由于投资者一般均为风险厌恶型，宁可现在获得较少的股利，也不愿承担较大的风险等到将来获得金额较多的股利，故投资者将偏好股利而非资本利得。在这种思想影响下，当公司提高其股利支付率时，就会降低投资者的风险，投资者可要求较低的必要报酬率，公司股票价格上升；如果公司降低其股利支付率或延付股利，则会增加投资者的风险，投资者必然要求较高的必要报酬率，以作为负担额外风险的补偿，从而导致公司股票价格下降。由此可见，“一鸟在手”理论认为股利政策与企业的价值息息相关，企业在制定股利政策时必须采取较高的股利支付率政策，才能使企业价值最大化。

“一鸟在手”理论虽然流行时间最久，也广泛地被实际工作者所采纳，但它很难解释投资者在获得现金后又购买公司新发行的普通股现象，这实际上混淆了投资决策和股利决策对股票价格的影响。

3. 税差理论。

由于MM理论赖以成立的假设条件违反了现实生活。于是，财务学家着手研究放宽MM各种假设条件的股利政策，以使理论更好地接近事实。他们首先选择了引进税赋，放宽无税收假设。

经研究表明，由于资本利得税率偏低，而且可以继续持有股票来延缓资本利得的实现，从而推迟纳税时间，享受递延纳税的好处。因此，在其他条件不变的情况下，投资者将偏好资本利得而反对派发现金股利。持有高股利支付率股票的投资者，为了取得与低股利支付率股票相同的税后净收益，必须要求有一个更高的税前回报预期。例如，如果资本利得税率为20%，某投资者个人所得税率为30%，公司留存1元利润产生1元资本利得，投资者出售股票在缴纳资本利得税后，实际获得现金0.8×(1－1×20%)元；如果公司决定支付现金股利，投资者为了获得同等税后净收益0.8元，则要求公司动用当期利润1.14×[0.8÷(1－30%)]元。这表明在税率存在差异的情况下，1元资本利得比1元现金股利具有更高的价值。高股利将导致股价下跌，低股利反而造成股价上涨。这也就意味着公司可以通过削减股利来提高股票价值，当股利为零时，股票价值最大。

税差理论的结论主要有两点：一是股票价格与股利支付率成反比，二是权益资本成本与股利支付率成正比。按照税差理论，企业在制定股利政策时必须采取低股利支付率政策，才能使企业价值最大化。

“一鸟在手”理论、股利无关论和税差理论三种观点完全不同。“一鸟在手”理论主张高股利，税差理论支持低股利，而股利无关论则认为股利是无关的，企业无须制定股利政策。三个学派的观点是对股利政策的基本解释。总的来说，股利政策无关紧要的观点在完全市场假设下是顺理成章的，但是在现实生活中难以令人信服。“高股利导致股价增长”的观点认为股利和资本利得的风险不同，也经不起仔细推敲；税差理论看起来比较有说服力，即使在有些国家资本利得没有税收优惠，其延期效应也不容忽视。然而，如果低股利果真这么好，那么公司为什么还要发放股利呢？管理者何不通过不发股利这一简单方式，轻轻松松地让股东获益呢？为了彻底揭开“股利之谜”，理论界和实务界做了大量的工作，不断改进原有的理论。其中，追随者效应理论、信号理论和代理成本理论就是较为流行的几种新的解释（本书在此不再深入探讨）。

五、股利分配政策

支付给股东的盈余与留在企业的保留盈余，存在此消彼长的关系。因此，股利分配既决定给股东分配多少红利，也决定有多少净利留在企业。减少股利分配，会增加保留盈余，减少外部筹资需求。股利决策也是内部筹资决策，在进行股利分配的实务中公司经常采用的股利政策如下。

（一）剩余股利政策

1. 股利分配方案的确定。

剩余股利政策就是在公司有着良好的投资机会时，根据一定的目标资本结构（最佳资本结构），测算出投资所需要的权益资本，先从盈余当中留用，然后将剩余的盈余作为股利予以分配。

采用剩余股利政策时，应遵循四个步骤：(1) 设定目标资本结构，即确定权益资本与债务资本的比率，在此资本结构下，加权平均资本成本将达到最低水平；（2）确定目标资本结构下投资所需股东权益数额；（3）最大限度地使用保留盈余来满足投资方案所需的权益资本数额；（4）投资方案所需权益资本已经满足后若有剩余盈余，再将其作为股利发放给股东。

【例 9－6】假定某公司某年提取了公积金、公益金后的税后净利润为 600 万元。第二年的投资计划所需资金 800 万元，公司的目标资本结构为权益资本占 60%、债务资本占 40%，那么，按照目标资本结构的要求，公司投资方案所需的权益资本数额为：

$800 \times 60\% = 480$（万元），

公司当年全部可用于分配股利的盈余为 600 万元，可以满足上述投资方案所需的权益资本数额并有剩余，剩余部分再作为股利发放，当年发放的股利额即为：

$600 - 480 = 120$（万元）

假定该公司当年流通在外的只有普通股 100 万股，那么每股股利即为：

$120 \div 100 = 1.2$（元）

剩余股利政策的理论依据是 MM 理论。MM 理论认为，在理想状态下的完全资本市场中，股份公司的股利政策与公司普通股每股市价无关，公司派发股利的高低不会给股东的财富带来实质性的影响，公司的股利政策随着公司的投资、融资方案的制定而自然确定。因此，在完全资本市场情况下，股利完全取决于可接受投资项目多寡的被动剩余，投资者对于盈利的留存或发放股利毫无偏好。如果公司将盈利再投资后所能得到的报酬率超过投资者自行将盈利投资到具有类似风险的机会所能赚到的报酬率时，则大多数投资者倾向将盈利保存下来用于再投资，而不愿公司将盈利作为股利加以分配；相反，如果公司的投资项目所获得的报酬率低于其自行投资到风险相同的其他投资机会的报酬，则投资者更喜欢发放现金股利。

剩余股利政策的优点是：留存收益优先保证再投资的需要，这有助于降低再投资的资金成本，保持企业合理的资金结构，实现企业价值的长期性和最大化。然而完全遵照执行剩余股利政策，将使股利发放额每年随投资机会和盈利水平的波动而波动。即使在盈利水平不变的情况下，股利将与投资机会的多寡呈反方向变动：投资机会越多，股利越少；反之，投资机会越少，股利发放越多。而在投资机会维持不变的情况下，股利发放额将因公司每年盈利的波动而同方向波动。这种股利发放的波动性将给投资者一种企业经营状况不稳定的感觉，因而影响股价上扬，导致企业市场价值被低估。

（二）固定股利或稳定增长股利政策及其评价

稳定增长股利政策是企业将每年派发的股利额固定在某一特定的水平上，然后在一段时间内不论企业的盈利情况和财务状况如何，派发的股利额均保持不变。只有当企业认为未来盈利的增加能够使企业将派发的股利额维持在一个更高的水平时，才会提高每股股利额。

稳定增长股利政策除了依据“一鸟在手”理论外，还依据股利信号理论。股利信号理论认为，企业所采用的股利政策能将企业的盈利情况、财务状况等财务信息传播给投资者。如果一个企业的股利支付率一直比较稳定，某一时期突然发生较大幅度的波动，股票投资者将会认为公司的盈利情况或财务状况变动较大，企业的股票价格相应地也会发生变动。基于此，固定的或持续增长的股利政策给投资者传播了一个企业的盈利情况、财务状况稳定且逐步提高的信息，因而使企业的股票价格维持在一个相对较高的水平。

近年来，西方的股份公司由于受通货膨胀的影响，逐步将股利支付额转向稳定增长的股利政策。即为了避免股利的波动，公司在支付某一规定金额股利的基础上，制定一个目标股利增长率，依据公司的盈利水平按目标股利增长率逐步提高公司的股利支付水平。稳定增长股利政策的主要优点有以下几个方面。

（1）从股利含有的内部信息来说，稳定增长型股利政策向投资者传递了这样一个信号：经理人员对公司的未来充满信心，这有助于树立企业形象、增强投资者信心及稳定股价。

（2）对那些依靠股利收入而生活的投资者来说，该政策可以满足其不断上涨的生活所需资金，有利于其计划安排收支。

（3）避免股利支付的大幅度、无序性波动，有助于预测现金流出量，便于公司资金调度和财务安排。

但这种只升不降的股利政策会给企业的财务运行带来压力。

股利支付与企业盈利相脱离，不论企业盈利多少，均要按固定的乃至持续增长的方式派发股利。这在企业持续发展时期，不会出现问题。但公司在其发展的历程中，难免会出现短暂的困难，如派发的股利金额大于实现的盈利，必将侵蚀企业的留存收益，影响企业的发展，甚至侵蚀企业的资本，影响企业的正常经营。因此，很难长期采用该政策。目前，在西方国家，有些企业为应付股利增长带来的压力，建立了所谓的“股利平衡准备金制度，以保证在留存收益下降的年份也有能力维持股利支付的增长”。

（三）固定股利支付率政策及其评价

固定股利支付率政策指企业将每年盈利的某一固定百分比作为股利分配给股东。固定股利支付率越高，公司留存的盈余越少。它与剩余股利政策的顺序相反，事先考虑派发股利，后考虑保留盈余。股利支付率一经确定，一般不得随意变更。在这一股利政策下，只要公司的税后利润一经计算确定，所派发的股利也就相应确定了。各年股利支付额随企业经营状况的好坏而上下波动，盈利高的年份股利高，盈利低的年份股利低。

固定股利支付率政策的理论依据是“一鸟在手”理论。该理论认为，现在的股利收入是固定的，而保留盈余进行再投资给股票投资者带来的收益具有不确定性。由于投资者对风险厌恶，并且认为随着时间的推移，风险将会随之增大。因此，股票投资者对获取现在的收入具有特别的偏好，因而如果两种情况基本一致，只是股利政策不同的股票，支付股利的股票比不支付股利的股票的价格要高，股利支付率高的股票比股利支付率低的股票的价格要高。股利的分配政策与股票的市价有关。显然，固定股利支付率政策是根据投资者厌恶风险、喜欢现时收益的特性，确定派发股利以满足投资者的愿望。而股利政策与股价具有相关性，满足了投资者的愿望，必然会支持企业的股价处于一个较高的位置，从而实现股价最大化。

实行固定股利支付率的政策，使股利与企业盈余紧密地配合以体现多盈多分、少盈少分、不盈不分的原则，真正做到公平地对待每一位股东。但是，如果企业的盈利各年间波动不定，则其股利也会随之波动。由于股利通常被认为是公司未来前途的信息来源，波动的股利向市场提供的信息使公司未来收益前景不明确、不可靠，容易给投资者带来经营不稳定、投资风险大的不良印象。在实际工作中，固定股利支付率政策还有以下不足。

（1）财务压力大。

股份公司实现的利润越多，派发的股利越多。然而，实现利润较多，只表明公司盈利状况较好，并不表明公司有充足的现金派发股利，而不论公司财务状况如何，均要派发股利，财务压力较大。

（2）缺乏财务弹性。

股利支付率是企业股利政策的主要内容，政策的选择、政策的制定是企业的财务手段和方法。在不同阶段，根据财务状况制定不同的股利政策，会更有效地实现企业的财务目标。但在固定股利支付率政策下，企业丧失了利用股利政策的财务方法，缺乏财务弹性。

（3）确定固定股利支付率难度大。

固定股利支付率确定得较低，不能满足投资者对现实股利的要求；反之，企业发展需要大量资金时，又要受其制约。确定较优的股利支付率的难度较大。因此，固定股利支付率政策适用于企业稳定地发展且财务状况较稳定的阶段。

（四）低正常股利加额外股利政策及其评价

低正常股利加额外股利政策是公司事先设定一个较低的经常性股利额。一般情况下，企业都按此金额发放股利，只有当累积的盈余和资金相当多时，除正常股利之外，加额外（通常较大金额）股利给股东。

低正常股利加额外股利政策的理论依据仍然是“一鸟在手”理论和股利信号理论，只是运用的方式和思考的角度不同。由于企业派发的股利固定维持在一个较低的水平上，在企业盈利较少或需用较多的保留盈余进行投资时，企业仍然能够按照既定的股利水平派发股利，体现“一鸟在手”理论，维持股票的现有价格，实现企业的目标。而一旦企业盈利较大且有剩余现金时，企业就可以派发额外股利，体现股利信号理论，企业将派发额外股利的信息传播给股票投资者，有利于股票价格的上扬。

低正常股利加额外股利政策吸收了稳定性股利的优点，同时又摒弃了其不足，使企业在股利发放上留有余地和具有较大的财务弹性，可以根据企业的具体情况，制定不同的股利政策，以实现财务目标最大化。对于股东而言，这种股利政策既保证了股东投资有一个起码的收益，又可以使股东分享企业繁荣的好处。因此是一种颇受欢迎的股利政策。低正常股利加额外股利政策的主要缺点是：

（1）仍然缺乏稳定性，盈利的变化使额外股利不断变化，或时有时无，给人飘浮不定的感觉。

（2）当企业在较长时期一直发放额外股利后，股东可能误认为是“正常股利”，一旦取消额外股利，容易造成“企业财务状况恶化”的错误印象，也将造成股价下跌。

如果企业的盈余和现金流量经常变动、不易准确预测时，则此种政策不失为一最佳选择。

六、股利分配政策类型的选择

通过上述分析可知，以上 4 种股利政策各有利弊，企业在分配股利时应借鉴其基本决策思想，综合考虑各种因素的影响，制定出最适合企业实际情况的股利政策。其中居主导地位的影响因素是企业目前所处的发展阶段。因为对发展阶段的定位决定了企业未来的发展取向，并会间接地带动其他诸多要素相应的变化，所以，企业应根据自己所处的发展阶段选择相应的股利政策。

（1）初创阶段。

处于初创阶段的企业，经营风险高，融资能力差，同时该阶段是一个纯粹的现金净流出阶段。因此，为降低财务风险，企业应贯彻先发展后分配的思想，剩余股利政策为最佳选择。

（2）高速增长阶段。

进入高速增长阶段后，企业的产品销量急剧上升，为防止其他竞争者进入，企业要迅速扩大生产能力，达到规模优势。这意味着企业要进行大量的投资，不宜宣派股利。同时，由于企业已渡过了初创阶段的艰难，并已有了某种竞争优势，投资者往往有分配股利的要求。此时，为平衡这两方面的要求，应采取低正常股利加额外股利型的股利政策，在支付方式上应尽可能地采用股票股利的方式而避免现金支付。

（3）稳定增长阶段。

该阶段的显著特征是：产品的市场容量、销售收入稳定增长，生产能力扩张的投资需求减少，广告费开支比例下降，现金流动表现为净现金流入量，每股收益呈上升态势。这些均表明，企业已具备持续支付较高股利的能力。因此，该阶段中理想的股利政策应是稳定增长型股利政策。

（4）成熟阶段。

企业一旦进入成熟阶段，市场趋于饱和，销售收入不再增长，利润水平稳定。另外，发展至该阶段，企业通常已积累了相当的盈余和资金，因此，这时企业可考虑由稳定增长型股利政策转为固定股利政策，以与企业的整个发展阶段相适应。但在确定股利支付的起点标准时不宜太高，应留有余地。

（5）衰退阶段。

有些企业经过成熟期后可能进入衰退阶段，尤其是产品单一的企业更是如此。此时，企业如果不被解散或被其他企业所重组与兼并，就要投资进入新的行业和领域，以求新生。这意味着，企业的投资需求增加。另外，此时产品销售收入减少，利润下降，因此企业已不具备支付股利的能力，应采用剩余股利政策。

这里需要指出的是，企业发展阶段的划分是相对的，有时企业经营阶段具有相互重叠和交叉的特性。另外，企业在某一发展阶段上也可根据当时市场环境及企业自身特征采用两种以上的股利政策，相互交替使用而非择一而终。

第五节　股利支付的程序和方式

一、股利支付程序

我国的股份公司通常是一年派发一次股利，也有在年中派发中期股利的，国外有些公司是按季发放股利的。由于股票可以自由买卖，使公司的股东和股东的持股数量经常变化。因此，必须明确股利支付过程中经历的一些日期界限，以确保持股股东能顺利领到股利。股份公司分配股利必须遵循法定的程序，先由董事会提出分配预案，然后提交股东大会审议，股东大会决议通过分配预案之后，向股东宣布发放股利的方案，并确定股权登记日、除息日（或除权日）和股利支付日等。

（1）股利宣告日。

即公司的董事会将股利的发放情况予以公告的日期，并要在公告中公布股权登记日、除息日和股利发放日。

（2）股权登记日。

即有权领取股利的股东资格登记截止日期，只有在股权登记日在册的股东，才有资格领取股利，未登记的股东不能领取股利。

（3）除息日。

即除去股利的日期，也就是领取股利的权利与股票相互分离的日期。在除息日前，股利权从属于股票，持有股票者即享有领取股利的权利，除息日开始，股利权与股票相分离，新购入股票的人不能分享股利。因为股票买卖的交接、过户需要一定时间，为避免股利在新老股东之间支付失误引起冲突，证券业一般规定在股权登记日的前4天为除息日。在股权登记日4个营业日之前，股利权附属于股票，而到了股权登记日前的第4天，股利权不再从属于股票。

（4）股利支付日。

即将股利正式发放给股东的日期。企业将通过邮寄支票等方式将股利支付给股东，或通过证券代理商发放。

【例9－7】A公司2021年11月15日发布公告：本公司董事会在2021年11月15日的会议上决定，本年度发放每股为5元的现金股利；本公司将于2022年1月2日将上述股利支付给已在2021年12月15日登记为本公司股东的人士。

上例中，2021年11月15日为该公司的股利宣告日；2021年12月15日为其股权登记日；2021年12月9日为除息日，因为12月11日和12日为非营业日；2022年1月2日则为其股利支付日。

二、股利支付的方式

股利支付的方式有多种，常见的主要有以下几种。

1. 实际收益式股利。

这是指将企业的资产分配给股东，作为股东的投资回报。实际收益式股利又有两种主要形式。

（1）现金股利。

即以现金形式发放的股利，我国通常称为“红利”、派现或分红。现金股利是从缴纳公司所得税和支付债券利息以后的利润中支付的。在西方，企业以各种来源支付的现金股利可以分为 4 种类型。

①固定现金股利。这是最普通的股利形式，通常按季支付，来源是当年的税后盈利。在正常的情况下，按季支付是不能间断的。

②额外股利。这是在固定股利之外，企业根据本期盈余状况决定的额外支付的股利。它可以是连续的，也可以是不连续的。

③特别股利。这是企业在某一特定时间一次性支付的股利，通常发生在企业决定减少保留利润时，以历年累积的保留利润支付。这种股利一般是一次性的。

④清算股利。这是指企业以股本及发行溢价收入向股东支付的股利。这种股利的支付意味着企业退回部分权益资本。

（2）财产股利。

即以现金以外的其他资产，如企业的产品、有价证券等发放给股东作为其股利收入。

2. 股权式股利。

这是指以企业的股权份额作为股东投资的报酬。股权式股利的基本形式是股票股利（我国通常称为“红股”、送股或送红股），即以本企业的股票分配给股东作为股利的形式。股票股利虽然增加了股东持有的股票数量，但送股后企业股票的每股收益相应下降，因而它实际上并不影响企业的股东权益总额，只是股东权益的结构发生了变化，即从未分配利润或盈余公积转为股本。

3. 负债式股利。

这是指企业通过建立一项负债来发放股利，根据负债期限长短，可分为票据股利和债券股利。前者是企业以各种应付票据形式代替现金来分派股利，后者是用公司债券来支付股利，又称公司债股利。负债股利的形式在实践中不多见，一般是企业于无奈中所采用的权宜之计，通常是企业已经宣布发放股利但又面临现金不足、难以支付的窘境时选择。

此外，有些学者将股票回购也作为股利的一种。股票回购是指股份公司出资将其发行的流通在外的股票以一定的价格购买回来予以注销或作为库存股的一种资本运作方式。股票回购产生于企业规避政府对现金股利的管制。股票回购使流通在外的股票数量减少，每股收益相应提高，市盈率降低，从而推动股价上升或维持合理价格。对于投资者来说，与现金股利相比，股票回购不仅可以节约税收，而且具有更大的灵活性，需要现金的股东可选择卖出股票，而不需要现金的股东可继续持有股票。对于企业管理层来说，股票回购有利于实现企业长期的股利政策目标，防止派发剩余现金造成的短期效应，因为一旦派发了现金股利就会对企业产生未来的派现压力。

但是，股票回购也可能对上市公司的经营造成负面影响。

（1）回购股票需要大量的资金支付回购的成本，因此进行回购的上市公司首先要有资金实力这一前提条件。如果公司负债率较高，再举债进行回购，不仅公司资产流动性变差，而且将背负巨大的偿债压力，影响公司的正常生产经营和发展后劲。

（2）回购还可能使企业的发起人股东更注重创业利润的兑现，而忽视公司的长远发展，损害公司的根本利益。

（3）股票回购容易导致内幕操纵股价。股份公司拥有本公司最准确、最及时的信息，如果允许上市公司回购本公司股票，易导致其利用内幕消息进行炒作，使大批普通股投资者蒙受损失，甚至可能出现借回购为名做出本公司股票的违规事件。

在国外成熟的证券市场，回购是一种合法化的企业行为。它不仅是一种盛行的反收购措施，而且还可以起到降低融资成本，提高剩余资金利用率的作用。但由于股票回购不可避免地会引起股票价格的波动，并涉及内幕交易，世界各国对上市公司回购股份都规定了十分严格的条件。我国的法律规定，除非企业因减少其注册资本的目的或谋求与持有本企业股票的企业合并，不得购回发行在外的股份，因而回购的股票必须注销，不得作为库藏股处理。

第六节　股票股利和股票分割

一、股票股利

股票股利是公司以发放的股票作为股利的支付方式，我国通常称为“红股”。股票股利并不直接增加股东的财富，不导致公司资产的流出或负债的增加，因而不是公司资金的使用。同时也并不因此而增加公司的财产，但会引起所有者权益各项目的结构发生变化。

现举例说明如下：

【例9－8】某公司在发放股票股利前，股东权益情况见表9－2。

表9－2　　某公司股票股利发放前股东权益　　单位：元

普通股（面额1元，已发行200 000股）	200 000
资本公积	400 000
未分配利润	2 000 000
股东权益合计	2 600 000

假定该公司宣布发放10%的股票股利，即发放20 000股普通股股票，并规定现有股东每持10股可得1股新发放股票。若该股票当时市价20元，随着股票股利的发放，需要从“未分配利润”项目划转出的资金为：

$20 \times 200\,000 \times 10\% = 400\,000$（元）

由于股票面额（1元）不变，发放20 000股，普通股只应增加“普通股”项目20 000元，其余的380 000元（400 000－20 000）应作为股票溢价转至“资本公积”项目，而公司股东权益总额保持不变。

发放股票股利后，公司股东权益各项目见表9－3。

表9－3　　某公司股票股利发放后股东权益　　单位：元

普通股（面额1元，已发行220 000股）	220 000
资本公积	780 000
未分配利润	1 600 000
股东权益合计	2 600 000

可见，发放股票股利，不会对公司股东权益总额产生影响，但会发生资金在各股东权益项

目间的再分配。

发放股票股利后，如果盈利总额不变，会由于普通股数增加而引起每股收益和每股市价的下降。但又由于股东所持股份的比例不变，每位股东所持股票的市场价值总额仍保持不变，这可从下例中得到说明。

【例9－9】假定上述公司本年盈余为440 000元，某股东持有20 000股普通股，发放股票股利对该股东的影响见表9－4。

表9－4　股票股利发放前后变化对比　单位：元

项　　目	发放前	发放后
每股收益（EPS）	440 000÷200 000＝2.2	440 000÷220 000＝2
每股市价	20	20÷（1＋10%）＝18.18
持股比例	20 000÷200 000＝10%	22 000÷220 000＝10%
所持股总价值	20×20 000＝400 000	18.8×22 000＝400 000

发放股票股利对每股收益和每股市价的影响，可以通过对每股收益、每股市价的调整直接算出：

$$发放股票股利后的每股收益=\frac{E_0}{1+D_S}。$$

式中：E_0——发放股票股利前的每股收益；

D_S——股票股利发放率。

$$发放股票股利后的每股市价=\frac{M}{1+D_S}。$$

式中：M——股利分配权转移日的每股市价；

D_S——股票股利发放率。

依上例资料：

发放股票股利后的每股收益＝2.2÷（1＋10%）＝2（元）

发放股票股利后的每股市价＝20÷（1＋10%）＝18.18（元）

尽管股票股利不直接增加股东的财富，也不增加公司的价值，但对股东和公司都有特殊意义。

1. 股票股利对股东的意义。

（1）如果公司在发放股票股利后同时发放现金股利，股东会因所持股数的增加而得到更多的现金。例如，公司宣布发放10%的股票股利，同时每股支付现金股利2元。某拥有100股股票的股东可得现金股利为：

2×100×（1＋10%）＝220（元）

而若不发放股票股利，该股东所得现金股利只有200元（2×100）。

（2）事实上，有时公司发放股票股利后其股价并不成比例下降。一般在发放少量股票股利（如2%～3%）后，大体不会引起股价的立即变化。这可使股东得到股票价值相对上升的好处。

（3）发放股票股利通常由成长中的公司所为，因此投资者往往认为发放股票股利预示着公司将会有较大发展，利润将大幅度增长，足以抵消增发股票带来的消极影响。这种心理会稳定住股价甚至反而略有上升。

（4）在股东需要现金时，还可以将分得的股票股利出售，有些国家税法规定出售股票所需交纳的资本利得（价值增值部分）税率比收到现金股利所交纳的所得税率低，这使股东可以从中获得纳税上的好处。

2. 股票股利对公司的意义。

（1）发放股票股利可使股东分享公司的盈余而无须分配现金，这使公司留存了大量现金，便于进行再投资，有利于公司长期发展。

（2）在盈余和现金股利不变的情况下，发放股票股利可以降低每股价值，从而吸引更多的投资者。

（3）发放股票股利往往会向社会传递公司将会继续发展的信息，从而提高投资者对公司的信心，在一定程度上稳定股票价格。

但在某些情况下，发放股票股利也会被认为是公司资金周转不灵的征兆，从而降低投资者对公司的信心，加剧股价的下跌。

（4）发放股票股利的费用比发放现金股利的费用大，会增加公司的负担。

二、股票分割

股票分割是指将面额较高的股票换成面额较低的股票的行为。例如，将原来的一股股票交换成两股股票。股票分割不属于某种股利的方式，但其所产生的效果与发放股票股利近似，故而在此一并介绍。

股票分割时，发行在外的股数增加，使每股面额降低。每股盈余下降，但公司价值不变，股东权益总额、权益各项目的金额及其相互间的比例也不会改变。这与发放股票股利时的情况既有相同之处，又有不同之处。

【例9－10】某公司原发行面额2元的普通股200 000股，若按1股换成2股的比例进行股票分割，分割前、后的股东权益项目见表9－6、表9－6。

表9－5　　分割前的股东权益　　单位：元

普通股（面额2元，已发行200 000股）	400 000
资本公积	800 000
未分配利润	4 000 000
股东权益合计	5 200 000

表9－6　　分割后的股东权益　　单位：元

普通股（面额1元，已发行400 000股）	400 000
资本公积	800 000
未分配利润	4 000 000
股东权益合计	5 200 000

分割前、后的每股盈余计算如下：

假定公司本年净利润440 000元，那么股票分割前的每股收益2.2元（440 000÷200 000）。

假定股票分割后公司净利润不变，分割后的每股收益为1.1元，每股市价就会因此而下降。

从实践效果看，由于股票分割与股票股利非常接近，因此一般要根据证券管理部门的具体规定对两者加以区分。例如，有的国家证券交易机构规定，发放25%以上的股票股利即属于股票分割。

对于公司来讲，实行股票分割的主要目的在于通过增加股票股数降低每股市价，从而吸引更多的投资者。此外，股票分割往往是成长中公司的行为，所以宣布股票分割后容易给人一种“公司正处于发展之中”的印象，这种有利信息会对公司有所帮助。

对于股东来讲，股票分割后各股东持有的股数增加，但持股比例不变，持有股票的总价值不变。不过，只要股票分割后每股现金股利的下降幅度小于股票分割幅度，股东仍能多获现金股利。例如，假定某公司股票分割前每股现金股利 2 元，某股东持有 100 股，可分得现金股利 200 元（2×100），公司按 1 换 2 的比例进行股票分割后，该股东股数增为 200 股（100×2），若现金股利降为每股 1.1 元，该股东可得现金股利 220 元（1.1×200），仍大于其股票分割前所得的现金股利。另外，股票分割向社会传播的有利信息和降低了的股价，可能导致购买该股票的人增加，反使其价格上升，进而增加股东财富。

尽管股票分割与发放股利都能达到降低公司股价的目的，但一般地讲，只有当公司股价暴涨且预期难以下降时，才采用股票分割的办法降低股价，而在公司股价上涨幅度不大时，往往通过发放股票股利将股价维持在理想的范围之内。

相反，若公司认为自己股票的价格过低，为了提高股价，会采取反分割（也称股票合并）的措施。反分割是股票分割的相反行为，即将数股面额较低的股票合并为一股面额较高的股票。例如，若上例中原面额 2 元，发行 200 000 股、市价 20 元的股票，按 2 股换成 1 股的比例进行反分割，该公司的股票面额将成为 4 元，股数将成为 100 000 股，市价也将上升。

思考题

1. 企业利润的构成项目有哪些？如何进行利润的预测？
2. 公司制企业利润分配应遵循的程序有哪些？
3. 股利分配时一般应坚持哪些原则？
4. 确定股利政策应考虑哪些影响因素？
5. 如果你是一名股份制公司的股东，你支持哪一种股利政策理论？为什么？
6. 如果你是一名股份制公司的股东，你希望公司采用哪一种股利分配政策？原因是什么？
7. 股票股利和股票分割有何区别与联系？

练习题

1. 某公司 2021 年的税后利润为 260 万元，目前最佳资本结构为资产负债率 45%，执行 20% 的固定股利支付率政策，因产品销路稳定，2022 年拟投资 600 万元扩大生产能力。

要求：（1）计算公司需要留存利润；（2）计算公司外部权益资本筹资额。

2. 某公司提取了公积金和公益金的本年税后利润为 300 万元，下一年拟投资一新项目，需要投资 400 万元，公司的目标资本结构为负债与权益之比 2∶3，公司流通在外的普通股为 200 万股，公司采用剩余股利政策。

要求：（1）计算公司本年可发放的股利额；（2）计算股利支付率；（3）计算每股股利。

3. 某公司原股东权益结构如下：

股本（面值2.5元，发行200 000）	500 000
资本公积	150 000
未分配利润	1 600 000
股东权益合计	2 250 000

已知当时的市价20元，本年盈余为450 000元，请分别考虑发放6%的股票股利和按1∶2的比例进行股票分割两种情况来计算：(1) 发放股票股利后股东权益各项目有何变化？(2) 公司每股市价、每股利润各为多少？

综合案例

双汇发展“高派现”股利分配案例

双汇发展在肉制品行业中属于龙头地位，远远超过同行业的其他公司。并且，中国属于传统的肉类国家，猪肉在中国特别受欢迎，所以双汇发展在中国的行业地位可以说是无人能及。因此，双汇发展会受到比较多的关注，尤其是双汇发展的股利政策。双汇发展自2000年上市以来，盈利能力不断增强，现金流充裕，自由可支配资金增多，市场占有率第一，公司地位不断提高，成为肉制品行业的龙头，并且每年都坚持高额派发现金红利，市场中的投资者都对双汇发展有所耳闻，其在资本市场的名声好，容易吸引投资，有“现金牛”之类的称誉。

从表9-7双汇发展近10年来股利分配情况可以看出，双汇发展每年留存收益率都很低，股利支付率很高。其每年的净利润都足够支付现金股利，几乎每年的现金股息发放率都在50%以上，近几年甚至超过90%，属于典型的实施高派现政策的企业。双汇发展坚持高额分派现金股利，甚至出现过超额派现的情况，派息金额均在每股0.5元以上，股利支付率持续增高，这说明双汇发展的现金股利政策是稳定的、连续的。

表9-7　　　　双汇发展近10年股利分配情况

年份	分红（亿元）	净利润（亿元）	现金支付率（%）
2012	14.85	30.69	48.39
2013	31.91	40.69	78.42
2014	31.25	42.15	74.14
2015	41.24	44.16	93.39
2016	39.60	45.62	86.8
2017	36.30	45.11	80.47
2018	47.84	50.35	95.01
2019	33.20	56.66	58.59
2020	80.38	62.56	128.49
2021	44.97	48.66	92.41

思考：

(1) 企业在制定股利政策时要考虑哪些因素？

(2) 为什么有些企业会发放高现金股利？

第十章

财务报表分析

【学习目标】

通过本章学习，应当了解并掌握：

［1］了解财务报表分析的基本方法；

［2］熟悉经济环境与行业分析的基本内容；

［3］掌握盈利能力、营运能力、偿债能力、增长能力的基本指标和含义；

［4］掌握杜邦财务分析方法；

［5］了解财务指标在财务危机预警和信用评级中的作用。

2021年10月26日，南山铝业发布2021三季度报告，2021前三季度实现营收203.85亿元，同增30.64%；毛利率实现25.85%，环降1.7个百分点，同增1.53个百分点；净利率实现12.91%，环降1.36%，同增2.45%；归母净利润25.19亿元，同增78.17%；扣非归母净利实现24.78亿元，同增89.98%；经营性现金流净额27.67亿元，同增14.76%。单季度看，2021Q3实现收入78.44亿元，环增15.29%，同增45.09%；归母净利润10.12亿元，环增4.32%，同增79.10%；扣非归母净利10.16亿元，环增8.26%，同增93.86%；年化总资产收益率实现6.65%，环升0.09个百分点，同升2.61个百分点；年化净资产收益率实现9.68%，环升0.24个百分点，同升3.99百分点。经营性现金流净额5.66亿元，同增34.80%，环降60.12%。可见，公司净利率小幅下滑但净资产收益率提升，这是正常现象么？南山铝业公司盈利能力的变化，是投资者关注的一个焦点，那么投资者应该如何分析盈利能力呢？

财务报表分析能帮助企业了解过去、评价现在、预测未来，帮助利益关系集团做出正确决策。随着经济的发展，财务报表分析的作用也越来越重要。本章将结合公司实例重点介绍如何进行财务报表分析。

第一节 财务报表分析概述

一、财务报表分析的内涵

一般认为，财务报表分析产生于19世纪末20世纪初，最早的财务报表分析主要是为银行服务的信用分析。当时，借贷资本在企业报表分析中的比重不断增加，银行家需要对贷款人进行信用调查和分析，以判断客户的偿债能力。资本市场形成后发展出盈利分析，财务报表分析由主要为贷款银行服务扩展到为投资人服务。随着社会筹资范围扩大，非银行的贷款人和股权投资人增加，公众进入资本市场和债务市场，投资人要求的信息更为广泛，财务报表分析开始对企业的盈利能力、筹资结构、利润分配进行分析，发展出比较完善的外部分析体系。

公司组织发展起来以后，财务报表分析由外部分析延伸到内部分析，为改善内部管理提供服务。经理人员为改善盈利能力和偿债能力，以取得投资人和债权人的支持，他们开发了内部分析。内部分析，不仅可以使用公开报表的数据，而且可以利用内部的数据（预算、成本等）进行分析，找出管理行为和报表数据的关系，通过管理改善未来的财务报表。

财务报表分析是指以财务报表和其他资料为依据和起点，采用专门方法，系统分析和评价企业过去和现在的经营成果、财务状况及其变动，目的是了解过去、评价现在、预测未来，帮助利益关系集团改善决策。财务报表分析的最基本功能是将大量的报表数据转换成对特定决策有用的信息，减少决策的不确定性。

财务报表分析的起点是财务报表，分析使用的数据大部分来源于公开发布的财务报表。因此，财务报表分析的前提是正确理解财务报表。

财务报表分析的结果是对企业的偿债能力、盈利能力和抵抗风险能力做出评价，或找出存在问题。

财务报表分析是个过程。所谓“分析”是把研究对象分成简单的组成部分，找出这些部分的本质属性和彼此之间的关系，以达到认识对象本质的目的。财务报表分析是把整个财务报表的数据，分成不同部分和指标，并找出有关指标的关系，以达到认识企业偿债能力、盈利能力和抵抗风险能力的目的。认识过程是分析和综合的统一。综合，是把分析过的对象的各个部分、各种属性联合成一个整体。财务报表分析很重视综合，在分析的基础上从总体上把握企业的经营能力。

财务报表分析是认识过程，通常只能发现问题而不能提供解决问题的现成答案，只能做出评价而不能改善企业的状况。例如，某企业资产收益率低，通过分析知道原因是资产周转率低，进一步分析知道资产周转率低的原因是存货过高，再进一步分析知道存货过高主要是产成品积压，如何处理积压产品？财务报表分析不能回答。

财务报表分析是检查的手段。财务报表分析能检查偿债、获利和抵抗风险的能力，分析越深入越容易对症治疗。但诊断不能代替治疗，财务报表分析不能提供最终的解决问题的办法。它能指明需要详细调查和研究的项目，这些调查研究会涉及经济、行业、本企业的其他补充信息。

二、财务报表分析的目的

对外发布的财务报表，是根据全体使用人的一般要求设计的，并不适合特定报表使用人的特定要求。报表使用人要从中选择自己需要的信息，重新排列，并研究其相互关系，使之符合特定决策要求。

企业财务报表的主要使用人有七种，他们的分析目的不完全相同。

投资人：为决定是否投资，分析企业的资产和盈利能力；为决定是否转让股份，分析盈利状况、股价变动和发展前景；为考查经营者业绩，要分析资产盈利水平、破产风险和竞争能力；为决定股利分配政策，要分析筹资状况。

债权人：为决定是否给予企业贷款，要分析贷款的报酬和风险；为了解债务人的短期偿债能力，要分析其流动状况；为了解债务人的长期偿债能力，要分析其盈利状况；为决定是否出让债权，要评价其价值。

经理人员：为改善财务决策而进行财务分析涉及的内容最广泛，几乎包括外部使用人关心的所有问题。

供应商：要通过分析，看企业是否能长期合作；了解销售信用水平如何，是否应对企业延长付款期。

政府：要通过财务分析了解企业纳税情况，遵守政府法规和市场秩序的情况；了解职工收入和就业状况。

雇员和工会：要通过分析判断企业盈利与雇员收入、保险、福利之间是否相适应。

中介机构（审计师、咨询人员等）：审计师通过财务报表分析可以确定审计的重点。财务报表分析领域的逐渐扩展与咨询业的发展有关。在一些国家，“财务分析师”已成为专门职业，他们为各类报表使用人提供专业咨询。

财务报表分析的一般目的可以概括为：评价过去的经营业绩；衡量现在的财务状况；预测未来的发展趋势。根据分析的具体目的，财务报表分析可以分为：流动性分析、盈利性分析、财务风险分析、专题分析，如破产预测、审计师的分析性检查程序等。

三、财务报表分析的方法

财务报表分析的方法，有比较分析法和因素分析法两种。

（一）比较分析法

比较分析：对两个或几个有关的可比数据进行对比，揭示差异和矛盾。比较是分析的最基本方法，没有比较，分析就无法开始。比较分析的具体方法种类繁多。

1. 按比较对象分类（和谁比）。

（1）与本企业历史比，即不同时期（2～10年）指标相比，也称“趋势分析”。

（2）与同类企业比，即与行业平均数或竞争对手比，也称“横向比较”。

（3）与计划预算比，即实际执行结果与计划指标比较，也称“差异分析”。

2. 按比较内容分类（比什么）。

（1）比较会计要素的总量：总量是指报表项目的总金额，如总资产、净资产、净利润等。总量比较主要用于时间序列分析，如研究利润的逐年变化趋势，看其增长潜力；有时也用于同业对比，看企业相对规模和竞争地位。

（2）比较结构百分比：把利润表、资产负债表、现金流量表转换成结构百分比报表。例如，以收入为100%，看利润表的各项目比重。结构百分比报表用于发现有显著问题的项目，揭示进一步分析的方向。

(3) 比较财务比率：财务比率是各会计要素的相互关系，反映其内在联系。比率的比较是最重要的分析，它们是相对数，排除了规模的影响，使不同比较对象建立起可比性。财务比率的计算是比较简单的，但对它加以说明和解释是相当复杂和困难的。

分析的核心问题在于解释原因，并不断深化，寻找最直接的原因。财务报表分析是个研究过程，分析得越具体、越深入，则水平越高。如果仅仅是计算出财务比率，而不进行分析，什么问题也说明不了。

(二) 因素分析法

因素分析，是依据分析指标和影响因素的关系，从数量上确定各因素对指标的影响程度。

企业的活动是一个有机整体，每个指标的高低，都受若干因素的影响。从数量上测定各因素的影响程度，可以帮助人们抓住主要矛盾，或更有说服力地评价经营状况。

因素分析的方法具体又分为：

1. 差额分析法：可分解为原值增加和折旧增加两部分，如固定资产净值增加的原因分析。
2. 指标分解法：可分解为资产利润率和销售利润率的乘积，如资产利润率。
3. 连环替代法：依次用分析值替代标准值指标的影响，如影响成本降低的因素分析。
4. 定基替代法：分别用分析值替代标准值指标的影响，如标准成本的差异分析。

在实际的分析中，各种方法是结合使用的。

四、财务报表分析的一般步骤

财务报表分析的内容非常广泛。不同的人、不同的目的、不同的数据范围，应采用不同的方法。财务报表分析不是一种有固定程序的工作，不存在唯一的通用分析程序，而是一个研究和探索的过程。

分析的具体步骤和程序，是根据分析目的、一般方法和特定分析对象，由分析人员个别设计的。

财务报表分析的一般步骤如下：

1. 明确分析目的；
2. 收集有关信息；
3. 根据分析目的把整体的各个部分分割开来，予以适当排列，使之符合需要；
4. 深入研究各部分的特殊本质；
5. 进一步研究各个部分的联系；
6. 解释结果，提供对决策有帮助的信息。

五、财务报表分析的原则

1. 要从实际出发，坚持实事求是，反对主观臆断、结论先行，搞数字游戏。
2. 要全面看问题，坚持一分为二，反对片面地看问题。要兼顾成功经验与失败教训、有利因素与不利因素、主观因素与客观因素、经济问题与技术问题、外部问题与内部问题。
3. 要注重事物的联系，坚持相互联系地看问题，反对孤立地看问题。要注意局部与全局的关系、偿债能力与盈利能力的关系、报酬与风险的关系。

4. 要发展地看问题，反对静止地看问题。要注意过去、现在和将来的关系。

5. 要定量分析与定性分析结合，坚持定量为主。定性分析是基础和前提，没有定性分析就弄不清本质、趋势和与其他事物的联系。定量是工具和手段，没有定量分析就弄不清数量界限、阶段性和特殊性。财务报表分析要透过数字看本质，没有数字就得不出结论，

六、财务报表分析的局限性

（一）财务报表本身的局限性

财务报表是会计的产物。会计有特定的假设前提，并要执行统一的规范。我们只能在规定意义上使用报表数据，不能认为报表揭示了企业的全部实际情况。

财务报表的局限性表现在：

1. 以历史成本报告资产，不代表其现行成本或变现价值。
2. 假设币值不变，不按通货膨胀率或物价水平调整。
3. 稳健原则要求预计损失而不预计收益，有可能夸大费用，少计收益和资产。
4. 按年度分期报告，只报告了短期信息，不能提供反映长期潜力的信息。

（二）报表的真实性问题

应当说，只有根据真实的财务报表结论，才有可能得出正确的分析。财务分析通常假定报表是真实的，而报表的真实性问题要靠审计来解决，。

财务分析不能解决报表的真实性问题，但是财务分析人员通常要注意以下与此有关的问题：

1. 要注意财务报告是否规范。不规范的报告，其真实性也应受到怀疑。
2. 要注意财务报告是否有遗漏，遗漏是违背充分披露原则的。遗漏很可能是在不想讲真话，也不能说假话的情况下形成的。
3. 要注意分析数据的反常现象。如无合理的反常原因，则要考虑数据的真实性和一贯性是否有问题。
4. 要注意审计报告的意见与注册会计师的信誉。

（三）企业会计政策的不同选择影响可比性

对同一会计事项的账务处理，会计准则允许使用几种不同的规则和程序，企业可以自行选择，如存货计价方法、折旧方法、所得税费用的确认方法、对外投资收益的确认方法等。

虽然财务报表附注对会计政策的选择有一定的表述，但报表使用人未必能完成可比性的调整工作。

（四）比较基础问题

在比较分析时，必须选择比较的基础，作为评价本企业当期实际数据的参照标准，包括本企业历史数据、同业数据和计划预算数据。

横向比较时使用同业标准。同业的平均数，只起一般性的指导作用，不一定有代表性，不是合理性的标志。通常，选一组有代表性的企业求其平均数，作为同业标准，可能比整个行业的平均数更好。近年来，更重视以竞争对手的数据作为分析基础。有的企业实行多种经营，没

有明确的行业归属，同业对比就更困难。

趋势分析以本企业历史数据作为比较基础。历史数据代表过去，并不代表合理性。经营的环境是变化的，今年比去年利润提高了，不一定说明已经达到应该达到的水平，甚至不一定说明管理有了改进。

实际与计划的差异分析，以计划预算作为比较基础。实际和预算的差异，有时是预算不合理造成的，而不是执行中出现了什么问题。

总之，对比较基础本身要准确理解，并且要在限定意义上使用分析结论，避免简单化和绝对化。

第二节　基本的财务比率

财务报表中有大量的数据，可以根据需要计算出很多有意义的比率，这些比率涉及企业经营管理的各个方面。财务比率分为以下四类：变现能力比率、资产管理比率、负债比率和盈利能力比率。

一、变现能力比率

1. 流动比率。

流动比率是流动资产除以流动负债的比值，其计算公式为：

流动比率 = 流动资产 ÷ 流动负债

为了便于说明，本节各项财务比率的计算将主要以 A 公司为例。A 公司的资产负债表、利润表和利润分配表如表 10 - 1、表 10 - 2 和表 10 - 3。

表 10 - 1　　**资产负债表**

编制单位：A 公司　　2020 年 12 月 31 日　　单位：万元

资　产	年初数	年末数	负债及所有者权益	年初数	年末数
流动资产：			流动负债：		
货币资金	25	50	短期借款	45	60
短期投资	12	6	应付票据	4	5
应收票据	11	8	应付账款	109	100
应收账款①	199	398	预收账款	4	10
其他应收款	22	12	其他应付款	12	7
预付账款	4	22	应付工资	1	2
应收补贴款	0	0	应付福利费	16	12
存货	326	119	未交税金	4	5
待摊费用	7	32	未付利润	10	28
一年内到期的长期债券投资	4	53	其他未交款	10	12
其他流动资产	0	0	预提费用	5	9
流动资产合计	610	700	一年内到期的长期负债	0	50
长期投资			流动负债合计	220	300

续表

资　　产	年初数	年末数	负债及所有者权益	年初数	年末数
长期股权投资	0	30	长期负债：		
长期债券投资	45	0	长期借款	245	450
长期投资合计	45	30	应付债券	260	240
固定资产：			长期应付款	60	50
固定资产原价	1 617	2 000	专项应付款	0	0
减：累计折旧	662	762	其他长期负债	15	0
固定资产净值	955	1 238	长期负债合计	580	740
减：固定资产减值准备	0	0	递延税项：		
固定资产净额	955	1 238	递延税款贷项	0	0
在建工程	25	10	负债合计	800	1 040
固定资产清理	22	8	所有者权益：		
固定资产合计	1 002	1 256	实收资本（股本）	100	100
无形资产及递延资产：			减：已归还投资	0	0
无形资产	8	6	实收资本净额	100	100
长期待摊费用	15	8	资本公积	10	10
其他长期资产	0	0	盈余公积	40	100
无形资产及其他资产合计	23	14	其中：法定公益金	30	70
递延税项：			未分配利润	730	750
递延税款借项	0	0	所有者权益合计	880	960
资产总计	1 680	2 000	负债及所有者权益总计	1 680	2 000

注：①“坏账准备”期初数为1，期末数为2。

表 10－2　　　　**利润表**

编制单位：A 公司　　　　2020 年　　　　单位：万元

项　　目	上年实际	本年累计
主营业务收入	2 850	3 000
减：主营业务成本	2 503	2 644
主营业务税金及附加	28	28
主营业务利润	319	328
加：其他业务利润	36	20
减：管理费用	40	46
财务费用	96	110
营业费用	20	22
营业利润	199	170
加：投资收益	24	40
营业外收入	17	10
减：营业外支出	5	20
利润总额	235	200
减：所得税	75	64
五、净利润	160	136

表 10-3 利润分配表

编制单位：A 公司 2020 年 单位：万元

项目	上年实际	本年累计
一、净利润	160	136
加：年初未分配利润	594	730
其他转入	0	0
二、可供分配的利润	754	866
减：提取法定盈余公积	16	40
提取法定公益金	8	20
利润归还投资	0	0
三、可供投资者分配的利润	730	806
减：应付优先股股利	0	0
提取任意盈余公积	0	0
应付普通股股利	0	56
转作资本（或股本）的普通股股利	0	0
四、未分配利润	730	750

【例 10-1】A 公司 2020 年年末的流动资产是 700 万元，依上式计算流动比率为：

流动比率 = 700 ÷ 300 = 2.33

流动比率可以反映短期偿债能力。

企业能否偿还短期债务，要看有多少短期债务以及有多少可变现偿债的流动资产。流动资产越多，短期债务越少，则偿债能力越强。如果用流动资产偿还全部流动负债，企业剩余的是营运资金（流动资产 - 流动负债 = 营运资金）。营运资金越多，说明不能偿还的风险越小。因此，营运资金的多少可以反映偿还短期债务的能力。

但是，营运资金是流动资产与流动负债之差，是个绝对数。如果企业之间规模相差很大，绝对数相比的意义很有限。而流动比率是流动资产和流动负债的比值，是个相对数，排除了企业规模不同的影响，更适合企业之间以及本企业不同历史时期的比较。

一般认为，生产企业合理的最低流动比率是 2。这是因为流动资产中变现能力最差的存货金额约占流动资产总额的一半，剩下的流动性较大的流动资产至少要等于流动负债，企业的短期偿债能力才会有保证，人们长期以来的这种认识，因其未能从理论上证明，还不能成为一个统一标准。

计算出来的流动比率，只有和同行业平均流动比率、本企业历史的流动比率进行比较，才能知道这个比率是高还是低。这种比较通常并不能说明流动比率为什么这么高或低，要找出过高或过低的原因还必须分析流动资产和流动负债所包括的内容以及经营上的因素。一般情况下，营业周期、流动资产中的应收账款数额和存货的周转速度是影响流动比率的主要因素。

2. 速动比率。

流动比率虽然可以用来评价流动资产总体的变现能力，但人们（特别是短期债权人）还希望获得比流动比率更进一步的有关变现能力的比率指标。这个指标被称为速动比率，也被称为酸性测试比率。

速动比率，是从流动资产中扣除存货部分，再除以流动负债的比值。由于剔除了存货等变现能力较弱且不稳定的资产，因此，速动比率较之流动比率能够更加准确、可靠地评价企业资源共享的流动性及其偿还短期负债的能力。速动比率的计算公式为：

速动比率 = 速动资产 ÷ 流动负债

【例 10－2】A 公司 2020 年年末的存货为 119 万元，则其速动比率为：

速动比率 =(700－119) ÷300 =1.94

为什么在计算速动比率时要把存货从流动资产中剔除呢？其主要原因是：在流动资产中存货的变现速度最慢，由于某种原因，部分存货可能已损失报废还没做处理；部分存货已抵押给某债权人；存货估价还存在成本与合理市价相差悬殊的问题。综合上述原因，在不希望企业用变卖存货办法还债，以及排除使人产生种种误解因素的情况下，把存货从流动资产总额中减去而计算出的速动比率反映的短期偿债能力更加令人可信。

通常认为正常的速动比率为 1，低于 1 的速动比率被认为是短期偿债能力偏低。这仅是一般的看法，因为行业不同，速动比率会有很大差别，没有统一标准的速动比率。例如，采用大量现金销售的商店，几乎没有应收账款，大大低于 1 的速动比率则是很正常的。相反，一些应收账款较多的企业，速动比率可能要大于 1。

影响速动比率可信性的重要因素是应收账款的变现能力。账面上的应收账款不一定都能变成现金，实际坏账可能比计提的准备要多。季节性的变化，可能使报表的应收账款数额不能反映平均水平。这些情况，外部使用人不易了解，而财务人员却有可能做出估计。由于各行业之间的差别，在计算速动比率时，除扣除存货以外，还可以从流动资产中去掉其他一些可能与当期现金流量无关的项目（如待摊费用等），以计算更进一步的变现能力，如采用保守速动比率（或称超速动比率），其计算公式如下：

$$保守速动比率 = \frac{现金 + 短期投资 + 应收票据 + 应收账款净额}{流动负债}$$

【例 10－3】将 A 公司的有关数据代入上式：

$$保守速动比率 = \frac{50+6+8+398}{300} = 1.54$$

上述变现能力指标，都是从财务报表资料中取得的。还有一些财务报表资料中没有反映出来的因素，也会影响企业的短期偿债能力，甚至影响力相当大。财务报表的使用者多了解些这方面的情况，有利于做出正确的判断。

1. 增强变现能力的因素。

企业流动资产的实际变现能力，可能比财务报表项目反映的变现能力要好一些，主要有以下几个因素：

（1）可动用的银行贷款指标：银行已同意、企业未办理贷款手续的银行贷款限额，可能随时增加企业的现金，提高支付能力。这一数据不反映在报表中，必要时应在财务状况说明书中予以说明。

（2）准备很快变现的长期资产：由于某种原因，企业可能将一些长期资产很快出售变为现金，增强短期偿债能力。企业出售长期资产，一般情况下都是要经过慎重考虑的，企业应根据近期利益和长期利益的辩证关系，正确决定出售长期资产的问题。

（3）偿债能力的声誉：如果企业的长期偿债能力一贯很好，有一定的声誉，当短期偿债方面出现困难时，可以很快地通过发行债券和股票等办法解决资金的短缺问题，提高短期偿债能力。这个增强变现能力的因素，取决于企业自身的信用声誉和当时的筹资环境。

2. 减弱变现能力的因素。

减弱企业流动资产变现能力的因素，未在财务报表中反映的主要有：

（1）未作记录的或有负债：或有负债是有可能发生的债务。对这些或有负债，按我国《企业会计准则》规定并不作为负债登记入账，也不在报表中反映。只有已办贴现的商业承兑汇票，作为附注列示在资产负债表的下端。其他的或有负债，包括售出产品可能发生的质量事故赔偿、尚未解决的税额争议，可能出现的不利后果，诉讼案件和经济纠纷案可能败诉并需赔偿等，都没有在报表中反映。这些或有负债一旦成为事实上的负债，将会加大企业的偿债负担。

（2）担保责任引起的负债：企业有可能以自主的一些流动资产为他人提供担保，如为他人向金融机构借款提供担保，为他人购物担保或为他人履行有关经济责任提供担保等；这种担保有可能成为企业的负债，增加偿债负担。

二、资产管理比率

资产管理比率是用来衡量公司在资产管理方面效率的财务比率。资产管理比率包括营业周期、存货周转率、应收账款周转率、流动资产周转率和总资产周转率。资产管理比率又称为运营效率比率。

（一）营业周期

营业周期是指从取得存货开始到销售存货并收回现金为止的这段时间。营业周期的长短取决于存货周转天数和应收账款周转天数。营业周期的计算公式如下：

营业周期＝存货周转天数＋应收账款周转天数

把存货周转天数和应收账款周转天数加在一起计算出来的营业周期，指的是需要多长时间能将期末存货全部变为现金。一般情况下，营业周期短，说明资金周转速度快；营业周期长，说明资金周转速度慢。

（二）存货周转天数

在流动资产中，存货所占的比重较大；存货的流动性，将直接影响企业的流动比率，因此，必须特别重视对存货的分析。存货的流动性，一般用存货的周转速度指标来反映，即存货周转率或存货周转天数。

存货周转率是衡量和评价企业购入存货、投入生产、销售收回等各环节管理状况的综合性指标。它是销售成本被平均存货所除而得到的比率，或称为存货的周转次数。用时间表示的存货周转率就是存货周转天数。计算公式为：

存货周转率＝销货成本÷平均存货

存货周转天数＝360÷存货周转率

＝360÷（销售成本÷平均存货）

＝（平均存货×360）÷销售成本

公式中的销售成本数据来自利润表，平均存货来自资产负债表中的“期初存货”与“期末存货”的平均数。

【例10－4】A公司2020年度产品销售成本为2 644万元，期初存货为326万元，期末存货为 119 万元。该公司存货周转率为：

存货周转率 = 2 644 ÷ [（326 + 119）÷ 2] = 11.88（次）

存货周转天数 = 360 ÷ 11.88 = 30（天）

一般来讲，存货周转速度越快，存货的占用水平越低，流动性越强，存货转换为现金或应收账款的速度越快。提高存货周转率可以提高企业的变现能力，而存货周转速度越慢则变现能力越差。

存货周转率（存货周转天数）指标的好坏反映存货管理水平，它不仅影响企业的短期偿债能力，也是整个企业管理的重要内容。企业管理者和有条件的外部报表使用者，除了分析批量因素、季节性生产的变化等情况外，还应对存货的结构以及影响存货周转速度的重要项目进行分析，如分别计算原材料周转率、在产品周转率或某种存货的周转率。计算公式如下：

原材料周转率 = 耗用原材料成本 ÷ 平均原材料存货

在产品周转率 = 制造成本 ÷ 平均在产品存货

存货周转分析的目的是从不同的角度和环节上找出存货管理中的问题，使存货管理在保证生产经营连续性的同时，尽可能少地占用经营资金，提高资金的使用效率，增强企业短期偿债能力，促进企业管理水平的提高。

（三）应收账款周转天数

应收账款与存货一样，在流动资产中有着举足轻重的地位。及时收回应收账款，不仅可以增强企业的短期偿债能力，也反映出企业管理应收账款方面的效果。

反映应收账款周转速度的指标是应收账款周转率，也就是年度内应收账款转为现金的平均次数，它说明应收账款流动的速度。用时间表示的周转速度是应收账款周转天数，也称为平均应收账款回收期或平均收现期。它表示企业从取得应收账款的权利到收回款项转换为现金所需要的时间。其计算公式为：

应收账款周转率 = 销售收入 ÷ 平均应收账款

应收账款周转天数 = 360 ÷ 应收账款周转率

= (平均应收账款 × 360) ÷ 销售收入

公式中的“销售收入”数据来自利润表，是指扣除折扣和折让后的销售净额。以后的计算也是如此，除非特别指明“销售收入”均指销售净额。“平均应收账款”是指因销售商品、产品、提供劳务等应向购货单位或接受劳务单位收取的款项以及收到的商业汇票。它是资产负债表中“应收账款”与“应收票据”期初、期末金额的平均数。有人认为，“销售净额”应扣除“现金销售”部分，即使用“赊销净额”来计算。从道理上看，这样可以保持比率计算分母和分子口径的一致性。但是，不仅财务报表的外部使用人无法取得这项数据，而且财务报表的内部使用人也未必容易取得该数据。因此，把“现金销售”视为收账时间为零的赊销，也是可以的。只要保持历史的一贯性，使用销售净额来计算该指标一般不影响其分析和利用价值。因此，在实务上多采用“销售净额”来计算应收账款周转率。

【例 10－5】A 公司 2020 年度销售收入为 3 000 万元，年初应收账款余额为 200 万元，年末应收账款余额为 400 万元；年初应收票据余额为 11 万元，年末应收票据余额为 8 万元。依上式计算应收账款周转率为：

应收账款周转率 = 3 000 ÷ [（200 + 400）÷ 2 + （11 + 8）÷ 2] = 9.69（次）

应收账款周转天数 = 360 ÷ 9.69 = 37.15（天）

一般来说，应收账款周转率越高，平均收账期越短，说明应收账款的收回越快，否则，企业的营运资金会过多地呆滞在应收账款上，影响正常的资金周转。影响该指标正确计算的因素有：第一，季节性经营的企业使用这个指标时不能反映实际情况；第二，大量使用分期付款结算方式；第三，大量地使用现金结算的销售；第四，年末大量销售或年末销售大幅度下降。这些因素都会对该指标计算结果产生较大的影响。财务报表的外部使用人可以将计算出的指标与该企业前期指标、与行业平均水平或其他类似企业的指标相比较，判断该指标的高低。但仅根据指标的高低分析不出上述各种原因。

上述指标是反映企业运用资产效果的最主要指标，此外，还有以下两个常见的资产管理比率。

（四）流动资产周转率

流动资产周转率是销售收入与全部流动资产的平均余额的比值，其计算公式为：

流动资产周转率 = 销售收入 ÷ 平均流动资产

其中，平均流动资产 =（年初流动资产 + 年末流动资产）÷ 2。

【例 10-6】A 公司年初流动资产为 610 万元，年末流动资产为 700 万元。依上式计算流动资产周转率为：

流动资产周转率 = 3 000 ÷ [（610 + 700）÷ 2] = 4.58（次）

流动资产周转率反映流动资产的周转速度。周转速度快，会相对节约流动资产，等于相对扩大资产投入，增强企业盈利能力；而延缓周转速度，需要补充流动资产参加周转，形成资金浪费，降低企业盈利能力。

（五）总资产周转率

总资产周转率是销售收入与平均资产总额的比值。其计算公式为：

总资产周转率 = 销售收入 ÷ 平均资产总额

其中，平均资产总额 =（年初资产总额 + 年末资产总额）。

【例 10-7】A 公司总资产周转率为：

总资产周转率 = 3 000 ÷ [1 680 + 2 000 ÷ 2] = 1.63（次）

该项指标反映资产总额的周转速度，周转越快，反映销售能力强，企业可以通过薄利多销的办法，加速资产的周转，带来利润绝对额的增加。

总之，各项资产的周转指标用于衡量企业运用资产赚取收入的能力，经常与反映盈利能力的指标结合在一起使用，可全面评价企业的盈利能力。

三、负债比率

负债比率是指债务和资产、净资产的关系。它反映企业偿付到期长期债务的能力。

企业对一笔债务总是负两种责任：一是偿还债务本金的责任；二是支付债务利息的责任。分析一个企业的长期偿债能力，主要是为了确定该企业偿还债务本金与支付债务利息的能力。

具体分析方法是：通过财务报表中的有关数据来分析权益与资产之间的关系，分析不同权益之间的内在关系，分析权益与收益之间的关系，计算出一系列的比率，可以看出企业的资本结构是否健全合理，评价企业的长期偿债能力。

（一）资产负债率

1. 什么是资产负债率。

资产负债率是负债总额除以资产总额的百分比，也就是负债总额与资产总额的比例关系。资产负债率反映在总资产中有多大比例是通过借债来筹资的，也可以衡量企业在清算时保护债权人利益的程度。计算公式如下：

资产负债率 =（负债总额 ÷ 资产总额）×100%

公式中的负债总额不仅包括长期负债，还包括短期负债，这是因为，短期负债作为一个整体，企业总是长期占用着，可以视同长期性资本来源的一部分。例如，一个应付账款明细科目可能是短期性的，但企业总是长期性地保持相对稳定的应付账款总额。这部分应付账款可以成为企业长期性资本来源的一部分。本着稳健原则，将短期债务包括在用于计算资产负债率的负债总额中是合适的。

公式中的资产总额则是扣除累计折旧后的净额。

【例 10 - 8】 A 公司 2020 年度负债总额为 1 060 万元，资产总额为 2 000 万元，依上式计算资产负债率为：

资产负债率 =（1 060 ÷ 2 000）= 53%

2. 资产负债率分析。

这个指标反映债权人所提供的资本占全部资本的比例。这个指标也被称为举债经营比率。它有以下几个方面的含义：

（1）从债权人的立场看，他们最关心的是贷给企业的款项的安全程度，也就是能否按期收回本金和利息。如果股东提供的资本与企业资本总额相比，只占较小的比例，则企业的风险将主要由债权人负担，这对债权人来讲是不利的。因此，他们希望债务比例越低越好，企业偿债有保证，贷款不会有太大的风险。

（2）从股东的角度看，由于企业通过举债筹措的资金与股东提供的资金在经营中发挥同样的作用，因此，股东所关心的是全部资本利润率是否超过借入款项的利率，即借入资本的代价。在企业所得的全部资本利润率超过因借款所支付的利息率时，股东所得的利润就会加大，如果相反，运用全部资本所得利润率低于借款利息率，则对股东不利，因为借入资本多余的利息要用股东所得的利润份额来弥补。因此，从股东的立场看，在全部资本利润率高于借款利息率时，负债比例越大越好，否则反之。

（3）从经营者的立场看，如果举债很大，超出债权人心理承受程度，则认为是不保障的，企业就借不到钱。如果企业不举债，或负债比例很小，说明企业畏缩不前，对前途信心不足，利用债权人资本进行经营活动的能力很差。借款比率越大（当然不是盲目地借款），越是显得企业活力充沛。从财务管理的角度来看，企业应当审时度势，全面考虑，在利用资产负债率制定借入资本决策时，必须充分估计预期的利润和增加的风险，在两者之间权衡利害得失，做出正确决策。

（二）产权比率

1. 什么是产权比率。

产权比率也是衡量长期偿债能力的指标之一。这个指标是负债总额与股东权益总额之比率，也称为债务股权比率，其计算公式如下：

产权比率 =（负债总额 ÷ 股东权益）×100%

上述公式中的“股东权益”，也就是所有者权益。

【例 10 - 9】W 公司 2020 年期末所有者权益合计为 940 万元，依上式计算产权比率为：

产权比率 =（1 060 ÷ 940）×100% = 113%

2. 产权比率分析。

（1）该指标反映由债权人提供的资本与股东提供的资本的相对关系，反映企业基本财务结构是否稳定。一般来说，股东资本大于借入资本较好，但也不能一概而论。从股东来看，在通货膨胀时期企业多借债可以把损失和风险转嫁给债权人；在经济繁荣时期，多借债可以获得额外的利润；当经济萎缩时期，少借债可以减少利息负担和财务风险。产权比率高，是高风险、高报酬的财务结构；产权比率低，是低风险、低报酬的财务结构。从上例中的计算结果看，该企业债权人提供的资本是股东提供资本的 1. 13 倍，如果经营不是很景气，则表明该企业举债经营的程度偏高，财务结构不很稳定。

（2）该指标同时也表明债权人投入的资本受到股东权益保障的程度，或者说是企业清算时对债权人利益的保障程度。国家规定债权人的索偿权在股东前面。从本例的情况看，如果 A 公司进行清算，则债权人的利益因股东提供的资本所占比重较小而缺乏保障。

资产负债率与产权比率具有共同的经济意义，两个指标可以相互补充。因此，对产权比率的分析可以参见对资产负债率指标的分析。

（三）有形净值债务率

1. 有形净值债务率。

有形净值债务率是企业负债总额与有形净值的百分比，有形净值是股东权益减去无形资产净值，即股东具有所有权的有形资产的净值。其计算公式为：

有形净值债务率 =［负债总额 ÷（股东权益 无形资产净值）］×100%

【例 10 - 10】A 公司 2020 年度期末无形资产净值为 6 万元计算有形净值债务率为：

有形净值债务率 =［1 060 ÷（940 - 6）］×100% = 113. 5

2. 有形净值债务率分析。

有形净值债务率指标实质上是产权比率指标的延伸，是更为谨慎、保守地反映在企业清算时债权人投入的资本受到股东权益的保障程度。从长期偿债能力来讲，比率越低越好。

所谓谨慎和保守，是因为本指标不考虑无形资产包括商誉、商标、专利权以及非专利技术等的价值。它们不一定能用来还债，为谨慎起见一律视为不能偿债，将其从分母中扣除。该指标其他方向的分析与产权比率相同。

（四）已获利息倍数

1. 什么是已获利息倍数。

从债权人的立场出发，他们向企业投资的风险，除了计算上述资产负债率、审查企业借入资本占全部资本的比例以外，还要计算营业利润是利息费用的倍数，利用这一比率，可以测试债权人投入资本的风险。

已获利息倍数指标是指企业经营业务收益与利息费用的比率，用以衡量偿付借款利息的能力，也称为利息保障倍数。其计算公式如下：

已获利息倍数 = 息税前利润 ÷ 利息费用

公式中的“息税前利润”是指利润表中未扣除利息费用和所得税之前的利润。它可以用“利润总额加利息费用”来测算。由于我国现行利润表“利息费用”没有单列，而是混在“财务费用”之中，外部报表使用人只好用“利润总额加财务费用”来估计。

公式中的分母“利息费用”是指本期发生的全部应付利息，不仅包括财务费用中的利息费用，还应包括计入固定资产成本的资本化利息。资本化利息虽然不在利润表中扣除，但仍然是要偿还的。

利息保障倍数的重点是衡量企业支付利息的能力，没有足够的息税前利润，资本化利息的支付就会发生困难。

【例 10－11】A 公司 2020 年度税后净收益为 136 万元，利息费用为 80 万元，所得税为 64 万元。该公司已获利息倍数为：

已获利息倍数 =（136 +80 +64）÷80 =3.5

2. 已获利息倍数分析。

（1）已获利息倍数指标反映企业经营收益为所需支付的债务利息的多少倍。只要已获利息倍数足够大，企业就有充足的能力偿付利息，否则相反。

（2）如何合理确定企业的已获利息倍数？这需要将该企业的这一指标与其他企业，特别是本行业平均水平进行比较，来分析决定本企业的指标水平。同时从稳健性的角度出发，最好比较本企业连续几年的该项指标，并选择最低指标年度的数据作为标准。这是因为，企业在经营好的年头要偿债，而在经营不好的年头也要偿还大约同量的债务。某一个年度利润很高，已获利息倍数也会很高，但不能年年如此。采用指标最低年度的数据，可保证最低的偿债能力。

一般情况下应采纳这一原则，但遇有特殊情况，需要结合实际来确定。

（五）影响长期偿债能力的其他因素

除了上述通过利润表、资产负债表中有关项目之间的内在联系计算出来的各种比率，用以评价和分析企业长期偿债能力以外，还有一些因素影响企业的长期偿债能力，必须引起足够的重视。

1. 长期租赁。

当企业急需某种设备或资产而又缺乏足够的资金时，可以通过租赁的方式解决。财产租赁有两种形式：融资租赁和经营租赁。

融资租赁是由租赁公司垫付资金购买设备租给承租人使用，承租人按合同规定支付租金（包括设备买价、利息、手续费等）。一般情况下，在承租方付清最后一笔租金后，其所有权归承租方所有，实际上属于变相的分期付款购买固定资产。因此，在融资租赁形式下，租入的固定资产作为企业的固定资产入账，进行管理，相应的租赁费用作为长期负债处理。这种资本化的租赁，在分析长期偿债能力时已经包括在债务比率指标计算之中。

当企业的经营租赁量比较大、期限比较长或具有经常性时，则构成了一种长期性筹资，这种长期性筹资虽然不包括在长期负债之内，但到期时必须支付租金，会对企业的偿债能力产生影响。因此，如果企业经常发生经营租赁业务，应考虑租赁费用对偿债能力的影响。

2. 担保责任。

担保项目的时间长短不一，有的涉及企业的长期负债，有的涉及企业的短期负债。在分析企业长期偿债能力时，应根据有关资料判断担保责任带来的潜在长期负债问题。

3. 或有项目。

在讨论短期偿债能力时曾谈及，或有项目是指在未来某个或几个事件发生或不发生的情况下，会带来收益或损失，但现在还无法肯定是否发生的项目。或有项目的特点是现存条件的最终结果不确定，用它的处理方法要取决于未来的发展。或有项目一旦发生便会影响企业的财务状况，因此企业不得不对它们予以足够的重视，在评价企业长期偿债能力时也要考虑它们的潜在影响。

四、盈利能力比率

盈利能力就是企业赚取利润的能力。不论是投资人、债权人还是企业经理人员，都日益重视和关心企业的盈利能力。

一般而言，企业的盈利能力只涉及正常的营业状况。非正常的营业状况，也会给企业带来收益或损失。但只是特殊状况的个别结果，不能说明企业的能力，因此，在分析企业盈利能力时，应当排除证券买卖等非正常项目、已经或将要停止的营业项目、重大事故或法律更改等特别项目、会计准则和财务制度变更带来的累积影响等因素。

反映企业盈利能力的指标很多，通常使用的主要有销售净利率、销售毛利率、资产净利率、净值报酬率。

（一）销售净利率

1. 什么是销售净利率。

销售净利率是指净利与销售收入的百分比。其计算公式为：

销售净利率 =（净利 ÷ 销售收入）×100%

【例 10 - 12】A 公司的净利是 136 万元，销售收入是 3 000 万元

销售净利率 =（136 ÷ 3 000）×100% =4.53%

“净利”，在我国会计制度中是指税后利润。

2. 销售净利率分析。

该指标反映每一元销售收入带来的净利润的多少，表示销售收入的收益水平。从销售净利率的指标关系看，净利额与销售净利率成正比，而销售收入额与销售净利率成反比，企业在增加销售收入额的同时，必须相应地获得更多的净利润，才能使销售净利率保持不变或有所提高。通过分析销售净利率的升降变动，可以促使企业在扩大销售的同时，注意改进经营管理，提高盈利水平。

（二）销售毛利率

1. 什么是销售毛利率。销售毛利率是毛利占销售收入的百分比与销售成本的差。其中毛利是销售收入与销售成本的差。其计算公式如下：

销售毛利率 =［（销售收入 - 销售成本）÷ 销售收入］×100%

2. 销售毛利率，表示每一元销售收入扣除销售成本后，有多少钱可用于各项期间费用和

形成盈利。销售毛利率是企业销售净利率的最初基础，没有足够大的毛利率便不能盈利。

（三）资产净利率

1. 什么是资产净利率。

资产净利率是企业净利润与平均资产总额的百分比率。计算公式为：

资产净利率 =（净利润 ÷ 平均资产总额）×100%

平均资产总额 =（期初资产总额 + 期末资产总额）÷2

【例 10－13】A 公司 2020 年度期初资产为 1 680 万元，期末资产为 2 000 万元，净利润为 136 万元。

资产净利率 =136 ÷［（1 680 +2 000）÷2］×100% =7.4%

2. 资产净利率分析。

（1）把企业一定期间的净利与企业的资产相比较，表明企业资产利用的综合效果。指标越高，表明资产的利用效率越高，说明企业在增加收入和节约资金使用等方面取得了良好的效果，否则相反。

（2）资产净利率是一个综合指标，企业的资产是由投资人投入或举债形成的。净利的多少与企业资产的多少、资产的结构、经营管理水平有着密切的关系。为了正确评价企业经济效益的高低，挖掘提高利润水平的潜力，可以用该项指标与本企业前期、计划、本行业平均水平和本行业内先进企业进行对比。分析形成差异的原因，影响资产净利率高低的因素主要有：产品价格、单位成本的偏低、产品的产量和销售的数量、资金占用量的大小等。

（3）可以利用资产净利率来分析经营中存在的问题，提高销售利润率、加速资金周转。（详见本章第三节中的“杜邦财务分析体系”）

（四）净资产收益率

1. 什么是净资产收益率。

净资产收益率是净利润与平均净资产的百分比，也称净值报酬率或权益报酬率。其计算公式为：

净资产收益率 = 净利润 ÷ 平均净资产 ×100%

其中，平均净资产 = 年初净资产 + 年末净资产。

【例 10－14】A 公司 2020 年净资产收益率

=136 ÷［（880 +940）÷2］×100% =14.95%

该公司的分母是“平均净资产”，也可以使用“年末净资产”。中国证监会发布的《公开发行股票公司信息披露内容与格式标准第二号：年度报告的内容和格式》中规定的公式为：

净资产收益率 = 净利润 ÷ 年度末股东权益 ×100%

这是基于股份制企业的特殊性，在增加股份时新股东要超面值缴入资本并获得同股同权的地位，期末的股东对本年利润拥有同等权利。此外，这样的计算也可以与每股收益、每股净资产等按“年末股份数”的计算保持一致。

2. 净资产收益率的分析。

净资产收益率反映公司所有者权益的投资报酬率，具有很强的综合性。其具体分析方法见本章第三节的“杜邦财务分析体系”。

第三节 财务报表分析的应用

一、杜邦财务分析体系

杜邦财务分析方法是美国杜邦公司的经理创造的，故称为杜邦系统（The Du Pont System）。现在我们借助杜邦系统，以A公司为例，说明其主要内容。

图10－1中的权益乘数，表示企业的负债程度。权益乘数越大，企业负债程度越高。通常的财务比率都是除数，除数的倒数为乘数。权益除以资产是资产权益率，权益乘数是其倒数即资产除以权益。其计算公式为：

权益乘数＝1÷(1－资产负债率)

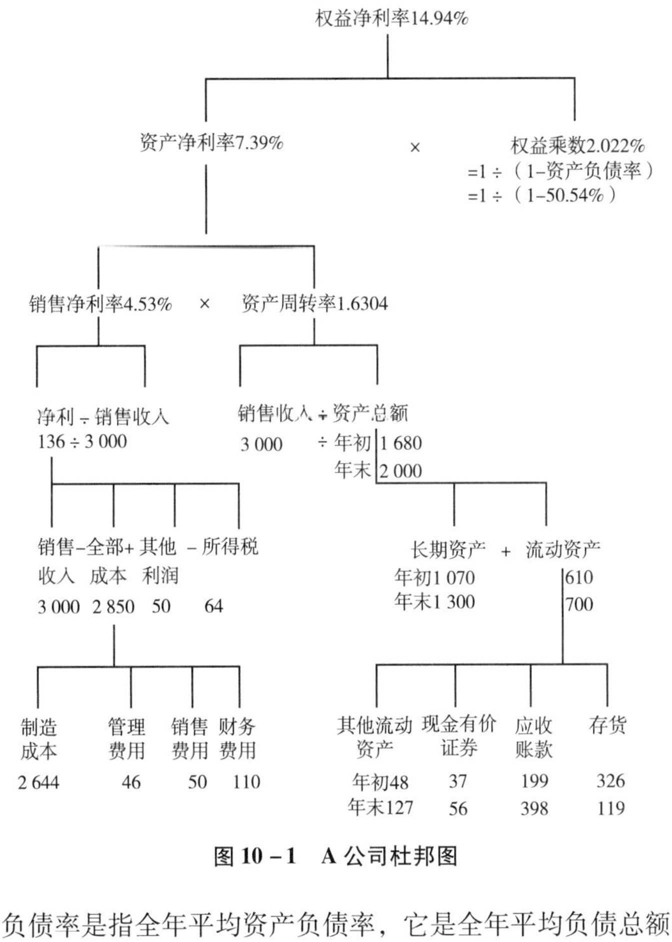

图10－1 A公司杜邦图

公式中的资产负债率是指全年平均资产负债率，它是全年平均负债总额与全年平均资产总额的百分比。

【例10－15】A公司2020年度年初负债总额为800万元（流动负债220万元，长期负债580万元），年末负债总额为1 060万元（流动负债300万元，长期负债760万元）。依上式计算权益乘数为：

$$权益乘数=1\div\left[1-\frac{(800+1\,060)\div 2}{(1\,680+2\,000)\div 2}\times 100\%\right]=1\div(1-50.54\%)=2.022\%$$

权益净利率就是第二节讲的净资产收益率，它是所有比率中综合性最强、最具有代表性的一个指标。

因为：权益净利率＝资产净利率×权益乘数，

而且：资产净利率＝销售净利率×资产周转率，

所以：权益净利率＝销售净利率×资产周转率×权益乘数。

从公式中看，决定权益净利率高低的因素有三个方面：销售净利率、资产周转率和权益乘数。这样分解之后，可以把权益净利率这样一项综合性指标发生升、降变化的原因具体化，比只用一项综合性指标更能说明问题。

权益乘数主要受资产负债比率的影响，负债比例大，权益乘数就高，说明企业有较高的负债程度，能给企业带来较大的杠杆利益，同时也给企业带来较大的风险。

销售净利率高低的因素分析，需要我们从销售额和销售成本两个方面进行。这方面的分析可以参见有关盈利能力指标的分析。当然经理人员还可以根据企业的一系列内部报表和资料进行更详尽的分析，而企业外部财务报表使用人不具备这个条件。

资产周转率是反映运用资产以产生销售收入能力的指标；对资产周转率的分析，则需要对影响资产周转的各因素进行分析，还可以通过对流动资产周转率、存货周转率、应收账款周转率等有关各资产组成部分使用效率的分析，判明影响资产周转的主要问题出在哪里。前面各节对上述指标的使用做过介绍，这里不再重复。

杜邦分析体系的作用是解释指标变动的原因和变动的趋势，为采取措施指明方向。

假设 A 公司第二年权益净利率下降了，有关数据如下：

权益净利率＝资产净利率×权益乘数

第 1 年 14.93%＝7.39%×2.02

第 2 年 12.12%＝6%×2.02

通过分解可以看出，权益利率的下降不在于资本结构（权益乘数没变），而是资产利用或成本控制发生了问题，造成资产净利率下降。

这种分解可以在任何层次上进行，如可以对资产净利率进一步分解：

资产净利率＝销售净利率×资产周转率

第一年 7.93%＝4.53%×1.630 4

第二年 6%＝3%×2

通过分解可以看出，资产的使用效率提高了，但由此带来的收益不足以抵补销售净利率下降造成的损失。至于销售净利率下降的原因是售价太低、成本太高还是费用过大，则需进一步通过分解指标来揭示。

此外，通过与本行业平均指标或同类企业对比有助于解释变动的趋势。

假设 B 公司是一个同类企业，有关比较数据如下：

资产净利率＝销售净利率×资产周转率

A 公司：

第一年 7.39%＝4.53%×1.630 4

第二年 6%＝3%×2

B 公司：

第一年 7.39% =4.53% ×1.630 4

第二年 6% =5% ×1.2

两个企业利润水平的变动趋势是一样的，但通过分解可以看出原因各不相同。A 公司是成本费用上升或售价下跌，而 B 公司是资产使用效率下降。

应当指出，杜邦分析方法是一种分解财务比率的方法，而不是另外建立新的财务指标，它可以用于各种财务比率的分解。前面的举例，是通过资产净利率的分解来说明问题的，我们也可以通过分解利润总额和全部资产的比率来分析问题。为了显示正常的盈利能力，我们还可以使用非经常项目前的净利和总资产的比率的分解来说明问题，或者使用营业利润和营业资产比率的分解来说明问题。

总之，杜邦分析方法与其他财务分析方法一样，关键不在于指标的计算而在于对指标的理解和运用。

二、上市公司财务报告分析

（一）上市公司财务报告的类别

一个企业如果其股票上市交易，就要承担公开披露信息的义务。按照规定，上市公司信息披露的主要公告有四类：招股说明书、上市公告、定期报告和临时公告。这些报告虽然包括许多非财务信息，但是大部分信息具有财务性质或与财务有关，因而具有财务报告的性质，我们统称为上市公司财务报告。

1. 招股说明书。

招股说明书是股票发行人向证监会申请公开发行的申报材料的必备部分，是向公众发布的旨在公开募集股份的书面文件。

招股说明书的主要财务信息包括：投资风险和对策；筹集资金的运用；股利分配政策；验资证明；经营业绩；股本；债务；盈利预测以及主要的财务会计资料。

2. 上市公告。

股票获准在证券交易所交易之后，上市公司应当公布上市公告书。上市公告，包括招股说明书的主要内容，此外还有以下内容：股票获准在证券交易所的日期和批准文号；股票发行情况；公司创立大会或者股东大会同意公司股票在交易所交易的决议；董事、监事和高级管理人员简历及其持有本公司证券的情况；公司近三年或者成立以来的经营业绩和财务状况以及下一年的盈利预测文件；证券交易所要求载明的其他事项。

3. 定期报告。

定期报告分为年度报告和中期报告。

（1）年度报告。

年度报告内容包括公司简介、会计数据和业务数据摘要、董事长或总经理的业务报告、董事会报告、监事会报告、股东会简介、财务报表、年度内发生的重大事件及其披露情况要览。

（2）中期报告。

中期报告内容包括财务报告、经营情况的回顾和展望、重大事件的说明、发行在外股票的变动和股权结构的变化、股东大会简介等。

4. 临时公告。

临时公告包括重大事件公告和公司收购公告。

（1）重大事件公告。

所谓“重大”事件，是说这些事件的发生对上市公司原有的财务状况和经营成果已经或将要产生较大影响，并影响到上市公司的股票市价。

对于这些重大事件，上市公司应立即报告证券交易所和证监会，并向社会公布说明事件的性质。

所谓重大事件包括：公司的经营方针和经营范围的重大变化；公司订立重要合同，而该合同可能对公司的财务状况和经营成果产生重要影响；发生重大债务和未能清偿到期重大债务的违约情况；发生重大亏损或者遭受超过净资产 10% 以上的重大损失、减资、合并、分立、解散及申请破产；涉及公司的重大诉讼以及法院依法撤销股东大会、董事会决议等。

对于未做规定但确属可能对公司股票价格产生重大影响的事件应当视为重大事件。

最常见的重大事件公告是“公司股份变动公告”和“ 配股说明书”。

按现行法律规定，通过证券交易所证券交易，投资者持有一个上市公司已发行的股份 5% 时，应当向证监会和证券交易所做出书面报告，通知上市公司，并予以公告。投资者在持有一个上市公司已发行股份的 5% 之后，通过证券交易所的证券交易，其持股比例每增减 5%，应当再进行报告和公告。报告和公告的主要内容是持股人的名称、住所、所持股票的名称和数量、持股达到法定比例的日期。

通过交易所的证券交易，投资人持有一个上市公司已发行股份的 30% 时，继续进行收购的，收购人要向证监会提出收购报告书，然后向该上市公司所有股东发出收购要约。收购报告和收购要约的主要内容包括收购目的、预定收购的股份数额、收购的期限和价格、收购所需资金额及资金保证，以及开始收购时收购人所持有的股份比例。

（二）上市公司的财务比率

上市公司公开披露的财务信息很多，投资人要想通过众多的信息正确把握企业的财务现状和未来，没有其他任何工具可以比正确使用财务比率更重要。

对于上市公司来说，最重要的财务指标是每股收益、每股净资产和净资产收益率。证券信息机构定期公布按照这三项指标高低排序的上市公司排行榜，可见其重要性。净资产收益率前面已经讨论过，下面以 C 公司为例，主要介绍每股收益和每股净资产的计算与分析。

C 公司是一个上市公司，本年利润分配和年末股东权益的有关资料见表 10－4。

表 10－4　　C 公司相关资料　　单位：万元

净利润	1 500
加：年初未分配利润	600
可分配利润	2 100
减：提取法定盈余公积金	225
可供股东分配的利润	1 875
减：已分配优先股股利	0
提取任意盈余公积金	75
已分配普通股股利	1 000
未分配利润	800

续表

年末股东权益资料	
股本（每股面值1元、市价6元）	2 500
资本公积	2 600
盈余公积	1 400
未分配利润	800
所有者权益合计	7 300

1. 每股收益。

每股收益是指本年净收益与年末普通股份总数的比值。其计算公式为：

每股收益 = 净利润 ÷ 年末普通股份总数

【例10－16】C公司当年净利润1 500万元，发行在外的普通股为2 500万股，所以C公司每股收益 = 1 500 ÷ 2 500 = 0.60（元/股）。

（1）计算每股收益要注意的问题。

①合并报表问题：编制合并报表公司，应以合并报表数据计算该指标。

②优先股问题：如果公司发行了不可转换优先股，则计算时要扣除优先股数及其分享的股利，以使每股收益反映普通股的收益状况。

每股收益 =（净利润 － 优先股股利）÷（年度末股份总数 － 年度末优先股数）

已作部分扣除的净利润，通常被称为“盈余”，扣除优先股股利后计算出的每股收益又称为“每股盈余”。

③年度中普通股增减问题：按照证监会的规定，公式中的分子是“本年度”的净利润，分母是“年末”的普通股份总数。该公式主要适用于本年普通股数未发生变化的情况。由于计算各种财务比率时要求分子和分母口径对称，本年净利润是整个年度内实存资本创造的，在普通股发生增减变化时该公式的分母应使用按月计算的“加权平均发行在外普通股股数”：

$$平均发行在外普通股股数 = \sum(发行在外普通股股数 \times 发行在外月份数) \div 12$$

④复杂股权结构问题：有的公司具有复杂的股权结构，除普通股和不可转换的优先股以外，还有可转换优先股、可转换债券、购股权证等。可转换债券的持有者，可以通过转换使自己成为普通股东，从而造成公司普通股总数增加；购股权证持有者，可以按预定价格购买普通股，也会使公司的普通股增加。普通股增加会使每股收益变小，称为“稀释”。计算这种转换和认购对每股收益的影响是比较复杂的，我国绝大多数上市公司属于简单股权结构，所以证监会目前不对复杂结构下每股收益计算的具体方法做出规定。按照证监会目前的规定，发行普通股以外的其他种类股票（如优先股等）的公司，应按国际惯例计算该指标，并说明计算方法和参照依据。

每股收益，是衡量上市公司盈利能力最重要的财务指标，它反映普通股的获利水平，在分析时，可以进行公司间的比较，以评价该公司相对的盈利能力；可以进行不同时期的比较，了解该公司盈利能力的变化趋势；可以进行经营实绩和盈利预测的比较，掌握该公司的管理能力。

（2）使用每股收益分析盈利性要注意的问题。

①每股收益不反映股票所含有的风险。例如，假设C公司原来经营日用品的产销，最近转向房地产投资，公司的经营风险增大了许多，但每股收益可能不变或提高，并没有反映风险增加的不利变化。

②股票是一个“份额”概念，不同股票的每一股在经济上不等量，它们所含有的净资产和市价不同即换取每股收益的投入量不相同，限制了每股收益的公司间比较。

③每股收益多，不一定意味着多分红，还要看公司股利分配政策。

（3）每股收益的延伸分析。

为了克服每股收益指标的局限性，可以延伸分析市盈率、每股股利、股票获利率、股利支付率、股利保障倍数和留存盈利比率等财务比率。

①市盈率。

市盈率是指普通股每股市价为每股收益的倍数，其计算公式为：

市盈率(倍数)＝普通股每股市价÷普通股每股收益

【例10－17】C公司的普通股每股收益为0.60元，每股市价6元，依上式计算：

C公司市盈率＝6÷0.6＝10（倍）

市盈率是人们普遍关注的指标，有关证券刊物几乎每天报道各类股票的市盈率。该比率反映投资人对每元净利润所愿支付的价格，可以用来估计股票的投资报酬和风险。它是市场对公司的共同期望指标。市盈率越高，表明市场对公司的未来越看好。在市价确定的情况下，每股收益越高，市盈率越低，投资风险越小；反之亦然。在每股收益确定的情况下，市价越高，市盈率越高，风险越大，反之亦然。仅从市盈率高低的横向比较看，高市盈率说明公司能够获得社会信赖，具有良好的前景；反之亦然。

使用市盈率指标时应注意以下问题：该指标不能用于不同行业公司比较，充满扩展机会的新兴行业市盈率普遍较高，而成熟工业的市盈率普遍较低，这并不说明后者的股票没有投资价值。在每股收益很小或亏损时，市价不会降至零，很高的市盈率往往不说明任何问题。市盈率高低受净利润的影响，而净利润受可选择的会计政策的影响，从而使公司间比较受限制。市盈率高低受市价影响，市价变动的影响因素很多，包括投机炒作等，因此观察市盈率的长期趋势很重要。

企业界通常是在市盈率较低时，以收购股票的方式实现对其他公司的兼并，然后进行改造，待到市盈率升高时，再以出售股票的方式卖出公司，从中获利。

由于一般的期望报酬率为5%～10%，因而正常的市盈率为20～10。

通常，投资者要结合其他有关信息，才能运用市盈率指标判断股票的价值。

②每股股利。

这里只考虑普通股的情况。

每股股利是指股利总额与期末普通股股份总数之比。其计算公式为：

每股股利＝股利总额÷年末普通股股份总数

公式中的股利总额是指用于分配普通股现金股利的总额。

【例10－18】C公司每股股利＝1 000÷2 500＝0.4（元/股）。

③股票获利率。

股票获利率，是指每股股利与股票市价的比率，亦称市价股利比率。其计算公式为：

股票获利率 = 普通股每股股利 ÷ 普通股每股市价 × 100%

【例 10 - 19】C 公司的股票获利率 = (0.4 ÷ 6) × 100% = 6.67%。

股票获利反映股利和股价的比例关系。股票持有人取得收益的来源有两个：一是取得股利；二是取得股价上涨的收益。只有股票持有人认为股价将上升，才会接受较低的股票获利率。如果预期股价不能上升，股票获利率就成了衡量股票投资价值的主要依据。

使用该指标的限制因素，在于公司采用非常稳健的股利政策，留存大量的净利润用以扩充。在这种情况下，股票获利率仅仅是股票投资价值非常保守的估计，分析股价的未来趋势成为评价股票投资价值的主要依据。

股票获利主要应用于非上市公司的少数股权。在这种情况下，股东难以出售其股票，也没有能力影响股利分配政策。他们持有股票的主要动机在于获得稳定的股利收益。

④股利支付率。

股利支付率是指净收益中股利所占的比重，它反映公司的股利分配政策和支付股利的能力。其计算公式为：

股利支付率 = (每股股利 ÷ 每股净收益) × 100%

【例 10 - 20】C 公司股利支付率 = (0.4 ÷ 0.60) × 100% = 67%。

⑤股利保障倍数。

股利支付率的倒数，称为股利保障倍数，倍数越大，支付股利的能力越强，其计算公式为：

股利保障倍数 = 普通股每股收益 ÷ 普通股每股股利

【例 10 - 21】C 公司股利保障倍数 = 0.60 ÷ 0.40 = 1.5（倍）。

股利保障倍数是一种安全性指标，可以看出净利润减少到什么程度公司仍能按目前水平支付股利。

⑥留存盈利比率。

留存盈利是指净利润减去全部股利的余额。留存盈利与净利润的比率，称为留存盈利比率。

留存盈利比率 = (净利润 - 全部股利) ÷ 净利润 × 100%

【例 10 - 22】C 公司留存盈利比率 = (1 500 - 1 000) ÷ 1 500 × 100% = 33%。

留存盈利比率的高低，反映企业的理财方针。如果企业诊断有必要从内部积累资金，以便扩大经营规模，经董事会同意可以采用较高的留存盈利比率。如果企业不需要资金或者可以用其他方式筹资，为满足股东取得现金股利的要求可降低留存盈利的比率。显然，提高留存盈利比率必然降低股利支付率。

2. 每股净资产。

每股净资产，是期末净资产（即股东权益）与年度末普通股份总数的比值，也称为每股账面价值或每股权益。其计算公式为：

每股净资产 = 年度末股东权益 ÷ 年度末普通股数

这里面的“年度末股东权益”是指扣除优先股权益后的余额。

【例 10 - 23】C 公司每股净资产 = 7 300 ÷ 2 500 = 2.92（元/股）。

该指标反映发行在外的每股普通股所代表的净资产成本即账面权益。在投资分析时，只能有限地使用这个指标，因其是用历史成本计量的，既不反映净资产的变现价值，也不反映净资产的产出能力。例如，某公司的资产只有一块前几年购买的工地，并且没有负债，公司的净资产是土地的原始成本。现在土地的价格比过去翻了几番，引起股票价格上升，而其账面价值不变。这个账面价值，既不说明土地现在可以卖多少钱，也不说明公司使用该土地能获得什么。

每股净资产，在理论上提供了股票的最低价值，如果公司的股票价格低于净资产的成本，成本又接近变现价值，说明公司已无存在价值，清算是股东最好的选择。正因为如此，新建公司不允许股票折价发行。国有企业改组为股份制企业时，一般以评估确认后的净资产折为国有股的股本。如果不全部折股，则折股方案与募股方案和预计发行价格一并考虑，折股比率（国有股股本 ÷ 发行前国有净资产）不低于65%，股票发行溢价倍率（股票发行价 ÷ 股票面值）应不低于折股倍数（发行前净资产 ÷ 国有股股本）。

把每股净资产和每股市价联系起来，可以说明市场对公司资产质量的评价。反映每股市价和每股净资产关系的比率，称为市净率。

市净率(倍数) = 每股市价 ÷ 每股净资产

【例 10 – 24】C 公司市净率 = 6 ÷ 2.92 = 2.05。

市净率可用于投资分析。每股净资产是股票的账面价值，它是用成本计量的；每股市价是这些资产的现在价值，它是证券市场上交易的结果。投资者认为，市价高于账面价值时企业资产的质量好，有发展潜力；反之则资产质量差，没有发展前景。优质股票的市价都超出每股净资产许多，一般说来市净率达到 3，可以树立较好的公司形象。市价低于每股净资产的股票，就像售价低于成本的商品一样，属于“处理品”。当然，“处理品”也不是没有购买价值，问题在于该公司今后是否有转机，或者购入后经过资产重组能否提高获利能力。

三、现金流量分析

（一）现金流量分析的意义

由于金融在近代经济中的作用日益突出，财务管理在企业管理中的地位不断提高，理财学成为发展最快的经济学科之一。

近代理财学的一个重要结论是：资产的内在价值是其未来现金流量的现值。传统会计既不提供历史的现金流量信息，也不提供未来的现金流量信息，越来越不能满足投资人的信息需要。为改变这种局面，1987 年美国率先规定现金流量表为必须编制的报表，此后其他国家纷纷效仿。1994 年国际会计准则的《现金流量表准则》生效。1998 年我国的《企业会计准则——现金流量表》生效。

现金流量表的主要作用是：第一，提供本期现金流量的实际数据；第二，提供评价本期收益质量的信息；第三，有助于评价企业的财务弹性；第四，有助于评价企业的流动性；第五，用于预测企业的未来现金流量。

现金流量分析，是在现金流量表出现以后发展起来的，其方法体系并不完善，一致性也不充分。现金流量分析不仅依靠现金流量表，还要结合资产负债表和利润表。

（二）现金流量的结构分析

现金流量的结构分析包括流入结构分析、流出结构分析和流入流出分析。

【例 10 – 25】B 公司的结构分析数据见表 10 – 5。

表 10－5　　　　**B 公司现金流量结构分析**　　　　单位：万元

一、经营活动	流入	流出	净流量	内部结构	流入结构	流出结构	流入流出比
销售商品、提供劳务	13 425			100%			
现金流入小计	13 425			100%	64%		
购买商品和劳务		4 923		51%			
支付给职工		3 000			31%		
支付所得税		971			10%		
其他税费		20			0%		
其他现金支出		700			8%		
现金流出小计		9 614		100%		36%	1.4
净额			3 811				
二、投资活动							
投资收回	165			5%			
分得股利	300			9%			
处置固定资产	3 003			86%			
现金流入小计	3 468			100%	17%		
购置固定资产		4 510					
现金流出小计		4 510				17%	0.77
净额			－1 042				
三、筹资活动							
借款	4 000						
现金流入小计	4 000				19%		
偿还债务		12 500		99%			
支付利息		125		1%			
现金流出小计		12 625		100%		47%	0.32
净额			－8 625				
合计	20 893	26 749	－5 856		100%	100%	

1. 流入结构分析。

流入结构分析分为总流入结构和三项（经营、投资、筹资）活动流入的内部结构分析。

该公司的总流入中经营流入占 64%，是其主要来源；投资流入占 17%，筹资流入占 19%，也占有重要地位。

经营活动流入中销售收入（含税）占了 100%，比较正常；投资活动的流入中，股利占 9%，投资收回和处置固定资产占 91%，大部分是回收资金而非获利；筹资活动的 4 000 万元全部是借款。

2. 流出结构分析。

流出结构分析分为总流出结构和三项流出的内部结构分析。

该公司的总流出中经营活动流出占 36%，投资活动占 17%，筹资活动占 47%。这说明公司现金流出中偿还债务占很大比重并使负债大量减少。

经营活动流出中，购买商品和劳务占了51%，支付给职工的以及为职工支付的占31%，比重较大。投资活动流出全部是购买固定资产。筹资流出中偿还债务本金占99%，是绝大部分。

3. 流入流出比分析。

经营活动流入流出比为1.4，表明企业1元现金的流出可换回1.4元现金，此比值越大越好。

投资活动流入流出比为0.77，表明公司处在扩张时期。发展时期此比值小，而衰退或缺少投资机会时此比值大。

筹资活动流入流出比为0.32，表明还款明显大于借款。

本公司经营现金流入3 811万元，现金存量减少5 856万元；它们用于投资1 042万元，用于还款8 625万元。

流入和流出结构的历史比较与同业比较，可以得到更有意义的信息。

对于一个健康的正在成长的公司来说，经营活动现金应是正数，投资活动的现金流量是负数，筹资活动的现金流量是正负相间的。

假设经营现金流量的结构百分比具有代表性（可用三年或五年的平均数），可以根据它们和计划销售额来预测未来的经营现金流量。

假设前例中，公司今年销售额（含增值税）为14 208万元，预计明年可增加8%。经营现金流量的结构百分比不变，可预计明年的经营现金流量：

销售收现比＝销售收现÷销售额＝13 425÷14 208＝94.49%

预计销售商品流入＝销售额×增长率×销售收现比

＝14 208×1.08×94.49%＝14 499（万元）

预计经营现金流出＝销售商品流入÷流入流出比

＝14 499÷1.4＝10 356

预计购买商品和劳务付现＝经营现金流出×购买商品和劳务占经营活动流出百分比

＝10 356×51%＝5 282（万元）

用同样方法可计算出其他项目的数额。

（三）流动性分析

所谓流动性，是指将资产迅速转变为现金的能力。根据资产负债表确定的流动比率虽然也能反映流动性但有很大局限性。这主要是因为：作为流动资产主要成分的存货并不能很快转变为可偿债的现金；存货用成本计价不能反映变现净值；流动资产中的待摊费用也不能转变为现金。许多企业有大量的流动资产，但现金支付能力却很差，甚至无力偿债而破产清算。

真正能用于偿还债务的是现金流量。现金流量和债务的比较可以更好地反映企业偿还债务的能力。

1. 现金到期债务比。

$$现金到期债务比=\frac{经营现金净流入}{本期到期的债务}$$

本期到期的债务，是指本期到期的长期债务和本期应付票据。通常这两种债务是不能展期，必须如数偿还。

假设 B 公司的本期到期长期债务是 1 000 万元，则：

现金到期债务比 = 3 811 ÷ 1 000 = 3. 811

若同业平均现金到期债务比为 2. 5，说明 B 公司的偿还到期债务的能力是较好的。

2. 现金流动负债比。

现金流动负债比 = 经营现金净流量 ÷ 流动负债

假设 B 公司流动负债为 5 457 万元，则：

现金流动负债比 = 3 811 ÷ 5 457 = 0. 70

若同业平均现金流动负债比为 0. 60，说明 B 公司偿还流动债务的能力是较好的。

3. 现金债务总额比。

假设 B 公司的债务总额是 27 057 万元，则：

现金债务总额比 = 3 811 ÷ 27 057 = 14%

这个比率越高，企业承担债务的能力越强。该公司最大的付息能力是 14%，即利息高达 14% 时企业仍能按时付息。只要能按时付息，就能借新债还旧债，维持债务规模。如果市场利率是 10%，那么该公司最大的负债能力是 3 811 ÷ 10% = 38 110（万元）。仅从付息能力看，企业还可借债 11 053 万元，（38 110 − 27 057），可见该公司的举债能力是不错的。

（四）获取现金能力分析

获取现金的能力，是指经营现金净流入和投入资源比值。投入资源可以是销售收入、总资产、净营运资金、净资产或普通股股数等。

1. 销售现金比率。

销售现金比率 = 经营现金净流量 ÷ 销售额

B 公司销售额（含增值税）为 14 208 万元，则：

销售现金比率 = 3 811 ÷ 14 208 = 0. 268 2

该比率反映每元销售得到的净现金，其数值越大越好。

2. 每股营业现金净流量。

$$每股营业现金流量 = \frac{经营现金净流量}{普通股股数}$$

假设 B 公司有普通股 50 000 万股，则：

每股营业现金净流量 = 3 811 ÷ 50 000 = 0. 076（元/股）

该指标反映企业最大的分派股利能力，超过此限度，就要借款分红。

3. 全部资产现金回收率。

全部资产现金回收率，是经营现金净流量与全部资产的比值，说明企业资产产生现金的能力。

$$全部资产现金回收率 = \frac{经营现金净流量}{全部资产}$$

假设 B 公司的全部资产为 88 023 万元，则：

全部资产现金回收率 = 3 811 ÷ 88 023 × 100% = 4. 33%

若同业平均全部资产现金回收率为 5%，说明该公司资产产生现金的能力较弱。

（五）财务弹性分析

所谓财务弹性是指企业适应经济环境变化和利用投资机会的能力。这种能力来源于现金流量和支付现金需要的比较。现金流量超过需要，有剩余的现金，适应性就强。因此，财务弹性的衡量是用经营现金流量与支付要求进行比较。支付要求可以是投资需求或承诺支付等。

1. 现金满足投资比率。

$$现金满足投资比率=\frac{近5年经营活动现金净流量}{近5年资本支出存货增加现金股利之和}$$

假设B公司近5年经营现金流量平均数与今年相同，平均资本出为4 350万元，存货平均增加40万元，现金股利平均每年120万元，则：

$$现金满足投资比率=\frac{3\ 811}{4\ 350+40+120}=0.85$$

该比率越大，说明资金自给率越高。达到1时，说明企业可以用经营获取的现金满足扩充所需资金；若小于1，则说明企业是靠外部融资来补充。

2. 现金股利保障倍数。

$$现金股利保障倍数=\frac{每股营业现金流量}{每股现金股利}$$

假设B公司每股现金股利为0.05元，则：

现金股利保障倍数$=0.076\div0.05=1.52$

该比率越大，说明支付现金股利的能力越强。若同业平均现金股利保障倍数为3，相比之下，B公司的股利保障倍数不高。如果遇有不景气，则可能没有现金维持当前的股利水平，或者要靠借债才能维持。

思考题

1. 财务报表分析的一般步骤是什么？
2. 财务报表分析的局限性有哪些？
3. 决定权益净利率高低的因素有哪些？
4. 登录中国证券监督管理委员会网站，从中选择一家业绩较好的上市公司和一家业绩较差的上市公司，分别计算它们近两年的主要财务比率，并分析这些财务比率所揭示的问题。(http：//www. csrc. gov. cn/cn/homepage/index. jsp)
5. 假设王先生有闲置不用的存款10万元，打算购买一家公司的股票，但不知该公司的盈利能力、偿债能力和股票风险如何。请你为王先生提供一些能帮助其决策的财务指标。
6. 下列活动如何影响企业的流动比率：（1）卖完存货；（2）企业为向供应商付款而向银行借款；（3）某客户支付期逾期；（4）企业利用现金购买了更多的存货。

练习题

1. 某公司总资产期初数800万元，期末数1 000万元，其中，存货期初数180万元，期末数 240 万元；期初流动负债为 150 万元，期初速动比率为 0.75，期末流动比率 1.6，本期总资产周转次数为 1.2 次（假定该公司流动资产等于速动资产加存货）。

要求：（1）计算该公司流动资产的期初数与期末数；（2）计算该公司本期销售收入；（3）计算该公司本期流动资产平均余额和流动资产周转次数。

2. 某公司年初存货为 15 万元，应收账款为 12 万元。年末流动比率为 2，速动比率为 1.5，存货周转率为 4 次，流动资产为 42 万元，其中：现金类资产 10 万元，本期销售成本率为 80%（假设该公司流动资产包括存货、应收账款和现金类资产，其他忽略不计）。要求计算该公司的本年销售额和应收账款的平均收账期。

3. 某公司 2020 年末有关资料如下：

（1）货币资产为 750 万元，固定资产净值为 6 100 万元，资产总额为 16 200 万元。

（2）应交税金为 50 万元，实收资本为 7 500 万元。

（3）存货周转率为 6 次，期初存货为 1 500 万元，本期销售成本 14 700 万元。

（4）流动比率为 2，产权比率为 0.7。

要求：计算表 10－6 中未知项目，将该简要资产负债表填列完整。

表 10－6　资产负债表

项目	金额	项目	金额
货币资产	①	应付账款	⑥
应收账款	②	应交税金	⑦
存货	③	长期负债	⑧
固定资产净值	④	实收资本	⑨
		未分配利润	⑩
资产合计	⑤	负债和所有者权益合计	⑪

4. 某公司 2020 年会计报表的有关资料如表 10－7 所示。

表 10－7　某公司的有关资料

资产负债表项目	年初数	年末数
资产	4 000	5 000
负债	2 000	3 000
所有者权益	2 000	2 000
利润表项目	上年数	本年数
主营业务收入净额	略	10 000
净利润	略	300

要求：（1）计算杜邦财务分析体系中的下列指标：①净资产收益率；②总资产收益率；③销售净利率；④总资产总转率；⑤权益乘数。（2）分析上述各项指标之间的关系。

综合案例

RX 咖啡财务数据造假事件

RX 咖啡介绍：luckin coffee（RX 咖啡）总部位于厦门，由神州优车集团原 COO 钱治亚创建，是中国最大的连锁咖啡品牌之一。RX 咖啡以“从咖啡开始，让 RX 成为人们日常生活的一部分”为愿景，通过充分利用移动互联网和大数据技术的新零售模式，与各领域顶级供应商深度合作，致力为客户提供高品质、高性价比、高便利性的产品 。2018 年 1 月 1 日，RX 咖啡于北京、上海两地试运营；5 月 8 日正式营业，在全国 13 个城市完成 525 家门店的布局，试营业期间销售咖啡 500 万杯；8 月，门店数量超过 1 100 家；9 月，销售杯量达到 2 600 万杯；12 月底，门店数量达到 20 173 家，覆盖北上广深等全国 22 座城市，消费客户 1 254 万，应用端的月均 DAU 数值达到 26.99 万。截至 2019 年 3 月 31 日，RX 咖啡门店总量为 2 370 家，第一季度交易客户的累计数量为 1 687 万人，现酿饮料（咖啡）月平均销售数量为 1 307.7 万份。

RX 咖啡是一家神奇的公司，2017 年 10 月才开了第一家门店，开了一年多创始人就放话“2019 年 RX 咖啡将在全国新开设 2 500 家门店，门店总数将达 4 500 多家，并 2019 年底超过星巴克成为中国最大的连锁咖啡品牌。”其成立伊始就请来了大牌明星来做代言人，全国广告投放、网点扩张迅猛推进，“买二赠一、买五赠五”促销方案与“2.8 折”“5 折”等大力度优惠券满天飞。截至 2019 年底，RX 咖啡直营门店数达到 4 507 家，超过了星巴克。这距离星巴克 1999 年在中国北京国贸中心开出第一家店正好过去了 20 年，在中国耕耘 20 年被成立不到两年的新公司超过了，RX 咖啡诞生不过 18 个月，成立不到 2 年就 IPO，RX 咖啡刷新了拼多多、趣头条的速度，成为全球最快 IPO 的公司。

2020 年 1 月 31 日，知名做空机构浑水声称，收到了一份长达 89 页的匿名做空报告，直指 RX 数据造假。2 月 3 日，RX 否认浑水所有指控。2020 年 4 月 2 日消息，美国多家律师事务所发布声明，提醒投资者，有关 RX 咖啡的集体诉讼即将到最后提交期限。加州的 GPM 律所、Schall 律所，纽约州的 Gross 律所、Faruqi 律所、Rosen 律所和 Pomerantz 律所等均表示，在 2019 年 11 月 13 日至 2020 年 1 月 31 日间购买过 RX 咖啡股票的投资者如果试图追回损失，可以与律所联系，2020 年 4 月 13 日是首席原告截止日期。2020 年 4 月 2 日，因虚假交易额 22 亿人民币，RX 咖啡盘前暴跌 85%。2020 年 4 月 4 日凌晨，RX 咖啡自曝造假 22 亿事件持续发酵，周五收盘，RX 股价再次大跌 15.94%，报 5.38 美元。中国证监会此前称，对该公司财务造假行为表示强烈的谴责。2020 年 4 月 7 日，RX 咖啡宣布停牌，在完全满足纳斯达克要求的补充信息之前，交易将继续暂停。2020 年 4 月 19 日，RX 陷入至少 4 起集体诉讼。

RX 向我们诠释了什么叫大起大落。作为国内第一家与星巴克叫板的企业，RX 咖啡发展速度堪称“神速”，截至 2019 年底，用了两年的时间将直营门店数开到 4 507 家，这意味着 RX 咖啡完成 2019 年开店 4 500 家的目标，门店也超过星巴克，成为中国市场第一大咖啡连锁品牌。在美国上市，用了不到 18 个月的时间，并用了 7 个月让自己的市值破了百亿美元。而它的股价从 26.2 美元到 5 美元，只用了几个小时。

要求分析：

(1) RX 咖啡财务造假事件给你带来什么启示?

(2) RX 咖啡商业模式为什么注定会失败?

(3) RX 咖啡被曝造假对谁的影响最大？为什么?

(4) 如果你是 RX 咖啡的高级管理人员，你会采取怎样的措施?

第十一章

企业破产、和解整顿和清算

【学习目标】

通过本章学习，应当了解并掌握：

[1] 企业财务困境的表现和处理财务危机的方法；

[2] 企业破产的概念、界限和程序；

[3] 企业和解整顿的前提条件和程序；

[4] 企业清算的分类、程序和主要内容。

2021 年 5 月 31 日，上海电气集团股份有限公司发布《关于公司重大风险的提示公告》称，该公司的控股子公司上海电气通讯技术有限公司（以下简称“上电通讯”）应收账款普遍逾期，存在大额应收账款无法收回的风险。截至公告日，上电通讯应收账款余额为 86.72 亿元，账面存货余额为 22.3 亿元，在商业银行的借款余额为 12.52 亿元，公司向上电通讯提供的股东借款金额合计为 77.66 亿元，均存在重大损失风险。

据启信宝企业版数据显示，上海电气持有上电通讯 40% 的股份，为其第一大股东。上电通讯第二大股东为上海星地通通信科技有限公司（以下简称“上海星地通”），该公司第一大股东隋田力持有 90% 股权。

有媒体消息称，隋某某正在被公安机关侦查，自 7 月底至今无法取得联系，疑似是“专网通信”骗局的关键人，将包括上海电气在内的十余家上市公司拖入财务损失“黑洞”。上海电气公告披露，“若上电通讯公司出现应收账款无法收回、存货无法变现等重大损失，将导致母公司对上电通讯公司的股东权益损失和股东借款损失。极端情况下，最终可能对母公司的归母净利润造成 83 亿元的损失”。据启信宝企业版显示，上海电气通讯技术有限公司成立于 2015 年 3 月，该公司主营通讯技术、信息科技领域内的技术开发、技术咨询等。采取的销售模式是由客户先支付 10% 的预付款，其余款项在订单完成和交付后按约定分期支付。据公告披露，“随着通讯公司业务发展，上海电气对其加大了资金支持，但从 2021 年 4 月末起，公司陆续发现通讯公司应收账款普遍逾期，经催讨，其客户均发生不同程度的欠款行为，回款停滞。”

简单来说，就是上海电气等国企的客户先支付 10% 的货款，要求上市公司从指定的供应商采购设备，而上市公司则要向供应商预付全款。也就是说，上市公司只收10%的钱，却要拿出去100%，一旦客户欠款，就可能形成最多90%的欠款（应收账款），无法收回就形成坏账，由上市公司承担损失。上海电气的“雷”就是这么爆的。

破产、和解整顿是企业发生财务危机时常用的处理方法。破产是企业财务危机的最严重状态。本章主要介绍企业财务困境、企业破产、和解整顿和如何进行企业清算。通过本章学习，可以了解财务困境的概念，了解财务危机的表现和处理财务危机的一般做法；了解破产的概念和作用，破产的申请和受理程序；理解和解整顿的意义、前提条件和程序；理解企业清算的概念和分类，清算的一般程序和主要内容；理解清算损益的计算和剩余财产的分配。

第一节　企　业　破　产

一、企业财务困境

（一）财务困境的概念

财务困境是指一个企业处于经营性现金流量不足以抵偿现有到期债务——如商业信用或利息等，而被迫采取改正行动的境况。这些境况常见的有亏损、工厂关闭、裁减员工、管理层的离职、股价暴跌等。财务困境可能导致企业违反合约的规定，也可能涉及企业、债权人和股东之间的财务重组。通常，财务困境意味着企业被迫要采取某些在企业有足够现金流量时不可能采取的行动。

关于财务困境的定义可以通过与破产定义相联系而得到某种程度的扩展。在《布莱克法律大辞典》里，破产被定义为：一个人无力支付其债务；一个人缺少支付其债务的手段。

上述定义有两个一般的主题或要点：存量和流量。如果以这两种方式思考关于破产的定义，当一家公司的净资产为负值，即资产价值少于负债价值时，就会发生“存量破产”。而当它的经营性现金流量不足以抵偿现有到期债务时，则将出现“流量破产”。流量破产就是指无力支付债务。

（二）财务危机的表现

如果企业在债务到期时明显无力偿还，这家企业就处于财务危机。有些术语可用来描述一家处于财务危机中的企业。最普通的术语有4个，分别为破产、违约、倒闭和无力偿还，它们的意义各有差别。

当企业提出申请，要求根据《中华人民共和国企业破产法》从债权人那里得到豁免，或企业同意了其债权人提出的申请，这家企业就破产了。提出申请意味着企业已不能偿还到期债务，或者企业在可预见的将来不能偿还债务。

当企业违反了贷款协议或债券契约中的某一条款时，该企业就违约了。违约分为技术性违约和支付性违约，当债务人违反某一贷款条款，就会发生技术性违约。技术性违约很少导致企业破产，通常通过与债权人进行协商加以解决。当企业未按计划进行利息支付或本金偿还时，就会出现支付性违约，支付性违约通常比技术性违约严重。但是，即使一家企业违约了，它也不一定破产，它还能够继续营业，同时尽力与债权人协商在法庭外重组。

倒闭企业通常包括：在转让或破产后停业的企业；在让渡、取消抵押品赎回权或查封等行为发生后，仍给债权人造成损失而停业的企业；自愿停业而遗留下未偿还债务的企业；或者已卷入接管、重组或协议等法律行为的企业。当一家企业不能还债时，就是无力偿债的。把技术性无力偿债和破产性无力偿债区分开来是有益的。技术性无力偿债之所以发生是由于缺乏现金，而破产性无力偿债在企业的总债务超过其总资产的公允市价时会发生。企业真正的净值为负，意味着其资产价值不足支付其负债。技术性无力偿债通常是一种暂时情况，但破产性无力偿债通常表明存在更严重的危机。

（三）处理财务危机的方法

财务危机是由企业经营状况的恶化造成的，存在很多原因：糟糕的管理、不明智的扩张、激烈的竞争、过高的负债、大量的官司和不利的合约等，其中管理上的无能是企业财务危机的主要原因。通常可以通过以下若干方法处理财务危机：

1. 出售主要资产；
2. 与其他企业合并；
3. 减少资本支出及研究与开发费用；
4. 发售新股；
5. 与银行和其他债权人谈判；
6. 以债权置换股权；
7. 申请破产。

二、企业破产

破产是企业财务危机的最严重状态。当公司举借债务时，就会与贷款人签订合同以约束其定时付息还本。当公司不能产生足够的现金偿还债务时，贷款人会采取行动迫使借款人履行义务。若公司发现自己无法改善处境，就会力图重新协商贷款条件。如果这是不可能做到的，则公司除了申请破产之外别无选择。

（一）破产的概念和作用

所谓破产，在法律意义上是指在债务人丧失债务清偿能力时，在法院监督之下强制清算其全部财产，并公平清偿全体债权人的法律制度。一般而言，破产的概念专指破产清算制度。但谈及破产法律制度时通常是广义上的理解，不仅包括破产清算制度，而且包括以挽救债务人免于破产为目的的和解、重整等法律制度。

我国实行破产制度是大力发展社会主义市场经济的客观要求，其作用表现在以下四个方面。

1. 破产制度是促进社会主义市场经济发展的法律制度。

商品生产者之间在产品的成本、质量、管理水平、销售后服务等各个方面进行竞争，少数产品成本高、质量低劣、技术落后、管理水平低、没有销路的企业，发生严重亏损，资不抵债、破产倒闭是正常现象。只有对破产企业依法律程序宣告破产，才能杜绝以政策手段保护落后、危害消费者利益的不正常现象，用强有力的手段保护优胜者，保护和促进市场经济的发展。

2. 破产制度是促进企业提高管理水平的重要工具。

没有破产制度，企业亏损再多也无须承担破产的法律后果。因而企业对提高产品质量、降低成本、采用新技术、开发新产品、改进领导方法、提高领导艺术和管理水平等就缺乏内在的动力。实行破产制度、有了破产之忧，就能迫使企业提高管理水平，改变落后现状。

3. 破产制度是提高宏观经济效益的法律保障。

长期以来，我国投资回收期长、资金利用率低，这与企业没有破产之忧、不承担破产的法律责任有直接关系。长期亏损、面临破产的企业，一般都是工艺技术落后、产品陈旧、成本高、质量低、没有销路、管理混乱的企业。它们对各种经济杠杆的刺激反应麻木，以较高的劳动消耗量生产不符合社会需要的产品，使国家的资源得不到合理利用。实行破产制度，国家以法律手段调整先进企业与落后企业之间的关系，对经济效益低、长期亏损的企业，依法宣告其破产，就减少了落后企业对资源的浪费。把有限的资源转移到先进企业中去，发挥其应有的作用，生产出符合社会需要的产品，从而提高劳动生产率，保证国家财政收入的增长，提高投资效益和资金的利用率，保证宏观经济效益的提高。

4. 破产是增强企业活力的法律制度。

实行破产制度，企业有了破产之忧，要承担因经营管理不善而产生的法律后果。不单经营管理者有了破产的压力，职工也要因此承受破产之苦。这就以法律手段把企业的前途和命运与职工的切身利益紧密地联系起来，使职工更加关心企业的兴衰，关心企业的生产经营活动。把企业生产经营活动和一切重大经营决策置于全体职工的监督之下，不仅有利于加强企业的民主管理，而且有利于激发企业内部的凝聚力，从而增加企业的活力。

（二）破产的界限

确定破产的界限，是为了解决破产的标准，即确定什么样的企业才应该破产，在国外统称为破产原因。

《中华人民共和国企业破产法》第二条规定：“企业因经营管理不善造成严重亏损，不能清偿到期债务的，依照本法规定宣告破产。”《民事诉讼法》第一百九十九条规定：“企业因严重亏损，无力清偿到期债务”，即达到破产界限。从上述规定可以看出，破产界限的实质标准是不能清偿到期债务，通常简称为不能清偿或不能支付。不能清偿是指债务人对请求偿还的到期债务，因丧失清偿能力而无法偿还的客观经济状况。不能清偿在法律上的着眼点是债务关系能否正常维系，其要点包括：

1. 债务人明显缺乏清偿债务的能力，即不能以财产、信用或能力等任何方法清偿债务；

2. 不能清偿的是清偿期限已经届满、债权人提出清偿要求的、无争议或已有确定名义（指已经生效的判决、裁决确认）的债务；

3. 对债务在可预见的相当长的期间内（或法律规定的期间内）持续不能偿还，而不是因资金周转困难等暂时延期支付。

需要注意的是，不能清偿与资不抵债是有区别的。资不抵债又称债务超过，指债务人负债数额超过实有资产，也是一些国家破产立法中用于确认破产界限的一个标准。通常适用于仅以资产作为债务清偿保证、无人承担无限责任的公司法人及清算中的法人等。资不抵债的着眼点是安全的资债比例关系，考察债务人的偿还能力仅以实有资产为限，一般不考虑信用、能力等其他可能的偿还因素。计算其债务总额时也不区分是否到期，强调以财产作为债务偿还的唯一实际保障。在我国实践中，当债务人不能清偿到期债务时，往往早已资不抵债，但仅有资不抵债的状况却不一定表明债务人已丧失清偿能力。只要资信尚好，便不至于出现不能清偿到期债务的现象。所以这两个概念对破产界限的认定是存在一定差别的。

为解决债权人提出破产申请时的举证责任问题，各国《破产法》中往往还规定有停止支付的概念，也有的国家直接以停止支付作为破产界限。债权人在提出破产申请时负有相应的举证责任，但债务人是否具有清偿能力，债权人通常是很难全面了解并提供相应证据的。债权人能够提出证据的，只是债务人对到期债务长期停止支付。由于这种状况已经损害了债权人的合法权益，债权人便有权据此提出对债务人的破产申请。为此，最高人民法院在《破产规定》第三十一条中指出："债务人停止清偿到期债务并呈连续状态，如无相反证据，可推定为不能清偿到期债务。"

宣告债务人企业破产必须符合法律规定的破产界限，但并非所有达到破产界限的企业均应被宣告破产。各国出于社会政策的需要，通常都规定对某些特殊情况不予宣告破产。我国《破产法》第三条第二、三款规定："企业由债权人申请破产，有下列情形之一的，不予宣告破产：(1) 公用企业与国计民生有重大关系的企业，政府有关部门给予资助或者采取其他措施帮助清偿债务的；(2) 取得担保，自破产申请之日起6个月内清偿债务的。企业由债权人申请破产，上级主管部门申请整顿并且经企业与债权人会议达成和解协议的，中止破产程序。"

（三）破产的申请与受理

没有人向法院提出申请，法院不会宣告某一企业破产。破产的申请人既可以是债权人，也可以是债务人。

当债权人的到期债权无法收回，又获知企业达到破产界限时，债权人可以向法院申请债务人破产。债权人在申请债务人破产时应提供以下材料：

1. 债权发生的事实及有关的证据；
2. 债权的性质、数额；
3. 债权有无财产担保，有财产担保的，应当提供证据；
4. 债务人不能清偿到期债务的证据。

债权人申请债务人破产，从财务角度看是合理的经济行为。到期债权无法收回的事实已经发生，与其让债务人空耗资财，导致债权人损失的扩大，不如将其送上法庭，由法院宣告其破产，债权人还能收回一些。

债务人在不具备偿债能力、企业在正常情况下已无生存的希望和可能时，主动向法院申请破产不失为一种明智的选择。一方面可以彻底摆脱债务纠缠，了结企业的一切事务；另一方面可以在破产终结后解除企业管理人管理企业财产的责任，可以使企业的董事、经理等重新开始新的事业。另外，债务人申请破产也经常是一种财务技巧，可以借申请破产之机迫使债权人同意减少债务、延期偿债或降低利率。债务人向法院申请破产时，应提供如下资料：

1. 企业经营状况的说明；
2. 最近的财务报告；
3. 企业财产状况明细表和企业有形财产处所；
4. 债权清册和债务清册（包括债权人和债务人的名单、住所、开户银行、债权债务发生的时间、债权债务发生的数额，有无争议等）；
5. 企业所有者同意破产的决定；

6. 法院要求提供的其他材料。

法院对符合《破产法》规定的申请予以受理，并在10日内发布公告。公告内容包括：

1. 立案时间；

2. 破产案件的债务人；

3. 申报债权的期限、地点和逾期未报的法律后果；

4. 第一次债权人会议召开的时间、地点等。

法院在公告的同时应通知债务人，在收到债务人提交的债务清册后，在10日内通知债权人。债权人应在收到通知的1个月内，未收到通知的应在公告3个月内向法院申报债权。逾期未申报债权的，视为自动放弃债权。

（四）债权人会议

债权人会议是由债权人组成的，对破产企业清算事务进行监督的临时机构。所有的债权人均可参加债权人会议，但只有无财产担保的债权人才有表决权、优先权和别除权，且在放弃其优先权或别除权之前，没有表决权。优先受偿后仍没有收回的债权视作普通债权，其部分债权拥有表决权。第一次债权人会议由法院申报结束后15日内主持召开，以后的债权人会议则由债权人中经法院指定的主席召集。

债权人会议的职权是：

1. 审查有关债权的证明材料，确认债权有无财产担保及其数额；

2. 讨论通过和解协议草案；

3. 讨论通过破产财产的处理和分配方案。

债权人会议的决议，由出席会议的有表决权的债权人过半数通过，且其代表的债权额应占无担保债权额的半数以上。通过和解协议草案需要无财产担保债权额的2/3以上。这样规定是为了防止大债权人侵害小债权人的利益，也为了防止小债权人合谋侵害大债权人的利益。

企业有关管理人员必须列席债权人会议，回答债权人的质询；聘任的清算人应当列席债权人会议，向债权人解释清算方案，解答债权人提出的问题。

（五）破产宣告和破产程序终结

有下列情形之一的，由法院宣告破产：

1. 法院受理破产申请后，破产企业与债权人未能达成和解协议；

2. 企业整顿期间，破产企业不执行和解协议，或财务状况继续恶化，或存在严重侵害债权人利益的行为；

3. 企业整顿未达到预期效果，企业整顿以失败告终。

破产宣告时，法院应召集债权人、债务人到庭，并当庭宣布。破产宣告后法院应发布公告。公告内容包括：

1. 企业亏损情况、资产负债情况；

2. 宣告企业破产的理由和法律依据；

3. 宣告企业破产的日期；

4. 宣告企业破产后破产企业的财产、账册、文书、资料和印章等的保护条例。

法院应在破产宣告后15日内指定或聘任清算人。清算人应按有关清算的规定开展清算工作，将应分配给债权人的财产交付债权人。破产财产分配完毕后，清算人应向法院申请终结清算程序。法院裁定终结后由清算人向企业登记机关注销企业登记。

第二节　和　解　整　顿

和解整顿是通过债务和解、调整资本结构、调整和收缩经营、改组企业管理层等一系列措施，使经营失败的企业化解财务危机，重新生存的工作。和解整顿适用于所有面临财务危机的企业，不论企业是否申请或被申请破产。和解整顿是企业破产程序中的特殊环节，是破产和清算财务管理中的重要方面。

一、和解整顿制度的特点

为减少企业破产造成的社会损失，挽救尚有可能恢复生机、扭亏为盈、自行解决债务清偿的企业，我国《破产法》中还参照世界各国立法的通例，专门设立了破产和解与整顿制度。

我国的和解、整顿制度具有以下特点：

1. 全民所有制企业的和解与整顿，在债务人已达破产界限，被债权人申请破产，且案件已为法院受理后的法定期间内申请进行。

2. 非全民所有制企业法人债务人在人民法院受理破产案件后、破产程序终结前，可以向人民法院申请和解。人民法院还可以根据债权人、债务人具体情况向双方提出和解建议。在破产宣告后，债权人会议与债务人也可以达成和解协议。

3. 和解并非法院做出破产宣告的必经程序，是否和解完全依债务双方当事人意愿而定。

4. 全民所有制企业的和解制度与整顿制度相结合，均由立法规定，有利于保障和解协议的执行与企业整顿成功。

5. 全民所有制企业的和解、整顿由其上级主管部门提出申请并主持进行，债务人企业职工代表大会参与企业整顿工作，政府对和解与整顿程序的行政干预较为严重。对非全民所有制企业法人的整顿程序，在《民事诉讼法》中未作规定，最高人民法院在其司法解释《破产规定》中作有相应规定。

二、和解整顿的意义

1. 给企业生存的最后机会。

企业发生严重财务危机时，单纯依靠企业自身的努力，采取正常的财务和企业管理措施往往不能挽救企业。采用和解整顿手段，可以发挥债权人、企业管理当局、企业所有者、法院、政府机关等各方面的积极性，背水一战，或许能够给企业提供一线生机。

2. 减少债权人损失。

企业破产，企业的所有者也许一无所获，债权人也多多少少要蒙受一定的损失，严重时甚至与所有者一样颗粒无收。通过债务和解给企业喘息的机会，债权人即使不能收回全部债权，至少可以减少一些损失。

3. 减少社会资源的浪费。

企业的财产如果通过清算变现，收回的金额与原账面价值相比会发生一定的损失，一些专用的机器设备甚至只能报废。企业破产尽管是不得已而为之，但其导致的资源浪费却是事实。如果能够通过整顿避免破产，也意味着社会资源的节约。

4. 减少社会就业压力。

企业破产意味着员工就要失业，企业整顿过程中裁减一定比例的员工总是难免的，但比全员失业要好一些。另外，破产企业员工失业时，企业要付出一笔安置费用，这些费用在清算财产中是优先支付的，员工的安置又会增加债权人的损失。

三、和解整顿的前提条件

企业能被整顿必须具有一定的前提条件，不能全部满足这些条件，和解整顿就无法开展。

第一，企业与债权人都同意。实际上，和解整顿谋求的是企业、企业所有者、债权人利益的最大化，尽管不需要所有的债权人同意，但应取得绝大多数债权人的同意，否则企业只能破产。

第二，债务和解。债务和解是和解整顿方案的重要内容，只有债权人同意债务和解，整顿才有现实性。

第三，被整顿企业应有良好的道德记录。即企业的财务危机是由于经营方面导致的，历史上不存在故意损害债权人利益的资产处置，否则就是放任企业继续损害债权人利益。

第四，被整顿企业必须显示其有能力恢复正常经营。如果只是为了延缓破产的时间，那么，晚破产还不如早破产。

第五，社会经济环境有利于企业通过整顿走出困境。有些企业的财务危机主要是由于社会经济环境的变化导致的，只要社会经济环境没有改变，整顿就没有意义。例如，某生产三聚磷酸钠的企业，其产品是洗衣粉的重要原料，但环境保护政策要求洗衣粉生产厂家不得再生产含磷洗衣粉，若该生产三聚磷酸钠企业整顿方案依然生产该产品，整顿就没有任何意义。

四、和解整顿的程序

和解整顿可以分为自愿和解、正式和解和包装破产三种情形。

如果债务人遇到的是暂时性的财务危机，企业和债权人均认为企业通过整顿还有希望再生，就没有必要到法庭上兴师动众、劳民伤财，双方协商一个各方都能接受的和解方案是比较好的选择，这种和解被称为自愿和解。对于债权人较少的企业，这种方式尤为可行。

如果双方私下不能达成一致意见，或者已经有债权人向法院申请债务人破产，则和解整顿就只能在法院的监督下进行，这种和解被称为正式和解。这种方式的缺点是费用较高、程序复杂、时间较长，而且影响企业声誉；其优点是可以引起有关方面的关注，争取国家在税收等方面的优惠。

另外，西方国家常用的一种方式是包装破产。即本来可以采用自愿和解方式，但估计有少数债权人不一定能够接受和解方案，由企业与主要债权人在私下先达成和解协议，再向法院申请破产，由法院主持和解。这种方式实际上介于自愿和解与正式和解之间。

自愿和解的程序比较简单且各不相同，而正式和解的程序则具有普遍性，主要包括以下内容：

1. 和解整顿的提出。

企业的和解整顿由被整顿企业提出申请，整顿草案经债权人会议表决通过后，由法院裁定实施。债权人向法院申请企业破产后，债务企业可以申请整顿；债务企业自行提出破产申请，如果债权人有和解的明确意思表示，债务企业也可以再行向法院申请整顿；没有被申请破产的企业，为防止债权人追讨债务、躲过债务危机，在认为必要时，也可以直接向法院申请整顿（西方国家称其为破产保护）。企业在提出整顿申请时，应当申明整顿的理由，包括企业的经营状况、债务总额、不能偿付债务的原因、整顿的必要性和可行性等。

2. 债权人会议讨论并表决整顿草案。

债务人提出整顿申请后，债权人会议应对其中的整顿方案（草案）进行讨论并表决，只有在1/2以上债权人、2/3以上债权额表决通过时，整顿才能实施。

3. 法院裁定。

整顿方案经债权人会议表决通过后，还需要法院的裁定同意。一般情况下，只要债权人能够取得一致意见，法院都会同意。法院裁定同意整顿方案后，应发布公告，中止破产程序。

4. 实施整顿。

我国《破产法》规定，企业的上级主管机关是企业整顿的主持人。企业应在法院公告中止破产程序后，在上级主管机关的主持下开始整顿。西方国家常由法院聘任整顿受托人主持整顿，在整顿期间整顿受托人将接管企业的一切事务，并定期向债权人会议汇报整顿情况。

5. 终结整顿。

企业整顿的期限最长不超过两年，整顿期满无论企业是否能够偿付债务，法院均要宣布整顿终结。通过整顿再生的企业，能够按和解整顿协议的规定偿付债务的，法院应公告终结破产程序；通过整顿不能达到整顿目的的企业，也要终结整顿，继续破产起诉程序。

在整顿期间，法院在认为必要时，可以随时宣告整顿终结，企业继续破产起诉程序。

五、债务和解协议

债务和解协议是企业同债权人达成的有关债务安排的契约。债务和解协议中对债务的常见安排有如下几种方案：

1. 减免债务。即由债权人对其债权无偿豁免一部分，通过减轻企业的债务负担，为整顿期间企业的良性运营创造条件，从而使企业重新具有偿债能力。

2. 推迟偿债期限。即冻结现有债务的偿还，在一定的时间以后再向企业索偿。

3. 重新提供担保。即由债务企业寻找保证人或抵押物对债务提供保证，也可以由最大的债权人在同企业达成协议后向其余债权人提供保证。

4. 发行新的债券。债务企业可以向债权人发行新的债券换取债权，并重新确定债券的期限与利率。也可以将债权转成对企业的股权，可以是优先股，也可以是普通股。

5. 提供其他资助。提供资助的方式多种多样，如向债务企业注入新的贷款，将盈利性项目转让给债务企业，承销债务企业的产品，向债务企业以优惠价格提供原材料等。

上述各种方案相互间并不排斥，事实上，许多债务和解协议要同时使用其中的几种方案。债务和解协议要体现公平、合理和可行的原则。公平、合理是指各项债权要按其原先享有的求偿顺序对待，原来享有优先权的，在协议中也要享有优先权，否则原优先权人会反对和解方案。同等顺序的债权要按比例分配，除非一些大债权人愿意做出一定程度的牺牲。可行是指方案要有利于债务企业实现预期的盈利或达到预期的偿债能力。为体现债务和解协议的严肃性，保护整顿中的企业利益及全体债权人的合法权益，债务和解协议要经过法院的裁定才能生效。

第三节 企 业 清 算

一、企业清算的概念和分类

企业清算是与企业解散和企业破产有着紧密联系的概念。企业清算是指企业解散或破产后，结束其未了事宜，收取债权、清理债务，并分配企业剩余财产等程序的总称。

根据企业解散或破产的原因不同，企业清算可分为普通清算和特别清算两类。普通清算是企业终止时的清算，是由企业自行确定的清算人按一般的法律程序进行，企业的债权人与法院不直接干预的清算；特别清算是由法院直接干预并监督进行的清算。普通清算条件下，企业财务状况并非困难，不但有充分的债务清偿能力，而且还可能分配股息和红利，所以也称为不停止支付清算。特别清算是指企业由于财务状况恶化、被迫解散或破产而引起的清算。在这种清算条件下，企业已经负债累累，各种存货和资产难以变现或只能低价变现，各项债务已不能如数按期清偿，所以也称为停止支付清算。

按清算的性质不同，企业清算还可分为自愿清算和强制清算。自愿清算是企业法人自愿终止而进行的清算，包括创办人自愿清算、股东自愿清算、企业自愿清算等。企业经营届满所进行的清算即属于这种类型。一般情况下，由企业内部人员组成清算机构自行清算。强制清算分为行政清算和司法清算。行政清算是指企业法人被依法撤销所进行的清算，如企业违反国家法律法规被撤销而进行的清算，由有关主管机关负责组织清算机构并监督清算工作的进行。司法清算是指企业宣告破产，由人民法院按有关法律规定组织清算机构对企业进行破产清算。

二、企业清算的一般程序

即将终止的企业，均应按照法律、企业章程的规定进行清算。下面仅就清算的一般程序进行说明。

（一）提出解散或破产申请

企业陷入破产状态后，作为债权人和债务人均有权提出破产申请，由人民法院立案审理。人民法院受理破产案件后，应在 10 日内通知债务人并发布公告。企业由债权人申请破产的，在人民法院受理案件后 3 个月内，被申请破产的企业的上级主管部门可以申请对该企业进行整顿，整顿期限不超过两年。申请破产的企业，或经整顿无效而终结整顿，或整顿期满仍不能按和解协议清偿债务的，由人民法院裁决，宣告企业破产。需要解散的中外合资企业，必须由该企业董事会进行认真的讨论和研究，并做出解散决定，提出解散申请书，报经外资管理机构批准后方可正式宣告解散。

（二）确定清算人

1. 清算人（Liquidator）的产生。

企业终止时，应按国家有关法律及企业章程的规定确定清算人。清算人是在企业清算过程中执行清算事务的人员。企业清算的性质不同，清算人的产生方式也不一样。

（1）法定清算人。

即由企业章程直接规定企业的董事为企业清算人。由企业董事直接担任企业清算人，其好处是企业的董事对企业的情况比较熟悉，有利于清算工作的顺利开展，也便于节约清算时间和清算费用；但企业董事代表的是企业股东的利益，由董事直接担任清算人可能会偏向股东一方，严重时甚至会产生舞弊等情况，不利于保护债权人和企业职工的合法权益。此方式只适用于自愿清算（普通清算）。

（2）选任清算人。

由股东大会根据企业章程的规定选出清算人执行清算事务，选出的清算人可以是企业的股东，也可以是企业职工或者聘请有关财务专家。此方式适用于自愿清算（普通清算）。

（3）选派清算人。

即由法院根据企业债权人或者股东的申请，指派清算人执行清算事务。法院指派的清算人可以是企业董事或股东、企业债权人，也可以是有关中介机构的专业人士。此方式适用于特别清算。

2. 清算人的法律地位。

一般认为，清算人在执行职务过程中是企业的代理人，代行董事会职权。清算人通过被授权或受托方式取得企业资产的管理权，代表企业对资产进行处置，由此产生的费用和损失及其他责任应由企业承担，清算人应对其执业行为负责。由于清算人渎职或不作为导致企业发生损失的，清算人应承当相应的法律责任。

在普通清算程序中，企业的民事法律主体资格在企业被最终解散时才予以注销，清算人的权限相对较大。在特别清算程序中，清算工作要受到法院的直接干预。无论清算人是怎样产生的，法院在认为必要时都可以解任清算人，决定增加或减少清算人。在破产清算中，企业被法院宣告并入破产程序时，在民事法律关系上已经属于被限制行为能力，清算人也要在此范围内执行清算事务。清算人的工作除受法院监督外，还要受到债权人会议的影响。

清算人在清算期间的职权包括：

（1）清理企业财产，分别编制资产负债表和财产清单；

（2）通知或者公告债权人；

（3）处理与清算有关的企业未了结事务；

（4）清缴所欠税款；

（5）清理债权、债务；

（6）处理企业清偿债务后的剩余财产；

（7）代表企业参加民事诉讼活动。

在特别清算程序中，还有以下职权：

（1）清算人可申请法院对企业及企业原负责人的财产进行保全处理；

（2）对清算事务进行调查并提出报告；

（3）列席债权人会议；

（4）提出签订或变更和解协议的建议；

（5）执行法院的决议。

清算人有权请求报酬，其数额除由法院确定以外，应由企业股东大会决定。清算人的报酬在清算财产中优先支付。

3. 发布清算公告。

清算人应当在清算事项被确定之日起 10 日内书面通知债权人，并于 60 日内至少在报纸上公告三次，通知和公告债权人进行债权登记。债权人在接到通知之日起 30 日内，未接到通知的在第一次公告之日起 90 日内，向清算人申报其债权。债权人申报债权时，应当说明债权的有关事项，如债权形成的原因、时间、方式、金额等，并提供相应的证明材料。清算人对债权人申报的债权要进行审查，查明其真实性、合法性和具体金额。审查无误后应造具债权清册。

4. 清理财产。

清算人要对清算财产进行全面的清查、盘点、估价，财产清查完毕后清算人要编制资产负债表并编造财产目录。清算人对清算企业的债权要组织收回，确实不能收回的坏账损失要进行核销。不能以实物方式或以权利方式偿付债权人或分配给所有者的财产，清算人要组织变现工作。

企业所有者已认缴而未缴纳的出资，或在企业存续期间以各种名目非法抽回的出资，清算人有权令其缴回。采用分期出资方式的企业，在企业全部出资缴纳完毕前企业即告终止的，企业的出资人应补缴其未缴纳的出资额。清算人在财产清查过程中，发现企业在公告清算前至公告清算日期间对企业财产有不正当处置的，清算人应收回被不当处置的财产或追缴有关损失。

采用普通清算方式进行清算时，如果清算人发现企业的财产有不足以偿付全部债务之嫌疑时，应立即向法院申请企业破产，由法院介入并主持清算工作。

5. 处理未了结业务。

企业公告清算后，原则上应终止其正常的营业活动，在清算前已经发生的业务如已经签订尚未履行完毕的合同、正在进行中的业务项目等，清算人如果认为继续执行不会给企业带来额外的损失，且在清算期间能够完成的，应继续执行；否则清算人可以终止履行。由于终止合同而给合同缔约他方带来的损失，属于合同范围的对方有权索偿，清算人应将对方列入企业债权人范围。

6. 清结纳税事宜。

清算企业在清算前欠缴国家的税款，清算过程中有关业务的发生需要缴纳的税款，清算所得需要缴纳的企业所得税，清算人应在支付清算费用、职工工资、劳动保险费后的剩余财产中支付。

7. 清偿债务，分配剩余财产。

清算企业在支付清算费用、欠付的职工工资、欠付的劳动保险费、税金后，用于偿付其他债务。其余额不足以足额偿付的，应按比例偿付。破产企业未能偿付的债务不再偿付。企业财产在偿付全部债务后如有剩余，为企业的剩余财产，除法律或企业章程另有规定外，应在企业出资者之间分配。

8. 做出清算报告。

清算结束后，清算人应做出清算报告并造具清算的各种财务账册。清算报告应包括清算费用表、清算损益表、债务清偿表、剩余财产分配表及必要的文字说明。清算报告经股东大会或有关机构确认后，应报送企业登记机关，申请注销企业登记，经核准后公告企业终止。

三、企业清算的主要内容

企业清算主要是对企业的财产、债权、债务三个方面进行全面清查，并按清偿方案对债权、债务进行清偿和对遗留问题做出妥善处理。各种清算的主要内容有其共同性，下面对企业清算的财务处理主要以破产企业的清算为主进行讲述，至于其他类型的清算只对其某些特点加以介绍。

（一）财产清算

财产清算的对象是企业的破产财产。破产财产，也称为破产资财，在企业宣告破产时，凡属于破产人的能用于清偿破产债务的财产，均属于破产财产。破产财产具体包括：

1. 宣告破产时破产企业经营管理的全部财产；

2. 宣告解散或破产后至破产程序终结前所取得的财产；

3. 应当由破产企业行使的其他财产权利。

破产财产一般具有以下特征：

1. 破产财产必须是财产或财产性权利。

所谓“财产”，是指能用货币来计量的财物，既包括动产，也包括不动产；既包括固定资产，也包括流动资产。所谓“财产性权利”，既包括物权，也包括债权。凡应当由破产企业行使的财产性权利，都属于破产财产。

2. 破产财产必须是破产企业经营管理的财产。

所谓属于“破产企业经营管理的财产”，是指破产企业对财产具有相对独立的财产权和经营管理权。就国有企业而言，破产企业经营管理的财产，应包括国家授予企业经营管理的财产、企业自由支配的各项基金、企业自有资金及其他企业和个人的投资和股金等。

3. 破产财产必须是破产企业财产的全部，而不是其中的一部分。

所谓“全部”，既包括破产宣告时破产企业经营管理的全部财产，也包括在破产程序进行中所取得的财产；既包括国内的财产，也包括国外的财产，还包括由破产企业行使其他财产权所取得的财产。已经作为抵押担保的财产不能作为破产财产，应优先偿还对应债权人。

4. 破产财产必须包括清算期间按法律规定追回的财产。

例如，清算前无偿转移或低价转让的财产；对原来没有财产担保的债务在清算前提供担保的财产；对未到期的债务在清算前清偿的财产；清算前放弃的债权。

按照制度规定，以下财产不应作为企业的清算财产：

1. 租入、借入、代外单位加工和代外单位销售而存放在企业的财产；

2. 递延资产、待摊费用；

3. 相当于担保债务数额的担保财产。我国《破产法》规定，如有第三人对某项财产是否属于破产财产存在争议，应向清算组提出交涉。如交涉不成，应以清算组为被告，向人民法院提出诉讼。

在企业清算中，必须坚定不移地贯彻我国《宪法》所规定的社会主义公共财产不可侵犯的原则。《破产法》明确规定，任何单位和个人不得非法处理破产企业的财产及账册、文书、资料和印章等。单位和地方人民政府，要坚决保护公共财产，防止公共财产的损失和浪费。对于私分、哄抢、贪污、盗窃或破坏公共财产者，必须依法严肃处理。

（二）债权清算

债权清算的对象是破产债权。破产债权是指基于破产宣告前而成立，依破产程序申报并得以确认，可以从破产财产中受到清偿的债权，包括无财产担保的债权和放弃优先受偿权利的有财产担保的债权，或者有担保债权中其数额超过担保财产价款而未受清偿的部分。尚未到期的债权，应减去未到期的利息。破产债权的构成要素，有形式要素与实质要素之分。

从实体法角度讲，破产债权的构成必须具备以下实质要求：

1. 破产债权必须首先是一种债权。所谓“债权”，是指依合同约定或法律设定的民事法律关系中权利主体请求义务主体为一定行为或不为一定行为的权利。

所谓“债权”，是指依合同约定或法律设定的民事法律关系中权利主体请求义务主体为一定行为或不为一定行为的权利。

2. 破产债权必须是一种财产上的请求权。

3. 破产债权必须是无财产担保的债权或放弃优先受偿权利的有财产担保的债权，或者说，破产债权必须是对人的请求权。

4. 破产债权必须成立于破产宣告之前。破产宣告后成立的债权，不得作为破产债权。

从程序法角度讲，破产债权的构成还必须具备以下形式要素：

1. 破产债权必须依照破产程序申报并确认，否则不得作为破产债权。破产债权是否成立，还需经债权人会议确认。未经债权人会议确认者，不得视为破产债权。

2. 破产债权必须是依照破产程序能在破产财产中受到清偿的债权。

破产债权的算定，应注意以下三种情况：

1. 无财产担保的破产债权，有财产担保而放弃优先受偿权的破产债权依破产债权算定的基本标准评定。

2. 附期限的破产债权，具体分为付利息债权和无利息债权。付利息破产债权额等于原本加上破产宣告前的利息；无利息破产债权额等于原本减去破产宣告之日至规定期限终止之日的法定利息。

3. 附条件的破产债权，依所附条件算定。例如，租赁合约由于破产而中止时，其租赁债权只能算到申报破产之日为止，另外加一定百分比的加成。

（三）债务清算

债务清算的对象是破产债务。破产债务是指依合同约定或法律设定的民事法律关系中企业对债权人应当履行的一种义务。它同破产债权是相对应的概念。例如，企业解散或破产前甲、乙双方已经发生但尚未终结的同一笔经济业务，对甲方来说是破产债权，对乙方来说则是破产债务。当然，破产债权和破产债务在量上并不完全一致，如果某些债权由于各种原因未依法定程序按时申报而放弃了求偿权，就会使破产债权小于破产债务。《破产法》规定，债务人提出破产申请时，应当说明企业亏损的情况，提交有关的会计报表、债务清册和债权清册。为了使债务得到公平的偿还，或者说使债权人得到公平满足，必须对破产债务进行清算。债务清算主要依据企业清算前正常经营期间的会计报表、破产企业向法院提交的债务清册和债权人向法院申报的债权金额及有关情况等。如果破产企业向法院提交的债务清册和债权人向法院申报的债权金额不一致，则应查明原因，最后由法院认定并做出裁决。

四、清算损益的计算

清算损益是企业清算过程中清算收益与清算费用、清算损失的差额。

（一）清算收益

清算收益（Liquidation Income）是企业在清算过程中实施清算程序，处理未了结业务事项取得的收益，主要包括以下6个方面内容：

1. 财产盘盈收益。按盘盈财产的变现价值计算。

2. 财产变现收益。按财产变现所得价款大于财产账面价值的差额计算。

3. 财产估价收益。按不需变现财产的估定价值大于财产账面价值的差额计算。

4. 经营收益。按清算人在清算期间处理未了结业务事项取得的收入扣除相关的成本、费用后计算。

5. 不用支付的债务。因债权人放弃债权的原因不需要归还或无法归还的债务。

6. 其他收益。除上述事项以外取得的收益。

（二）清算费用

清算费用（Liquidation Costs）是清算人在执行清算程序过程中发生的各项费用开支，包括清算人酬劳、办公费、差旅费、诉讼费、公告费、财产保管费、财产清查费、财产估价费、财产变现手续费、税金、审计费、公证费、结业申请费等。

清算费用在清算财产中优先支付。一种方式是根据清算人提出的清算费用预算，由企业股东大会或法院确定后，在清算财产中先行拨付，由清算人掌握使用，最后结算。如果聘请专业机构担任清算人，也可先由清算人垫支，清算结束时经股东大会或法院或债权人会议审核后从清算财产中一次给付。清算人在清算过程中一旦发现清算财产不足以支付清算费用，应立即向法院申请终结清算程序。

（三）清算损失

清算损失（Liquidation Loss）是指由于清算使企业的财产发生的损失及在清算中予以转销的企业存续期间发生而未分摊的费用。主要包括以下6个方面内容：

1. 财产盘亏损失。按盘亏财产的账面价值计算。

2. 财产变现损失。按企业财产变现时实际收到的价款小于财产账面价值的差额计算。

3. 财产估价损失。按不需变现财产估定价值小于账面价值的差额计算。

4. 经营损失。按清算期间处理未了结业务收到的价款小于其成本、费用的差额计算。

5. 坏账损失。按企业实际无法收回的债权金额计算。已经计提坏账准备的，按债权额扣除计提的坏账准备计算。

6. 核销损失。企业在存续期间发生的尚未摊销的费用在清算时应予以核销，如计提的待摊费用、尚未摊销完毕的房屋装修工程支出等。如果清算财产无法变现或无法直接用于向债权人、所有者分配，也应予以核销。

（四）清算所得

清算所得（Liquidation earning）是企业清算终了时清算收益大于清算费用和清算损失的差额。清算所得应按企业的法定税率缴纳企业所得税。清算所得的计算公式为：

清算所得 =（清算收益 - 清算费用 - 清算损失）×（1 - 所得税率）

税法规定的清算所得计算公式与上式略有差别，即：

清算所得＝(全部资产－清算费用－损失－负债－未分配利润－公益金－公积金－实缴资本)×(1－所得税率)

这两式尽管表述不一样，但实际计算结果应该是一样的。需要注意的是，公式中的“实缴资本”应当包括计入资本公积的溢缴资本额。

五、剩余财产的分配

按照我国《破产法》的有关规定，剩余财产的分配应分为两个步骤进行。

1. 确定分配方案。

剩余财产的分配方案，应由清算组提出，经债权人会议讨论通过。《破产法》规定，债权人会议的职权有：

（1）审查有关债权的证明材料，确认债权有无财产担保及其数据；

（2）讨论和通过和解协议草案；

（3）讨论和通过破产财产的处理和分配方案。

人民法院或债权人会议主席均有权在必要时召集债权人会议。债权人会议的决议一经通过，便对全体债权人发生效力，全体债权人必须执行。剩余财产的分配方案经债权人会议讨论通过后，还应报请人民法院裁定后执行。

2. 执行分配方案。

剩余财产分配方案确定后，应由清算组立即开始执行。破产财产分配完毕，应由清算组提请人民法院终结破产程序。破产程序终结后，未得到清偿的债权不再清偿。

在实际工作中，对于不同类别的企业，剩余财产的分配方案应有所不同。对于有限责任公司，一般是按合同、章程的规定或者出资者出资比例进行分配。如果公司章程、合同中已专门说明了有关财产的分配办法，则应按规定进行分配；如果没有在合同、章程、协议中做出明确规定，董事会也没有就此做出任何决定的，应按合同法的规定，按投资各方的股权资本比例进行分配。

如果上述分配方案董事会已经通过并得到审批机构批准，清算组即可按上述方案实施。

对于股份有限公司而言，一般是根据股东持有股票的面值，按比例进行分配。如果企业存在优先股，应根据企业清算的具体情况分别采用不同的分配方案。具体办法是：如果企业清算中未取得清算收益，则在剩余财产分配中，不再支付优先股股利；相反，如果企业清算中获得了清算收益，则应支付优先股股利；当优先股股利支付后，再按优先股的面值分配剩余财产。如果剩余财产超过公司发行在外的全部优先股总面值，可按实际面值进行分配；如果剩余财产不足以支付全部优先股股利，可先计算出分配率，据此再计算出每位优先股股东可分配的财产金额。如果企业的剩余财产在优先股分配后仍有剩余，则这一剩余财产将在全体普通股之间进行分配。具体办法也应先计算分配率，再据此计算每位普通股股东可分配的财产金额。

思考题

1. 财务危机的表现和处理方法各是什么？
2. 企业破产的界定标准是什么？

3. 不能清偿和资不抵债的区别是什么？

4. 和解整顿的前提和特点是什么？

5. 清算人在清算期间的职权有哪些？

6. 企业清算的主要内容是什么？

练习题

某企业清算财产的总价值为500万元，其清算债务合计为700万元，其中，欠付职工工资100万元，应缴未缴税金200万元，应付甲企业货款240万元，预收乙企业订货款160万元。

要求：确定企业债务清偿顺序及清偿金额。

综合案例

半岛置业陷财务危机，被迫停业，全员待岗

谁能想到，全深圳年纪最大的网红盘，最近两期就卖了200多亿元的开发商还能深陷财务危机？5月30日晚上，网上一份通知刷屏，半岛城邦开发商称其公司深陷财务危机、生产经营面临严重困难，宣布6月1日起，全员待岗6个月。市场最关心的半岛城邦五期也是前途未卜，通知称地块手续一直没办下来。

受近年来疫情、地产行业大环境的影响，公司生产经营面临严重困难，公司虽有半岛五期地块待开发中，但由于与深圳市公安局及政府部门的相关问题一直未得到解决，致使半岛五期地块至今无法办理相关手续，导致公司经营无法继续。目前，公司及子公司深圳半岛置业有限公司已深陷财务危机，没有持续经营能力，经公司研究决定：

深圳半岛城邦房地产房地产有限公司及子公司深圳半岛置业有限公司，自2022年6月1日起全员待岗，待岗期限为6个月，如6个月后公司仍然无法正常经营运转，将做适当延长；待岗期间，公司依规定发放待岗工资；待岗期间，如有工作需求，公司会逐步通知员工返岗。

从通知里面看出来，开发商出现财务危机已经不止一天两天。

为什么大家会如此诧异，是因为这个盘开发商真的太赚钱了，半岛城邦位于南山蛇口片区，西临蛇口渔港码头，北侧依托于蛇口山望海公园，东侧与东角头填海区相邻，靠近西部通道口岸用地，南侧的滨海步行长廊与深圳湾相连，区位绝佳。而且它的拿地时间是20世纪90年代，当时地价有多便宜大家都知道，加起来的地价可能没有它现在最贵的一套房子贵。而半岛城邦每一期在当时卖的价格都不算低，即便是2006年推出一期销售价格7 000元/平方米左右，也是当时市场的高价，2016年三期均价10.5万元/平方米，也是当时市场豪宅价格。

来自界面新闻的一篇报道就表示，2006年2月、2009年1月、2016年4月、2019年4月是半岛城邦一至四期开盘的日期，时间跨度长达13年，销售额也差异很大，四期开盘的销售额分别约为15亿元、35.96亿元、200亿元、60亿元，总金额超过300亿元。在深圳，单盘销售的金额，除了华润城一家卖出了500亿元外，第二名应该就是这个项目了，但华润城是旧改项目，成本高，所以从项目利润上来看，你说半岛城邦是全深圳最赚钱的项目，估计没人会怀疑。除了已经卖出去的四期外，全深圳有钱人都在等着它的五期，因为五期才是最好的地块，

景观未来也会更好，但是四期销售后，五期一直没有动工。而去年，四期也出现因为资金问题延迟了大半年入户的事情，直到2021年8月，半岛城邦四期在经历了两次延期交付、几次维权之后，才终于入户，四期业主终于搬进了新家。

半岛城邦四期总占地面积约5.9万平方米、建筑面积约16万平方米，由3栋住宅、1栋商业综合楼和49个商业小盒子建筑配套构成。周边有半岛城邦幼儿园、九年一贯制的南外滨海学校等教育配套。半岛城邦四期于2019年4月23日正式入市，当时推出599套88~135平方米的1~3套房，均价11.6万元/平方米（含装修），单价区间在9万~14.5万元，总价在784万~1 958万/套。但是入市之后，半岛城邦四期业主历经波折，有车位纠纷，还有地产商之间纠葛导致的房源冻结，尾盘事件，有疫情导致的装修延期。半岛城邦四期原计划2020年12月31日交房，最终被拖延至2021年8月。

2020年11月27日，业主们收到来自一家名为深圳市天鲲建筑工程有限公司（以下简称“天鲲建筑”）的公司发布的“延期完工通知”。天鲲提出的按照117元/平方米·月的标准向业主支付赔偿。半岛城邦官方也做了回应，回应中明确表示“精装交付延期至2021年6月30日”。然而，到了2021年的6月30日，业主们再次被通知延迟交房。再一次延期之后，7月1日天鲲建筑发布了交付安排的处理意见：2021年8月31日仍不具备整体交付条件，承诺按照400元/平方米/月的标准按天计算赔偿。最终天鲲建筑于7月20日发布验收通知，业主们才终于收到房子。

半岛城邦一个盘就卖出几百亿元，却还会出现延期入户的情况，如今开发商更是深陷财务危机，这是为什么呢?

从企查查得到的结果看，2021年以来深圳半岛城邦地产开发有限公司成为被执行人已有3次，执行标的金额总计达到约12.43亿元！另外，半岛城邦还曾因为拖欠工资问题受到行政处罚。另有熟悉内情的业内人士表示，半岛城邦公司老板除了开发半岛城邦赚钱外，其他产业的投入都是亏钱的。而半岛城邦背后的老板正是南海控股。有媒体指出，南海控股是一家主要从事信息技术（IT）及媒体业务的香港投资控股公司。该公司实际上债务很多，且是以地产项目的账面价值和销售收入作为抵押，自2001年就开始将深圳蛇口即现在半岛城邦的地块押给银行融资，坐享地价升值融资发展其他业务。此外，南海控股主席于品海把积累的大量资本投到电影产业上。但经历过高层调整，大地院线也于2018年年底摘牌新三板，同时还有不少项目中止、解约。有数据显示，从2020年以来，受疫情影响，截至2021年底，该集团旗下600余家影院全部暂停营业。值得一提的是，此前在半岛城邦四期经历维权时有知情人士直言，南海控股可能挪用业主购房款至旗下大地影业，导致资金链断裂，当时业主极其担心该房屋将变为烂尾楼，虽四期未出现烂尾情况，但从目前开发商这种境遇来看，项目五期倒还真说不好。

第十二章

外汇资金管理

【学习目标】

通过本章学习，应当了解并掌握：

［1］我国外汇管理制度；

［2］外汇汇率的类别和预测方法；

［3］外汇风险的种类和防范；

［4］企业外汇收支平衡的意义和调节。

2022 年 6 月 10 日，国家外汇管理局通报 4 起外汇违规典型案例，加强外汇市场监管，严厉打击通过地下钱庄非法买卖外汇行为。从通报内容看，这 4 起案例均为非法买卖外汇案，处罚信息均纳入中国人民银行征信系统。

案例 1：中泰惠购电子商务（深圳）有限公司非法买卖外汇案

2019 年 11 月至 2020 年 1 月，中泰惠购电子商务（深圳）有限公司通过地下钱庄非法买卖外汇 14 笔，金额合计 130.1 万美元。

该行为违反《结汇、售汇及付汇管理规定》第三十二条，构成非法买卖外汇行为。根据《外汇管理条例》第四十五条，处以罚款 110.3 万元人民币。处罚信息纳入中国人民银行征信系统。

案例 2：沈阳华锐世纪投资发展有限公司非法买卖外汇案

2019 年 6 月至 10 月，沈阳华锐世纪投资发展有限公司通过地下钱庄非法买卖外汇 7 笔，金额合计 83.4 万美元。

该行为违反《结汇、售汇及付汇管理规定》第三十二条，构成非法买卖外汇行为。根据《外汇管理条例》第四十五条，处以罚款 74.6 万元人民币。处罚信息纳入中国人民银行征信系统。

案例 3：黑龙江籍车某非法买卖外汇案

2018 年 1 月至 2019 年 5 月，车某通过地下钱庄非法买卖外汇 47 笔，金额合计 312.5 万美元。

该行为违反《个人外汇管理办法》第三十条，构成非法买卖外汇行为。根据《外汇管理条例》第四十五条，处以罚款207.8万元人民币。处罚信息纳入中国人民银行征信系统。

案例4：湖北籍谭某非法买卖外汇案

2018年3月至2019年4月，谭某通过地下钱庄非法买卖外汇146笔，金额合计400万美元。

该行为违反《个人外汇管理办法》第三十条，构成非法买卖外汇行为。根据《外汇管理条例》第四十五条，处以罚款259.6万元人民币。处罚信息纳入中国人民银行征信系统。

随着世界经济一体化，财务管理日益向国际化发展。汇率的升降不仅影响每笔进出口交易的盈亏，而且还影响出口商品的竞争力与销售市场。所以经济管理工作者应当对外汇、汇率制度，以及在我国的外汇管理制度下企业外汇收支管理的具体规定有所了解。针对其对进出口业务的影响，采取相应措施，以加强成本核算、防止外汇风险、增加外汇收入。通过本章学习，可以了解外汇及外汇管理的基本概念，初步掌握企业外币业务管理，熟悉外汇汇率的预测分析，理解外汇风险管理的一般措施，理解外汇收支平衡的基本做法。

第一节　外汇资金管理概述

一、外汇的概念

外汇是外币资金的总称，是指以外国货币表示的，用于国际结算的各种支付手段。如果一方在北京另一方在纽约，则这种清偿活动超越国界而具有国际性，就称为国际汇兑。

从动态的角度看，外汇是指人们将一种货币兑换成另一种货币，清偿国际间债权债务关系的行为，是国际间的一种汇兑活动。这种汇兑活动解决了各种货币所代表的价值及其货币名称、货币单位各不相同，以及作为一国的法定货币不能在他国流通使用所产生的问题。

从静态的角度看，外汇一般是指以外币表示的用于进行国际结算的支付手段和资产。这种支付手段和资产，根据国务院《中华人民共和国外汇管理条例》的规定，外汇包括：外国货币的纸币、铸币；外币有价证券的政府债券、公司债券、股票、息票等；外币支付凭证的票据、银行存款凭证、邮政储蓄凭证等；特别提款权、欧洲货币单位和其他外汇资产等。上述四种外汇，都属于现汇，可以立即作为国际结算的支付手段使用。

二、外汇管理的概念

外汇管理，亦称外汇管制，是指国家通过法令，对外汇的收、支、存、兑所进行的管理工作。外汇管制通常是在一国经济发展不振、国际收支持续逆差、汇率动荡不安、外汇储备紧缺时不得不采取的一项措施，也有的国家是为了预防上述情况发生而采取外汇管制。但总的来说，主要有以下两个方面：

1. 防止资金外逃，维持国际收支平衡。

国际收支状况对一国经济影响很大，争取国际收支平衡是任何一个国家的经济政策目的之一。一国资金不断外流，势必加剧本国的国际收支逆差。国际收支逆差的国家，常常通过实行外汇管制的办法，鼓励资本流入、限制资本流出来改善本国的国际收支状况。

2. 稳定汇率，促进对外贸易发展。

这既有利于对外贸易的成本核算与发展，也有利于抑制国内的通货膨胀、减少外汇风险，从而促进对外贸易的发展。

另外，实行外汇管理可集中外汇资财、节约外汇支出，在一定程度上可以提高货币的对外价值、增强本国货币的币信，加强一国的国际经济地位。外汇管理还可以配合保护关税政策，限制某些商品进口、鼓励某些商品出口，缓和失业矛盾。实行外汇管制，还可以增加财政收入，也可作为外交政策，这样外汇管理也便成为一种政策工具。

三、我国外汇管理机构和外汇专业银行

我国外汇管理的机构是中国人民银行领导下的国家外汇管理局。其主要任务是：根据国家的政策和经济建设的需要制定全国统一的外汇管制法律和法规，调整公布人民币汇价，参与编制国家外汇收支计划和国际收支计划；组织实施、监督执行；统一管理和调度国家外汇储备和外汇资金；统一管理对外借款和在国外发行债券；管理经营外汇业务的金融机构的外汇活动，管理和监督贸易和非贸易收支；管理侨资、外资、中外合资企业和其他企业的外汇业务活动，检查和处理违反外汇管理的案件等。

中国银行是我国经营外汇业务的专业银行，其经营的主要业务有：对外贸易和非贸易的国际结算；国际银行间的存、贷款；华侨汇款和其他国际汇兑；外币存、贷款；外汇买卖；国家黄金买卖；组织或参加国际银团贷款；根据国家授权，发行外币债券和其他有价证券；信托和咨询。

四、企业外币业务管理

（一）企业外币业务管理的概念

企业外币业务管理是对企业发生的各项外币业务所进行的预测、计划、核算、控制等一系列工作，指以记账本位币以外的货币进行的款项收付、往来结算和计价等业务。企业的外币业务可分为记账本位币与非记账本位币之间的折算、兑换等一般外币业务和资本折算、调剂买卖外汇等专项外币业务。加强外币业务管理，是加强企业财务管理的客观要求。

（二）企业外币业务管理的原则

1. 确立记账本位币原则。

企业一般以人民币作为记账本位币。业务收支以外币为主的企业，可以将外币作为记账本位币。企业记账本位币选定后应保持相对稳定。

2. 外币对记账本位币折价原则。

企业发生外币业务时，应当将有关外币金额折合为记账本位币金额，折后汇率采用外币业务发生时的国家外汇牌价或者当月、当日的国家外汇牌价。

3. 汇兑损益处理原则。

汇兑损益是指企业发生外币业务时，因时间不同和汇率变动而发生的将有关外币金额折合为记账本位币的差额。

筹建期间发生的汇兑损益，如果为净损失，计入开办费；如果为净收益，留待并入企业的

清算收益。生产经营期间发生的汇兑损益，计入财务费用。清算期间发生的汇兑损益，计入清算损益。

五、外汇管理的重要性

企业外汇资金是企业经营资金的重要内容，企业的外汇收入、外汇支出，是企业财务活动的一个重要方面，也是整个国家外汇收支的有机组成部分。加强外汇资金管理，是搞好企业财务管理的重要环节，也是国家外汇管理的必然要求。加强外汇资金管理，增加外汇收入，节约外汇支出，对于引进外资、扩大开放，提高外汇资金使用效益，促进国民经济发展，具有重要意义。

同时，我国对违反《中华人民共和国外汇管理条例》的，具体明确了法律责任共 13 条的处罚规定。凡境内机构或个人对违反《外汇管理条例》的逃汇、非法套汇、擅自经营外汇业务、未按国家规定办理结汇、售汇、违反人民币汇率管理、外汇存贷款利率管埋或外汇交易市场管理，外债管理，非法使用外汇、私自买卖外汇、违反外汇账户管理规定、外汇核销管理规定等的，由外汇管理机关分别视不同情况和不同情节给予警告、强制收兑并处罚金、没收违法所得、取缔等；构成犯罪的，依法追究刑事责任。

第二节　外汇汇率的预测

一、外汇汇率的类别

外汇汇率也称汇价，是两种货币兑换的比率，即以一国货币表示的另一国货币的价格。外汇汇率又称外汇汇价、外汇牌价、外汇行市。例如，“1 美元折合 8 元人民币”“1 港币折合 1.04 元人民币”。在外汇买卖中，常把汇率称为某货币汇率。例如，“美元汇率”“英镑汇率”等。外汇汇率按照不同的标准可分为以下几类。

（一）固定汇率和可变汇率

固定汇率是指一国货币同其他国货币的兑换比率基本固定的汇率。

可变汇率即浮动汇率，是指政府对汇率不强制固定，也不规定波动幅度，而是由外汇市场的供求情况，自发地决定本国货币对外国货币的比率。

（二）单一汇率和混和汇率

单一汇率是指一国政府对本国货币与另一国货币的兑换只规定一种汇率，无论贸易交易或非贸易交易，只要是使用同一种外币，都按一种汇率折合结算。国际货币基金组织原则上只允许其会员采用单一汇率。

混和汇率又称复汇率，是指一国政府对本国货币与另一国货币的兑换规定两种或两种以上的汇率。在某些实行外汇管理的国家，根据进出口商品类别和非贸易收支的不同性质，规定多种出口汇率、出口汇率和非贸易汇率，借以抑制某种高档商品和高级消费品的出口，鼓励必需品的进口；抑制必需品的出口，鼓励非必需品的出口，限制非必需品的其他外汇外支，对某种特定的外汇开支予以扶持，等等。

（三）官方汇率和市场汇率

官方汇率又称法定汇率，指国家外汇管理部门统一公布的汇率，并规定一切外汇交易都以其公布的汇率为准。

在我国，中国银行是办理外汇买卖业务的专业银行。

企业的外汇收支，应向银行办理结汇，外汇买卖的价格由国家统一规定并通过银行挂牌公布。

市场汇率是指在外汇市场上由供求关系决定的汇率。近年来，我国在一定的范围内，逐步开放外汇市场，设立了外汇调剂中心。在不实行外汇管制或管制较松的国家，都有外汇自由市场，市场汇率随外汇的余缺而自由波动。在外汇管制较严的国家，往往出现大大高于官价的黑市市场汇率。

（四）买入汇率和卖出汇率

买入汇率又称买入价，是指银行买入外汇时的汇率，即经营外汇业务的银行向进出口商等客户买进即期外汇时所使用的汇率。在直接标价法下，外币折合本国货币较少的价格为买入价；在间接标价法下，本币折合外国货币较多的价格为买入价。

卖出汇率，又称卖出价，是指银行卖出外汇时的汇率，即经营外汇业务的银行向进出口商等客户卖出即期外汇时所使用的汇率。在直接标价法下，外币折合本币数额多的是卖出价；在间接标价法下，本币折合外币数额少的是卖出价。

二、外汇汇率的标价

商品的标价是以货币表示的，汇率的标价有其特殊性，既可以用本国货币表示外国货币的价格，也可以用外国货币来表示本国货币的价格。外汇汇率有两种标价方法。

（一）直接标价法

直接标价法指用 1 个单位或 100 个单位的外国货币作为标准，折算为一定数额的本国货币。我国采用的是直接标价法。在直接标价法下，外国货币的数额固定不变，本国货币的数额则随着外国货币或本国货币币值的变化而变动。

（二）间接标价法

间接标价法是指以外国货币表示本国货币的价格，也就是说，以一定单位的本国货币为标准，折算为一定数额外国货币的标价法。目前英美等国采用间接标价法。在间接标价法下，本国货币的数额固定不变，外国货币的数额随着本国货币或外国货币币值的变化而变动。

三、外汇汇率预测分析的一般方法

外汇汇率预测是对外汇汇率变动所作的估计，是外汇资金管理的重要内容。要想正确地预测外汇汇率的变化趋势，必须了解影响汇率变化的各种因素。

（一）影响外汇汇率因素的分析

影响外汇市场波动的因素有很多。从表面上看，影响汇率走势的因素似乎相当复杂，但归结起来，汇率的走向是由供求关系决定的。一般来讲，影响外汇供求的因素包括基本经济因素、政治和新闻因素、中央银行干预以及心理因素等。

1. 国际收支状况分析。

国际收支状况对外汇汇率变动有着直接的影响。如果一国的国际收支持续顺差，由于收进的外国货币增多，外汇供过于求，必然引起外汇汇率的下跌。如果一国的国际收支经常处于逆差状态，其对外债务就会增加，为了支付对外债务，对外币的需求“供不应求”，本国货币对外价值就会降低，外汇汇率就会上涨。如果一国的国际收支处于市场均衡状态，则外汇的供给等于需求，外汇汇率亦将保持均衡水平。总之，在外汇市场上，外汇不是求大于供，就是供大于求，因而引起汇率的上下波动。

2. 通货膨胀率的分析。

通货膨胀率的高低是影响汇率变化的基础，通货膨胀使一国的货币在国内购买力下降，发生货币对内贬值。通货膨胀造成国内物价上涨，在外汇市场上，外国货币需求增加，本国货币需求减少，从而引起外汇汇率上升，本国货币对外贬值。在浮动汇率制度下，随着一国通货膨胀的加剧，单位货币所代表的价值量就降低，外汇汇率必然上涨。因此，通货膨胀率高，一国货币对外价值就降低，外汇汇率就上涨；通货膨胀率低，一国货币对外价值就提高，外汇汇率就下跌。

3. 利率水平的分析。

利率水平对外汇汇率的影响是通过不同国家的利率差异引起资本——特别是短期资本，在国际间的流动而起作用的。利率水平对外汇汇率的短期影响很大。在一个国家内部，当信贷紧缩时，利率会上升；当信贷松动时，利率下降。而在国际上，利率的差异将引起短期资金在国际间移动。资本一般总是从利率低的国家流向利率高的国家。这样，如果一国的利率水平高于其他国家，就会吸引大量的资本流入。资本的这种移动将引起外汇市场供求关系的变化，从而对外汇汇率发生影响，使高利率国家的货币汇率上升，低利率国家的货币汇率下降。

除上述因素外，影响外汇汇率变化的还有贸易政策、关税政策、外汇管制措施、外汇市场的投机活动以及国际政治局势等因素。这些因素是通过国际收支的调节来影响汇率的。

（二）外汇汇率变动幅度的分析

1. 外汇贬值率。

外汇贬值率是某一货币贬值前价格减去贬值后价格的差额对贬值后价格的百分比，其计算公式为：

$$外汇贬值率=\frac{贬值前价格-贬值后价格}{贬值后价格}\times 100\%$$

2. 外汇升值率。

外汇升值率是某一货币升值后价格减去升值前价格的差额对升值前价格的百分比，其计算公式为：

$$外汇升值率=\frac{升值后价格-升值前价格}{升值前价格}\times 100\%$$

第三节　外汇风险管理

外汇风险，是指一个组织、经济实体或个人的以外币计价或衡量的资产与负债、收入与支出，因外汇汇率波动引起的价值上涨或下跌而遭受损失的可能性。对企业的资产与收入来讲，当汇率上涨引起本币贬值时，会带来收益；当汇率下跌引起本币升值时，会遭受损失。而对企业的负债与费用来讲，刚好相反。当汇率上涨引起本币贬值时，会遭受损失；当汇率下跌引起本币升值时，会带来收益。企业的外汇风险管理是针对可能遭受的损失而言的。

一、外汇风险的种类

外汇风险主要有三种类型。

（一）交易风险

交易风险，指企业开展经济业务时，由于外汇汇率变动而引起的应收资产与应付债务遭受损失的可能性。这种风险主要是由于企业在国际业务中，以某种外汇交易所形成的应收资产与应付负债所适用的汇率与结算日的汇率不同而造成的。其主要表现形式有：①在赊购赊销业务中，在未办理外币收付的期间内，由于汇率变动而可能遭致的损失；②国际资本市场上发生的借贷行为，在债权债务尚未清偿前因汇率变动而可能遭致的损失；③在外汇市场买卖外汇时，因持有外汇头寸的多头或空头而在汇率变动时遭致的损失。交易风险是外汇风险中的主要风险，其最常见也最易计量。

【例 12－1】某企业出口一批商品，价款 30 000 美元，收款期为 3 个月。当日汇率为￥8.27/US＄1。则在销货日后的 3 个月内，该出口商将承受美元贬值的风险。若 3 个月后的汇率为￥8.25/US＄1，则该出口商承受的交易风险就转化为已实现的损失 600 元（￥0.02/US＄1 × ＄30 000）。

【例 12－2】某企业在国际金融市场上借款 1 000 000 日元，借款期限为 1 年。当日汇率为￥0.062 6/JP￥1。则该企业将承受 1 年后日元升值风险。若 1 年后汇率上升到￥0.063 0/JP￥1，则其交易风险就转化为已实现的损失 400 元（￥0.000 4/JP￥1 × JP￥1 000 000）。

（二）会计风险

会计风险，又称折算风险，是指对已折算为记账本位币入账的外币资产与负债，由于汇率变动引起日后编报资产负债表中外汇项目金额变动而遭受损失的可能性。这是一种账面上的未实现损失。例如，某外贸公司收到 10 000 美元，按当日汇率￥8.27/US＄1 折为 82 700 元入账。年末资产负债表日的汇率为￥8.26/US＄1，则该笔资金只值￥82 600 元，从而形成了账面损失 100 元。

（三）经济风险

经济风险，又称经营风险，是指由于不可测的汇率变动而引起企业未来现金流量遭受损失的可能性。经济风险是由于意料之外的汇率变动而产生的对企业产品销量、价格、成本的影响。例如，由于国际政治、经济环境的突变导致本币升值、外币贬值。在国际市场上，由于本币的升值导致本国产品价格相对昂贵而减小了销量；在国内市场上，由于外币的贬值而使外国产品价格相对便宜，而抑制了本国产品的销量。不论国内市场还是国际市场，本币的升值导致本国产品价格上升，销量下降，现金流入减少而遭受损失。经济风险能否避免完全取决于企业的预测能力。当然经济风险并不包括预期的汇率变动，因其已完全被企业的经营战略所考虑，因而并不构成经济风险。

二、外汇风险的防范

目前国际市场上基本采用的是浮动汇率制。在这种体制下，外汇汇率频繁、大幅度的波动，势必给国际间的融资、贸易活动产生巨大影响。因此，进行有效的防范，避免汇率变动带来的损失，在国际经济交往中有着重要意义。

（一）交易风险的防范

对于交易风险的防范，可采用以下一些方法。

1. 选择有利于自己的合同货币。一方面可尽量争取采用本币，因本币的收付不受汇率变动的影响；另一方面可采用进口用软币，出口用硬币的方法。因软币的汇率走势呈跌势，可少付本币或其他合同货币；硬币的汇率走势呈升势，可多收本币或其他合同货币。

2. 制定货币保值条款。即在进出口贸易合同中以某一种比较稳定的货币或综合货币作为实际结算时的兑换金额来折合合同货币完成清偿。现多采用“一篮子”货币保值条款，如特别提款权、欧洲货币单位等。

3. 在外汇市场上采用金融手段来规避风险。企业在存在外汇头寸的多头或空头的情况下，可在外汇市场上进行现汇、期汇、期货、期权、掉期等交易来平衡外汇头寸，使汇率变动风险在外汇内部相互抵消。

4. 在不影响企业信誉的情况下，改变外汇收付的时间。若预期汇率上升导致本币贬值，可提前付款或推迟收款；若预期汇率下降、本币升值，可推迟付款或提前收款。

5. 配对消除法。当存在一项外币的债权或债务时，与第三国订立同种外币相反的贸易交易。这样汇率变动所形成的债权债务风险由于同一外币应收应付的反向运动而抵消。

（二）会计风险的防范

前已述及，会计风险是一种账面上未实现的风险，是由于对外币价值的重新表述而出现的。这种风险的防范一般是采用平衡法将资产与负债的外汇头寸保持为零。当汇率变动时，在资产上形成收益或损失的同时，在负债上形成损失或收益，两者相抵而使风险不复存在。

（三）经济风险的防范

经济风险是由不确定的、始料不及的汇率变动形成的。对其的规避，不仅需要财务上的信息资料，还需要对整个社会政治、经济大环境有准确的把握。因而对其的防范也最不易，要求对企业的整个生产、经营和融资策略进行调整。一方面企业应加强对未来汇率变动预测的准确性；另一方面可进行多样化的融资和经营，这样通过利益组合效应分散风险来规避可能遭受的损失。

第四节　外汇收支平衡

一、企业外汇收支平衡的意义

外汇收支平衡，对一个企业、对整个国家，都具有十分重要的意义。对企业，所谓外汇收支平衡，是指企业在一定时期内（一般是一年）的外汇收入与外汇支出之间保持相等的关系。企业经营各种涉及外币业务，必然发生一定数量的外汇收入和外汇支出。

企业外汇收入是指企业在国内外经营各种业务中所取得的可用于国际支付的各种外币收入，主要包括：(1) 外币投资；(2) 产品外销收入；(3) 产品国内以出顶进收入；(4) 维修费收入；(5) 其他经营性收入；(6) 劳务收入；(7) 对国外技术转让收入；(8) 外汇借款；(9) 其他外汇收入等。

企业外汇支出是指企业在经营活动中发生的用于国际支付的各种外币支出，主要包括：(1) 进口设备（工器具）、原材料和其他物资支出；(2) 技术转让费支出；(3) 出国差旅费支出；(4) 外籍人员工资福利费支出；(5) 广告宣传等销售费支出；(6) 偿付外币借款本息；(7) 企业外方分得股利支出；(8) 企业外方资本退出；(9) 其他以外汇支付的费用等。

由于企业的业务涉及面广，情况又经常发生变化，加上外汇牌价变动等因素，企业的外汇收入和外汇支出很难完全相等，总会出现或多或少的差额，从而形成了外汇收支的顺差或逆差。

（一）外汇收支顺差

外汇收支顺差就是企业在一定时期内外汇收入大于外汇支出所形成的差额。企业的外汇收支出现顺差，主要是由于该企业的产品和劳务的出口大于材料和其他物资、劳务的进口。它说明企业的产品在国际市场上具有一定的竞争力，反映企业具有较强的对外支付能力，从而有利于企业引进国外先进设备和技术，达到进一步扩大出口，增加外汇收入。不过，企业如果长期出现外汇收支顺差，也说明企业的外汇没有充分利用，造成外汇资金闲置，不利于提高外汇资金的使用效果。

（二）外汇收支逆差

外汇收支逆差就是企业在一定时期内外汇收入小于外汇支出所形成的差额。企业外汇收支出现逆差，主要是由于该企业的产品和劳务的出口小于材料和其他物资、劳务的进口。它说明企业的产品质量不高或产销不对路，在国际上缺乏竞争力；或企业对外投资、引进设备、采购原材料不当，不能形成应有生产能力，致使效益不高、创汇能力差、对外支付能力差。因此，外汇收支逆差是综合反映企业效益差的重要方面，必须引起重视。如果长期存在外汇收支逆差，将使企业发生债务危机，降低甚至失去企业在国际上的信誉。

实现外汇平衡，就是企业要通过各方面的努力，使外汇收入和外汇支出保持均衡的水平，并力争收大于支。由于我国对外开放的不断扩大，企业直接或间接参与国际市场的机会越来越多，外币业务随之越来越大，外汇收支也越来越频繁。外汇收支已构成许多涉外企业的重要组成部分，有的企业更成为主要部分。因此，外汇收支关系着企业自身的生存和发展，如果企业外汇收支长期处于逆差，就不能进口生产中必需的物质（设备、材料等），也难于支付须以外币支付的费用，更谈不上引进先进技术，更新、改造、扩大生产能力和生产规模，提高产品质量。如果企业经常保持外汇收支平衡，就能使企业保持外币收支的良性循环和保证生产的正常。如果企业的外汇收入大于外汇支出而形成外汇顺差，就能使企业不断引进先进技术和扩大生产能力，提高经济效益，并能为国家增加外汇储备，以满足我们国家经济建设的外汇需要。因此，企业必须把实现外汇收支平衡和争取外汇收支顺差作为企业财务管理的一项重要工作。

二、企业外汇收支平衡的调节

平衡是相对的，不平衡才是绝对的。企业外汇的收支平衡也只能是相对的、暂时的，不可能是绝对的、长期的。我们的任务是，尽一切努力使外汇的收支经常出现平衡，并使这种相对平衡的时间尽量延长。这就是说，在理论上、实践上，外汇收支计划执行过程中，也会经常出现收支不平衡的状况，而对这种不平衡状况，我们必须采取有效的措施加以控制。所谓控制，就是要调整、控制影响外汇收支的各种因素来调节外汇的收支状况，主要使其增加外汇收入，减少外汇支出。

（一）扩大出口，增加外汇收入

企业出现外汇收支逆差时，最可供采取而又积极的调节措施是通过扩大产（商）品出口，增加外汇收入来达到外汇收支的平衡。

1. 注意国际市场调查，掌握国际市场的变化和发展动向，多生产国际市场适销对路的产品或多组织国际市场适销对路的商品，扩大企业产（商）品的外销份额。

2. 积极、充分地利用外商销售渠道，首先是在引进外资时就要签好产（商）品的外销协议或以产品还本付息协议。其次是在生产、经营过程中要逐步增加、补充外销协议，或在国内外寻找新的外销伙伴和客户。

3. 努力提高产（商）品质量，以提高产（商）品在国际市场的竞争力和销售价格，增加外汇收入。

4. 不断开发新产品，改进生产工艺，提高和完善生产技术，尽力多生产质量好、成本低、国内急需进口或国外市场畅销的产品，以直接出口或取代进口产品，增加外汇收入。

（二）合理安排进口，节约外汇支出

企业出现外汇逆差时，另一种可以采取而又不可忽视的措施是采取各种可以采取的措施，来减少进口、节约外汇支出以达到外汇收支平衡。

1. 加强横向或纵向配套协作，提高产品国产化标准，减少外汇采购支出。企业生产中所需的原材料和零部件，有些是国内其他企业能够生产的，可以在国内用人民币采购；有些零部件可以利用国内原材料和国内的先进技术工艺加工制成的，应在本企业及其所属或与国内其他单位协作攻关，用人民币投资进行设备技术更新改造，提高零部件的自我加工能力，从而尽量减少用外汇在国外采购原材料和零部件，提高产品国产化标准，以节约外汇支出。

2. 争取外国投资者所获收益留在国内使用，减少外汇支出。外国投资者在我国企业投资应分的利润或其他收益，我们应尽量为他们提供条件，创造环境，做好他们的工作，在征得他们同意的情况下，以外商名义将其收益的全部或一部分用人民币作为本企业增加投资或向其他

企业投资。国家规定，外商以人民币再投资，可以享受外汇投资的同样优惠待遇。外商在我国应获得的外汇收益，如在我国市场购买他所需要商品出口，可用人民币支付。这种以物代汇方式须在不影响我国出口配额和市场的前提下方能采用。将外国投资者应得外汇收益留在国内，可以减少企业的外汇支出。

3. 改善企业经营管理，严格节省和控制外汇支出，杜绝不合理开支，也是减少外汇逆差的重要措施。

（三）扩大出口，积极平衡外汇收支

如前所述，此是在外汇收支出现逆差时调节平衡外汇收支所采取的措施，即，在进口不变、外汇支出不变的情况下，扩大出口，增加外汇收入；或在出口不变、外汇收入不变的情况下，减少进口，缩小外汇支出；或在减少进口、缩小外汇支出的同时，扩大出口、增加外汇收入。这些措施，虽然都能起到平衡外汇收支的作用，也是通常被企业所接受和采用的措施。但它们都有一定的局限性，只是一种消极的平衡，而不是积极的平衡。外汇收支的积极平衡，应该是在不断扩大出口的前提下，不断扩大进口。在外汇收入不断增长的前提下，不断增加外汇支出，并使不断增长的外汇收入和外汇支出总额保持相对平衡。这种积极调节外汇收支平衡的方法，其关键在于控制进出口和外汇收支的增长幅度在保持外汇收支相对平衡的范围内运行。当出现外汇收支逆差时，必须保证出口和外汇收入的增长幅度高于进口和外汇支出的增长幅度；当出现外汇收支顺差时，应让进口和外汇支出的增长幅度高于出口和外汇收入的增长幅度，并使其趋于相对平衡。这里，还必须注意，不要等到外汇收支大幅度不平衡时才采取这些平衡措施，而应该经常分析、预测本企业外汇收支的现状和去向，并提前采取有效的平衡措施。这样，才能使企业的外汇收支经常地处于比较稳定的相对平衡状态中。

思考题

1. 什么是外汇和外汇管理？
2. 企业外币业务管理的原则是什么？
3. 外汇管理的重要性是什么？
4. 外汇汇率有哪几种？简述外汇汇率预测的一般方法？
5. 外汇风险有哪几种？外汇交易风险如何防范？
6. 何为外汇收支顺差、外汇收支逆差？怎样调节外汇收支平衡？

综合案例

坚守内部套保制度，防范管理汇率风险

DS公司执行套期保值制度防范汇率风险已经10余年了。DS公司是江苏省知名上市企业，全国铝箔材十强企业，产品出口60多个国家和地区，年出口金额占总营业收入的40%左右。10多年前，DS公司大量的外汇收支常常暴露在汇率风险中，曾让其资金总监韦总感到担忧："我们经历过美元兑人民币汇率在7以上的高位，也经历过接近6的低位，见识过汇率风险这

把‘双刀剑’的犀利，从2011年就开始尝试套期保值类产品，有效降低了汇率风险，平滑了公司的现金流。”

“我们从一开始的‘随机性、阶段性’的粗放式汇率风险管理方式发展到现在的‘定量化、定期化’的精细化汇率风险管理方式，感悟到如果不建立规范的套期保值管理体系，无异于赤手空拳与市场‘近身搏斗’。经过多年的切身实践和综合评估，我们正在逐步完善‘可保值、能保值、会保值’的长期汇率风险管理制度，使我们企业经营可以聚焦主业，底气十足。”

近年来，人民币汇率双向波动日趋常态化，DS公司始终保持着清醒的汇率风险意识，结合外币余额、应收账款等情况确定每个月的资金计划，规定每个月拟结汇金额的50%必须通过远期结汇进行汇率风险敞口锁定，10%～20%可搭配期权组合产品，在锁定销售利润的“安全垫”基础上，保留一定的灵活性。

2020年春节过后，美元兑人民币汇率向上突破7的重要点位，看空人民币情绪高涨。许多公司推迟结汇，但DS公司始终坚守内部套保制度，未降低套保比例。随着新冠肺炎疫情后我国经济率先复苏，人民币汇率回升，DS公司完善的套保制度又一次成功规避了汇率风险。

第十三章

跨国公司财务管理

【学习目标】

通过本章学习，应当了解并掌握：

［1］跨国公司的财务活动及财务管理特点；

［2］跨国公司的资金来源和筹资方式；

［3］跨国公司对外直接投资的类型和决策；

［4］跨国公司资本转移的限制因素；

［5］跨国公司资本转移的方式；

［6］跨国公司转移价格管理；

［7］跨国公司税收管理的目标；

［8］跨国公司避税的可能及方法。

为加大对市场主体的金融支持力度，外汇局福建省分局多措并举贯彻落实“金融 23 条”政策。细化工作举措，持续推动各项跨境投融资便利化政策落地落实，持续提升外贸外资便利化水平，有效助力涉外中小微企业渡难关、强信心、谋发展。

（1）持续释放便利化政策红利帮扶企业减负提效。

GL 集团控股有限公司系注册于福建省自贸区内的一家国际化企业，持有 GL 系列境内外多家公司股权。近年来，公司致力于国际战略的全球布局，涉外业务发展较快，购付汇成本高、汇兑压力大，但因国际收支规模未达标导致业务推进受阻。外汇局福建省分局获知相关情况后，积极指导企业用好用足便利化试点政策，将其 7 家境内企业、4 家境外企业纳入跨国公司跨境资金集中运营管理框架，有效解决了其集团内各公司独立进行跨境资金管理而产生的汇兑损失和汇率风险问题。该企业财务负责人表示：“以前集团内各子公司的跨境业务需要分别在各地银行办理，耗时长、效率低。集中运营管理后，在额度内可根据需要随时进行资金调拨，真是太便利了！”

（2）引导金融机构提升数字化水平节约企业“脚底成本”。

DJ 公司系福建省规模最大、竞争力最强的电力工程施工单位，2022 年初通过招商银行福州分行办理 2 笔借入外债业务，金额合计 2 270 万美元。因该公司的外债资金主要用于向境内各工程公司支付工程款，交易笔数多、交易对手分散，对资金结汇及支付办理的时效性要求较高，加之企业财务内控制度较为严格、盖章审批流程较长，如遇单据填写错误等还需重新发起业务审批请求。资本项目数字化服务启动后，支持企业通过 CFCA（中国金融认证中心）电子签章提交业务，一键签约生成支付命令函，大大简化企业办事流程，受到企业好评。

（3）开辟线上登记绿色通道保障外汇服务高效畅通。

泉州石狮国有资本运营集团有限责任公司于 2021 年 12 月 7 日获得国家发改委境外发行债券备案。外汇管理局石狮市支局及时为其开辟外债登记线上通道，简化业务办理流程。2022 年 4 月 1 日，该公司成功在港交所发行高级无抵押固息债券后，外汇管理局石狮市支局全程指导该公司通过线上方式申请办理境外发债后的外债签约登记、金额 1.43 亿美元，大大节约了企业“脚底”成本。此外，引导该企业将境外发债回流资金用于石狮市网商园项目、公路改造提升等工程项目的投资建设，助力石狮复工复产和城市建设。

在现代商品经济社会中，任何经济实体的经济活动都与资金的筹集、运用和收入分配以及金融资产的买卖等财务活动相伴随，跨国公司也是如此。跨国的经济活动所涉及资本、资源、劳务和技术等生产要素在世界范围内流动，形成了国际性的生产经营和资本营运活动。因此，跨国公司的财务活动就从母国延伸到了世界各个国家和地区，形成了跨国筹资和投资、跨国资本营运以及跨国资产收入和分配的财务活动。跨国公司的生产经营规模大、分布广，所处的经营环境十分复杂，跨国公司财务活动也相当复杂，对跨国公司财务活动进行有效管理十分重要。

通过本章的学习，可以了解跨国公司财务管理的特点和组织结构；了解跨国公司的资金来源、筹资方式、跨国公司海外子公司筹资方式的选择；了解跨国公司对外直接投资的类型、环境评估和投资决策；了解跨国公司资本转移的限制因素、资本转移的方式、资本冻结条件下资本转移策略、跨国公司转移价格管理；了解跨国公司税收管理。

第一节　跨国公司财务管理概述

一、跨国公司及其财务活动

跨国公司是指通过对外直接投资的方式，在国外设立分公司、子公司或控制东道国当地企业使之成为其子公司，并从事生产、销售和其他经营活动的国际性企业。任何跨国公司都应具备三个条件：一是在一个以上国家从事生产经营活动的经济实体，不管这些实体的法律形式和领域如何；二是这个经济实体有一个中央决策系统，实体内部各单位的活动都是为全球战略目标服务的；三是实体内部各单位共享资源和信息，共担责任和风险。跨国公司一般由母公司（总公司）和分布在各国的子公司组成。跨国公司总公司所处的国家称为母国，子公司所处的国家称为东道国。

跨国公司财务管理就是以跨国公司为主体对其资金的筹集、运用、收入分配以及资本营运活动所进行的预测、决策、计划、反映、控制、分析和考核等一系列组织和管理工作的总称。其管理的主要内容包括筹资管理、投资管理、转移价格管理、风险管理、结算管理和纳税管理等。

二、跨国公司财务管理的特点

作为财务范畴，跨国公司财务管理与国内企业财务管理的基本原理、目的和方法等有共同之处，但两者也存在显著的差异。与国内企业财务管理相比，跨国公司财务管理有以下特征。

（一）跨国公司财务管理目标具有全球战略性

这一特征是由跨国公司生产经营的全球战略性决定的。因为，跨国公司以全世界为市场来安排投资、生产、销售等活动，利用其遍布于全球的分支机构，根据需要把生产、销售、采购和资本从一国转到另一国，在世界范围内实施资源配置，充分利用各国的优势，保证公司取得最佳的经济效益。所以跨国公司的高层决策者在作重大业务决策时，考虑的是整个公司的最大利益，而不是某一家子公司的局部得失。作为跨国公司经营管理核心部分的财务管理也必须立足于全球，管理目标也具有全球战略性。其具体表现在：（1）在财务管理决策权的配置上，必须考虑加强总部的集权管理，以利于总部对全球生产经营的控制；（2）在资金管理上，必须从全球战略出发建立国际间的资本调拨体制，使跨国公司能及时融通资金，充分利用国际资本市场中条件优惠、成本低廉的资金，并建立统一的现金管理制度；（3）在财务控制系统的建立上，要求控制系统能使总部取得必要的信息，进行全球性协调工作，确保各部门和子公司的生产经营符合公司的整体利益；（4）在财务策略上，采取与全球经营战略相配合的策略，如所有权策略和转移价格策略。所有权策略是跨国公司财务策略的核心，从全球经营战略出发，跨国公司一般都力求通过拥有全部股权和多数股权对国外子公司进行直接控制。转移价格策略是跨国公司独有的一种财务策略，它是跨国公司内部交易结算所采用的价格。这种价格在一定程度上不受市场供求规律的制约，由公司高层决策者根据公司的全球战略制定，是实现跨国公司全球战略目标的重要工具。例如，利用转移价格最大限度地减少税赋和风险，从而增加整个公司的利润总额。

（二）跨国公司财务管理环境的复杂性

跨国公司的经营目标是全球性的，它的运行机制是开放型的，其众多分支机构遍布于世界各地，既要在母公司所在国从事生产经营活动，其海外子公司还要在其他国家从事生产经营活动。

跨国公司的经营环境既包括母国的经营环境，又包括东道国的经营环境。经营环境是指围绕影响公司生存和发展的各种因素之和，这些因素主要包括自然、文化、政治、经济和法律等。由此，跨国公司母国的经营环境与众多东道国的经营环境中的各种因素就会相互交叉，相互作用，形成相当复杂的国际经营环境，跨国公司就处于这样的国际经营环境之中。因此，在从事跨国公司财务管理时，不仅要考虑本国各方面的理财背景，而且还要充分考虑国际形势的变化和各国的政治、经济、文化和法律等政策和制度的变化，适时调整与东道国之间的财务关系。这就要求跨国公司财务管理人员具有更高的素质，在复杂的财务环境下，准确地进行财务预测和决策。

（三）跨国公司财务风险管理的特殊性

与国内企业财务管理相比，跨国公司财务管理中的风险管理显得与众不同，而且十分重要。跨国公司所处的经营环境之复杂，是国内企业无法与之相提并论的。因此，跨国公司的理财环境较之于国内企业的比较易于适应和控制的理财环境就显得颇为复杂、不确定、难于控制，就给跨国公司带来了新的更大的风险，如政治风险、战争风险和外汇风险等。这就要求在财务管理中采取一些国内企业财务管理未曾采用的对策和方法来回避、防范和减少这些风险，尽力保持自己现有的财产，在可能发生风险的情况下保持自己的盈利能力。例如，为防范政治风险，公司可采取较灵活的股权策略，其做法是在新建立的子公司中增加合资企业的比重。除了直接投资外，还可利用技术销售优势进行非股权安排，这样在很大程度上可避免国有化政策和民族主义倾向导致的重大风险（如公司财产被没收）。再如，利用转移价格策略克服外汇风险，其做法是，公司以适当的转移价格把外汇风险大或币值下跌国家的子公司的产品调往汇率稳定或币值上升国家的子公司，由它在当地市场上销售，获取坚挺或稳定的货币。

（四）跨国公司资金管理方式的独特性

由于跨国公司的财务活动涉及许多国家，各国的政治、经济情况不同，货币有软有硬，外汇管制和贸易管制以及法规有差别，跨国公司的资金管理相当复杂。因而，跨国公司必须采取一套独特的资金管理方式。在筹资方面，跨国公司的筹资渠道多于一般国内企业，可以在世界范围内筹资。但由于公司的所有权结构不同，公司对拥有不同股权的子公司实行不同的筹资政策：对拥有全部股权的独资企业，由于它是跨国公司完全控制的子公司，公司鼓励其增加内部资金积累；对于拥有少数股权的合资企业，其所需资金在当地发行有价证券或借贷解决；对于合营企业，跨国公司则更愿多发股利，以便尽早收回认缴的股本。在资金供应方面，跨国公司根据所处的复杂的国际经营环境，向海外子公司采取不同的资金供应方式。其基本方式有：公司投资入股、公司提供贷款、公司内部调拨资金等。在现金管理方面，跨国公司大多建立了统一的现金管理制度，由总公司财务部门全面负责管理资金调拨。

（五）跨国公司财务与国际金融和国际税收关系的密切性

跨国公司的资金运动超过了国界，遍布于世界各国，形成与国际资本运动相结合的资金运动。而国际金融研究的是国际资本流动、国际金融市场等，国际金融是跨国公司财务的重要国际经营环境之一。从跨国公司财务活动与国际金融市场的关系看，两者是相互依存的。跨国公司的发展是资本国际化的客观基础，而国际资本市场的迅速发展又为跨国公司的资金筹措和融通提供了便利场所。这是因为跨国公司规模巨大，一方面暂时闲置的资金数量很大，需要一个灵活存储又能获利的国际金融市场；另一方面所需的资金也相当大，需要一个容易筹措资金的国际金融市场。这就决定了从事国际性经营的跨国公司要求有相应的国际金融市场为其服务。因此，跨国公司对国际金融市场的依赖程度远远超过了国内企业。这就要求跨国公司财务管理人员必须通晓国际金融知识，只有这样才能正确进行财务管理，保证公司在可能最优惠的条件下取得资金，并正确进行投资，获得最大的收益。

跨国经营与国际税收关系也极为密切。跨国经营的最大目的是在全球获取最大限度的利润。税负的多寡，对跨国公司的净利得，有着举足轻重的影响。为此，跨国公司就要想方设法谋求税负最小化。在跨国经营中不仅要分析和研究各国制定的不同税收制度，而且还要根据各国的税收制度，对公司投资方向、成本费用摊销、资金筹集、转移价格的确定等重大问题做出决策。同时，国际税务方面存在的巨大潜在利益，也使跨国公司积极采取某些行动，使这种潜在的利益变为现实。因此，国际税务管理已成为跨国公司财务管理的重要内容之一。它开辟了财务管理的新领域，丰富了财务管理的内容，也成为跨国公司财务管理区别于国内企业财务管理的一个显著特征。

三、跨国公司财务管理的组织结构

财务管理职能的实现，是以一定的财务组织形式为依托的。跨国经营改变了财务管理的环境、内容和方法，必须在其组织形式上做出反应。跨国公司发展初期，公司规模小且国外活动有限。此时公司总部的国际财务管理人员非常少，也许只有一人，因而必须是分权式的结构。随着公司海外业务的扩大，总部财务人员增加，此时公司趋于中央集权，由总部负责重大的国际财务决策，以求得整个公司体系的财务最佳化。到了第三阶段，一方面公司业务已积累了相当的国际经验，且国外经营规模及重要性日益增加，公司需要维持严密的中央控制；但另一方面，海外附属单位日增，相互间往来关系亦日益频繁，这又使中央集权式的决策过程过于复杂，有损效率。因此，多数公司都在总部设置一个甚为庞大的国际财务部门，由它决定政策，发出适当的指示或准则，而实际决策则交由当地子公司做出。一般说来，目前跨国公司在组织财务管理时，采取三种基本形态。

1. 集中于公司总部。财务政策及财务活动实际上几乎都集中在总部，其海外地区机构并无自身的财务人员，必须仰仗总部的财务部门、总部的国际财务主管，对公司的司库（treasurer）或总会计师（comptroller）或财务副总裁（financial vice - president）负责，但其职责不固定。在有的公司中，它几乎负责所有国际财务事项（会计除外）；在另一些公司中，它只负责借款、信用和收账政策、流动资金管理、资产在通货贬值下的保护以及投资建议的审查等。其余的预算及控制、利润计划及分析、管理资讯系统以及会计等，则由公司会计长所辖部门处理。

2. 集中于跨国经营管理部门而非公司总部，但后者给予全面性的指导。所谓跨国经营管理部门，是指国际子公司和公司的国际部（特别是资本密集型工业公司的国际部）。

3. 公司总部与其附属单位总部之间分权。这些单位是指公司的国际部、地区总部或产品部门。公司总部通常决定政策，并就重大财务事项作最后批准。至于日常事务的执行及决策，则交由附属单位总部办理。组织形态的主要决定因素是公司的大小、跨国经营的投入程度以及整个跨国经营所采取的组织结构等。例如，西欧的公司不少采用母—子式组织结构，虽然国际投入程度甚高，却仍然维持第一阶段的当地自主结构。美国公司由于对外投资众多，其大公司多采取分权结构，因而地区总部承担了财务与管理的主要任务，其地位甚为重要；公司总部则协调整个公司体系的财务活动，发出有关指示和准则，并听取各地的结果汇报。

第二节　跨国公司筹资管理

一、跨国公司的资金来源

跨国公司的资金主要来源于两个方面。

（一）公司内部资金

公司内部资金由跨国公司内部未分配利润和提取的折旧费构成。在生产经营国际化初期，子公司所需的资金大多来自公司内部，主要有：

1. 投资入股。母公司主要利用未分配的利润向子公司提供资金，一方面可利用其控制子公司，另一方面可按股取息。

2. 提供贷款。母公司利用内部资金，直接或间接向子公司提供贷款。以贷款方式提供资金可减少子公司在东道国的税赋。

3. 财务往来账款。海外子公司应向母公司支付管理费、专利费、股息和利息等应付款项，在没有实际支付前子公司可以短期占用。

（二）公司外部资金

随着国际资本流动规模迅速扩大和生产经营国际化深入发展，公司外部资金已逐步成为跨国公司资金的重要来源，主要有：

1. 来自母国的资金。如母国各类银行、非银行金融机构和金融市场的资金。

2. 来自东道国的资金。如子公司所在的东道国的各类银行、非银行金融机构和金融市场的资金。

3. 来自第三国的资金。如第三国的各类银行、非银行金融机构和金融市场的资金。

4. 来自国际金融机构的资金。比较重要的国际金融机构有：世界银行，它的主要任务是为协议成员提供长期贷款。一些私人或公司的投资项目若得到政府担保，也可以从世界银行获得贷款。此外，还有国际金融公司、美洲开发银行、欧洲投资银行和亚洲开发银行等。

二、跨国公司的筹资方式

（一）股票筹资

一般企业只能在本国发行股票，但跨国公司可以通过位于国外的子公司在当地发行股票筹集资金。发行股票吸收外资具有较多的优越性：股票可以自由买卖，有偿转让；国外投资者可以随时转让股票，实现资本转移；股份公司的产权具有永久性，通过股票集资比发行债券和补偿贸易等方式吸收外资具有更大的吸引力；发行股票具有广泛性和灵活性，股票金额小，可以从多方面吸收国外分散的小额资金。外国投资者可按自己的力量购买股票，这就为他们开辟了一条投资新门路。

（二）国际债券筹资

1. 国际债券指债券发行者在国外金融市场发行的以某种货币为面值的债券。国际债券一般分为两类：（1）外国债券，指一国政府、金融机构、公司等在某一外国债券市场上发行的，以发行所在国的货币为面值的债券。例如，中国政府在日本债券市场上发行的日元债券。（2）欧洲债券，指一国政府、金融机构、公司在本国以外的债券市场上发行的不是以发行所在国的货币为面值的债券。例如，中国在德国债券市场上发行的美元债券，称为欧洲美元债券。欧洲债券的主要特点有：一是借款人属于一个国家，债券发行在另一个国家，债券面值使用的是第三个国家的货币或使用综合货币单位；二是债券通常由国际辛迪加承保办理发行，这种债券常常在债券票面货币以外的一些国家同时销售，债券的发行除须借款人所在国政府批准外，不受其他国家法律约束。

2. 发行国际债券的优缺点。与国际中长期银行贷款相比，发行国际债券有以下优点：债券利率一般略低于银行贷款利率；发行债券筹资范围广；债券还款期较长；债券偿还方法比较灵活，发行者可以提前赎回债券；债券更符合投资者的要求，借款人易于筹资。投资者一般都要求投资具有安全性、流动性、灵活性和报酬较高，在这几项要求之间往往存在一定矛盾，而债券能比较全面地体现这些要求。因为，债券是信用好的发行者在法律制约下发行的，债券可以随时在市场上出售，购买债券的金额可大可小，比较灵活，债券利率一般高于存款利率。

发行国际债券的缺点是：准备工作时间较长，审查严格，提供资料和手续较复杂，发行后仍要注意债券市场动态等。

（三）国际银行贷款

国际银行贷款是一国借款者在国际金融市场上向外国贷款银行借入货币资金的一种信贷关系。国际银行信贷所采用的货币是在国际经济贸易中经常使用、能发挥世界货币符号职能的那些货币，主要有美元、英镑、法郎和日元等。

国际银行贷款按期限长短分为短期银行信贷和中长期银行信贷。

国际银行贷款与其他国际信贷方式相比，有以下特点：国际银行贷款可以自由使用，不受贷款银行的限制；贷款方式灵活，手续简便；国际银行贷款的资金供应充沛，在国际金融市场上有大量闲散资金可供借用；国际银行贷款允许借款者选用各种货币，这样借款人就可以灵活掌握借用货币的种类，避免借款的外汇风险损失；国际银行贷款利率较高，期限较短。

（四）国际金融机构的贷款

国际金融机构比较多，这里简要介绍世界银行和国际金融公司。

1. 世界银行贷款。世界银行目前主要向发展中国家提供开发贷款。与一般商业银行贷款相比，世界银行贷款有以下特点：（1）贷款不以营利为主要目的，而是通过贷款协助会员发展本国经济。主要是对会员方政府贷款，但也可以在会员方政府担保下，贷款给私人企业。（2）贷款一般与特定项目相联系，最初是以基础工程方面的项目为重点，近年来增加了对农业、卫生和教育等方面的贷款。贷款的具体项目须经世界银行研究、分析、选择决定。（3）贷款期限较长，最长可达30年，平均为17年左右。（4）贷款利率一般低于国际金融市场利率，同时，贷款收取费用很少。（5）贷款额度不受会员方认缴股金的限制，但提供贷款的数额一般不超过该项目总投资的40%。（6）贷款手续严密，从提出项目到取得贷款，一般需要一年半到两年，贷款申请、审批手续严密科学。

2. 国际金融公司贷款。国际金融公司是世界银行的附属机构，其宗旨是配合世界银行资助会员方的私人企业。国际金融公司在组织上、财务上都具有相对独立性，并有自己的经营特点，这些特点主要有：（1）它的主要任务是对发展中会员方企业的新建、改建、扩建提供资金。（2）提供资金的方式主要是对会员方的企业发放贷款，一般不需政府担保，除了贷款外还可以对企业进行投资，直接入股。（3）国际金融公司为会员方筹资时，主要不是依靠公司本身投资，公司本身投资额至多不超过25%。国际金融公司可以为企业寻找外国投资者，同时，也为外国投资者在会员方中寻找投资对象，公司起着中介作用。（4）国际金融公司除向会员方企业提供资金外，还向会员方提供金融和技术咨询以及援助。（5）投资项目必须有较高的收益，能保证偿还贷款的本息。

（五）国际租赁

国际租赁是不同国籍当事人之间的租赁。国际租赁一般采用中长期租赁，通常为3年、5年、10年，也可以长达20年，甚至30年。

国际租赁方式主要有：融资租赁、经营租赁、综合租赁等。

国际租赁对承租人有利有弊。其优点是：从国外租入设备，实际上等于筹措到一笔相当于设备价款的外资；银行中长期贷款利率一般是浮动的，而租赁合同规定的各期租金是固定的，因此企业容易计算成本，对投资更有把握；租赁期限可以长于银行贷款期限；通过租赁可以加快引进外国先进技术设备；利用租赁引进设备手续比较简便，到货快。其缺点是：租赁费用较高；承租人对租赁物只有使用权，不能自由处理和改进设备；出租人为了自身的利益，有时不愿意把先进的技术设备租给承租人。

除以上筹资方式外，还有国际补偿贸易、国际贸易信贷等筹资方式。

三、跨国公司海外子公司筹资方式的选择

跨国公司海外子公司筹资方式的选择，是根据公司对海外子公司的股权控制程度来决定的。

在权益资金筹资方式方面，对于控制全部股权的子公司，跨国公司鼓励采用内部资金积累方式筹集资金。多数子公司在早期不发或少发股利，以增加子公司的内部资金积累。因此，在子公司的资金总额中，主要是自有资金。对于控制部分股权的子公司，一般通过在当地发行股票的方式来筹集资金。

在借款筹集资金方式方面，控制全部股权的子公司主要通过母公司从本国筹款，或凭借母公司的实力和地位在世界各金融中心筹措低利率的资金。在拥有少数股权的合营企业里，尤其是在发展中国家的合营企业，主要从当地银行筹集资金。合营企业向银行借款有两种渠道，一种是合营企业的各方各自单独向银行借款，另一种是以合营企业的名义向银行借款。在向银行借款中，又可分为向国外银行借款和向东道国银行借款。究竟从哪里筹资更为有利，跨国公司一般都要对借款成本进行周密的测算。

第三节　跨国公司对外直接投资管理

一、跨国公司对外直接投资的类型

跨国公司对外直接投资是指跨国公司在国外创办企业或与当地资本合营企业，投资者对所投入的生产要素使用过程的管理拥有直接控制的权力。跨国公司对外直接投资的类型主要有：独资企业、合资企业和合作企业等。公司采用何种形式从事对外直接投资，取决于自身条件和国际投资环境。

（一）独资企业

独资企业是指根据有关法律规定在东道国境内设立的全部资本由跨国公司提供的企业。一般来说，大型跨国公司倾向于以独资企业的形式进行对外直接投资。跨国公司采用独资企业形

式对外直接投资的主要原因有：一是垄断技术优势，拥有先进技术是跨国公司最重要的垄断优势。独资企业实际上是跨国公司设在国外的子公司，总公司对其拥有完全的控制权，高级技术人员由总公司直接选派，以便保持技术优势。二是便于转移价格的运用。

1. 独资企业的设立。跨国公司设立海外独资企业的途径有两条：一是在东道国投资兴建企业；二是收购东道国企业。

在东道国投资兴建企业是跨国公司创办海外独资企业的传统做法。其优越性在于：可以根据跨国公司总部的总体发展策略灵活选择投资国、投资部门、生产规模和产品类型；不便之处是项目的兴建要耗费一定时间。

以收购东道国公司的形式创立独资企业是战后跨国公司创办独资企业的主要形式。一般来讲，被收购的公司往往是发达国家的公司。收购东道国公司可通过收购该公司股权或财产来实现。收购股权的交易是在收购人与股权持有人之间进行，而收购现有公司财产则是在收购人与具有法人资格的公司之间进行，收购公司财产比收购公司股权容易。跨国公司在收购时，应注意这样几个问题：分析被收购企业的技术水平，不要收购那些设备陈旧、技术落后的企业；收购企业宜在小城镇进行，因为小城镇有许多优惠政策，且易得到当地政府的支持；在充分调查研究的基础上，投资者宜迅速做出决策，以免涨价。

2. 独资企业的特点。独资企业的全部资本为外国投资者所有，这样决定了独资企业有如下特点：（1）从设立条件看，东道国对独资企业掌握的尺度较严，各国关于设立独资企业的法律和政策大多规定：独资企业的设立必须有利于本国国民经济的健康发展；独资企业必须采用先进技术；独资企业的产品要全部或大部分出口；有些行业禁止设立独资企业。（2）从管理权限上看，独资企业具有充分的自主权。独资企业是依据东道国法律设立的，并在东道国法律保护和约束下，享有充分的自主权。各国政府除行使必要的法律规定的管理职能外，一般不越权干涉独资企业的经营活动。独资企业的组织形式、生产活动、销售活动、工资福利等，均由外国投资者依据东道国法律自主决定。

（二）合资企业

合资企业是指由两个或两个以上属于不同国家或地区的公司、企业或其他经济组织依据东道国的法律，并经东道国政府批准，在东道国境内设立的，以合资方式组成的经济实体。合资企业现已发展成为国际直接投资的主要形式。小型跨国公司大多以建立合资企业的形式进行对外直接投资。

合资企业既可以通过新建投资项目的方式设立，也可以通过购买东道国企业股权的方式设立。

合资企业的特点是：共同投资、共同管理、共担风险和自主经营。

（三）合作企业

这里的合作企业是指跨国公司与东道国企业根据东道国有关法律和双方共同签订的合作经营合同而在东道国境内设立的合作经济组织。

合作企业的特点是：在经营方式上，合作双方的权利和义务均由合同规定；在出资方面，东道国一方一般提供场地或劳动力，投资国企业提供外汇、设备和技术等；在合作期满后，合作企业的全部资产不再作价，而是无偿地、不附带任何条件地转为东道国一方所有。

二、跨国公司对外直接投资环境评估

投资环境是指影响投资决策和投资结果的各种因素。跨国公司的经营范围涉及多国，影响其直接投资的因素主要包括政治的稳定、民族主义倾向、政府的政策与法规、货币的稳定性、通货膨胀率、资本和利润的返回限制、政府在税收和管理方面的待遇等。这些因素关系到投资的效益和安全，跨国公司必须对其准备投资国家的投资环境进行评估。

跨国公司评估投资环境的方法很多，各公司采用的评估方法也不尽相同。常用的有四种方法。

（一）一般判断法

这是最简单的投资环境评估方法。它主要是对外国投资环境中最关键的因素，如对某国政府的稳定和货币的稳定性等做出分析，并在此基础上判断该投资环境的优劣，而不是对投资环境中的诸多因素进行深入分析研究。这种方法能简便及时地对投资环境进行评估，能减少评估过程中的费用和工作量，但因根据个别关键因素就简单地做出判断，常会使公司丧失有利的投资机会。

（二）等级评分法

这是美国经济学家罗伯特·B. 斯托鲍夫提出的。他认为投资环境中的各种因素及其变化对投资结果会产生不同的影响。首先，针对各种投资环境因素对公司投资影响的重要性确定其等级评分范围；其次，再根据每个投资环境因素的有利或不利程度具体进行评分；最后，把各种因素的得分进行加总，作为对投资环境的总评价。总分较高的投资环境优于总分较低的投资环境。等级评分法比较直观，易于采用，而且有利于投资环境评估的规范化，受到普遍欢迎。但是，等级评分法也有两大缺陷：一是标准化的等级评分不能如实反映相同因素对不同投资项目所产生的不同影响；二是对环境因素的等级评分带有一定的主观性。

（三）加权等级评分法

该方法是由美国教授威廉·A. 戴姆赞于 1972 年提出的。按照这种方法，首先，对各环境因素的重要性进行排列，并给出相应的重要性权数；其次，根据各环境因素对投资产生不利影响或有利影响的程度进行等级评分，每个因素评分范围都是从 0（完全不利的影响）到 100（完全有利的影响）；最后，把各环境因素的实际得分乘以相应的权数，并进行加总。按总分高低，可供选择的投资对象国被分为：投资环境好的国家、投资环境较好的国家、投资环境一般的国家、投资环境较差的国家、投资环境恶劣的国家。加权等级评分法是等级评分法的演进，它能突出重点因素的影响，但它的主要优点和缺陷仍与等级评分法的优缺点大致相同。

（四）动态分析法

投资环境不仅因国别而异，而且在一个国家内也会因时期的不同有所变化。对外直接投资大多数是长期资本投资，期限一般都较长。动态分析法的做法是：首先，对影响投资的目前的实际情况进行评价；其次对可能引起环境因素变化的主要原因进行评价；其次，从中挑出 8 ~ 10 个使投资项目获得成功的关键因素，以便对其进行连续观察和评价；最后，在上述工作的基础上提出几套预测方案，供决策时参考。动态分析法的优点是充分考虑了未来环境因素的变化及其结果，有助于公司减少或避免投资风险，保证投资项目获得预期收益。其缺点是过于复杂，工作量大，有较大的主观性。

三、跨国公司对外直接投资决策

跨国公司对外直接投资决策，就是跨国公司运用科学的方法对众多投资项目进行严格筛选，从中选出若干个较有希望的项目进行综合分析比较后，最后确定一个最优的投资项目的过程。其决策过程是：

首先，公司根据其全球战略目标，对各个投资项目进行严格审查，从中选出最有希望的若干项目。

其次，公司根据其主要战略目标的投资计划，对所选择的项目的市场规模和前景、投资环境、资源和成本等重要因素进行分析考察。投资目标的市场规模和潜力是影响公司对外直接投资的关键因素。许多跨国公司的经理都认为，如果拥有足够大的市场，就能克服其他困难，哪里有市场，就向哪里投资；投资环境的好坏是影响投资决策的重要因素，对投资环境进行评估，其评估结论是投资决策的重要依据；资源和成本是跨国公司在投资决策中必须加以考虑的因素，因为，没有必要的资源，投资项目就无法顺利地实施，同时成本过大也会降低投资项目的实际盈利水平。通过对市场规模及前景、投资环境、资源和成本进行分析比较，可说明公司新投资能带来的利润增长，而投资项目的优劣最终反映在项目的盈利水平上。

最后，公司对具体投资项目的经济效益进行评估。评估经济效益的指标和方法是：预测项目未来获利能力、测算项目的投资回收期、计算投资项目的平均报酬率。如果考虑收益的时间价值，还必须用现金流量贴现法对投资项目的盈利水平进行评价。

经过上述系列工作后，公司就可以确定出最佳投资项目。

第四节　跨国公司资本转移管理

一、跨国公司资本转移的限制因素

（一）跨国公司资本转移的类型

跨国公司资本转移有三种类型：（1）资本由母公司向子公司转移，包括母公司对子公司的初始投资和经营过程中的追加投资、向子公司提供贷款、购进子公司商品等；（2）资本由子公司向母公司转移，包括子公司向母公司支付股利，向母公司支付贷款本息，向母公司支付专利权使用费、许可证费、管理费、出口佣金，母公司抽回部分投入资本，支付从母公司购进货物的款项等；（3）资本在子公司之间转移，包括子公司相互之间贷款的发放与收回、利息的收入与支付、货物买卖时转移的资本等。

跨国公司内部的资本转移，涉及资本安置地点和持有币种等问题，需要在母子公司之间、各子公司之间统筹安排，合理使用，以达到资本配置的最优化。

（二）跨国公司资本转移的限制因素

由于跨国公司的资本跨越国界流动，各国不同的政治体制、经济体制和管理体制，使国际经济环境中存在许多资本转移的限制因素。这些限制因素包括以下几种。

1. 政治限制。

政治限制分为公开限制和非公开限制。公开限制是指东道国政府颁布政策或法规限制资本转移，如实行外汇管制，使东道国货币不可兑换，将资本转移完全封锁。非公开限制是指东道国政府采取经济手段限制资本转移，如对外资公司的股利汇回实行严格的限制、通过种种制度拖延向外资公司发放必要的许可证或课以重税等。

2. 税收限制。

税收是国家调节经济的杠杆，通过制定税收政策可以起到限制资本转移的作用。一方面东道国政府可以对资本流出课以重税；另一方面，许多国家税种繁多，纳税程序错综复杂，也使资本流出十分困难。

3. 外汇交易成本限制。

跨国公司资本转移的规模较大，面临不同汇率、不同币种之间的转换，提高外汇交易成本会限制跨国公司的资本流出；同时，东道国政府还有可能禁止跨国公司对内部各子公司之间应收、应付账款的国际对冲以增加公司的外汇交易成本，限制跨国公司资本转移。

二、跨国公司资本转移的方式

（一）股利汇出

股利汇出是跨国公司的子公司向母公司转移资本最常用的方式。跨国公司的股利汇出涉及本国政府、外国政府、母公司、子公司等多个利益主体，在采取股利汇出资本时，应重点考虑以下因素。

1. 税收因素。

东道国和本土国的税法影响着跨国公司的股利政策，各国政府对留存收益和分配的利润规定不同等级的征税率，对股利汇出的数量规定不同的限额，改变各子公司的股利支付比例可以降低跨国公司的税负。

2. 外汇风险因素。

如果能够预见汇率变动趋势，跨国公司可以通过调整股利政策将资本从弱币区转至强币区。当子公司所在国货币将贬值时，增加股利汇出数量可以减少当地的货币资产；反之，当子公司所在国货币即将升值时，则应减少股利汇出数量，推迟股利发放时间。

3. 政治因素。

通常，为了取得东道国政府的信任，跨国公司一般采取相对稳定的股利支付率要求子公司汇回股利，目的是表明公司已建立了一套正常的股利汇回政策。一旦东道国政府实行干预或限制，也能保持原有的股利汇回水平。如果一国发生政治动荡或外汇危机，母公司会要求子公司尽快地转移剩余资本，这时一般都通过增加股利汇回实现资本转移。

4. 其他因素。

在确定股利支付政策时还应考虑子公司取得资金的难易程度、子公司的经营期限等。在子公司需要扩大规模或追加投资时，如果所在国资金容易取得，一般不影响股利汇回数量；如果所在国难以借款或借款受到许多限制，这时一般会减少股利分配的比例。母公司对经营期限较长的子公司要求汇回利润的较大部分，因为子公司经营期限越长，越接近于该行业的成熟期，再投资的机会越少。

（二）提前与延迟结汇

子公司内部存在商品交换是跨国公司内部资本转移的一个重要原因，母公司通过修改子公司之间的信用期限以便提前与延迟结汇也是子公司之间资本转移的一种重要方式。提前结汇相当于把资本从买方子公司转移给卖方子公司，而延迟结汇则相当于把资本从卖方子公司转移到买方子公司。提前或延迟结汇通过改变子公司之间的款项支付时间，为跨国公司内部资本转移提供了较大的灵活性。这种方法的主要优点是：它并不要求付款方正式承认其对销售商负有债务，而且可以通过跨国公司的内部账户来进行。由于这种方式属于跨国公司的内部款项，故政府一般较少干预。

（三）特许费和管理费

特许费是指子公司为获取技术、专利或商标的使用权，而支付给拥有技术、专利或商标的母公司或子公司的报酬。管理费是跨国公司在进行跨国经营业务时发生的行政管理费用中应由该子公司分摊的部分。跨国公司运用特许费和管理费转移资本，一方面比较容易汇出，便于对付东道国税务机关的监督和检查；另一方面存在节税效应，因为股利汇出必须在交纳所得税之后，而各种费用可以作为税基的减项在所得税之前扣除。

（四）再开票公司

再开票公司是由跨国公司的资金管理部门设立的资本经营子公司。当各子公司之间发生贸易往来时，商品或劳务直接由出口方提供给国外进口商，但有关款项的收付则通过再开票公司进行，它处理的是文件而不是实际货物。再开票公司一般设在低税率国家即所谓的避税港，该公司获得的利润被课征较低的税率。设立再开票公司的目的，是以最低的成本向贸易各方面提供资本融通的便利，保护母公司的收益和资产免受汇率波动的不利影响，有效地降低了跨国公司的税负；通过再开票公司实行多边净额结算，可以大大减少跨国公司内部的资本流动，节约资本转移费用；同时，加强了资金管理部门与银行和金融机构的密切联系，能有效地防范外汇风险。再开票公司的主要缺点是设立再开票公司要增加费用支出。

（五）公司内部信贷

对资本抽回管制较严的地区，一般可以采取公司内部信贷的方式转移资本，即以母公司或其他子公司向该地区贷款的方式提供资本，并按较高利率收取利息，以便在短期内将资本调回本国。通过内部信贷的方式转移资本，还可以利用不同地区之间利率的高低差别，将低利率地区的资本调到高利率地区使用。一般地，由地处利率较低地区的子公司在当地借款，然后将这笔资本贷给投资收益率较高或利率较高地区的子公司使用，可以大大降低资本成本，提高收益。

公司内部信贷的方式主要有直接贷款、背对背贷款和平行贷款。直接贷款是指跨国公司的一个机构以直接贷款的形式向另一机构提供信贷，其贷款利率即为资本的转移价格。背对背贷款是指母公司或子公司把资本存放在中介银行，中介银行把等值资本以当地货币或母公司货币借给当地子公司，银行按协议利率支付母公司存款利息，借款子公司向银行支付借款利息，中介银行的利润来自两者利息之差。平行贷款是指两个不同国家的跨国公司，各自拥有设在对方所在国的子公司，这两家跨国公司各自给对方所在国的子公司以同等数额的贷款，而各自子公司分别同时得到以所在国货币计算的、同等数量资本的一种贷款方式。这种方式资本没有跨越国界，资本转移没有受到东道国政府外汇管制的影响，其主要困难在于难以找到交易的另一方。

三、资本冻结条件下资本转移策略

当一国政府外汇短缺而又不能有效地吸引外资时，就会限制外汇从该国流出。由于各国的外汇短缺状况不同，其限制的程度与方法也不同。在通常情况下，政府会对股利汇出、特许费和管理费等支付的额度与时间进行限制。跨国公司为实现资源的最佳配置，应尽量避免资本被冻结，对被冻结的资本更要想办法加以有效利用。对跨国公司来说，规避资本被冻结的风险，一般是在投资前后分别采取不同的预防和善后措施。

（一）投资前策略

在向国外子公司投资前，就应充分考虑资本被冻结的可能性。在进行对外直接投资项目的经济可行性分析时，投资项目的现金流量应根据现金流量被冻结的可能性进行调整，计算出期望现金流量，然后根据考虑到资本被冻结后的期望净现值作为评价方案的标准。一旦跨国公司决定在当地投资，为了避免资本被冻结的风险，跨国公司采取的措施主要有：（1）加大在当地借款的比例；（2）与其他子公司建立广泛的贸易联系；（3）利用特殊的筹资方式，如货币调换、背对背贷款、平行贷款等；（4）母公司资本以债务方式投资；（5）投资前与东道国政府达成特殊协议等。

（二）汇出冻结资本

在东道国政府实行外汇管制、子公司资本被冻结时，跨国公司仍可采取直接或间接方法把资本部分地转移出来。转移冻结资本的方式包括转移价格调整、增加特许费和管理费、提前或延迟结汇、股利汇回、背对背贷款、平行贷款、向外购买商品转移资本等。

（三）被迫再投资

如果跨国公司在采取上述各种方法进行资本转移后，尚有相当多的冻结资本无法汇出，在这种情况下，跨国公司就只能被迫将资本用于当地的再投资。跨国公司进行再投资时，必须在当地寻找最佳的投资机会，以实现一定风险条件下的收益最大化。如果资本是暂时冻结，可以存入银行和投资于短期证券。否则，就只能进行长期投资，直接投资增加生产设施、扩展现行业务和开拓新业务。

四、跨国公司转移价格管理

（一）跨国公司转移价格的作用

跨国公司转移价格是指跨国公司为谋求利益的最大化，母公司与子公司、子公司与子公司之间进行交易结算时所采用的价格。这种价格基本上不受市场供求关系变化的影响，而是取决于跨国公司全球战略目标和谋求公司整体最大限度利润的需要。转移价格最初是作为总公司考评下属子公司经营业绩的一种手段。20 世纪 50 年代以后，随着生产与资本国际化的进一步发展，国际市场竞争愈趋激烈，货币不稳定加剧，跨国公司运用跨国转移价格作为其实现全球战略目标的重要手段。跨国公司采用转移价格的作用主要表现在以下四个方面。

1. 转移资本。

各个国家在国内资本和外汇相对短缺的情况下，大多采取不同程度的限制资本转移的措施，在东道国的非常时期，资本还有被冻结的可能。跨国公司通过利用转移价格可能绕过这些限制，达到转移资本的目的。当外国公司的股利汇回已经或将要受到限制时，母公司可以采用比较高的转移价格向子公司提供零部件、专利技术等，以降低子公司的利润，达到调出股利的目的。如果母公司要从国外子公司转出资本，母公司可以提高卖给该国子公司产品的价格；反之，母公司也可以通过压低价格的方式来为子公司提供资本。同样，资本的这种配置方式还可通过调节子公司卖给母公司的产品价格以及各子公司之间的交易来实现。

2. 降低税负。

各国税制的差异为跨国公司寻求全球税负最小化提供了客观条件，降低税负是跨国公司在制定转移价格时考虑的一个主要问题。跨国公司希望利用转移价格尽可能地减少或逃避所在国课征的税收（包括所得税和关税）。为此，跨国公司可利用转移价格把高税率国家子公司的利润转移到低税率国家的子公司，从而减少整个公司的纳税额，降低税负。在其他因素既定的情况下，为了降低所得税负担，跨国公司通过制定较高转移价格的办法，把处于高税率国家子公司的一部分利润转移到处于低税率国家的子公司；当商品或劳务由处于高税率国家的子公司向处于低税率国家的子公司转移时，则应制定较低的转移价格。为了降低关税负担，跨国公司应以较低的转移价格向高关税国家的子公司出口商品或劳务；反之则应制定较高的转移价格。由此可见，关税因素对所得税效应起一定的抵消作用。制定较低的转移价格，可以少交关税，但又使子公司进口商品成本较低，导致了较高的所得税计税基础；如果制定较高的转移价格，虽然减少所得税的交纳，但又要多交关税。因此，在决策时要权衡两者的利弊得失，择优选择。

为降低税负，跨国公司还可在避税港设立象征性的分支机构，有计划地利用转移价格避税。当母子公司之间或子公司之间发生业务往来时，可以先将货物以低价出售给避税港的分支机构，然后由避税港的分支机构再以高价将货物转售给购买者。实际上，货物并不经过避税港的分支机构，只是在此进行财务转账，使大量利润截留在避税港的分支机构，从而降低整个跨国公司的总体税负。

3. 调节利润。

跨国公司根据经营需要，通过调高或调低转移价格来影响子公司的利润水平。对于在国外新建的子公司，为增强其竞争力，跨国公司除给予资本支持外，往往通过较低的转移价格提供所需的产品，使该子公司显示出较高的利润水平。对于在竞争中处境不佳的子公司，跨国公司也可以较低的转移价格改善其盈利水平和财务状况。如果某一子公司在当地获得较高的利润，这不但会引起东道国政府的注意或反感、引起工会组织的不满，也可能会导致更多的竞争对手进入同一市场。跨国公司可通过提高转移价格、降低利润的方法，掩盖该子公司获利的真实情况，使之保持适度的利润水平。

4. 规避风险。

在政局动荡的国家里，外国公司的正常权利常常受到侵犯。跨国公司为防止财产被没收，母公司常将向子公司出口的产品转移价格调高，借以转移子公司的资本；或将从子公司进口的产品转移价格调低，借以转移子公司的存货，以避免财产被没收的风险。由于汇率变动频繁，可能使跨国公司蒙受经济损失，采用转移价格可以减少汇率变动风险。如果母公司预测子公司所在国的货币有可能贬值，母公司将采用较高的转移价格向子公司提供产品或劳务，提前将子公司的利润抽回。通货膨胀使货币性资产的购买力不断下降，为减少这种损失，一方面，跨国公司应使在通货膨胀较严重国家的子公司保持最低限度的货币性资产；另一方面，应提高向这类子公司提供产品或劳务的转移价格，以转移其现金。

（二）影响跨国公司转移价格的因素

跨国公司可以根据不同的战略需要，人为地调节转移价格。但是，跨国公司在制定转移价格时并不能随心所欲，而是受到一些因素的制约，这些制约因素包括外部制约因素和内部制约因素。

1. 外部制约因素。

跨国公司制定转移价格的外部制约因素主要来自以下方面。

（1）税收方面。

由于很多国家的税制差别较大，跨国公司有可能利用转移价格人为地调节总体税负，实现最大利益。但是，提高或降低转移价格必然会损害某些国家的税收利益，从而有可能使这些国家采取干预性措施。征税权利受到侵害的国家可能对跨国公司的转移价格进行检查、监督或强行加以调整，而另一国的税收部门可能对这一调整不予承认。这样，跨国公司就面临国际双重征税的风险。为使转移价格得到有关国家税收部门的承认，跨国公司在制定转移价格时应有充分、合理的依据。

（2）市场竞争方面。

跨国公司运用转移价格的主要目的是增强其整体的竞争实力，但有可能引起东道国政府采取反托拉斯、反倾销的行动，也可能招致当地竞争对手的报复行动。其结果使子公司的处境更加艰难。此外，出于竞争需要而对子公司采取补贴的办法有可能使子公司产生懒惰思想，与当初的目标相背离。竞争在一定程度上影响着跨国公司转移价格的制定。

（3）通货膨胀方面。

跨国公司为避免通货膨胀的损失，往往要求高通货膨胀国家的子公司转移资本，以保持最低限度的货币性资产。这种做法有可能受到东道国政府的限制。跨国公司在制定转移价格时应充分考虑这方面的影响。

（4）各国政府政策的限制方面。

在大多数情况下，跨国公司运用转移价格实现其全球战略目标都是以牺牲东道国利益为前提的。因此，各国为保证其税收利益和国内公司的竞争地位，对转移价格采取了一系列的限制措施。东道国政府采取按局外价格的原则检查、监督转移价格。如美国关税法规定，税务当局有权使用市场价格重新核定公司利润，以此确定应征的关税。东道国政府也可采用比较定价的原则监督转移价格。比较定价原则就是将同一行业中某产品一系列的交易价格和利润率相比较，如果发现某一国外公司的进口价过高或出口价过低，税务当局就可以要求跨国公司按正常价格进行营业补税。因此，跨国公司在制定转移价格时必须考虑各国政府政策方面的有关限制。

（5）信誉损失方面。

转移价格严重偏离正常水平会引起有关国家的非议，不正常的转移价格还会损害公司与东道国政府的关系，甚至引起东道国政府的报复。跨国公司在制定转移价格时不能不考虑由此可能带来的损失。

2. 内部制约因素。

跨国公司制定转移价格的内部制约因素主要包括以下几种。

（1）公司的经营战略方面。

转移价格的一个重要作用是为实现跨国公司的战略目标服务，不同的经营战略目标需要制定不同的转移价格。因此，在制定转移价格时应该充分考虑跨国公司的战略目标。

（2）内部利益方面。

跨国公司内部各子公司各有其自身的经济利益，不合理的转移价格会损害各子公司的切身利益，降低各子公司的积极性，从而影响跨国公司的整体利益。跨国公司转移价格的制定应从整体利益出发，使整体利益最优。

（3）内部激励方面。

跨国公司为树立子公司的国际信誉，增强其竞争力，往往采用转移价格的办法改善其利润水平和财务状况。而转移价格是一种非公平交易价格，用变相价格补贴的方法很难激发管理人员的竞争意识，反而会滋生各种不满情绪，对公司业绩产生消极影响。

（4）定价政策方面。

与国内企业相比，跨国公司的定价政策错综复杂，跨国公司需要花费大量的时间和精力，从转移价格如何确定、使用何种财务资料、转移价格何时以何种方式执行、如何控制和解决利益冲突等来决定和评价其转移价格策略。同时，由于国际经济环境瞬息万变，制定出的转移价格还应适时进行调整。在评价转移价格策略的过程中，还需要涉及大量的各类专业人员。因此，设计、组织和运用复杂转移价格制度的成本相当高。

（5）跨国公司的文化背景。

跨国公司的国籍不同，受传统文化的影响不同，考虑问题的侧重点及程度也就不同。根据国外的有关调查显示，美国、法国、英国和日本的跨国公司更倾向于以成本为基础的转移价格，而加拿大、意大利等则偏向于以市价为基础的转移价格。美国、加拿大、法国和意大利的跨国公司认为所得税是影响转移价格政策的最主要因素，英国的跨国公司则认为改善其财务形象是最重要的，而日本的跨国公司更关注所在国的通货膨胀等因素。

（三）跨国公司转移价格的制定

1. 制定转移价格的程序。

制定转移价格一般有以下步骤：

第一，确定采用转移价格所要达到的目的。如前面介绍的五个目的，看自己侧重哪个。如美国、法国的公司把减少公司交纳所得税放在采用转移价格的首位。

第二，根据所要达到的目的，提出转移价格体系的初步方案。如在公司内部采用什么样的价格水平，在哪些子公司之间调拨产品，以达到逃避关税的目的。

第三，对初步方案进行审查和研究，并在此基础上提出转移价格政策报告。其主要内容有：转移价格体系的目的；内部调拨的产品定价的标准和依据；有关的内部成员单位；解决成员单位之间的矛盾的方法；仲裁委员会的组成和职责；计划和管理转移价格体系的原则等。

第四，根据外部经营环境和内部经营要素的变化，定期对转移价格体系进行检查和修订。

2. 制定转移价格的方法。

企业的商品可以分为两大类：一类是有形商品，如机器设备、半成品等；另一类是无形商品，如专利技术等。这两大类商品在转移价格的确定上是不相同的。无形商品的转移价格，如专利费，由于缺乏外部相应的价格，多数情况下完全是凭信息，利用收益现值法、市场价格法等方法定价。但有形商品的转移价格定价，基本上可以归纳为两种方法：一是以外部市场价格为基础的定价方法；二是以公司内部成本为基础的定价方法。

（1）以市场价格为基础的定价方法。以市场价格为基础的定价方法，就是以转让产品时的外部市场价格作为公司内部转移价格定价基础的方法。采用这种方法制定转移价格的条件是：企业的中间产品有市场价格，企业无论销售多少这种产品，对市场价格都没有影响。这是因为当转移产品本身在自由竞争的市场下，其价格不随产量的变化而变化，其转移价格应该等于市场上公开竞争价格，也等于生产厂的边际成本。但实际上企业内部转移产品价格要比市场价格低，因为企业内部转移产品时比在市场上公开销售时可以节省一些费用，如销售佣金、坏账损失等。

采用以市场价格为基础制定转移价格的优点是：①考虑了产品的供求状况，所确定的转移价格基本上接近于正常的市场交易价格。②考虑了有关内部成员单位的切身利益。利用这种转移价格所确定的子公司的经营收益比较真实，从而有利于评价和考核各子公司的经营业绩。③有利于调动所属子公司的生产经营积极性。采用这种定价方法在公司内部转让产品，就等于将公司所属各子公司视为独立经营的企业，不仅能达到公司分权经营的目的，而且有利于维护子公司的自主权，有效地利用其有限的资源，取得正常的经营收益，促使子公司管理人员充分利用市场，增强其适应市场的能力。④这种转移价格很容易为东道国接受，按市场价格确定的转移价格，接近正常的市场交易价格，基本上排除了人为调节的因素。

以市场价格为基础的定价方法也有不足之处：①转移价格的运用会受到一定的限制；②在不完全竞争市场上选定一个公允的市场价格也有难度。

（2）以成本为基础的定价方法。以成本为基础的定价方法，其转移价格是以供应转移产品企业的实际成本、标准成本或预算成本为基础加上一个固有比率的利润来确定。

采用成本定价法的优点是：①可以克服市场定价法的不足；②方法简便易行，因为公司内部的成本资料容易收集；③公司可以保证内部各企业乃至整个公司获取一定的盈利；④有助于各公司重视成本管理和成本数据的收集，并且避免在定价上的人为判断，有利于公司内部间相互协作。

成本定价法的局限性在于：①如果以产品实际成本为基础确定转移价格，将使受让产品的公司无形中承担了一部分出让产品企业因经营不善所造成的责任。这种定价方法不仅不能正确反映受让产品企业的经营成果，也不利于促使受让产品的企业加强成本管理。为此，有些公司改用标准成本或预算成本作为定价基础，但是不论以什么成本为基础，实际上是以历史成本为基础。②在通货膨胀剧烈的国家，以成本为基础定价的转移价格往往与现行市场价格脱节。③由于各国所确定的成本具体内容不一样，因而即使是同样的成本也缺乏可比性。

3. 转移价格定价方法的选择。

由于以市场价格为基础和以成本为基础的定价方法各具优劣，在现实经济生活中，跨国公司应选哪种定价方法并非易事。其原因在于，各跨国公司的经营目标、经营体制、经营规模、经营背景、定价战略以及各国文化背景各异，跨国公司在制定转移价格时应联系这些因素选择定价方法。

首先，实行不同内部财务管理体制的跨国公司，在选择定价方法上往往有所不同。对于实行分散型财务管理体制的跨国公司，各子公司经营人员享有很大的财务管理自主权，可根据所面临的实际情况，确定适当的转移价格。这样，子公司往往会选择以市场价格为基础的定价方法。而对于实行集权型和集权分权相结合财务管理体制的跨国公司，其总部掌握财务管理决策权或重大财务决策权。为实现整个公司的利益，同时也便于公司操纵转移价格水平，往往选择以成本为基础的定价方法。对跨国公司来说，选择以成本为基础的方法有利于其总目标的实现。

其次，跨国公司的经营规模以及介入国际经营的程度也会左右其定价方法的选择。经营规模较大的跨国公司都倾向于以成本为基础制定转移价格，因为其绝大多数都是在垄断的市场中经营，在定价策略方面可以避开竞争的压力。更重要的是要从其整体利益考虑，从而更关心转移价格的制定对其总体目标的影响。与此相反，规模小的跨国公司由于其产品不能独立于市场和避开市场竞争的压力，所以只能接受既定的市场价格。另外，公司介入国际经营程度的不同，所受的国际环境的影响也不同。在定价决策中，介入国际经营程度越深，所经受风险的范围也就越加广泛，诸如政治风险、外汇风险等，均会关系到定价方法选择的决策。

最后，跨国公司财务决策人员的文化背景也影响着转移价格定价方法的选择。通常，转移价格是由跨国公司财务决策者做出的，这些人员的国籍不同，文化背景也不同，所有这些无形中都会支配着他们对定价决策所做出的判断，影响着他们对不同因素的看法和考虑程度。如前所述，美、英、法、日等国的财务决策者一般都倾向于以成本为基础的定价策略；加拿大、意大利等国的财务决策者一般优先采用以市场价格为基础的定价策略。而德国、比利时和瑞士等国的财务决策者，对这两种定价方法没有特别的倾向性。

应该指出，尽管各跨国公司在转移价格的制定上存在差别，但在与各国政府的关系这一点上是相同的。这就是说，跨国公司在全面考虑各影响因素的基础上所制定的转移价格，是否为子公司所在国和母公司所在国所接受，这个问题自始至终贯穿于转移价格的制定之中。

（四）运用转移价格的困难

跨国公司运用转移价格的最终目的是使公司整体取得最大限度的利润。在转移价格的实施过程中，可能与母国和东道国的经济利益相抵触，也可能与内部各子公司之间产生摩擦。首先，转移价格的使用可能使子公司与母国政府发生矛盾。公司使用转移价格的主要目的是减少和逃避税收，如果母国税率高，公司通过转移价格把利润转移到国外，这就减少了向母国政府交纳的税金，使母国政府蒙受经济损失。其次，引起公司与东道国政府或其他跨国公司的矛盾。与东道国政府的矛盾诸如逃税、逃避外汇管制等，而在跨国公司与东道国建立的合资公司里，由于涉及各自的利害关系，决定转移价格时往往难以一致，并由此引起矛盾。最后，导致公司内部的矛盾。制定转移价格必须符合公司的最高利益原则，为了能够实现总部的最高利益，通过转移价格调整内部各子公司的利润，使各子公司的盈利大小不能真正反映其实际经营成果，不能调动各子公司生产经营的积极性。

对于采用转移价格引起的上述矛盾，各国政府鉴于自身利益，对跨国公司转移价格进行干预、监督和管制。美国 1982 年通过法律并成立了直属联邦税务局——由税务官员、经济专家和律师组成的机构，专门研究和监督跨国公司的转移价格。西欧及日本等国也相继成立了类似的专门机构和通过类似的法律对转移价格进行监督。

第五节　跨国公司税收管理

一、跨国公司税收管理目标

跨国公司的子公司或分支机构遍布世界各地，各国税制之间存在重大差异，跨国公司要精心研究各国税制之间的差异以及法律上的漏洞，并在此基础上制订相应的避税计划，以合法的手段规避国际税收，实现纳税义务最小化或整体利益最大化这一税收管理目标。投资地点、经营方式和公司组织形式的选择、外国税收优惠的利用、错综复杂的财务安排等都可实现这一目标。具体地说，税收管理目标包括：

（1）根据有关国家的税法、税收协定来避免跨国公司出现双重征税的情况。

（2）利用有关国家为吸引外资而采取的优惠政策，实现最多的纳税减免。

（3）利用各种避税港来减少公司所得税。

（4）利用内部转移价格把利润转移至低税负国家，使纳税额减少。

（5）利用其他方法来减少所得税的支付。

二、国际避税的可能

国际避税是指跨国公司利用各国税法的差别，采用选择合适的经营地点和经营方式等合法手段，来减少或消除其纳税义务的一种行为。各国税制的差异为跨国公司采用适当方法避税提供了客观条件。各国税收上的差异主要表现在以下几个方面。

1. 税收管辖权差别。

税收管辖权是指一个国家行使其征税权力的范围。如果按属地原则确定本国税收的管辖权，征收范围就仅限于来源于本国境内的各种应税收入，而对来自本国境外的各种收入不予征税。如果按属人原则确定本国税收管辖权，征税范围就包括纳税人来自全球范围的各种应税收入。也有一些国家按属地原则与属人原则相结合的办法确定税收管辖权。

2. 税种差别。

各国税种设置不尽相同，如在对所得收益征税方面，有些国家对工资、股息、红利、财产租赁所得等分别设置税种进行征税。有些国家则综合设置税种进行征税。而且，各国设置的税种即便名称相同，但纳税人和征税对象也不会完全相同。

3. 税率差别。

各国在税率确定方面存在较大差异。例如，同样征收公司所得税，有的国家采用比例税率，有的国家则采用超额累进税率。而且不同国家之间的税率高低有时差别较大，有的国家公司所得税率高达50%以上，有的国家公司所得税率最高不超过30%。即使是采用同样超额累进税率的国家，各国规定的累进级距和每一级距的应税税率也有很大差别。

4. 税基差别。

在国与国之间，某种税种从征税对象上看基本相同，但在征税基数的确定方面，由于各国规定的减免或税收优惠各不相同，使税基宽窄不一，从而造成纳税人纳税负担不同。

5. 税法管理效率的差别。

各国税法实施管理的有效程度是造成实际税负差异的一个潜在因素。有的国家虽然在税法上规定的纳税义务很重，但由于征收管理水平低下，纳税人实际履行的纳税义务可能很低。

6. 避免国际双重征税方法的差别。

双重征税是指对同一征税对象或同一税源的重复征税。国际双重征税是指两个或两个以上国家对同一纳税人就同一征税对象在同一时期内的重复征税。国际双重征税违背了税负公平的原则，加重了纳税人的税收负担，显然不利于国际经济的发展。各国都采取了一些方法和措施来避免或消除国际双重征税。具体的方法包括免税法、抵免法和税收协定法。免税法是指对本国居民来源于国外的应税收益免予征税；抵免法是指居住国允许本国居民纳税人在本国税法规定的限度内，用已在来源国交纳的税款，抵免应就其世界范围内所得向居住国交纳的税款的一部分；税收协定法是指通过有关国家签订双边税收协定，以避免国际纳税人被重复征税的一种方法。由于各国采用的方法不同，造成的降低税负的机会和数额也不尽相同。

三、跨国公司主要避税方法

（一）公司组织形式的选择

跨国公司在进行跨国直接投资时，其组织形式可以在分公司和子公司之间进行选择。子公司是依照当地法律注册登记成立的独立法人，而分公司则在法律意义上隶属于总公司。两者在许多方面各有利弊，此处仅从税收角度进行分析。

在选择公司组织形式时，主要考虑的因素应包括以下几种。

1. 海外投资项目在最初几年是否亏损。

如果投资后前几年的资本预算为亏损，由于分公司的亏损可以直接抵免总公司的盈利，从而减少整个公司的税负，因此，在这种情况下，以分公司的形式进行投资为佳。实际上，许多跨国公司就是先以分公司的形式在海外经营，待分公司开始盈利之后，再设法转变为子公司。

2. 股利汇回的预先征税。

大多数国家对于子公司的股利汇出要征收预扣税，而对分公司税后利润汇回通常不计征预扣税，实际的预扣税在各国之间的变化较大。例如，一个在美国设有子公司的非美国跨国公司，首先必须对其在美国取得的收益交纳 46% 的所得税，然后还要额外对汇给母公司的股利交纳预扣税。如果该公司在美国的机构不是子公司而是分公司，预扣税就可以避免。

3. 双重征税的可能。

由于子公司是公司法人，因此，在股利汇回时，就会面临双重征税的可能；而分公司向东道国缴纳的所得税，都可以用来减免总公司的税收。

由此可见，似乎以分公司的形式进行投资更有利。但是，子公司形式也有很多优势，主要表现在：（1）子公司有法人身份，可以享受东道国政府与其他国家签订的税收协定所提供的各种税收优惠，而分公司不是东道国居民，不能享受同等优惠；（2）如果母公司所在国实行免税制或间接抵免制时，子公司的双重征税问题就可以避免；（3）子公司可以享受延期纳税的优惠。

由此可见，仅从税务角度考虑，子公司和分公司各有千秋，跨国公司应根据具体情况做出选择。

（二）利用内部转移价格避税

内部转移价格避税是跨国公司利用各国税制的差异，通过调节内部转移价格来达到避税目的的一种手段。跨国公司的分公司和子公司遍布世界各地，许多交易都在跨国公司的内部进行，这就为跨国公司利用内部转移价格避税提供了可能。跨国公司利用内部转移价格避税的主要做法是：对由低税国子公司向高税国子公司的出口业务采取高价，而对由高税国子公司向低税国子公司的出口业务采取低价。这样就可把实现的部分利润由高税国子公司转入低税国子公司，从而使整个跨国公司的纳税额降低。

利用内部转移价格避税不仅适用于一般的商品供应，还适用于下列情况。

1. 内部贷款。

跨国公司的总公司通常以内部贷款的形式向其子公司提供资金。如果子公司所在国的税率较高，则贷款可采用高利率政策；如果子公司所在国的税率较低，则贷款可采用低利率政策。

2. 管理成本或费用。

在跨国公司内部，母公司常为其在国外分公司或子公司提供各种管理服务，这种管理服务的收费标准很难找到可供参考的公平市价。因此，跨国公司可通过抬高或压低管理成本或费用的办法来实现其避税的目的。

3. 专利和专有技术等无形资产的转让费。

专利和专有技术等无形资产具有独占的特性，其真实价值很难确定，各国的税务机关对此也很难设防。跨国公司为了减少总体税负，在进行专利和专有技术等无形资产的内部转移时，可随意地提高或降低其转让价格。

（三）利用国际避税港避税

避税港又称避税地，是指以免征某些税收或压低税率的方法，为外国投资者提供不纳税或少纳税的国家或地区。国际避税港避税是指跨国公司将其所得与资产转移至避税港，以减轻税负的一种方法。跨国投资者在考虑投资方向时，总是把有关国家的税负大小作为决定资本投向的一个重要因素。因此，有些国家为了吸引外资，引进外国先进技术，弥补本国资本不足，改善国际收支状况，常对外国投资者在本国或本地区投资兴办的公司不征税，或仅规定很低的税率，从而形成了向外国投资者提供减免税负的特殊场所，即避税港。

1. 国际避税港通常具有以下特征。

（1）与大多数其他国家或地区相比，其税率明显偏低，或应税收益的范围明显偏小，甚至对纳税所得收入和财产免予征税。

（2）政治稳定，鼓励在本国或地区建立外国公司所有的金融和服务机构。

（3）严守公司的银行秘密和商业秘密。

（4）货币稳定，允许本国货币自由兑换，对外国人存取外币不加限制。

（5）良好的基础设施和可信的金融服务。

目前，世界上已发展了多个避税港，如新加坡、巴哈马、荷属安地列斯群岛等。

2. 国际避税港避税的基本方法。

跨国公司利用国际避税港避税的主要方法，是在避税港注册设立各种各样的挂牌公司来转移资本、产品或劳务。它们的实际经营活动并不发生在避税港内，但却将收益在避税港申报，以避免征税。其具体做法是：

（1）以挂牌公司作为中转销售公司。跨国公司通过在避税港设立销售子公司，其他各地子公司的产品直接以低价销售给该子公司，该子公司再以高价售出，这样收益大多转给了设在避税港的子公司。由于避税港的子公司税率较低，就可以少纳税甚至不纳税。

（2）以挂牌公司作为持股公司。跨国公司的母公司一般都从子公司中获得较多的股利，为了避税，可以在避税港设立持股公司，其从下属公司获得的股利直接汇到避税港，以便减轻纳税负担。

（3）以挂牌公司作为收付代理公司。跨国公司的母公司要为子公司提供贷款、技术服务、劳务服务、管理咨询服务等多种服务，从而获得很高的收入。为了减少这部分收入的税负，可以在避税港设立收付代理公司，把大部分收入转移到该公司。但实际款项的贷出、许可证的发放、劳务的提供等都不经过收付代理公司，而是由母公司直接安排完成。

尽管跨国公司可以采取各种方式避税，但应该注意到，由于跨国公司的避税规模不断扩大，避税方法不断翻新，严重影响了有关国家的税收利益，各国政府都会设法采取措施进行反避税，压缩跨国公司避税的空间。

思考题

1. 什么是跨国公司？跨国公司财务管理的主要内容是什么？
2. 跨国公司财务管理有何特点？
3. 跨国公司的筹资方式有哪些？同国内企业有何不同？
4. 跨国公司如何进行对外直接投资管理？
5. 跨国公司转移价格的作用有哪些？
6. 跨国公司应如何制定转移价格？
7. 跨国公司应选择哪些合理避税方法？

综合案例

从国内拓展至海外，解码 TCL 财务共享全球化之道

TCL 创立于 1981 年，经过 40 多年发展，目前在全球 160 多个国家和地区开展业务，是一个全球化的集团公司。TCL 财务共享服务中心成立于 2015 年，是一个全球化、全业态、全模块的财务共享，曾荣获 CGMA 最佳管理会计实践奖、CGMA 优秀机器人流程自动化（RPA）实践奖、CGMA 最佳财务共享服务中心奖、绩效改进奖等业界奖项。

自成立之日起，TCL 财务共享的服务范围逐步扩大，从国内 TCL 电子到 TCL（集团）业务单位，再到将海外业务纳入财务共享……TCL 财务共享服务中心面临多重挑战。

王学嘉大学毕业后就职于一家央企，此后进入 TCL 工作，从最基础的业务单元会计做起，逐步开始负责分公司的业务财务工作，再至中国区销售线条、产品财务与成本管理中心、财务管理中心的战略财务工作，后来再转入共享财务领域工作，于 2018 年开始担任 TCL 财务共享服务中心的负责人。

2010 年，TCL 已开始初步规划财务共享事宜，但彼时难点重重。TCL 覆盖家电、半导体、新能源、金融、互联网等领域，业态复杂；集团对下属公司主要采用授权经营模式，各业务中心根据其业务特点及场景建立系统、流程及标准等，这使标准化成为财务共享建设之路上的一大难题。彼时，TCL 内部不断在思考：究竟适不适合做财务共享？

TCL 财资团队通过“走出去”向各大企业学习、取经，意识到财务共享的价值、吸收了优秀的理念与经验，坚定了建设财务共享的决心。2015 年 7 月，TCL 财务共享服务中心正式成立，并开始在 TCL 电子下进行业务拓展，经过近 3 年的努力，在 2017 年实现 TCL 电子国内业务全面共享。

TCL 的全球化布局也需要财务共享走向海外为业务发展提供支持。2018 年，TCL 财务共享开始推进海外实施工作，但发现挑战重重，主要难点有 4 个方面：一是语言，不同国家、地区有不同语言，导致存在沟通障碍；二是资金，不同国家、不同银行就有不同的接口标准，导致银企直连、资金池建设难度增大；三是对信息安全法规的理解存在差异；四是标准化难度大，各国的会计政策、税制等存在较大差异也向财务共享提出了更高的要求。

为开展海外业务，财务共享提前储备人才、系统、语言及专业能力等，于 2019 年重启海外财务共享工作，并逐步在大力拓展。目前，TCL 财务共享已经覆盖亚洲、美洲、欧洲、大洋洲、非洲五大区域。截至目前，除巴西、波兰区域外，TCL 海外业务的其他市场基本已实现财务共享。

TCL 财务共享发展至今，推进过程步履稳健、价值显著：

一是通过流程再造、模式创新等实现高效运作。传统财务模式下，在线下进行纸质审批报销，报销速度往往受制于审批人的时间、地点。上线财务共享后，在系统中提单、审批报销平均耗时 5 天；同时结合“信用管理”，对开通“VIP 绿色通道”的业务单位试行电子流审批，可实现报销快速到账，提升员工满意度和内部运作效率。

二是通过规范统一、明确标准等提高数据质量。过往因标准不一，导致数据割裂，总部数据需层层汇总，难度高效率低且容易出错。上线共享后，随着政策统一、标准和制度的规范等，相应数据的透明化程度及质量也得到了提升。同时，随着财务被嵌入各环节、流程，总部可实现数据实时传输与监控，做到对不同业务中心的数据进行对比分析，做到及时发现差距并进行优化调整。

三是通过系统管控、数据挖掘等实现价值创造。如 TCL 财务共享系统内嵌预算管控功能，将经评审后的预算结合滚动预测载入系统，共享平台可实现对费用及额度进行管控，实现预算灵活管控。同时，财务共享也会出具各类与税务、往来、存货等相关的专项报告，并对业务中心进行访谈，及时呈现并反馈问题，支持业务健康发展。